潜艇生命力

李营 李昂 任凯 刘辉 金涛 编著

科学出版社
北京

内 容 简 介

本书主要讲解了潜艇生命力的基础理论和实践应用。首先阐述了潜艇生命力对于保障潜艇安全、提高潜艇战斗力的重要意义；其次介绍了潜艇静力学条件下的浮态与稳度的变化规律，形成生命力基础理论，之后将该理论运用到潜艇平时防沉、破损抗沉工作中，指导实践应用；再次针对潜艇火灾等其他损害，讲解了潜艇防火防爆等内容；最后介绍了潜艇生命力评估模型、指标等内容。

本书秉承党的二十大报告中"科教兴国"的战略指导思想，可作为海军院校相关专业的本科专业教材，也可作为海军部队和科研单位的工具书，也可作为潜艇爱好者的科普读物。

图书在版编目(CIP)数据

潜艇生命力/李营等编著. —北京：科学出版社，
2023.11
ISBN 978-7-03-076278-8

Ⅰ.①潜… Ⅱ.①李… Ⅲ.①潜艇—设计 Ⅳ.
①U674.760.2

中国国家版本馆 CIP 数据核字(2023)第 167295 号

责任编辑：许　健／责任校对：谭宏宇
责任印制：黄晓鸣／封面设计：殷　靓

科 学 出 版 社 出版
北京东黄城根北街 16 号
邮政编码：100717
http://www.sciencep.com

南京展望文化发展有限公司排版
苏州市越洋印刷有限公司印刷
科学出版社发行　各地新华书店经销

*

2023 年 11 月第　一　版　开本：720×1000　1/16
2023 年 11 月第一次印刷　印张：23 3/4
字数：464 000
定价：**100.00 元**
(如有印装质量问题，我社负责调换)

前言 | PREFACE

潜艇生命力是潜艇抵制各种损害，最大限度地保持和恢复航行、潜浮和战斗性能的能力。潜艇生命力与战斗力相辅相成，没有强大的生命力作为保障，潜艇再强的攻击能力也无法得到发挥。为了使潜艇具有强大的战斗力，保障和提高潜艇生命力至关重要。

本书围绕潜艇生命力展开讲解，共分九章，分别讲述了绪论、武器对潜艇的破坏作用、生命力基础理论、平时防沉、破损抗沉、动力抗沉、防火防爆与灭火、其他损害预防与处置和潜艇生命力评估等内容。本书是在《潜艇生命力与损害管制》等教材基础上编写而成，只讲生命力理论与运用，教材中所有数据均为虚拟、假设数据，不涉及国家和军队秘密。

"实施科教兴国战略，强化现代化建设人才支撑"是党的二十大报告中的明确要求。军队院校教育、部队训练实践、军事职业教育被称为新型军事人才培养的"三驾马车"，分别在人才成长过程中发挥着"孵化器""磨刀石"和"助推器"的作用。在人才培养过程中，教材是教学内容、方法等知识的主要载体，是人才培养最基础、最核心的工具之一。本书的编写也是教材编写组践行党的二十大报告的具体行动。

本书由海军工程大学李营、李昂、任凯、刘辉和金涛编写，张永胜、尹浩和王式耀等教员对全书进行了校对，同时本书也凝聚了本单位生命力课程组几代人的心血和智慧，在此对所有人员的付出表示衷心感谢。

由于时间仓促，书中不足之处在所难免，恳请读者批评指正。

编　者

2023 年 3 月于海军工程大学

目录 | CONTENTS

前 言

第一章 绪论 ··· 1
    本章小结 ··· 4
    思考题 ··· 4

第二章 武器对潜艇的破坏作用 ··· 5
    第一节 爆炸现象及其特征 ··· 6
    第二节 普通装药武器空中爆炸对潜艇破坏作用 ················· 8
    第三节 普通装药武器水中爆炸对潜艇破坏作用 ················ 15
    第四节 核武器爆炸对潜艇破坏作用 ······························ 30
    本章小结 ·· 34
    思考题 ·· 34

第三章 潜艇生命力基础理论 ··· 35
    第一节 潜艇外形与主尺度 ·· 35
    第二节 潜艇浮性 ··· 45
    第三节 潜艇初稳性 ·· 58
    第四节 潜艇大角稳性 ··· 68
    本章小结 ·· 83
    思考题 ·· 83

第四章 潜艇平时防沉 ·· 85
    第一节 移动载荷时防沉 ··· 85
    第二节 装卸载荷时防沉 ··· 92

第三节　装卸液体载荷时防沉 …… 101
第四节　进出坞时防沉 …… 106
第五节　下潜与上浮时的防沉 …… 117
第六节　正确处理潜艇的负初稳度 …… 123
第七节　潜艇大纵倾时的防沉 …… 129
第八节　潜艇抗风浪计算 …… 143
本章小结 …… 149
思考题 …… 149

第五章　潜艇破损抗沉 …… 150
第一节　潜艇不沉性 …… 150
第二节　潜艇水下抗沉 …… 156
第三节　高压气在抗沉中的使用 …… 174
第四节　破损潜艇从海底自浮 …… 187
第五节　潜艇的水上抗沉 …… 197
本章小结 …… 203
思考题 …… 203

第六章　潜艇水下动力抗沉 …… 204
第一节　坐标系和主要参数 …… 204
第二节　潜艇六自由度运动下的抗沉 …… 208
第三节　危险纵倾时的操纵 …… 229
第四节　升降舵故障时的操纵 …… 232
第五节　损失浮力时的操纵 …… 236
本章小结 …… 240
思考题 …… 241

第七章　潜艇防火防爆与灭火 …… 242
第一节　火灾基本概念 …… 242
第二节　潜艇构造上的防火防爆 …… 261
第三节　移动式灭火器材 …… 269
第四节　消防防护器材 …… 276
第五节　潜艇灭火组织实施 …… 280

本章小结 ·· 300
　　　思考题 ·· 300

第八章　潜艇其他损害的预防与处置 ·· 301
　　　第一节　潜艇舱室空气污染的预防与处置 ······································· 302
　　　第二节　潜艇舱室高温、高湿预防与处置 ·· 329
　　　第三节　核潜艇核事故医学应急救援 ·· 339
　　　本章小结 ·· 356
　　　思考题 ·· 356

第九章　潜艇生命力评估 ·· 357
　　　第一节　潜艇生命力评估模型 ·· 357
　　　第二节　潜艇生命力量化评估模型 ·· 360
　　　第三节　潜艇设计中的生命力指标要求 ··· 365
　　　本章小结 ·· 368
　　　思考题 ·· 368

参考文献 ·· 369

第一章 绪　　论

一、潜艇生命力

潜艇是一种具有良好隐蔽性、机动性,较大续航力、自给力和强大突击威力的平台。它既能在水面航行,又能潜入水下,在一定深度范围内进行机动,并利用水层掩护,实施隐蔽接敌活动,对敌发动突然袭击。在两次世界大战中,潜艇发挥了巨大的作用,尤其是德国潜艇的"狼群战术",对英国等国家的大西洋补给线造成了非常严重的破坏。战后,各国都非常重视潜艇的发展,潜艇已经成为各国海军力量的重要组成部分。更为重要的是,它已经成为很多国家海基核打击的重要平台,是一个国家保持最后核打击能力的撒手锏。

攻击能力是潜艇战斗力的主要体现,但生命力也是潜艇战斗力不可缺少的重要内容,生命力不强的潜艇,再强大的攻击能力也无法得到充分的发挥。另外,潜艇的生命力不仅指其初始设计的防护能力,即潜艇完好状态时的防御能力,还包括潜艇在受到损害后保持其性能的能力,即潜艇的抗损性,这是保证潜艇在战斗全过程中保持适当作战能力的关键。

潜艇生命力是指潜艇抵抗各种损害,最大限度地保持和恢复航行和战斗的能力。其中抵抗各种损害是手段,保持、恢复航行和战斗的能力是目的。潜艇生命力是需要通过优化设计和精良建造而赋予潜艇的一种能力。

现代海战中,潜艇面临多方面的武器威胁,既可能在水下遭到鱼雷、深水炸弹、水雷的攻击,也可能在水面受到导弹和炸弹等武器的威胁,因此,潜艇在海战中遭受损伤的概率很大。同时,潜艇的主要工作环境是水下,海流、海深、海底环境参数和海水(温度场、盐度场)的梯度变化等都会对潜艇造成影响,而潜艇在水下运动的稳定性比在水面要低,因此潜艇遭遇险情的可能性要高于水面舰艇。与水面舰艇相比,潜艇空间狭小,武器设备密集,一旦发生损害,蔓延速度快;同时,潜艇布置紧凑,损害管制(损管)操作的可行性差,这也降低了损管的有效性。因此,潜艇在水下发生损害往往比水面舰艇更为严重。表1-1-1为各国海军2000年以来发生的主要潜艇事故,都带来了非常不好的影响,甚至灾难性的后果。

表 1-1-1 2000 年后世界各国海军发生的主要潜艇事故

序号	时间	事故描述
1	2000.08.12	"库尔斯克"号核潜艇在巴伦支海参加军事演习时发生爆炸并沉没,艇上107名乘员、11名舰队级的高级将领和助手共计118人遇难,成为俄罗斯历史上伤亡最惨重的潜艇事故
2	2001.02.10	美国洛杉矶级"格林维尔"号核潜艇浮出水面时与日本爱媛县一艘水产学校的实习船相撞,导致实习船上9人死亡
3	2002.11.06	英国海军的"特拉法尔加"号潜艇在苏格兰凯斯岛海域因撞击岩石而搁浅,造成核反应堆和逃生系统等多处受损,3名艇员受伤,事故直接经济损失约500万英镑
4	2002.11.13	美国"俄克拉荷马"号潜艇与一艘油轮发生碰撞,潜艇严重受损
5	2003.02.12	澳大利亚海军的柯林斯级潜艇在澳大利亚西海岸以最大巡航速度执行任务时发生爆管,导致海水蔓延到机电舱,损管稍微慢一点,险些无法浮出水面
6	2003.08.30	俄罗斯海军北方舰队"K-159"号退役核潜艇在被拖往修船厂拆卸途中遭遇风暴沉没,艇上载有10人,仅1人获救
7	2003.10.25	美国"哈特福德"号核潜艇在撒丁岛附近执行日常巡航任务时发生搁浅事故,事故造成约900万美元的损失,并且7个月不能执行任务
8	2004.11.14	停靠在太平洋维尔尤金斯军事基地的俄罗斯"K-223"号核潜艇发生局部爆炸,造成1人死亡,2人受伤
9	2005.01.08	美国"旧金山"号核潜艇在关岛以南海域触礁,损坏严重
10	2005.08.04	俄罗斯一艘AS-28小型潜艇在堪察加半岛附近海域执行任务时发生故障,被困于水下190m深处。当月7日,它在英国无人驾驶深水装置"天蝎"的救助下浮出水面,艇上7人全部生还
11	2005.09.05	美国"费城"号潜艇在波斯湾海域与一艘土耳其货船发生激烈碰撞,造成侧舷吃水线以上损坏
12	2006.09.06	俄罗斯海军北方舰队一艘核潜艇在巴伦支海失火,造成2名官兵丧生
13	2006.12.29	美国"明尼阿波利斯-圣保罗"号潜艇在离开英国毛利普斯时,4名船员被海浪卷入水中,造成2人死亡,2人受伤
14	2007.03.21	英国海军"不懈"号核潜艇的备用空气净化系统发生爆炸,2名水兵丧生,1名水兵受伤
15	2008.05.26	英国海军的"壮丽"号核潜艇发生撞击事故,当时艇上共有112名海军士兵,造成9人受伤,声呐探测系统也受到了严重的破坏,几乎不能正常使用
16	2008.11.08	俄罗斯海军"K-152"号核潜艇在太平洋海域试航时,因艇员操作失误导致灭火系统向船舱释放了大量卤代烷,造成20人死亡,21人受伤
17	2009.02.14	英国"前卫"号核潜艇和法国"凯旋"号核潜艇在大西洋航行时相撞,两艘潜艇均不同程度受损,但没有造成人员伤亡
18	2009.05.21	美国海军SSN-768"哈特福德"号核潜艇在霍尔木兹海峡与美国海军LPD-18新奥尔良号两栖船坞登陆舰相撞,"哈特福德"号核潜艇严重受创
19	2010.02.26	印度海军一艘潜艇在东部沿海船厂突然发生火灾,造成1名水兵死亡,2人受伤
20	2011.06.04	加拿大"科纳布鲁克"号潜艇在温哥华海域触底,事故造成2名艇员受伤
21	2012.05.23	美国海军一艘正在接受维修升级的"迈阿密"号攻击型核潜艇着火,大火造成7人受伤
22	2013.08.14	印度常规动力潜艇在停靠孟买海军造船厂时突然发生爆炸起火事故,造成18人受困
23	2013.09.16	俄罗斯K-150"托木斯克"号核动力潜艇发生火灾,15名艇员受伤,潜艇丧失部分功能

续表

序号	时间	事故描述
24	2017.11.15	阿根廷"圣胡安"号潜艇遭遇海水涌入通风管,进而舱内发生火灾爆炸,最终潜艇被发现沉没在900 m深的海底,艇上44人全部遇难
25	2021.04.21	印尼海军"南伽拉"号潜艇在鱼雷发射演练时失联,后证实潜艇沉没,53名艇员全部遇难
26	2021.02.08	日本"苍龙"号潜艇在四国岛附近海域上浮时,与一艘水面货船相撞,艇上3人轻微伤害,并造成了围壳顶部天线、围壳舵等装备损毁
27	2021.10.02	美国海浪级核潜艇SSN23"康涅狄格"号在我国南海与海底山脉相撞,潜艇受损严重,多人受伤

表1-1-1中案例充分说明了潜艇损害随时可能发生,其生命力随时可能降低,甚至造成装备受损、艇毁人亡。因此,潜艇生命力的研究目标就是要规避、抵抗威胁和损害,有效地保存自己,为持续战斗提供必要的条件。潜艇生命力研究的内容很广,它不仅涉及潜艇遭到破损后的不沉性、艇体的破损剩余强度、防火防爆性能、武器和技术装备的抗损性、潜艇和艇员防护以及对损害的管制行动等方面;还包含消磁、消声、抗导弹系统、电子干扰、电子对抗以及隐身技术等。从广义角度讲,潜艇生命力包括了损害发生前的规避能力(含隐身能力,机动规避能力,软、硬对抗能力)、损害发生后的抗损性和修复性三个方面。这几个方面决定了潜艇规避、抵抗和恢复损害的性能,构成潜艇的广义生命力。

本书研究的生命力指的是狭义生命力,即上述广义生命力含义中潜艇由于战损或灾害遭受损害后的抗损性。海战和海损事故中潜艇可能遭遇的主要灾害主要包括:潜艇破损进水,造成潜艇抗沉性能降低,甚至倾覆或沉没;潜艇起火或爆炸;武器和技术装备遭到破坏;艇员受到伤害。因此,潜艇生命力的研究内容是防沉抗沉、防火防爆、技术装备抗损及人员防护,其中防沉抗沉与防火防爆是本书的重点。

二、保障生命力的基本原则与措施

为了抵抗这些灾害,保障潜艇生命力的工作必须建立在预防的基础上。在潜艇的日常维护和管理使用时,在损害未发生之前,必须严格遵守以防为主的原则,在结构设计、器材配置、潜艇机动和艇员行动上,要设法防止灾害发生,或使灾害发生的可能性最小,这就是"预防"原则。在破损灾害发生后,应极力限制其蔓延,使其局限在最小范围内,产生的影响与后果最小,这就是"限制"原则。在破损灾害的扩散蔓延得到限制后,应该立即消除破损灾害及其所造成的影响,最大限度地保持和恢复潜艇的各项性能,恢复潜艇的正常状态,这就是"消除"原则。"预防、限制、消除"是保障潜艇生命力的基本原则。

保障潜艇生命力的工作,贯穿于从潜艇设计建造到整个服役使用全过程中,潜艇设计者、建造者和使用者都应根据"预防、限制、消除"这个基本原则,主要从以下三个途径来保障和提高潜艇的生命力。

（一）设计构造措施

在潜艇原始设计和改装设计时，人们开展潜艇生命力论证，合理设计艇体、各系统、装置、各种技术装备、配置损管器材等，保证潜艇、装备、系统等具有良好的生命力。

（二）组织技术措施

从组织技术措施上保障潜艇生命力，就是从人员的严密组织和技术器材的正确管理使用等措施上保障潜艇生命力。如颁布相应的条令、条例和规章制度，加强损管组织及艇员的损管训练，熟练损管器材的使用，预防进水、火灾爆炸、设备故障，使艇员和损管技术器材保持常备不懈，保持潜艇设计建造时所赋予的生命力水平。

（三）艇员损害管制

设计构造措施和组织技术措施是潜艇生命力的物质保证，保障潜艇生命力最终要落实到艇员的损管活动，即潜艇一旦发生破损灾害，艇员应能迅速确定损害范围、性质，采取一切措施，恢复所要求的潜艇功能，即开展有效的损害管制，降低损害对潜艇的危害和影响。

三、潜艇损害管制

潜艇损害管制（损管）是指所有保障潜艇生命力活动的总称，主要包括损管指挥、损害预防、损管行动、损管装备器材配置与管理等。

潜艇损管的基本任务是预防、限制和消除各种损害，保持、恢复潜艇生命力。为此，无论平时和战时都应重视潜艇损管，将损管训练作为潜艇的一项经常性战备训练工作，既要在平时积极做好预防工作，又要在发生损害时迅速有效地限制和消除损害，最大限度地保障潜艇的航行和作战能力。

本 章 小 结

本章介绍了潜艇生命力和损害管制的基本概念。讲述了生命力的定义和研究内容、保障生命力的基本原则与措施，以及损害管制的具体含义和基本任务。

思考题

1. 潜艇生命力的定义是什么？
2. 请简述潜艇生命力与战斗力之间的关系。
3. 保障潜艇生命力的基本原则与措施是什么？
4. 潜艇损害管制的具体含义和基本任务是什么？

第二章　武器对潜艇的破坏作用

潜艇生命力研究的是潜艇受损情况下的生存能力。潜艇受损的主要原因是武器攻击、环境灾害、事故或故障。对于潜艇生命力来说，敌方武器攻击造成的损害是关注的重点。了解各类武器攻击对于潜艇的破坏作用，是艇员合理、科学进行潜艇损管行动的基础。

潜艇可能遭受的攻击武器主要有深水炸弹、水雷、鱼雷、航空炸弹、反舰导弹、舰炮及核武器等。熟悉上述武器的特点及其对潜艇的攻击方式和破坏作用的特点对于研究潜艇生命力至关重要。

深水炸弹是攻击潜艇的主要武器之一。在第二次世界大战中，水面舰艇用深水炸弹和火炮共击沉潜艇368艘，约占潜艇损失总数的30.3%。

19世纪初，水雷开始出现在海战场。第一次世界大战中（1914~1918年），潜艇因触雷而沉没的有57艘，占潜艇沉没总数的21%。第二次世界大战中（1939~1945年），触雷沉没的潜艇数量大幅度减少，仅41艘，约占潜艇损失总数的3.4%。

鱼雷是海军特有的武器，也是潜艇携带的主要武器。在第二次世界大战以前，鱼雷大多以直航鱼雷为主，对潜艇的攻击作用有限。第二次世界大战后，鱼雷有了许多新发展，主要在制导方式上有突变，出现了具备自动寻找目标功能的鱼雷。在装药品种上，采用了威力相当于TNT 1.6~1.7倍的混合装药，尤其出现了专门的反潜鱼雷，如美国MK46、MK48鱼雷，鱼雷对潜艇的威胁越来越大。

航空炸弹用于袭击军舰的历史比较短，但发展很快。在第二次世界大战中，被飞机携带的航空炸弹击沉的潜艇共457艘，约占潜艇损失总数的37.6%。第二次世界大战后，美欧各国继续改进和发展航空炸弹，如制导炸弹等新型炸弹，命中精度达70%以上。可见，未来战争中，航空炸弹对潜艇的安全威胁仍不能忽视。另外，对于水面状态的潜艇，反舰导弹、舰炮都会对其安全构成威胁，也是影响其安全的重要武器。

上述武器都会对潜艇的安全造成严重破坏，其中最典型的特征就是潜艇发生爆炸现象。本章将从爆炸现象入手，分析潜艇爆炸的特点，及其对潜艇的危害和影响。

第一节　爆炸现象及其特征

一、爆炸现象

爆炸是指一种极为迅速的物理、化学、核的能量释放过程,在此过程中,系统的内在势能转变为机械功、光和热的辐射等。爆炸对外做功的根本原因就在于系统原有高压气体或爆炸瞬间所形成的高温高压气体的骤然膨胀,从爆炸性质看,可以分为以下三类。

(一) 物理爆炸

物理爆炸是指由物理变化引起的爆炸,爆炸前后,物质及化学成分均不改变。蒸汽锅炉或高压气瓶的爆炸均属此类。蒸汽锅炉爆炸是由于过热的水迅速变为热蒸汽,造成的高压冲破容器阻力;高压气瓶爆炸是由于充气压力过高,超过气瓶强度而发生破损。潜艇上装载着大量的高压空气瓶,在遭受武器攻击时极易发生物理爆炸。

(二) 化学爆炸

化学爆炸是指由化学反应引起的爆炸,其能量主要来自化学反应能。炸药的爆炸以及甲烷、乙炔以一定的比例与空气混合所产生的爆炸,都属化学爆炸现象。潜艇上装载的鱼雷、水雷等攻击武器也可能发生自爆,同时敌人武器命中引发的爆炸,也是典型的化学爆炸,例如俄罗斯"库尔斯克"号核潜艇因鱼雷引发的自爆事件。

(三) 核爆炸

核爆炸是指能量由核裂变或核聚变所产生的一种爆炸,即核裂变(如 U-235 的裂变)或核聚变(如氘、氚、锂的核聚变)反应所释放出的核能。核潜艇上布置的反应堆和装载的核弹一旦失控,就有可能引发核爆炸。

上述三类爆炸中,物理爆炸的特点是瞬时放热;核爆炸除了瞬时放热外,还有放射性等其他作用特点,但由于核爆炸后果严重,因此人员管理严格、防护措施到位,很难发生核爆炸。本书不对这两种爆炸作详细阐述,下面简单介绍化学爆炸的典型代表——炸药的爆炸特点。

二、炸药爆炸的基本特征

从热力学角度讲,炸药是一种相对不稳定的系统,即它在外界因素作用下,能够发生高速的放热反应,同时造成强烈的呈压缩状态的高压气体。炸药爆炸过程具有三个基本特征,即过程的放热性、过程的瞬时性、过程中生成大量的气体产物。三个条件是任何炸药爆炸所必须具备的。三者互相联系,缺一不可,否则炸药也就失去了它们的效力。

(一) 过程的放热性

放热性是炸药爆炸反应必须具备的第一条件,没有该条件,爆炸就不能发生。爆炸过程中所放出的热量被称为"爆热",形成的温度可达 3 000~5 000℃,甚至更高。它是爆炸破坏作用的主要因素,是炸药爆炸做功的能量标志。因此,它是炸药的一个极为重要的参数,常用炸药的爆热为 900~1 800 kcal/kg。

(二) 过程的瞬时性

瞬时性是爆炸反应的突出特点,炸药爆炸反应速度很高,在 $10^{-6} \sim 10^{-5}$ s 内就完成了反应。一般化学反应也可以放热,而且许多普通化学反应放出的热量比炸药爆炸时放出的热量多得多,但它们并未能形成爆炸现象,其根本原因在于它们的反应过程进行得很慢。例如煤块燃烧反应的放热量为 2 130 kcal/kg,TNT 的爆炸热只有 1 093 kcal/kg。前者反应完成所需的时间为数分钟到数十分钟,而后者仅需十几到几十微秒,时间相差数千万倍。

由于炸药爆炸反应速度极快,实际上可以近似认为爆炸反应所放出的能量,全部聚集在炸药爆炸前所占据的体积内,从而造成了一般化学反应所无法达到的能量密度,例如,表 2-1-1 为某些炸药和燃料混合物的能量密度。

表 2-1-1 某些炸药和燃料混合物的能量密度

炸药或燃料混合物名称	每升炸药或燃料混合物的能量密度/(kcal/L)
硝化甘油	2 380
TNT	1 626
碳与氧的混合物	4.1
苯蒸气与氧的混合物	4.4
氢与氧的混合物	1.7

注:表中引用的燃料能量密度是根据假设(即假设这些物质在其原先占据的体积内完成反应)计算的。

从表 2-1-1 可知,炸药爆炸所达到的能量密度非常大,是一般燃料燃烧所达到的能量密度的数百倍乃至数千倍。因此,炸药爆炸具有巨大的能量和强烈的破坏作用。

(三) 过程中生成大量的气体产物

气体产物是炸药在爆炸过程中所产生的一种物质,这种物质由固体或液体炸药进行高速化学反应而转化成的高温、高压气体,又称为爆炸产物。

炸药爆炸能够膨胀做功并对周围介质造成破坏的根本原因之一,就在于爆炸瞬间有大量气体产物产生。因为在标准状态下,气体密度比固体和液体小得多,在爆炸瞬间,炸药则由固体或液体立即定容地转化为气体,再加上反应的放热性,使气体处于强烈的压缩状态,形成高温高压。其次,与固体、液体等物质相比,气体具有大得多的体积膨胀系数,这使得气体成为爆炸做功的优质工质。炸药爆炸过程正是利用气体的这种特点将炸药的势能迅速地转变为爆炸机械功,从而产生爆炸破坏效应。

一般情况下,气体产物的温度称为爆温,可达 3 000～5 000℃,压力称为爆压,高达数十万个大气压。

由上面定性讨论可知:爆炸是一种瞬时放热过程,并产生大量气体。因此,对炸药的爆炸现象概括如下:炸药的爆炸现象是一种以高速进行的、能自动传播的化学反应过程,在此过程中放出大量的热并生成大量的气体产物。

第二节　普通装药武器空中爆炸对潜艇破坏作用

一、空中爆炸的基本现象

当普通炸药在空气中爆炸时,其周围介质直接受到具有高温、高压、高速的爆炸产物的作用,在装药和介质的界面处,爆炸产物以极高的速度向周围扩散,如同一个超声速活塞一样,强烈地压缩着相邻的介质空气,使其压力、密度、温度突跃式升高,形成初始冲击波,见图 2-2-1。与此同时,由于相邻介质空气的初始压力和密度都很低,因而就有一个稀疏波从界面向爆炸产物内传播。因此,爆炸产物在空气中初始膨胀阶段同时出现两种情况:向爆炸产物内传入稀疏波与在空气介质中形成初始冲击波。

(1) 随着空气冲击波向外传播,其正压区不断拉宽。这是因为冲击波波阵面是以超声速向前传播,而正压区的尾部是以与压力 P_0 相对应的空气声速 C 运动。

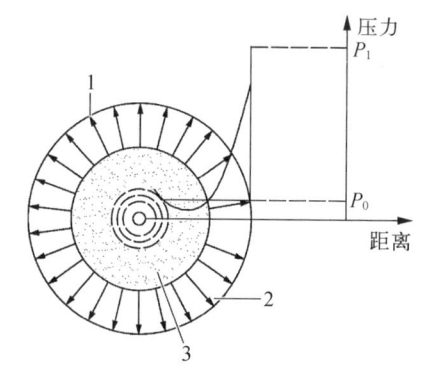

图 2-2-1　冲击波形成示意图

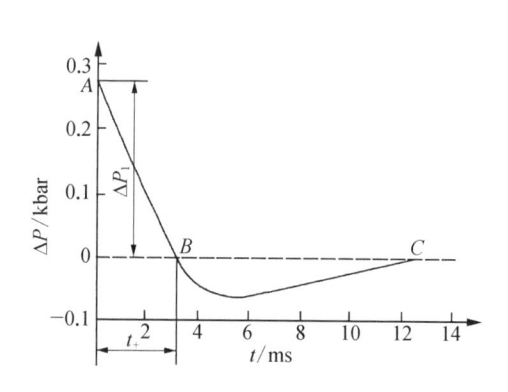

图 2-2-2　冲击波压力时间历程

(2) 随着空气冲击波向外传播,波阵面上的压力 P 和传播速度迅速下降,见图 2-2-2,原因是:首先,假设冲击波是以球面波的形式向外传播的,随着距离的增大,波阵面的表面积不断增大,此时,即使没有其他能量的损耗,通过波阵单位面积的能量也将不断减小(对柱面波或其他形式的波阵面也是如此);同时,在一定距离上,球面波可以是以平面波形式传播的。其次,如前所述,空气冲击波正压区随着波的传播,不断拉宽,受压缩的空气量不断增大,使得单位质量空气的平均能量不断下降,此外,冲击波的传播不是等熵过程。在强度较大的空气冲击波的作用下,空气受到绝热压缩,温度升高,消耗了部分冲击波的能量。基于上述原因,空气冲击波在传播过程中,波阵面上的压力是迅速衰减的,且初始阶段衰减快,后期衰减渐缓。如爆炸产物由开始膨胀形成初始冲击波到冲击波传到 $12r_0$(装药半径)处,波阵面的压力由 1 000 kg/cm²(或 100 MPa),很快衰减到 10~20 kg/cm²(或 1~2 MPa)。之后,冲击波继续向前传播,压力衰减变慢,在距爆心足够远处冲击波就逐渐过渡到声波。

二、空气冲击波的主要参数

空气冲击波的能量主要集中在正压区。就破坏作用来说,正压区的影响比负压区大得多,一般可以不考虑负压区的作用。

冲击波对目标的破坏作用可以用以下三个参数来度量。

(1)波阵面压,即冲击波的峰值压力(或超压),用 ΔP_m 表示。
(2)正压区作用时间(或冲击波正压持续时间),用 t_+ 表示。
(3)比冲量(或冲量密度),即正压区压力函数对时间的积分值,用 i_+ 表示:

$$i_+ = \int_0^{t_+} P(t) \mathrm{d}t \qquad (2-2-1)$$

(一)冲击波峰值压力 ΔP_m

(1)在无限介质中爆炸时,空气冲击波峰值压力 ΔP_m(即自由场峰值超压)的计算。

无限空中爆炸是指炸药在无边界的空中爆炸。此时,空气冲击波不受其他界面的影响。一般认为,无限空中爆炸时,装药的对比高度应满足:

$$\frac{H}{\sqrt[3]{\omega}} \geq 0.35 \qquad (2-2-2)$$

式中,H 为装药离地面的高度,m;ω 为 TNT 装药重,kg。

(2)装药密度为 1.6 g/cm³ 的球形 TNT 药包在空中爆炸时,峰值压力 ΔP_m 的计算:

$$\Delta P_m = P_1 - P_0 = 0.84 \frac{\sqrt[3]{\omega}}{r} + 2.7\left(\frac{\sqrt[3]{\omega}}{r}\right)^2 + 7.0\left(\frac{\sqrt[3]{\omega}}{r}\right)^3 \qquad (2-2-3)$$

或

$$\Delta P_m = \frac{0.84}{\bar{r}} + \frac{2.7}{\bar{r}^2} + \frac{7.0}{\bar{r}^3} \qquad (2-2-4)$$

式中,P_1 为冲击波波阵面绝对峰值压力,kg/cm^2;P_0 为介质的初始压力,kg/cm^2;ΔP_m 为冲击波峰值压力,kg/cm^2;ω 为TNT装药重量,kg;r 为测点至药包中心的距离,m;$\bar{r} = \dfrac{r}{\sqrt[3]{\omega}}$ 为比例距离,$m/kg^{1/3}$,适用于 $1 \leqslant \bar{r} \leqslant 15$。

式(2-2-2)或式(2-2-3)的适用范围局限性较大。对于球形TNT装药的超压计算归纳出以下两个公式:

$$\Delta P_m = \frac{20.06}{\bar{r}} + \frac{1.94}{\bar{r}^2} - \frac{0.04}{\bar{r}^3} \quad (0.05 \leqslant \bar{r} < 0.50) \qquad (2-2-5)$$

$$\Delta P_m = \frac{0.67}{\bar{r}} + \frac{3.01}{\bar{r}^2} + \frac{4.31}{\bar{r}^3} \quad (0.50 \leqslant \bar{r} \leqslant 7.09) \qquad (2-2-6)$$

(3) 使用其他炸药或装药密度不同时,峰值压力的计算。

由于炸药或装药密度不同,根据能量相似原理,可将装药换算成等效的TNT当量再按式(2-2-2)~式(2-2-5)进行计算。

等效的TNT当量计算公式如下:

$$\omega_T = \omega_i \frac{Q_i}{Q_T} \qquad (2-2-7)$$

式中,ω_i 为所用炸药的质量,kg;Q_i 为所用炸药的爆热,kcal/kg;ω_T 为 ω_i 折算的TNT当量,kg;Q_T 为TNT炸药的爆热,kcal/kg。

(4) 刚性地面装药爆炸时空气冲击波峰值压力 ΔP_m 的计算。

装药在刚性地面爆炸时,若忽略对地介质做功的那部分能量,则空气冲击波强度可近似地与两倍装药在无限空间爆炸相当,即等效于两倍装药在无限空间的爆炸。以 $\omega_T = 2\omega$ 代入式(2-2-3)可得到:

$$\Delta P_m = \frac{1.06}{\bar{r}} + \frac{4.3}{\bar{r}^2} + \frac{14.0}{\bar{r}^3} \qquad (2-2-8)$$

式中,$\bar{r} = \dfrac{r}{\sqrt[3]{\omega}}$,$m/kg^{1/3}$,适用于 $1 \leqslant \bar{r} \leqslant 15$;$\omega$ 为地面实际装药量,kg。

公式(2-2-2)~公式(2-2-7)的计算结果列于表2-2-1,相应曲线见图2-2-3。应该指出,使用上述公式时,要注意对比距离的适用范围。在 $\bar{r} = \dfrac{r}{\sqrt[3]{\omega}} \leqslant 1$ 时误差较大。

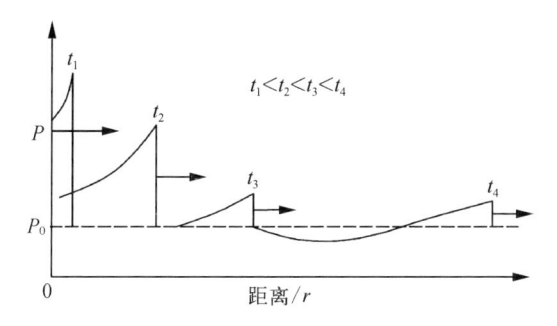

图 2-2-3 爆炸冲击波在空气中传播的情况

表 2-2-1 空气冲击波 ΔP_m 与 $\bar{r}$ 的关系

$\bar{r}=\dfrac{r}{\sqrt[3]{\omega}}$ /(m/kg$^{1/3}$)	ΔP_m/(kg/cm²) 空中爆炸	普通土壤地面爆炸	刚性地面爆炸	$\bar{r}=\dfrac{r}{\sqrt[3]{\omega}}$ /(m/kg$^{1/3}$)	ΔP_m/(kg/cm²) 空中爆炸	普通土壤地面爆炸	刚性地面爆炸
1	10.54	17.61	19.36	3.5	0.623	0.911	0.981
1.1	8.25	13.69	15.04	4.0	0.488	0.701	0.753
1.2	6.63	10.91	11.97	4.5	0.397	0.562	0.602
1.3	5.43	8.88	9.73	5	0.332	0.484	0.496
1.4	4.53	7.36	8.05	6	0.247	0.339	0.361
1.5	3.83	6.19	6.77	7	0.196	0.264	0.280
1.6	3.29	5.27	5.76	8	0.161	0.214	0.227
1.8	2.50	3.98	4.31	9	0.136	0.180	0.190
2.0	1.97	3.08	3.35	10	0.118	0.155	0.163
2.5	1.22	1.85	2.01	12	0.093	0.120	0.126
2.75	1.0	1.51	1.63	14	0.076	0.098	0.103
3.0	0.84	1.25	1.35	15	0.07	0.089	0.094

实验结果如表 2-2-2 所示,离装药距离较近处,装药形状影响较大;距离较远处,影响就显著减小了。这是空气冲击波传播过程中不断均匀化的结果。

表 2-2-2 装药形状对 ΔP_m 的影响

炸药	装药形状	装药重量/kg	ΔP_m/(kg/cm²) $\bar{r}=1$	$\bar{r}=10$
TNT	长方形	0.23	29.9	0.094
TNT	圆柱形	1.81	18.5	0.114
TNT	圆柱形	3.6	20.7	0.112
TNT	球形	1.71	11.9	0.124

(二) 空气冲击波正压区作用时间 t_+ 的计算

(1) TNT 球形装药在空中爆炸：

$$t_+ = 1.35 \times 10^{-3} \cdot \sqrt{r} \cdot \sqrt[6]{\omega} \qquad (2-2-9)$$

式中，r 为测点到爆心的距离，m；ω 为 TNT 装药重量，kg。

(2) TNT 球形装药在刚性地面爆炸：

$$\omega_r = 2\omega$$

$$t_+ = 1.7 \times 10^{-3} \sqrt{r} \cdot \sqrt[6]{\omega} \qquad (2-2-10)$$

(三) 空气冲击波比冲量 i_+ 的计算

$$i_+ = \int_0^{t_+} P(t)\,dt \qquad (2-2-11)$$

若已知 $P(t)$ 函数或实验测量获得 $P(t)$ 波形时，可以对 $P(t)$ 曲线直接求积分得到 i_+，但计算比较复杂。根据实验测定的结果，比冲量的经验计算公式如下。

设装药重量为 ω，kg；装药半径为 r_0，m。

当 $r > 12r_0$ 时：

$$i_+ = A \cdot \frac{\omega^{2/3}}{r} = A \cdot \frac{\omega^{1/3}}{r} \qquad (2-2-12)$$

当 $r \leqslant 12r_0$ 时：

$$i_+ = B \cdot \frac{\omega}{r^2} = B \cdot \frac{\omega^{1/3}}{r^3} \qquad (2-2-13)$$

式中，A、B 为常数，对球形 TNT 装药在无限介质中爆炸，取 $A = 40$，$B = 25$。

对其他炸药而言：

$$i_+ = A \cdot \frac{\omega^{2/3}}{r} \sqrt{\frac{Q_i}{Q_T}} \quad (r > 12r_0) \qquad (2-2-14)$$

当球形 TNT 装药在刚性地面上爆炸时，$\omega_T = 2\omega$，则

$$i_+ = A \cdot \frac{(2\omega)^{2/3}}{r} = 63 \frac{(2\omega)^{2/3}}{r} (r > 12r_0) \qquad (2-2-15)$$

对冲击波负压区，其相应比冲量——负压比冲量，用 i_- 表示。根据实验测定：

$$i_- = i_+ \left(1 - \frac{1}{2r}\right) \qquad (2-2-16)$$

由式 (2-2-16) 可知，随着冲击波传播距离的增大，i_- 逐渐接近 i_+。

三、空中爆炸对潜艇的破坏

炮弹、炸弹、飞航式导弹等爆炸,实质上是带壳装药的爆炸。带壳装药爆炸后,炸药释放的能量一部分消耗于壳体的破裂及使碎片飞散,另一部分则消耗在爆炸生成物的膨胀和空气冲击波的形成。普通装药武器空中爆炸对潜艇的破坏作用,包括由爆炸产物和空气冲击波联合作用下对潜艇的爆炸作用、弹丸(或弹头)对潜艇的贯穿作用、高速飞散的碎片对艇员的杀伤作用,同时还有振动破坏作用及燃烧作用。

(一) 爆炸作用

爆炸作用是指爆炸产物和冲击波对潜艇的粉碎性撕裂作用。这是一个极为复杂的问题,它不仅取决于炸药的多少、炸药的种类、炸药的装填密度、装填方式、爆炸距离等因素,而且还与潜艇结构、相对位置、艇体强度等多种因素有着很大的关系。所以,要精确地确定出爆炸作用的大小是很困难的。这就涉及一个非常重要的参数——破坏半径 R_b。

破坏半径是指普通装药武器空中爆炸在艇体上出现破口及裂缝等有明显破坏区域的半径。如图 2-2-4 所示。普通炸药武器接触爆炸及近距离非接触爆炸时,根据理论推导和大量实验结果及实际破损战例推算,可按经验公式计算出破坏半径 R_b:

$$R_b = K \cdot \sqrt{\omega_T} \qquad (2-2-17)$$

式中,R_b 为破坏半径,m;ω_T 为 TNT 当量,kg;K 为潜艇结构系数。对无装甲的轻型舰艇结构,据试验资料,可取 $K = 0.37 \sim 0.44$。

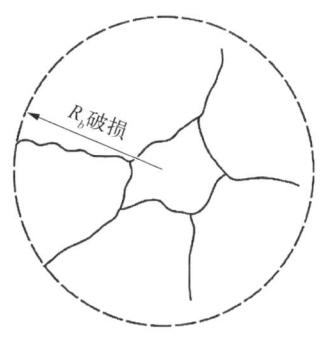

图 2-2-4 破坏半径 R_b

【例题 1】 法国"飞鱼"导弹的战斗部重 165 kg,装有烈性炸药 48 kg,那么其爆炸时对舰艇爆破作用有多大呢?

解:

假设"飞鱼"导弹的烈性炸药爆热为 1 500 kcal/kg,则其 TNT 当量为

$$\omega_T = \omega_i \cdot \frac{Q_i}{Q_T} = 48 \times \frac{1\,500}{1\,093} = 65.9 \text{ kg} \qquad (2-2-18)$$

相应的破坏半径为

$$R_b = K\sqrt{\omega_i} = (0.37 \sim 0.44)\sqrt{65.9} = 3.004 \sim 3.572 \text{ m} \qquad (2-2-19)$$

法国"飞鱼"导弹打靶试验时,靶舰英国驱逐舰"勇猛"号标准排水量为 2 240 t,满载排水量为 2 880 t。破口最大直径为 7~8 m,与公式计算基本相符。

（二）贯穿作用

贯穿作用是指具有一定动能的弹头或弹片对艇体的穿透作用。贯穿作用的大小取于三个方面：一是弹头或弹片自身，如弹径、弹重、弹速、弹头构造等；二是艇体结构和强度，如艇体有无装甲、钢板厚度等；三是弹头与舰艇相遇条件，即两者的遭遇角 a，a 越小穿透厚度越大，见图 2-2-5。

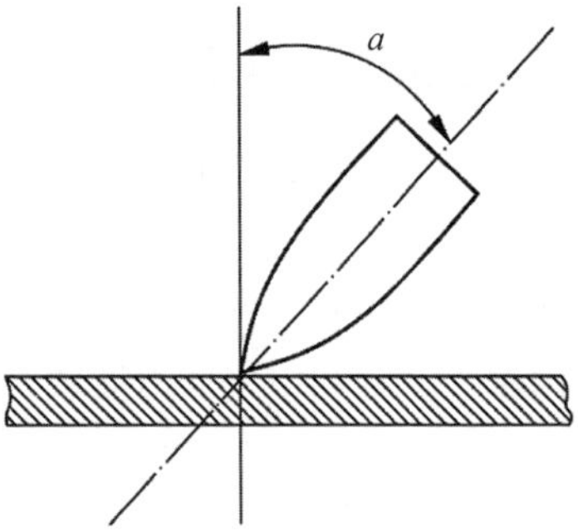

通常情况下，导弹战斗部重量最大，速度快，一般均能贯穿舰艇的外壳。

图 2-2-5　炮弹与钢板作用角度示意图

（三）杀伤作用

杀伤作用主要是指弹片和冲击波对艇员的伤害作用。经实验测定，冲击波使人致死的临界半径 R_r 为

$$\omega_T < 300 \text{ kg}, \quad R_r = 1.1\sqrt{\omega_T} \text{ （m）} \quad (2-2-20)$$

$$\omega_T > 300 \text{ kg}, \quad R_r = 2.7\sqrt{\omega_T} \text{ （m）} \quad (2-2-21)$$

一般情况下，冲击波超压在 0.2 kg/cm² 以下时，对于人体没有伤害；在 0.2~0.3 kg/cm² 范围内，人体受轻伤；在 0.3~0.5 kg/cm² 范围内，人体受到中等损伤；在 0.5~1.0 kg/cm² 范围内，人体受严重伤害，甚至死亡；在超压大于 1.0 kg/cm² 时，波阵面后空气介质点运动速度可达 40~100 m/s，大大超过了台风的速度，冲击波的作用将导致人体血管、支气管、胃肠及隔膜的破裂。因此，在这样的超压下，如果没有适当的防护，人会立即死亡。

（四）振动作用

振动作用是指由爆炸产物和冲击波对潜艇造成一种强烈冲击而产生的振动破坏，是一种广泛的冲击破坏。当潜艇金属结构受到冲击后，将产生强烈的振动，在不同程度上产生一定的弹性变形，甚至是塑性变形，致使技术装备因抗振能力不足而损坏。

（五）燃烧作用

燃烧作用是指由高温高压的爆炸物或炽热的弹片、弹头等点燃潜艇内可燃物而引起的一种火灾。燃烧作用的大小，取决于炸药量、炸药性质（如是否有燃烧剂）及被燃物质的性质。

（六）空中爆炸对潜艇的破坏特点

（1）当潜艇处于水上状态，只有接触（或近距离非接触）爆炸时，才能对潜艇起到较大的破坏作用；

（2）破坏范围主要决定于气体生成膨胀的大小，在它的作用范围内，一般的艇体结构和机械装置等均会遭到不同程度的破坏；

(3) 空气冲击波只有在距离较近时才能同气体产物一起发挥破坏作用,距离较远破坏作用就较小;

(4) 爆炸使弹壳形成弹片四处飞散,对潜艇甲板上无保护的艇员和设备会起杀伤和破坏作用。

归纳起来,普通装药武器空中爆炸对潜艇的破坏因素有四种:气体生成物、空气冲击波、弹体和弹片。其破坏作用有五个方面:爆破、贯穿、振动、杀伤和燃烧。所引起的后果是:能造成艇体水上和水线附近发生破洞,主压载水舱甚至舱室被灌注,机械设备、管路和电路遭受破坏,船舷阀件和仪表变形受损,艇员遭到伤害等。但是,如果没有直接命中或引起艇内弹药爆炸,在一般情况下,只要及时采取正确的措施,对潜艇生命力的威胁要比水中破损小得多。

第三节　普通装药武器水中爆炸对潜艇破坏作用

水雷、鱼雷、深水炸弹等武器爆炸均为水中爆炸,航空炸弹以及原子武器等亦为水中爆炸。普通装药武器水中爆炸如同空中爆炸一样,也是一个十分复杂的过程。两者相比,仅就爆炸过程而言,基本上是相同的。即在外界因素作用下,首先在其装药内部发生高速放热反应,同时产生强烈的呈压缩状态的高温高压的爆炸产物,最后冲破壳体的约束,瞬间爆炸。水中爆炸同空中爆炸相比,唯一的不同就是爆炸周围介质的不同。由于水的压缩性小、密度大,在正常条件下,水的密度为空气的近800倍,而水的压缩性却仅是空气的1/30 000~1/20 000。正是由于水所具有的这些特殊性,所以装药在水中爆炸对潜艇具有更大的破坏作用。

一、水中爆炸的基本现象

(一) 水中冲击波的形成及其特点

炸药在水中爆炸时,与之相邻的周围介质水,直接受到具有高温、高速、高压的爆炸产物气泡的作用。在装药和介质的界面处,爆炸产物以极高的速度向周围扩展,如同一个超声速的活塞一样,强烈地挤压与之相邻的介质水,使其压力、密度、温度突然升高,形成初始冲击波,即水中冲击波,见图2-3-1。

水中冲击波压力比空气冲击波的压力高很多。如空气冲击波压力为80~130 MPa,而水中冲击波初始压力则超过10^4 MPa。

图2-3-1　水下爆炸冲击波

随着水中冲击波的传播,其波阵面压力和速度下降得很快,但波形不断拉宽,见图 2-3-2。例如,球形冲击波约 10 倍装药半径处压力将降为初始压力的 1/100。图 2-3-3 所示为 173 kg 的 TNT 装药在水中爆炸时,测得的水中冲击波的传播情况。在离爆炸中心 1.525 m、15.25 m 和 152.5 m 处冲击波的峰值压力分别为 240 MPa、15.6 MPa 和 1.15 MPa。图中 t_1、t_2、t_3 分别表示爆炸后的不同时刻冲击波的情况。

图 2-3-3 中的冲击波是以指数波衰减,因此,在离爆心较近距离处,波阵面压力下降快,而较远距离处则较缓。

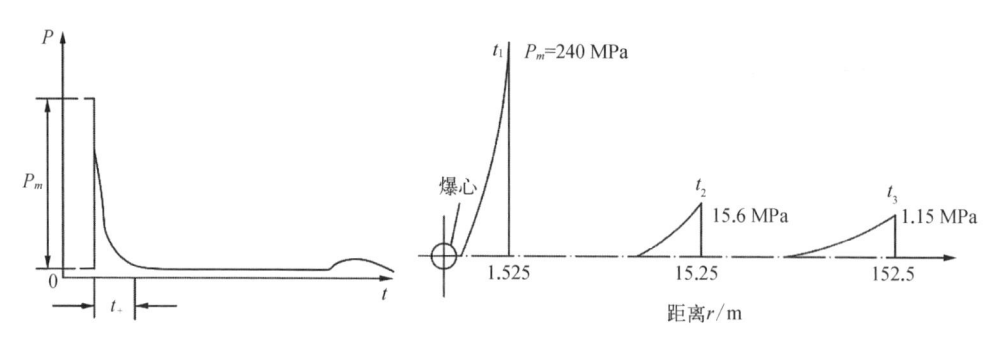

图 2-3-2　水中冲击波 $P(t)$ 曲线

图 2-3-3　水中冲击波的传播过程

(二) 气泡脉动及其压力波的形成和特点

炸药在水中爆炸后产生高温高压爆炸产物气泡,由于气泡内的压力比周围介质的压力大得多,因此气泡迅速膨胀,气泡内的压力随着气泡的膨胀而降低,到某一时刻,气泡内的压力与外界压力相等,见图 2-3-4,但是,由于水的扩散流具有惯性,所以气泡将继续扩大使气泡中的压力值降到比外界还低,但此时的膨胀速度随之降低,当降至零时,气泡的体积达到最大值,此时周围水的压力超过气泡内的压力,气泡重新被压缩,随着气泡体积的缩小,气泡内压力增加,到某一时刻,气泡压力又与外界压力相等,但是由于这时水敛流的惯性,气泡将继续被压缩,但到一定程度就不能再被压缩了,并且在某一时刻达到平衡,这时气泡的体积最小,这样就结束了气泡脉动

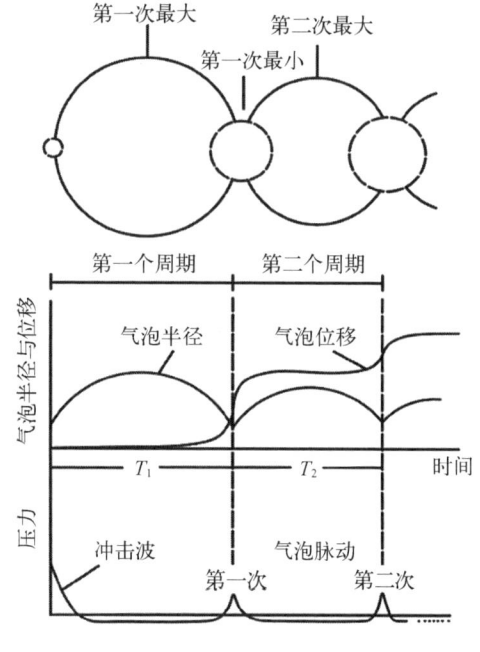

图 2-3-4　水下爆炸气泡脉动和压力随时间变化趋势

的第一次循环,并产生了二次冲击波。这时气泡压力比外界大,气泡又开始扩大产生新的循环,气泡的反复膨胀与压缩产生了二次冲击波、三次冲击波……这被称为气泡脉动,见图 2-3-5。一般深水爆炸的气泡脉动往复十几次甚至更多。气泡在脉动过程中不断上升,直到气泡被水溶解或冒出水面。

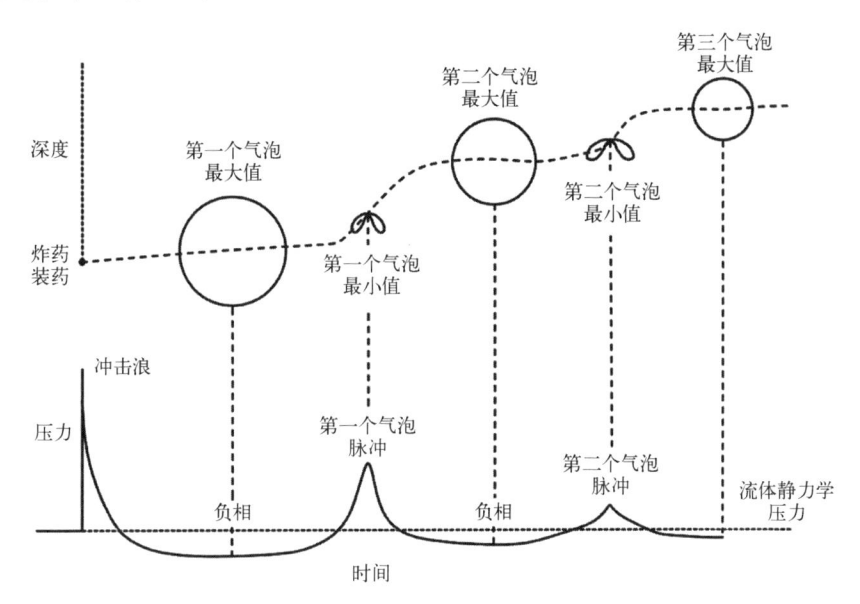

图 2-3-5 水下爆炸气泡脉动压力阶段示意图

一般来说,由第一次气泡脉动所产生的最大压力大体为冲击波压力的 15% 以下,由第二次气泡脉动所产生的最大压力约为第一次的 50%,而第三次则为第二次的 50% 左右,但第四次的最大值却不少于第三次的 50%,约为第三次最大值的 70%,见图 2-3-6。

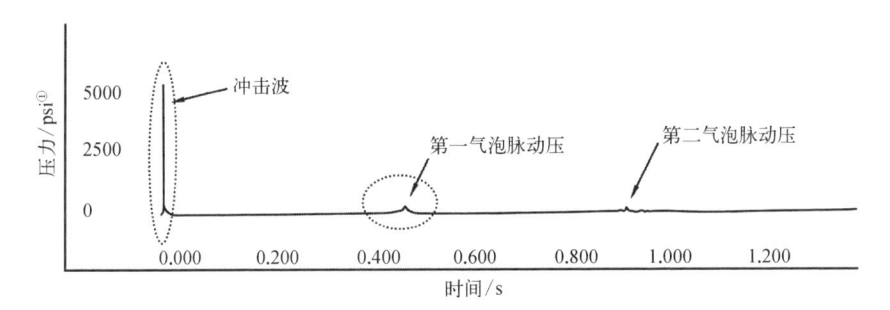

图 2-3-6 实测水下爆炸气泡脉动压

气泡脉动压最大为 5 828 psi;最小为 -132.7 psi

① 1 psi = 6.894 76 × 10³ Pa。

二、水中爆炸主要参数的估算

水中冲击波的阵面峰值压力、正压力作用区时间和比冲量等三个主要参数的计算公式,是根据爆炸相似规律和实验求得,这里不作详细推导,只给出结果。

(一) 参数计算

水中冲击波波阵面最大压力(峰值压力)ΔP_m、比冲量i和正压作用时间t_+的计算公式如下:

$$\Delta P_m = k \cdot \left(\frac{\omega^{1/3}}{r}\right)^a \tag{2-3-1}$$

$$i = l \cdot \omega^{1/3}\left(\frac{\omega^{1/3}}{r}\right)^\beta \tag{2-3-2}$$

$$t_+ = 10^{-5} \cdot \sqrt[6]{\omega} \cdot \sqrt{r} \tag{2-3-3}$$

式中,ΔP_m为水中冲击波波阵面峰值压力,kg/cm^2;ω为TNT装药质量,kg;r为距爆心距离,m;i为比冲量,$(kg \cdot s)/cm^2$;t_+为正压作用时间,s。

系数k、l和指数a、β均由实验确定。一些炸药在无限水介质中爆炸系数列于表2-3-1。

表2-3-1　ΔP_m、i计算公式中的试验系数值

炸　药	k	a	l	β
TNT(密度1.52 g/cm³)	533	1.13	0.588	0.89
特屈儿(密度0.93 g/cm³)	520	1.15	0.064 3	0.98
偏托里特(密度1.6 g/cm³)	555	1.13	0.092 6	1.05

对于其他炸药而言,可以根据能量相似原理来估算。例如,某炸药的水中冲击波峰值压力系数k_i可用式(2-3-4)换算:

$$k_i = k_T\left(\frac{Q_i}{Q_T}\right)^{1.13/3} = k_T\left(\frac{Q_i}{Q_T}\right)^{0.376} \tag{2-3-4}$$

$$\theta = \left(\frac{\omega^{1/3}}{r}\right)^{-0.24} \cdot \omega^{1/3} \cdot 10^{-4} \tag{2-3-5}$$

式中,k_i为某炸药的k值;k_T为TNT炸药的k值(表2-3-1);Q_i为所用炸药爆热,kJ/kg;Q_T为TNT爆热,kJ/kg;θ为时间衰减系数,s;ω为TNT当量,kg;r为距爆心距离,m。

【例题 2】 设重为 1 t 的 TNT 装药在水中爆炸，求离爆心 95 m 处冲击波峰值压力、时间衰减系数和比冲量。

解：

（1）冲击波峰值压力：

$$\Delta P_m = k \cdot \left(\frac{\omega^{1/3}}{r}\right)^a = 533\left(\frac{\omega^{1/3}}{r}\right)^{1.13} = 533\left(\frac{1\,000^{1/3}}{95}\right)^{1.13}$$
$$= 42.5 \text{ kg/cm}^2 \qquad (2-3-6)$$

（2）时间衰减系数：

$$\theta = \left(\frac{\omega^{1/3}}{r}\right)^{-0.24} \cdot \omega^{1/3} \cdot 10^{-4}$$
$$= \left(\frac{1\,000^{1/3}}{95}\right)^{-0.24} \cdot 1\,000^{1/3} \times 10^{-4} = 0.001\,71 \text{ s} \qquad (2-3-7)$$

（3）比冲量：

$$i = l \cdot \omega^{1/3}\left(\frac{\omega^{1/3}}{r}\right)^{\beta} = 0.588 \times 1\,000^{1/3} \times \left(\frac{1\,000^{1/3}}{95}\right)^{0.89} = 0.793$$
$$(2-3-8)$$

如果炸药在海底或靠近海底爆炸，爆炸能量通过海底反射对潜艇仍有一定的破坏作用。

（二）水中爆炸的气泡脉动

装药在无限水介质中爆炸时，爆炸产物所形成的气泡将在水中进行多次膨胀和压缩脉动，造成气泡周围压力会随时间发生变化，见图 2-3-7。

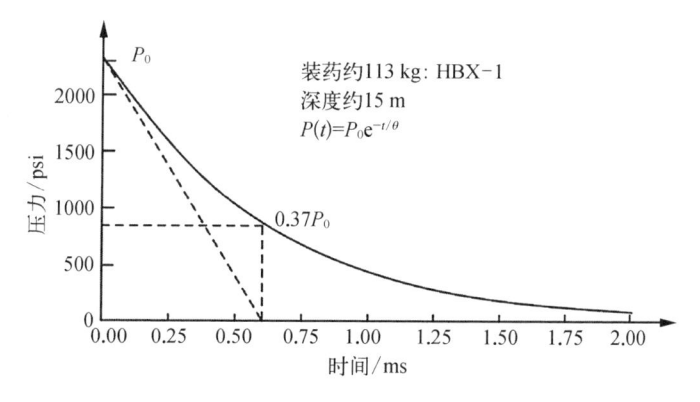

图 2-3-7　水下爆炸气泡脉动和压力随时间变化曲线

大量实验表明,气泡脉动引起的二次压力波的峰值压力不超过水中冲击波峰值压力 10%~20%。而压力波的作用时间大大超过冲击波的作用时间,因此两者作用的比冲量大致相近。

对于 TNT 一类炸药,二次压力波的峰值压力 P_m 的计算公式为

$$P_m = \Delta P_m + P_o = 72.4 \frac{\omega^{1/3}}{r} + P_o \qquad (2-3-9)$$

二次压力波的比冲量 i 为

$$i = 6.04 \times 10^{-3} \frac{(\eta_n \cdot \theta_i)^{2/3}}{Z_n^{1/6} \cdot r} \cdot \omega^{2/3} \qquad (2-3-10)$$

式中,P_o 为水的静压力,kg/cm^2;ω 为 TNT 装药量,kg;η_n 为在第 $n-1$ 次脉动后留在爆炸产物中的能量百分数;Z_n 为在第 n 次脉动开始时气泡中心所在位置的静压力,以水柱高度(m)表示;Q_i 为炸药的爆热,kJ/kg;r 为距爆心距离,m。

三、水下爆炸的界面效应

水下爆炸冲击波是水下非接触爆炸的主要破坏因素。冲击波是一种压缩纵波,从爆炸点开始向四周扩散传播。

由于海水不可能是无限深的,尤其是近岸海域水深有限,海面和海底对于爆炸冲击波的界面效应还是比较明显的。具体来说,包括表面截断、自由面空化(片层空化)和固壁吸附等界面效应。

(一) 表面截断效应

爆炸冲击波从爆心向四周传播,遇到界面会产生反射。水面反射回来的是稀疏波(负压波),海底反射回来的是致密波(压缩波)。这些界面反射波会与直接传播的冲击波相叠加,使水下测量点的压力波时间历程呈现较为复杂的特性,见图 2-3-8。

具体来说,水面反射回来的稀疏波叠加到冲击波上后,会在冲击波变化曲线上产生一个"截断"效应,冲击波压力会有一个突然的减小,再逐渐回升(图 2-3-9)。当从海底反射回来的致密波与冲击波叠加时,情况则正好相反,会使冲击波压力变化曲线产生一个突然上升再逐渐下降的过程。

(二) 自由面空化(片层空化)

如图 2-3-10 所示,水下爆炸冲击波从爆心处向四周传播。若爆炸比较靠近水面,水面反射回来的稀疏波就会跟在冲击波后面,形成一片突然的低压区,甚至负压区。

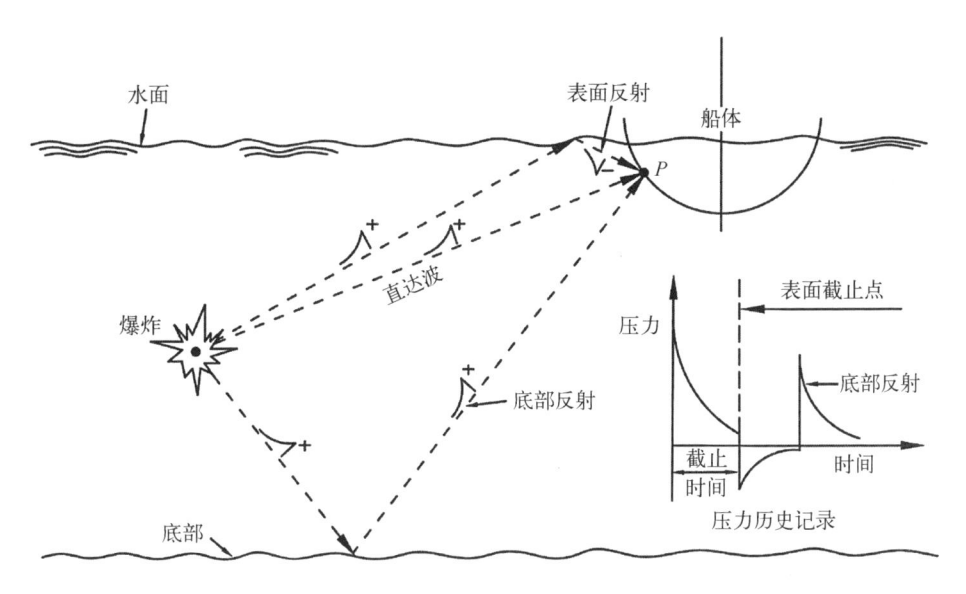

图 2-3-8 水下冲击波的反射

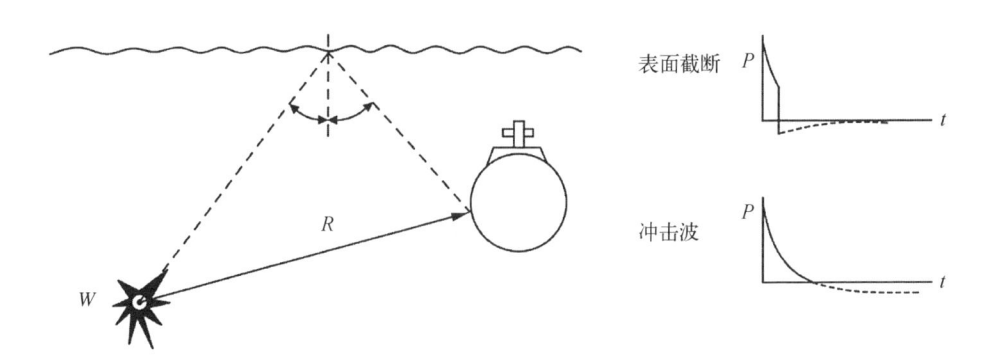

图 2-3-9 水下爆炸表面截断效应

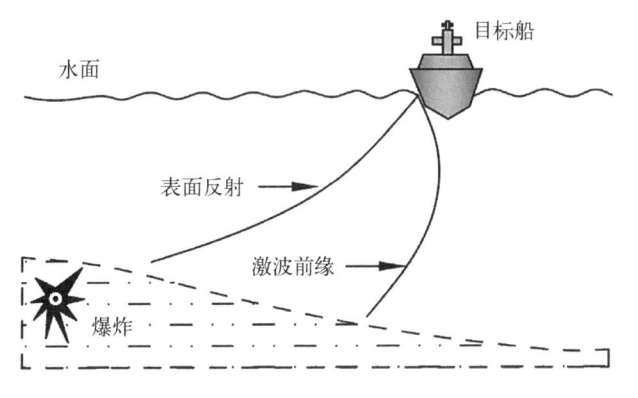

图 2-3-10 片层空化的形成

该区域的压力如果低于水的汽化压力时,就会在靠近水面的部位形成一片"空化"层,也就是自由面空化(片层空化,bulk cavitation)。该层空化层闭合(湮灭)时(图2-3-11),会产生冲击压力,并向四周传播,从而导致对水下结构体的二次加载。自由面空化层的形态与空化闭合压力示意图见图2-3-12。

图 2-3-11 片层空化区的闭合

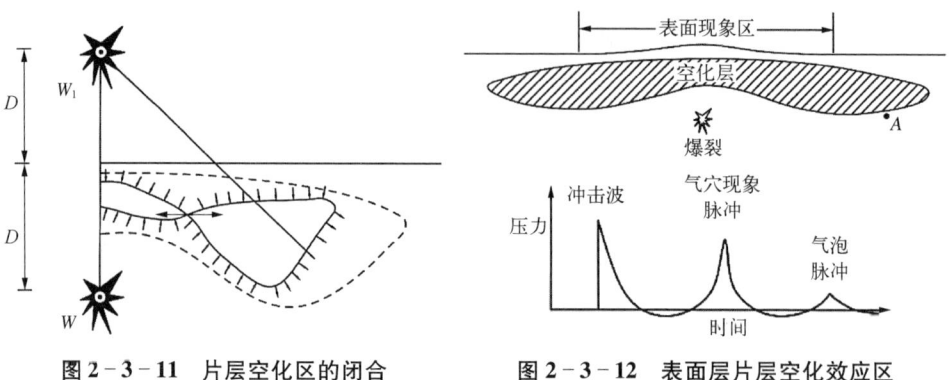

图 2-3-12 表面层片层空化效应区

(三)固壁吸附效应

在水下爆炸气泡的运动过程中,如果在其运动路径附近存在固壁,则由于固壁的刚性阻碍,会对气泡的运动与形态产生影响。固壁对于运动中的爆炸气泡的影响就像是一种吸附或吸引作用,使气泡向固壁方面运动,并最终与固壁接触。这种固壁吸附效应的大小与固壁与爆炸气泡之间的距离有关。当爆炸气泡在固壁表面湮灭时,会对固壁产生很大的压力,甚至可能破坏固壁结构,见图2-3-13。

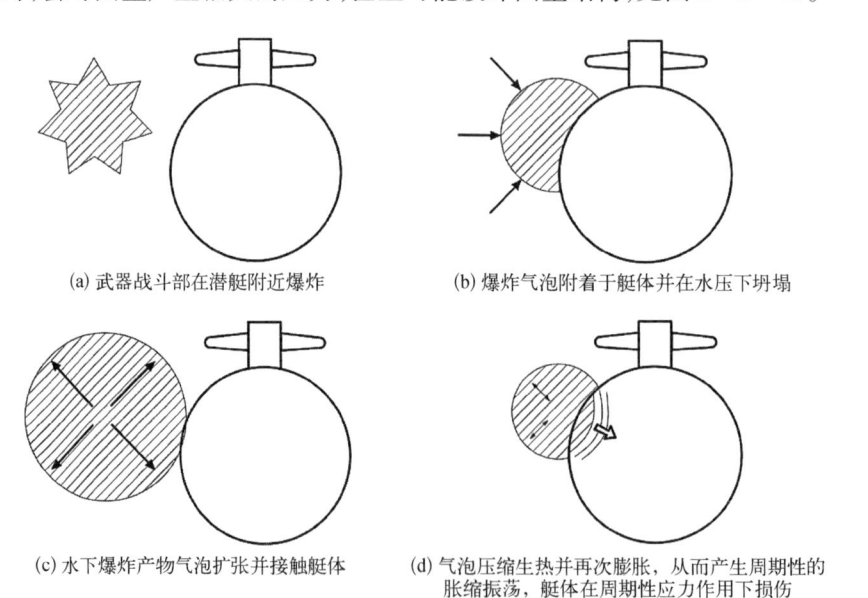

(a) 武器战斗部在潜艇附近爆炸

(b) 爆炸气泡附着于艇体并在水压下坍塌

(c) 水下爆炸产物气泡扩张并接触艇体

(d) 气泡压缩生热并再次膨胀,从而产生周期性的胀缩振荡,艇体在周期性应力作用下损伤

图 2-3-13 水下近距离爆炸时爆炸气团对艇体的破坏

(四) 其他效应

浅水中的水下爆炸会在水面产生水冢(spray dome)和喷溅水花(plume),如图 2-3-14 所示。

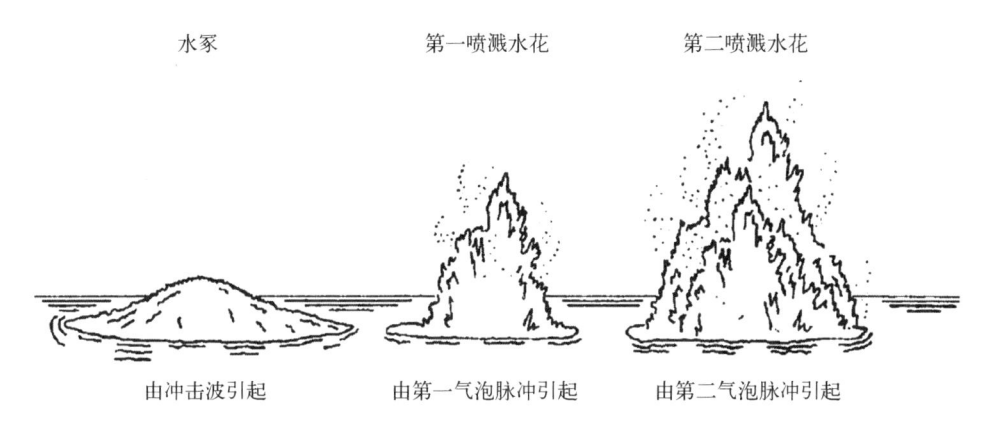

水冢　　　　　第一喷溅水花　　　　　第二喷溅水花

由冲击波引起　　由第一气泡脉冲引起　　由第二气泡脉冲引起

图 2-3-14　水下爆炸的水面现象(约 113 kg HBX-1 装药在水下约 15 m 爆炸)

水冢是由水下爆炸冲击波传播到水面形成的,而喷溅水花则是由气泡脉动压力形成的叠加效应,图 2-3-15 中综合显示了水下爆炸所有的界面效应。

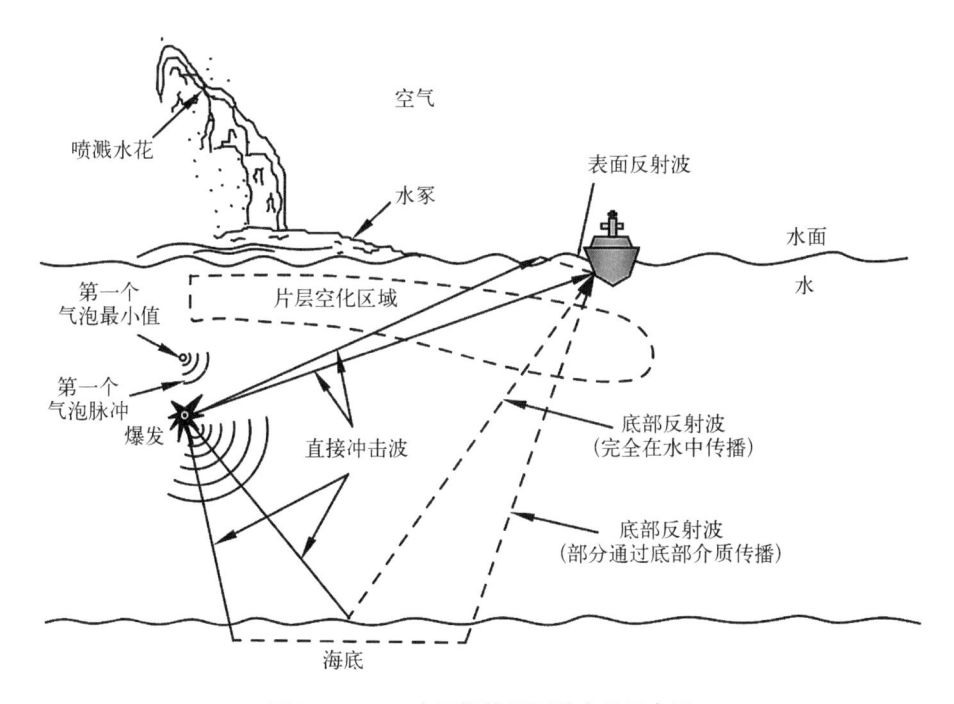

图 2-3-15　水下爆炸界面效应总示意图

四、水下爆炸对潜艇的破坏作用

弹药在水中爆炸时,由于潜艇距离爆心的远近不同,因此,水中爆炸又分近距离非接触爆炸、远距离非接触爆炸、接触爆炸三种,它们各自的破坏因素、破坏特点和破坏作用不同。

水中爆炸对于潜艇的主要破坏因素是冲击波、爆炸气泡脉动压和爆炸气泡本身(接触爆炸或近距离非接触爆炸)。不同的破坏因素引起的潜艇破坏是不同的。对于水下爆炸,如果距离近,爆炸产物气泡对于潜艇的破坏是很严重的。爆炸产物气泡在艇体表面湮灭会对艇体结构造成巨大的破坏,如图 2-3-16 所示。

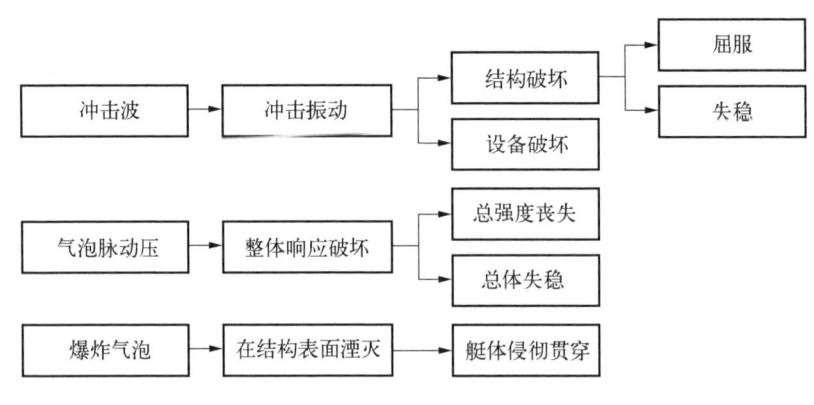

图 2-3-16 水下爆炸的破坏因素与后果

对于远距离非接触水下爆炸,水下冲击波是主要是破坏因素之一。冲击波可以造成局部或整体结构因压力超限而导致的屈服破坏或是由于结构受压失稳而破坏。冲击波荷载为含有较多高频成分的冲击。

水下爆炸的气泡脉动压为较低频的压力波,虽然幅值相比冲击波不算高,但作用时间长、冲量大,而且由于其更容易引起潜艇的低频整体运动响应,对潜艇的危害不可小视。

(一) 近距离非接触爆炸

近距离非接触爆炸是指艇体至爆心的距离小于气泡最大膨胀半径的非接触爆炸。气泡的最大膨胀半径(R_{max})可按下列实验公式进行估算:

$$R_{max} = K \cdot \sqrt[3]{\frac{\omega}{1.03(1+0.1H)}} \text{ (m)} \qquad (2-3-11)$$

或

$$R_{max} = K \sqrt[3]{\frac{\omega}{P_o}} \text{ (m)} \qquad (2-3-12)$$

式中，ω 为装药量，kg；H 为弹药所在的水深，m；K 为系数，一般炸药的 K 值为 1.58~1.70，TNT 炸药 K 值可取 1.63。

在此种情况下，冲击波、爆炸气泡脉动压和气泡三者都起破坏作用，但以冲击波为主要破坏因素。其作用过程大致是，冲击波传播速度最快，首先作用于艇体和舱内设备，随后是爆炸气泡脉动压和气泡的作用。破坏的影响：冲击波所造成艇体的破损，轻则使艇壳局部凹陷变形，重则使耐压艇体破裂，漏气漏水；爆炸气泡脉动压和气泡则会扩大破损，造成舱室灌注，使潜艇的不沉性恶化。此外，冲击波和爆炸气泡脉动压所形成的冲击振动，因距离较近，破坏威力较大，如使局部艇体结构和船舷阀件变形、破裂、机件、管路震裂，严重时会使主机和辅机脱离机座，大轴被卡死，仪器、仪表和传动装置失灵，影响潜艇的机动性，冲击振动还可能引起电气设备短路起火，或者引起电池室内积聚的氢气爆炸燃烧。

（二）远距离非接触爆炸

远距离非接触爆炸是指艇体至爆心的距离大于气泡最大膨胀半径的非接触爆炸。在这种情况下，冲击波是主要破坏因素，其次是爆炸气泡脉动压，气泡不起破坏作用。由于距离较远，冲击波的正面同艇体接触面积增大，但冲击波的破坏威力要比近距离非接触爆炸时小，结果会使艇体受损面积较大，这是远距离非接触爆炸的特点之一，使艇壳在较大范围内发生凹陷变形，甚至引起裂纹、裂缝。冲击波破坏作用的另一个特点是，在有油、水的油水舱部位，冲击波还能通过非耐艇体迅速传给舱内的油、水，再由油、水传给艇体内部的一些非耐压的油水舱，由于耐压能力差，很容易遭到破损（此特点在近距离非接触爆炸时可能产生）。此外，冲击振动也会发生，对艇体结构、船舷阀件、机械装置、仪器、仪表和传动装置等也会造成不同程度的损伤，但其严重性比近距离非接触爆炸时轻。

（三）接触爆炸

水中接触爆炸时，除了爆炸产物直接作用外，还有水中冲击波的作用，两者的联合作用使艇体壳板遭到严重破损，使艇体上形成大破口，深入耐压艇体内部破坏构架、舱壁和机械设备等，舱室迅速被灌注。艇体直径较小，在大当量爆炸物的作用下，可能产生断首、断尾及中部折断，丧失生命力。同时，爆炸本身所产生的强烈冲击振动，也会使局部艇体结构和船舷阀件变形破裂，机体震裂，仪器、仪表震坏，管路连接处松脱，机器设备脱离机座等。事实上，现代反潜武器命中潜艇对于潜艇的损伤将是致命的，将直接使潜艇丧失战斗能力。

普通装药武器水中接触爆炸，对舰艇壳板的破坏，可用接触爆炸的破坏半径 R_b 表示：

$$R_b = 1.25 \sqrt[3]{\frac{\omega}{P_o}} \text{ (m)} \qquad (2-3-13)$$

式中，P_o 为 1.03(1+0.1H)，即爆心处静水绝对压力，kg/cm^2，其中 H 为爆心处水深，m。

五、水中非接触爆炸对设备的抗爆要求

第二次世界大战以来，舰艇总体设计和结构方面的抗冲能力已明显提高。相比之下，潜艇设备的抗冲击能力相对较差。为了切实提高潜艇生命力，艇载设备抗冲击能力如何同船体相协调成为亟待研究解决的问题。同时，随着电子技术的迅速发展和在舰艇上的广泛应用，设备的复杂程度大大提高，而且相互依赖性也越来越大。因此，对这些设备的可靠性要求也越来越高，如动力装置控制系统、武备控制系统以及导航系统等。所以，水中非接触爆炸对内部设备的冲击破坏作用以及设备的抗沉设计，成为各国海军的重要研究内容之一。

（一）破坏准则

潜艇主要用以下三种方法来确定设备是否受到破坏。

(1) 动力设计分析法。它是以线性弹性结构的响应为基础的，破坏判断依据是材料的有效屈服极限。

(2) 设备固定基座的最大位移。基座与艇体的连接，多数采用螺栓连接，在强冲击作用下螺栓易于松动。这种螺栓松动，在某些情况下可能会导致重大事故。

(3) 设备所能承受的最大冲击速度。在强冲击情况下，艇内的设备由艇体传递得到一个冲击加速度，在这一加速度下，设备可能损坏，也可能短时无法正常运转。

（二）抗冲击考核

为提高舰船抗冲击能力，美国海军从第二次世界大战中吸收了经验教训，通过分析舰船破坏情况，改进舰船设计特点，并采取相应措施。美国海军采用了原英国设计的一种冲击试验机，对设备制定了一套冲击鉴定程序。除了设备的鉴定之外，还找到了通过设计和布置方面的措施来提高舰船抗冲击生存能力的方法。

美国海军已由舰船冲击试验(ship shock tests)开始向舰船冲击考核(ship shock trials)转变。冲击试验主要着眼于冲击会产生什么影响，而冲击考核的目的是显示和验证设计船舶时所赋予的抗冲击能力。

（三）船体结构的抗爆要求

在潜艇的设计中，艇体结构的抗爆能力也要有明确的要求。这种要求是以潜艇抗爆的安全半径和临界半径来确定的。

1. 安全半径

潜艇距爆心的某一最小半径 R_a（安全半径），是指该半径区域外的潜艇仅受到不降低主要战术技术性能的损伤或不受损伤。艇体结构在安全半径下，应保证耐压艇体主、端部及中部主压载水舱，活动装置及防波板处的非耐压船体无损，其他

部位的非耐压船体允许产生永久变形,但不能影响水密性。

安全半径选取根据下列条件:① 当遭受空中爆炸冲击波作用时,安全半径取自潜艇壳板至爆心的距离;② 当遭受水中爆炸冲击波作用时,安全半径取自潜艇至爆心垂直投影点的距离。

2. 临界半径

临界半径是指潜艇距爆心的某一最小半径 R_{lj},该半径位置范围以内发生爆炸的潜艇会丧失战斗能力,但仍能由水下上浮或漂浮在水面。艇体结构在临界半径下,允许耐压艇体及主压载水舱产生永久变形,但不能影响水密性。

六、水中爆炸对潜艇破坏特点及其影响

(一) 破坏特点

1. 破坏的可能性

潜艇在海中主要战斗活动场所是水下,潜艇利用水下广阔的三维空间,给自己提供了极大的机动性,随着科学技术的发展,潜艇自身装备的各种反舰导弹(或鱼雷)等武器设备越来越先进,下潜深度也越来越深,无数战斗破损实例证明,在茫茫大海中,潜艇在水中遭到反潜武器直接命中而造成接触爆炸的可能性较小,往往都是遭到不同距离条件下的非接触爆炸。因此,水中冲击波的压力和冲击振动对潜艇的破坏是主要威胁,要提高潜艇的生命力,必须首先重视提高潜艇固壳、艇体结构、技术装备以及各种设备自身的抗冲击振动能力。

2. 破损的综合性

尽管水中冲击波是威胁水下潜艇生命力的主要因素,但潜艇水下一旦发生战斗破损时,往往不会是进水、起火或机械损伤等单一性破损,而是多种情况同时发生的综合性破损。这种综合性破损的特点是,发生局部区域内的损害可能不致严重到使潜艇沉没的地步,但破损的范围广,受损的装备器材多,艇体进水的同时会使部分技术装备发生不同程度的破损;有的还要伴随着发生氢气爆炸或电气火灾等损害,甚至还会造成艇员的伤亡。在这种综合性破损的情况下,要保障和恢复潜艇的战斗力和生命力,不是一件容易的事。

3. 破坏的复杂性

破坏的复杂性除了破损的综合性外,还由于潜艇在水下发生战斗破损时,经常使全艇的各个舱室或部分舱室失去照明和中断通信,从而使破损的严重性加剧。此外,还由于舱内设备繁多、管路密集,本来寻找损害的位置就比较困难,再加上艇体或管路破口处喷水时发出的噪声、水雾、起火时产生的浓烟,如果舱内再失去照明,找到损害的位置就更加不易,这给艇员限制和消除损害造成严重的障碍。因此,潜艇破损后修复工作能否顺利地进行,除了取决于破损的严重程度外,还取决于是否有必需的物质条件以及艇员素质和损管的技术水平的高低。实践证明,在

既定的破损范围和物质条件情况下,艇员若具有较高的技术水平和熟练的损管技能,往往可能使潜艇化险为夷、转危为安。

(二) 破损的影响

各种武器水中爆炸的效果,牵涉的因素很多,如引信(触发或非触发)的作用距离、攻击对象的结构与命中的部位,以及当时的环境条件等。除此之外,炸药本身的成分和起爆特性,对爆炸的效果则更为重要。

对两次世界大战中潜艇触雷或遭深水炸弹攻击的受损情况进行分析,对潜艇具体的破损影响概括如下。

1. 固壳受损

通常双壳体潜艇比单壳体和个半壳体潜艇抗水中爆炸的能力强,主要是双壳体潜艇的外壳,能起到保护固壳的作用。当潜艇在水中遭到接触爆炸时,能使固壳遭到严重破损,并可能造成多舱被灌注,而且在大多数情况下,艇员无法消除这种破损,这是潜艇在遭到破损后沉没的主要原因。

近距离的水中非接触爆炸时,能使艇体上铆钉排脱落、焊缝裂开、在固壳钢板上产生裂缝和凹痕。此外,有时还会使肋骨和舱壁变形。特别是固壳上的附件会受到损坏,如升降口、全艇和蓄电池通风口、柴油机供气口以及船舷阀件等在遭到武器爆炸时,其盖子将被震开,密封橡皮垫圈将被震脱,阀件震坏或移位,从而使海水灌进舱内。在此种破损情况下,若具备一定的物质条件,且艇员损管训练有素,有可能消除这些破损,保障和恢复潜艇的不沉性。

2. 外壳受损

近距离水中非接触爆炸时,通常固壳受损可能不太严重,而外壳受损则较严重。外壳上的铆钉和焊缝常会遭到破坏,并会出现裂缝,有时破洞和凹痕的面积也比较大,特别是潜艇处于水上状态时,主压载水舱遭到破损后,由于水舱内无法保存气垫,从而大大减少潜艇的储备浮力,甚至产生横倾和纵倾,严重情况下会使潜艇失去水面巡航的能力。

当潜艇的燃油压载舱遭受破损时,会使燃油流失,暴露潜艇在水中的失事位置,从而破坏潜艇的隐蔽性。

3. 机械装置和管路系统受损

当艇体遭受水中爆炸的冲击振动作用时,即使艇体的密封性没有受到破坏,但艇内的各种机械装置、管路系统、仪器、仪表等则经常因受震而损坏。受损的部位可能是底座、机座和机壳上出现裂缝或裂纹,固定机械装置的螺栓断裂,并因此使机械装置位移或脱落,有时出现的裂缝或裂纹无法立即发现,从而使机械装置运转后损害逐渐加剧。潜艇的主动力装置一旦全部破损失效,将使潜艇失去机动性;当潜艇的一些重要辅助机械和管路系统(尤其是高压气系统、潜浮系统和主水管系统)全部破损失效,将使潜艇失去抗沉能力,甚至因此引起沉没的严重后果。

4. 电气设备受损情况

在水中爆炸的冲击振动作用下，艇内的电气设备最容易发生破损。如接触器站因受震遭到破坏(触点烧毁等)，并且由接触器控制的各种机械也会遭到破坏。此外，闸刀开头会自动断开；保险丝从槽中跳出；灯泡的灯丝被震断；玻璃罩和顶灯震碎；电话、电压表、电流表、舵角指示器、转速表及车钟等通信、电测和指示仪表大量失灵。

冲击振动还可能使胶木、塑料壳、蓄电池破裂。这种破损是电气设备破损中最严重的一种破损。蓄电池箱破损后，电解液会流入蓄电池室，电池与艇体的绝缘电阻将下降到零，而在海上消除这种破损是不可能的。在某些情况下，蓄电池的破损往往是迫使潜艇撤出阵位、返回基地的重要原因之一。

5. 对人员冲击振动杀伤

水中爆炸引起潜艇冲击振动对潜艇上人员的冲击振动杀伤问题，一直是海军船舶防护的重要课题。潜艇上人员对冲击运动的响应可以分为两种状态：其一，当冲击波作用到艇体结构时，艇体结构开始为加速阶段，这时人员由原来处于静止状态，随即承受很大的加速度；其二，不久艇体结构变为减速阶段，使人员飞离原来的位置。

人员在不同阶段会产生不同的损伤。加速阶段，人员通过与艇体接触的脚或臀部将突然施加的冲击力迅速传递到人体各部位，人体受到向下的惯性力作用，使骨骼承受很大的压缩应力，可能发生压缩性损伤和骨折。同时内脏器官产生较大位移，引起内脏与骨骼间、内脏相互间发生碰撞、挤压、牵拉等，造成内脏各种器官的损伤。由加速度引起的内脏损伤一般属闭合性损伤。根据大量实验可得的资料，一般认为人体最大限度能承受 $20\,g$ 的加速度。减速阶段时，人体飞离地板或座椅，容易与周围的机械设备相碰，造成二次损伤，如骨折、脑震荡等。图 2-3-17 是根据潜艇遭受水雷或鱼雷攻击时人员损伤部位的统计。可见，头部最易损伤，腿部次之，主要原因可能是二次损伤。

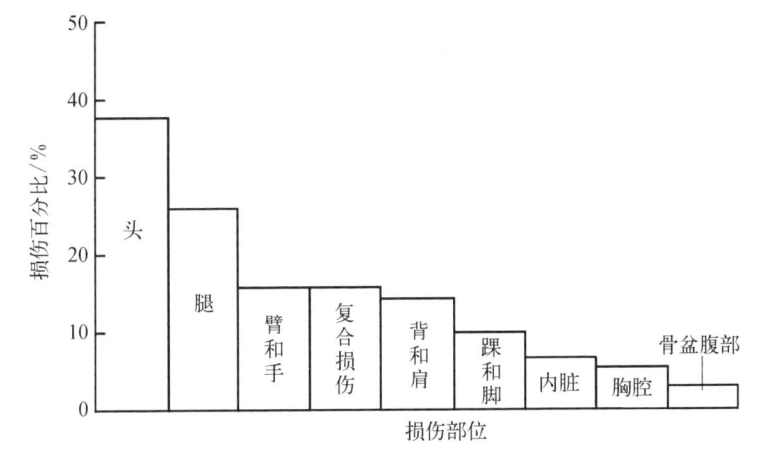

图 2-3-17 艇员受水雷或鱼雷攻击时损伤部位分配

第四节　核武器爆炸对潜艇破坏作用

核武器是第二次世界大战末期出现的一种破坏力巨大的新式武器,人们通常所说的原子弹和氢弹就是核武器。美国在日本的广岛和长崎首先使用了原子弹,到目前为止,核武器在海战中还没有实际使用过,只有海上核武器爆炸试验的资料。

核武器的杀伤破坏作用,主要是由冲击波、光辐射、贯穿辐射和放射性沾染造成。对于在水中爆炸的核武器来说,还会引起水的表面波,即"基浪"。表面波是指:当核武器在水下爆炸时,气体和蒸汽突破自由表面后,接着便发生降水,形成表面波,由爆心向外扩大。在一定条件下,表面波(基浪)对潜艇,尤其是水面状态的潜艇有着巨大的破坏作用。

核武器的爆炸方式,通常分为空中爆炸、地面爆炸、水面爆炸和水中爆炸等几种。空中爆炸又分为低空爆炸、中空爆炸、高空爆炸和超高空爆炸。当量相同而爆炸方式不同的核爆炸,对目标的杀伤破坏效果也不相同。

超高空爆炸是用爆炸的实际高度来表示;水中爆炸是用爆炸深度来表示;低空爆炸、中空爆炸和高空爆炸,是用比例爆高(简称比高)的大小来划分。比高就是实际爆炸高度与爆炸当量立方根的比值,即

$$h = \frac{H}{\sqrt[3]{\omega}} \qquad (2-4-1)$$

式中,h 为比高;H 为距地面(水面)实际高度,m;ω 为 TNT 当量。

地面(水面)爆炸与空中爆炸,一般是以火球是否接触地面(水面)来划分。根据现有资料,可以认为比高小于 60 的爆炸为地面(水面)爆炸;比高在 60~120 的爆炸,为低空爆炸;比高在 120~200 的爆炸,为中空爆炸;比高在 200~250 的爆炸,为高空爆炸。超高空爆炸的爆炸高度在几十公里以上。

一、杀伤要素

核爆炸能量分配大致如下:50%以上的能量形成冲击波;30%以上的能量形成光辐射;其余的能量形成贯穿辐射和放射性沾染。

(一)冲击波

核爆炸与普通装药武器爆炸时产生的冲击波并没有原则上的区别,只不过核爆炸产生的爆压大于普通装药武器产生的爆压,作用时间超过普通药爆炸的几十倍。因此,核爆炸冲击波的时历曲线更接近于一个矩形波。

冲击波是主要杀伤要素。根据超压的大小,冲击波能够造成对艇员的杀伤,造成艇体结构、武器和技术器材的损伤或破坏,以及引起潜艇的倾斜或翻倒。冲击波对人员的杀伤也是极为严重的,尤其冲击波造成的人员二次损伤是最为常见的。在空中冲击波的作用下,潜艇本身的典型破损如下:

(1) 潜艇处于水面状态时,潜艇甲板以上部位的破损;
(2) 位于甲板露天部位的武器和技术器材的破损;
(3) 由经过敞开的孔眼(门、舱口、烟道、通风等)穿进内部的冲击波造成艇体内部结构、武器和技术器材的损伤;
(4) 潜艇整体和某些结构及设备的强烈振动,出现裂缝、变形、连接螺栓断裂等。

(二) 光辐射

核爆炸在爆炸瞬间能释放出巨大能量,使弹体物质迅速受热气化,并加热周围的空气,形成一个发光的高温、高压火球。火球的最大直径可达几百米,发光时间可持续几秒钟之久。火球在整个发展过程中,不断地向周围辐射强烈的光和热,即光辐射。

光辐射是核爆炸的主要杀伤破坏因素之一。一般说来,它大约占爆炸释放总能量的 35%,它的作用仅次于冲击波。空中爆炸时,特别是在晴天的情况下,光辐射的杀伤破坏范围最大,核爆炸光辐射的杀伤破坏作用,通常用光通量两个物理来衡定。光冲量是指火球在整个发光时间内,照射到 1 cm^2 面积上的光能,这个面积垂直于光辐射的传播方向,其单位是 cal/(cm^2·s)。

核爆炸时,光辐射能够引起:

(1) 位于暴露的战斗部位的人员,其未防护的外皮烧伤和暂时失明;
(2) 艇上各种材料的碳化、熔化或燃烧;
(3) 艇体结构、机械装置和武备被燃烧。

(三) 贯穿辐射

贯穿辐射是一种 γ 射线和中子流,它们能够穿过不同厚度的材料并引起介质电离。这种作用能够引起人们的特有的疾病,称为放射线病。γ 射线直接来自核爆炸区和含有放射性物质的烟云,作用时间仅几秒钟。中子仅来自核爆炸区,起作用不到 1 秒钟。贯穿辐射对舰体影响不大,主要是对艇员起作用,而且其伤害的程度取决于机体组织接受的辐射剂量。为了评价射线的强度,人们利用剂量功率来表示单位时间 γ 射线剂量。

(四) 放射性沾染

空中核爆炸时形成的放射性物质降落在水面,直接沾染水域和潜艇。放射性沾染以 β 和 γ 辐射级来表示。人员和潜艇表面的沾染用蜕变数来计算,即 1 min 内 1 cm^2 的表面上降落的放射性原子数。空气、水和粮食的沾染,由在 1 min 内单位容积或单位重量中的蜕变数来评定。在广岛和长崎发生核爆炸时,当地的放射性沾染是不大的。在空中核爆炸试验中,爆炸几昼夜后,未发现靶舰有危险的放射性沾染。

二、空中核爆炸时各种杀伤因素对潜艇的破坏作用

空中核爆炸对潜艇的破坏作用研究不多,公开的更少。但是这种冲击破坏作用肯定是存在的。此处借鉴参考空中核爆炸对水面舰船的破坏作用,一颗2万吨当量的原子弹空中爆炸时,冲击波对水面舰船具有较强的机械破坏作用,具体体现在以下方面。

(1) 距爆炸中心400 m以内时,各类舰船沉没或完全不能使用。

(2) 距爆炸中心400~800 m外,各类舰船严重损伤。这时,大型舰船(战列舰、巡洋舰、航空母舰)失去战斗力,并需要在主要基地进行紧急大修;而轻型舰船(驱逐舰、上浮的潜艇、运输船、登陆舰和其他船只)将沉没或完全不能使用。

(3) 距爆炸中心800~1 200 m时,轻型舰船发生轻微的或中等的破损。各类舰船的上层建筑严重损伤,锅炉和机械装置有中等程度的损伤。在这样的距离上,没有看到舰船沉没的情况。

(4) 距爆炸中心1 500~1 600 m及以上,舰船的损伤不大,这些损伤通常不会导致舰船的不能使用。

光辐射对于在距爆炸中心1 200~1 600 m的暴露部位上的人是有危险的,而对于舰船的易燃部分,在1 000~1 200 m的距离上有危险。

贯穿辐射对人员的作用,可参考下列数据:1 200 m以内对于没有防护的人员是可以致死的;在1 300~1 500 m内有生命危险;在1 700~1 800 m和更远是安全的。

综上所述,当一颗2万吨TNT当量的原子弹爆炸时,舰船和舰上人员在800~1 200 m的距离上要遭致命打击。在距爆炸中心1 500~1 600 m以上的距离通常是安全的,尽管可能发生某些损伤。因此,参照空中爆炸对水面舰船的破坏作用,原子弹爆炸对潜艇的机械破坏作用、对人员的杀伤作用也不容忽视。

三、水下核爆炸对潜艇的破坏作用

(一) 杀伤要素

1. 冲击波

水下冲击波是水中核爆炸的主要杀伤要素。其峰值压力比空中冲击波大几十倍甚至几百倍,水中冲击波的破坏作用由核炸弹的TNT当量的大小、爆心投影点距潜艇的远近、爆炸中心深度、潜艇结构以及爆炸时潜艇移动的可能性和冲击波前峰相对于潜艇运动的方向来决定。另外,潜艇破坏程度还取决于是否处于运动状态。

2. 表面波(基浪)

形成表面波所消耗的水下核爆炸的总能并不大,但它在对潜艇的损伤中仍然起到一定作用。据美军在比基尼岛水下核爆炸实验时测定:距爆心投影点 300 m 时,波高 30 m;距离 600 m 时,波高 15 m;距离 3 000 m 时,波高仅 3 m。在试验中,表面波的作用使航空母舰"萨拉托加"号的舰尾在爆炸后很快抬高 13 m(和原始状态比较),上层建筑严重损伤,桅杆折断,最后沉没在大海之中。至于小型舰只,则被表面波抛到岸上。通常认为,这样的表面波在某些条件下能够导致小型舰船的倾覆,潜艇也不例外。

3. 放射性沾染

水下核爆炸形成的放射性物质被水柱抛起,然后随水柱降落,引起爆炸区水域的沾染,沾染程度比空中核爆炸时厉害得多。

(二)水下核爆炸各杀伤要素对舰艇的破坏作用

此处同样参照水下核爆炸对水面舰船的破坏作用,侧面评估一下其对潜艇的破坏作用,数据来自美军在比基尼岛水下核爆炸实验,水下核爆炸对水面舰艇作用的结果如下:

(1)水下冲击波是水下核爆炸的主要破坏要素。一颗 2 万吨 TNT 当量的原子弹水下爆炸时,水下冲击对舰船的破坏情况如下。

a. 距离 400~500 m 时,任何种类的舰船均会发生沉没或完全不能使用。

b. 距离 700~900 m 时,各种舰船均会发生严重损伤,长期不能使用。轻型舰船,以及一些类型的辅助船只和商船,在这样的距离上可能沉没或完全不能使用。

c. 距离 1 100~1 400 m 时,造成轻型船只和辅助船只严重损伤和不能使用,但不会出现沉没的后果;造成大型舰船有轻微和中等损伤。

d. 重型舰船在 1 800 m 左右的距离上,轻型舰船在 2 400 m 的距离上,损伤不大。这些损伤不会导致舰船无法使用。

e. 距爆炸中心投影点 700 m 时,锅炉和主机受到严重损伤;距离 850 m 时,受到中等损伤;距离 1 000 m 时,受到轻微损伤。

(2)在浅水区进行水下核爆炸时产生的空中冲击波的作用,能够引起距爆炸中心投影点 600 m 处的舰船上层建筑的严重损伤。在 1 600 m 的距离上,这种冲击波的作用对上层建筑造成的损伤已经不大。

(3)水下核爆炸产生的表面波对舰船的破坏作用,在一定距离上会造成小型舰船和小艇的倾覆。

(4)在深海区核爆炸,例如一颗 2 万吨 TNT 当量的原子弹在 300~500 m 的深度爆炸时,水下冲击波是造成舰船机械、电气设备冲击损伤的主要原因。即使距离爆心投影点较大距离上,舰船内的设备也会损坏。潜艇在水下核爆炸中损伤情况见表 2-4-1。

表 2-4-1　潜艇在水下核爆炸中损伤情况

艇　名	状　态	离爆心距离/m	损 伤 概 况
鲈鱼号	水下 20 m	800~900	耐压艇体严重破坏而沉没
飞鱼号	水下 20 m	800~900	耐压艇体严重破坏而沉没
鳍鱼号	水下 20 m	600~700	立即沉没,艇体有破口
鳐鱼号	水面	800~900	艇体严重损伤,但未沉没

随着科学技术的迅速发展,武器对潜艇的破坏程度逐渐加大,在重视提高潜艇作战能力的同时,必须还要着重考虑潜艇在战时和平时的生存能力。潜艇作为全武器系统,从设计、建造和管理三方面加强其生存能力。一条具有现代化水平的作战潜艇,一旦遭受打击就失去战斗能力或沉没,这是不可设想的;因此,寻求合理的费效比,不是空洞的,而是实实在在摆在每一个设计者、制造者和管理者面前的严峻问题,只有了解潜艇的抗打击能力,才能有效地保证潜艇的生存能力。

本 章 小 结

本章系统介绍了武器对潜艇的破损作用,分别介绍了普通装药的空中和水中爆炸现象及相关参数,并系统分析了核武器对潜艇的破坏作用。

思考题

1. 简述炸药爆炸的基本特征。
2. 按照爆炸的性质,爆炸现象可分为哪几种?
3. 常见的普通炸药有哪几种?
4. 空中爆炸对舰船的破坏作用有哪几种?
5. 水中爆炸的特点和对舰船的破坏作用是什么?
6. 水中爆炸的界面效应有哪些?
7. 核爆炸对舰艇的破坏作用是什么?

第三章 潜艇生命力基础理论

潜艇生命力理论是研究潜艇防沉与抗沉的基础,涵盖了潜艇外形与主尺度、浮态、初稳性以及大角稳性等内容,是人们处理潜艇平时防沉、破损抗沉等工作的理论工具。本章从潜艇外形和主尺度入手,围绕潜艇重心及位置、浮心及位置以及扶正力矩等要素,开展潜艇生命力基础理论的介绍。

第一节 潜艇外形与主尺度

潜艇作为海上特殊的平台,其外形和主尺度直接决定其航海性能,也决定潜艇的浮性、稳性、快速性、摇摆性、操纵性等其他性能。

为了减小潜艇水中阻力、降低其水中噪声,各国专家、学者纷纷展开潜艇外观形状的设计。不过,潜艇表面是一个非常复杂的具有多向变化的曲面,如何准确地表达其表面,一直是科学技术工作者们长期以来探索的问题。很多学者曾经尝试过用数学表达式来表示潜艇外形,有的用平面曲线来表示潜艇的各个剖面,有的用空间曲线或空间曲面来表示。随着计算机技术的发展,潜艇的设计工作越来越高效,计算机设计潜艇外形优势越来越显著。不过本节主要介绍利用传统的作图方法来描述潜艇的外形,主要有三种方法:型线图及型值表、主尺度和船型系数。

一、型线图及型值表

目前,一般难以用数学解析法来表示潜艇艇体外形。因此,确定潜艇艇体外形的方法采用图示法,即潜艇型线图。

(一)型线图

型线图完整地表示潜艇艇体几何形状和尺度的图,它是潜艇性能计算、建造放样、制造模型和解决潜艇管理使用中各种有关艇体问题的根本依据,见图3-1-1。

1. 用途

绘制型线图的主要用途有以下三点:

(1)用于完整和明确地表示潜艇壳板内表面的形状;

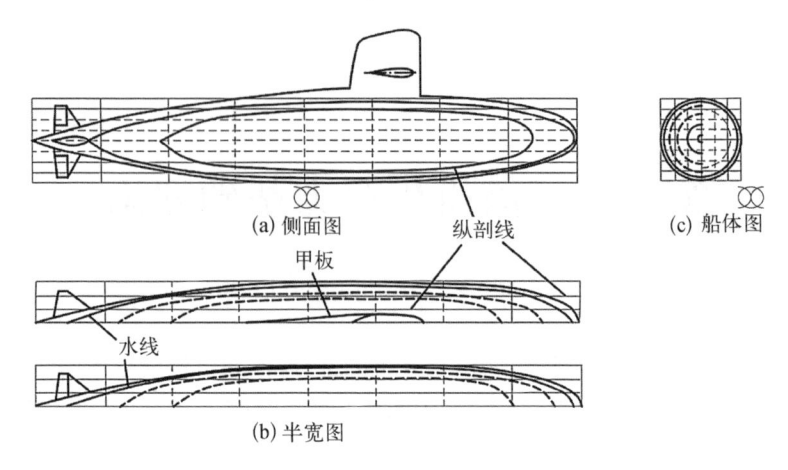

图 3-1-1 型线图示意图

(2) 用于进行各种航海性能的计算；
(3) 用于建造和修理中,保证潜艇艇体外形。

2. 表示法

与机械制图中机械图的表示方法相同,潜艇艇体外形也是通过在其三个主要平面上的投影来表示,如图 3-1-2 所示。这三个互相垂直的主要投影平面分别如下。

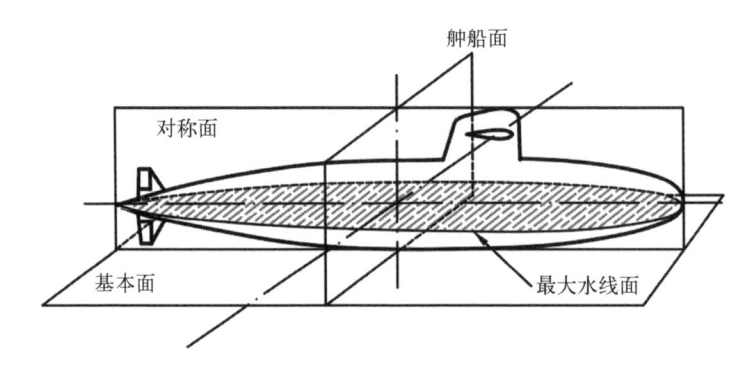

图 3-1-2 潜艇艇体外形基本面、对称面、舯船面示意图

1) 基本面

基本面是经过艇体龙骨中间直线部分的水平面。

最大水线面是经过艇体最宽处平行于基本面的水平面。它将艇体分成上、下两部分。

2) 对称面(纵中剖面)

对称面是与基本面垂直,自艏至艉通过艇体中心线的纵向垂直平面。它将艇体分成左右对称两部分。

3）舯船面（舯船肋骨面）

舯船面是经过艇体水密长度中点，并与基本面、对称面互相垂直的横向平面。它将艇体分成艏、艉两部分。

人们用对称面、舯船面和最大水线面去截割艇体，可以得到三个主要平面与艇体表面的交线，分别称为纵舯剖线、舯船肋骨线和最大水线。它们可以粗略地表示出潜艇艇体的外形。如图 3-1-3 所示。

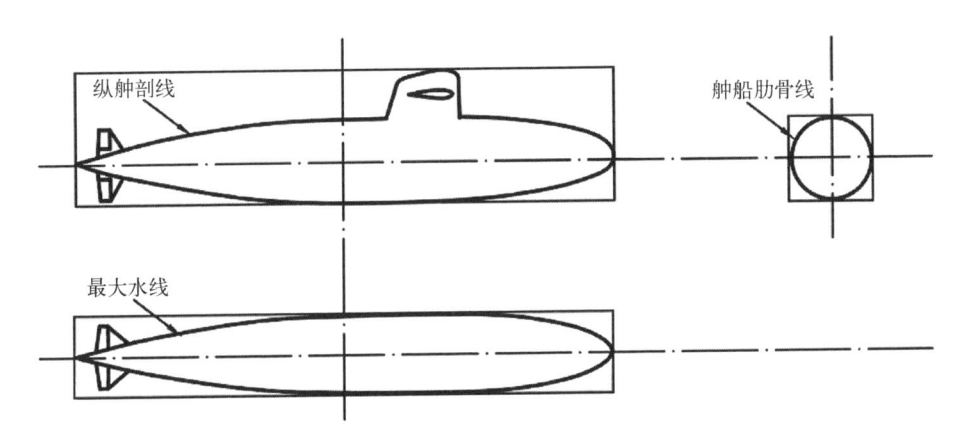

图 3-1-3 潜艇纵舯剖线、舯船肋骨线和最大水线示意图

由于艇体表面是一个平滑光顺的复杂曲面，仅靠这三个主要平面的剖线还不足以完整表示潜艇的外形。因此，需要和机械图补加截面一样，采用增加补加截面的方法来完整地表示潜艇的外形，也就是用多个平行于三个主要平面的截面（分别称为纵剖面、水线面和横剖面）去截割艇体，从而得到与艇体的交线，即纵剖线、水线和肋骨线。

（1）纵剖面是平行于对称面的平面；纵剖线是纵剖面与艇体表面的交线。

（2）水线面是平行于最大水线面的平面；水线是水线面与艇体表面的交线。

（3）横剖面是平行于舯船面的平面，或称为肋骨面；横剖线是横剖面与艇体表面的交线，或称为肋骨线。

纵剖线、水线和肋骨线统称为型线，将各组型线分别投影到三个主要投影平面上，就可得到型线图。

3. 组成

潜艇型线图通常由三个视图组成，见图 3-1-1。

1）侧面图（纵剖线图）

侧面图是各组型线在对称面上的投影图，在侧面图上纵剖线投影后仍保持其真实形状，而水线和肋骨线投影后成为两组相互垂直的直线，称为侧面图上的格子（线）。

根据艇体宽度,每舷取若干个纵剖面,由对称面向舷外编为 0,Ⅰ,Ⅱ,…,从侧面图上可看出潜艇纵向侧面的外形。

2) 半宽图(水线图)

半宽图是各组型线在最大水线面上的投影图,由于艇体左右对称,只需要画出水线的一半就足够了,因此该图又称为半宽图。同时,由于最大水线面上下的水线形状非常接近,为使水线在半宽图上不至于重叠不清,通常将最大水线面上、下部分的水线分画成两个半宽图,以免混淆。

不同潜艇,水线数量不同,编号由基本面向上依次编为 0,1,2,…,从半宽图上可以看出潜艇水平纵向的外形。

3) 船体图(横剖面图)

船体图是各组型线在舯船面上的投影图,由于艇体左右对称,也只需要画出肋骨线的一半就足够了。由于肋骨线较多,为避免混淆,一般将前半段肋骨线画在右边,后半段肋骨线画在左边。

通常将水密长度 N 等分,N 通常为偶数,取 $N+1$ 面(或称"站"),编号自艏至艉排列为 0,1,2,…,N。0~$\frac{N}{2}$ 半段为前体,$\frac{N}{2}+1$~N 号为后体,第 $\frac{N}{2}$ 号肋骨面就是舯船面,用专门符号"⊗"表示。

从船体图上可以看出潜艇横向的形状及由艏至艉的变化情况,它是型线图的主要视图,艇体建造、放样及某些原理计算主要用到它。

4. 几点说明

(1) 在潜艇型线图中,每种剖线(纵剖线、水线和肋骨线)的投影,只在一个视图中保持真实形状,而在其他两个视图中均为直线。如肋骨线仅在船体图中保持真实形状,而在侧面图和半宽图中都为直线。

(2) 为表示潜艇耐压艇体的形状,型线图中还画有耐压艇体在三个视图中的投影。

(3) 潜艇型线图仅表示潜艇壳板内表面的理论外形,它不包括潜艇的突出部分(如稳定翼水平舵、导管等)装置。因此,又称为潜艇的理论型线图。

(4) 潜艇的航海性能与艇体形状密切相关,因此,潜艇在日常训练和进坞修理过程中,应保证潜艇的外形符合型线图的要求,特别是要注意防止潜艇总体变形,否则不仅会影响某些航海性能,而且可能出现轴系、升降装置变形等一系列的严重后果。

(二) 型值表

型值表是艇体表面形状的数字表达。型值表中的型值,以行(站号)列(水线号)的形式给出,表示相应的肋骨线和水线处艇体表面的实际半宽,以及上甲板边线在各肋骨处的半宽和高度,见表 3-1-1。

表 3-1-1 潜艇型值表

肋骨号	外部艇体									耐压艇体	
	水线距对称面半宽				纵剖线距基线高度					半径	中心距基线高度
	1	2	3	…	0		I		…		
					上	下	上	下	… …		
0	×	×	×	…	×	×	×	×	… …	×	×
1	×	×	×	…	×	×	×	×	… …	×	×
2	×	×	×	…	×	×	×	×	… …	×	×
⋮											

型值表是潜艇性能计算和建造放样的主要依据,也是画型线图的依据。

二、主尺度

除了用型线图或型值表完整地表示潜艇外形外,潜艇外形还可用艇体的主尺度来粗略地表示。潜艇主尺度包括艇长、艇宽、艇高及吃水。

(一) 艇长

艇长有总长、水密长度和巡航水线长三种。

1. 艇总长

艇总长是指,艇体从艏至艉(包括艇壳板在内)的最大长度,也称为最大长度。用符号 L_{max} 表示,见图 3-1-4。

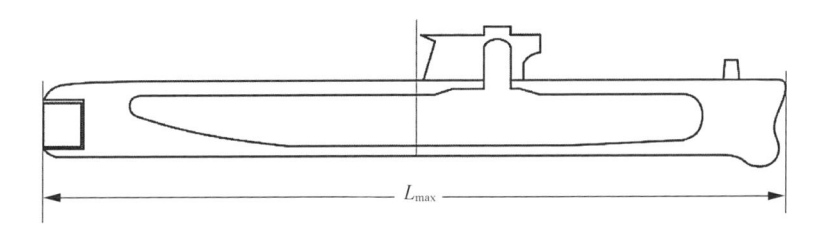

图 3-1-4 潜艇总长示意图

2. 艇水密长度

艇水密长度,也就是艇体最前与最后一个水密舱壁理论线之间的水平距离,用 L_{wt} 表示,见图 3-1-5。

3. 艇巡航水线长

艇巡航水线长是指前后垂线(设计水线与对称面轮廓线在艏艉两端交点对基线所作的垂线)之间的长度,用 L 表示,也称为设计水线长,见图 3-1-6。

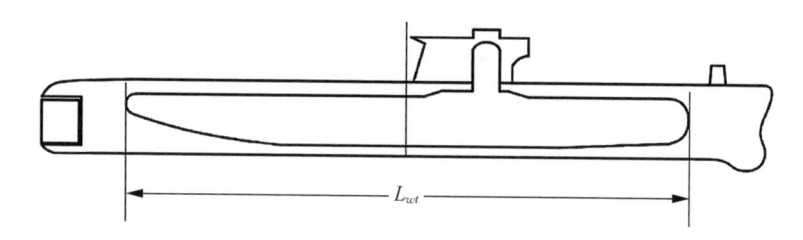

图 3-1-5 潜艇水密艇体长度示意图

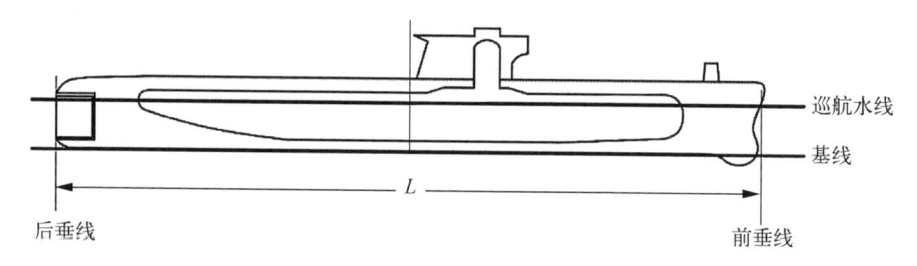

图 3-1-6 潜艇巡航水线长示意图

（二）艇宽

艇宽包括最大宽度和巡航水线宽。

1. 最大宽度

艇宽包括壳板在内艇体最大宽度处的尺寸,用 B_{max} 表示,见图 3-1-7。

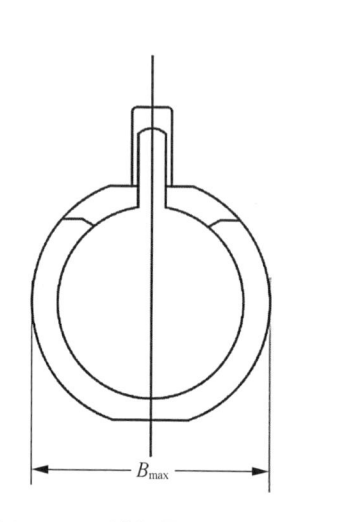

图 3-1-7 潜艇最大宽度示意图

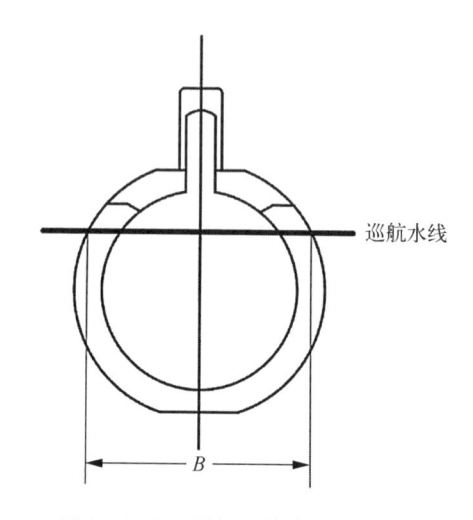

图 3-1-8 潜艇巡航水线宽示意图

2. 巡航水线宽

艇体在巡航水线处的最大宽度,用 B 表示,见图 3-1-8。

(三) 艇高

艇高包括舷高和最大艇高。

1. 舷高

在舯船面处，由基本面至上甲板之间的垂直距离，用 H 表示，也称为型深，见图 3-1-9。

2. 最大艇高

由基本面至升起的潜望镜上端的垂直距离，用 H_{max} 表示，见图 3-1-10。

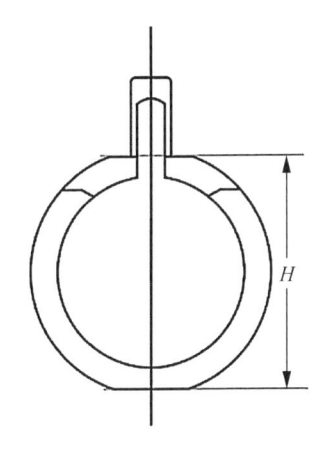

图 3-1-9 潜艇舷高示意图

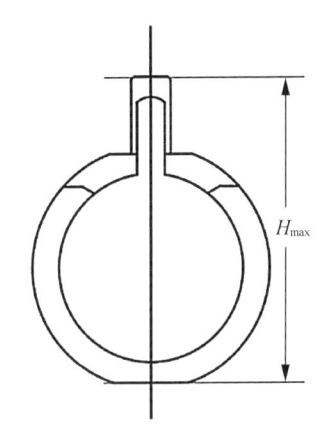

图 3-1-10 潜艇最大艇高示意图

(四) 吃水

吃水包括基线吃水、标志吃水两种。

1. 基线吃水（理论吃水）

基线吃水是指由基本面（基线）至巡航水线之间的垂直距离，又称为理论吃水，用 T 表示，它是由基线算起的吃水，见图 3-1-11。

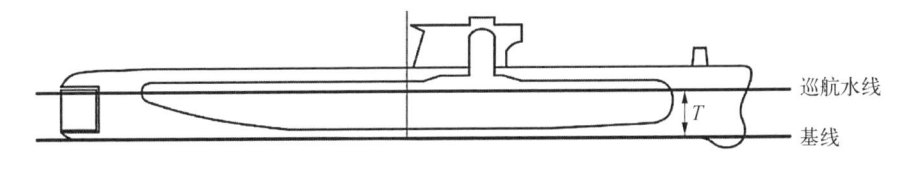

图 3-1-11 潜艇基线吃水示意图

基线吃水主要用于进行潜艇浮性、稳性等性能计算。在使用潜艇的某些图表（如浮力与初稳度曲线、诸元曲线图等）时，其中的吃水一定要用理论吃水，否则得到的数据不正确。

2. 标志吃水

标志吃水是指由潜艇最低点(声呐导流罩的下边缘)到巡航水线之间的垂直距离,用 T_{bz} 表示,它是由潜艇最低点算起的吃水,见图 3-1-12。

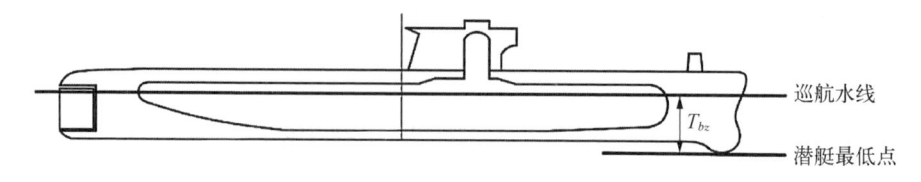

图 3-1-12 潜艇标志吃水示意图

标志吃水主要用于潜艇航海。当需确定潜艇的实际吃水时,必须使用标志吃水,否则潜艇在水面航行通过浅滩暗礁时,容易造成搁浅或触礁。

基线吃水与标志吃水的关系:

$$T_{bz} = T + t \qquad (3-1-1)$$

式中,t 为潜艇基线到声呐导流罩下边缘的距离。

通常在使用潜艇吃水这一参数时,会使用艏吃水、舯吃水、艉吃水(见表 3-1-2)这三个量来定量表述潜艇三个部位的吃水情况。

表 3-1-2 潜艇理论吃水与标志吃水的表示方法

吃水位置	理论吃水	标志吃水
艏吃水	T_F	T_{Fbz}
舯吃水	T_M	T_{Mbz}
艉吃水	T_A	T_{Abz}

三、船型系数及其他表示方法

船型系数用来概略地表示艇体外形特征,它是艇体水下部分形状特征的各种无因次系数的统称,主要用于潜艇性能的分析与估算。常见的船型系数如下。

(一) 船型系数

1. 方形系数(总肥满系数)

方形系数:艇体浸水部分体积与该体积的外切平行六面体积的比值,用 C_B 或 δ 表示。C_B 是一个小于 1 的系数,其表明艇体浸水部分的肥瘦程度,C_B 越大表明艇体越肥满,如图 3-1-13 所示。

2. 水线面肥满系数

水线面肥满系数:潜艇巡航水线面面积与该面积的外切矩形面积的比值,用

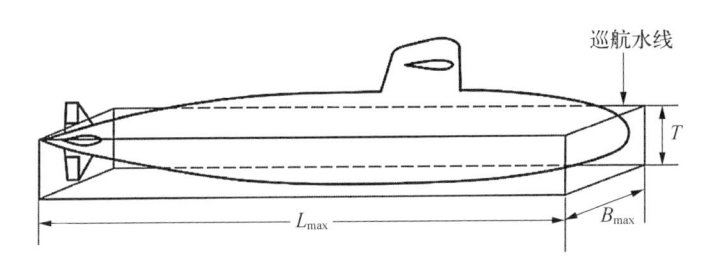

图 3-1-13 潜艇方形系数示意图

C_W 或 α 表示。$C_W = S/(L \cdot B)$。C_W 也是一个小于 1 的系数,其表明巡航水线面的肥瘦程度,C_W 越大表明水线面越肥满,如图 3-1-14 所示。

图 3-1-14 潜艇水线面肥满系数示意图

3. 舯船面肥满系数

舯船面肥满系数:潜艇舯船面浸水面积与该面积的外接矩形面积的比值。用 C_m 或 β 表示。$C_m < 1$,表明潜艇舯船面的肥瘦程度,C_m 越大表明舯船面越肥满,如图 3-1-15 所示。

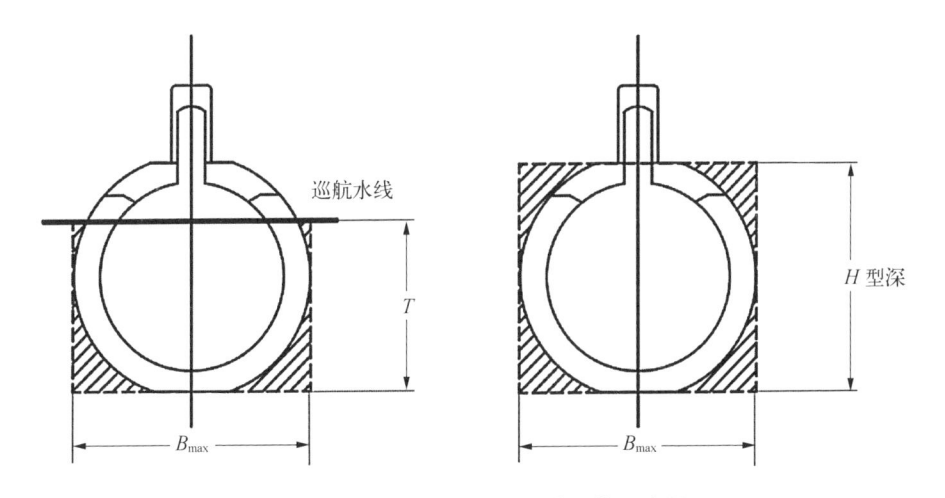

图 3-1-15 潜艇舯船面肥满系数示意图

4. 纵向肥满系数(棱形系数)

纵向肥满系数：潜艇水上巡航排水体积与长为水线长、底面积为舯船面面积的柱体体积的比值，用 C_p 或 ϕ 表示，如图 3-1-16 所示。

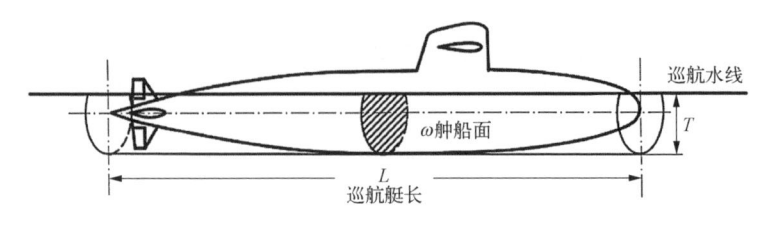

图 3-1-16 潜艇纵向肥满系数示意图

$C_p<1$，表明潜艇艏艉相对于舯部的肥瘦程度及排水体积沿纵向的分布情况，C_p 越大表明两端较肥满、排水体积沿纵向的分布较均匀。

5. 垂向肥满系数(垂向棱形系数)

垂向肥满系数：潜艇水上巡航排水体积与长为吃水、底面积为巡航水线面积的柱体体积的比值，用 χ 表示，如图 3-1-17 所示。

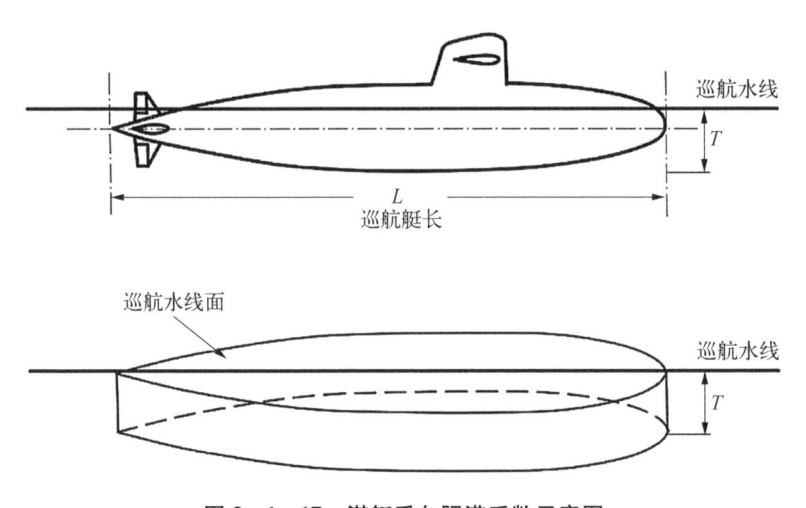

图 3-1-17 潜艇垂向肥满系数示意图

$\chi<1$，表明潜艇排水体积在垂向的分布情况，χ 越大表明表示排水体积在垂向分布较均匀。

(二) 其他表示方法

表征潜艇艇体形状的特点，除了船型系数外，还可使用主尺度比。

1. 长宽比(L/B)

该比值的大小主要影响潜艇的快速性和水下操纵性。

2. 宽吃水比(B/T)

该比值的大小主要影响潜艇的稳性、快速性和航向稳定性。

第二节　潜艇浮性

潜艇生命力重点内容之一是潜艇防沉,其专业基础是"潜艇静力学"。"潜艇静力学"研究的是潜艇的浮性与稳性,两者统称为"潜艇不沉性",是潜艇最基本的性能,也是潜艇防沉的基础。只有掌握了潜艇的浮性、稳性及其变化规律的知识,才能做好潜艇的防沉工作。

潜艇浮性主要研究潜艇在水中(包括水面、水下两种状态)的平衡与稳定问题。浮性是潜艇在一定装载情况下,以一定的状态在水中保持平衡的能力。它是潜艇最基本的性能之一,是其他各项性能得以存在和发挥的基础。潜艇浮性研究的是静浮潜艇在重力和浮力作用下平衡与补偿的问题。

一、浮态及其表示

漂浮状态(浮态)是潜艇漂浮于水中时的姿态,表示潜艇与静水表面的相对位置。为了用数学方法描述潜艇浮态,应选择坐标系。

(一) 坐标系

在潜艇生命力研究中采用的是固连于潜艇上的 $o\text{-}xyz$ 直角坐标系,见图 3-2-1。

原点 o 是基本面、对称面和舯船面的交点;

ox 轴是基本面与对称面的交线,向艏为正;

oy 轴是基本面与舯船面的交线,向右舷为正;

oz 轴是对称面与舯船面的交线,向上为正。

通常情况下,潜艇舯船面位于潜艇中间某号肋骨处或其附近。

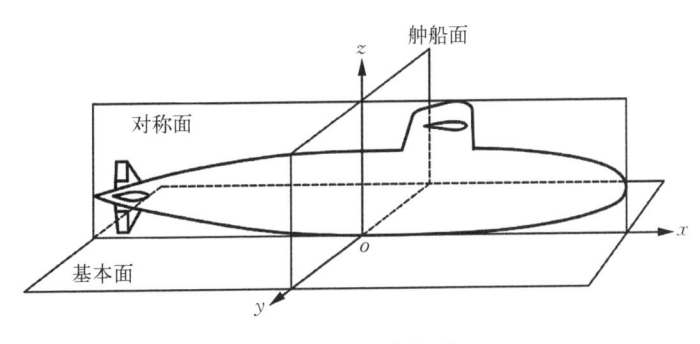

图 3-2-1　坐标系

(二) 浮态及其表示法

以水面状态潜艇为例,讨论其浮态及其表示法,这里需借用"水线"概念,即潜艇漂浮于水面时,艇体表面与静水表面的交线。

水线在坐标系 $o-xyz$ 中的位置就表示了潜艇与静水表面的相对位置,即水线与潜艇浮态一一对应。要确定潜艇浮态,只需确定水线在坐标系中的一些参数,也就是潜艇浮态可以用水线在坐标系中的参数(如平均吃水、横倾角、纵倾角或艏艉吃水等)来表示。

潜艇在水面状态有四种不同的浮态。

1. 正直漂浮状态(简称正浮状态)

潜艇既没有左右横倾,也没有首尾纵倾的漂浮状态。ox 轴和 oy 轴都是水平的。确定潜艇正浮状态只需 1 个参数,即潜艇的舯船吃水 T,它是水线与 oz 轴交点的坐标。

2. 横倾状态

潜艇没有首尾纵倾,只有向左舷或右舷的横倾,ox 轴仍水平,而 oy 轴不在水平。确定潜艇横倾状态需 2 个参数,即舯船吃水 T 与横倾角 θ。

横倾角 θ 是横倾水线与正浮水线之间的夹角,向右舷横倾为正,反之为负。潜艇上由横倾仪来确定横倾角。

3. 纵倾状态

潜艇只有向艏或艉的纵倾(或艏艉吃水差),而没有左右舷的横倾,oy 轴保持水平,而 ox 轴不在水平。确定潜艇纵倾状态也需 2 个参数,即舯船吃水 T 与纵倾角 φ,或者艏吃水 T_F 与艉吃水 T_A。

纵倾角 φ 是纵倾水线与正浮水线之间的夹角,向首纵倾为正,反之为负。在潜艇上用纵倾仪来确定纵倾角。

纵倾角 φ 与艏艉吃水差(或倾差 Δ)之间的关系式为

$$\tan \varphi = \frac{T_F - T_A}{L} = \frac{\Delta}{L} \qquad (3-2-1)$$

式中,T_F、T_A 分别潜艇的艏艉吃水,m;Δ 为艏艉吃水差(或倾差),m;L 为艏艉吃水标记间的距离,m。

4. 任意状态

潜艇同时有横倾和纵倾的漂浮状态,ox 轴和 oy 轴都不在水平。表示这种状态需 3 个参数:T、θ 和 φ 或者 θ、T_F 和 T_A。

大多数情况下,潜艇处于正浮或稍带尾倾的状态。由于横倾状态、大纵倾状态和任意状态,对潜艇各种性能极为不利,一般不允许出现,这些状态往往只在潜艇失事进水等特殊情况下才会出现。

潜艇在水下时同样也有四种状态,由于没有水线,不存在"吃水"这一参数,这时可用 θ 或 φ 来表示,有时还应指出其下潜深度。

(三) 吃水标记

前面已经提到理论吃水和标志吃水的概念和相互关系,那么在潜艇上如何体现和使用呢?

1. 吃水标记的位置

吃水标记用于确定潜艇艏、舯、艉部自艇体最低点算起的实际吃水(即标志吃水)。它是一些垂向排列在潜艇艏部、舯部和艉部壳体外表面上的水平板条,左右两舷对称布置,见图 3 - 2 - 2。

图 3 - 2 - 2　潜艇吃水标志的水平板条

艏部吃水标记距舯部吃水标记的距离为 L_F,艉部吃水标记距舯部吃水标记的距离为 L_A,艏、艉部吃水标记间的距离为 $L = L_F + L_A$,舯部吃水标记位于舯船面处。

在各水平板条中有根长度为最长板条,作为零号板条,从该板条的下边缘向上和向下进行测量。任何两个相邻板条下边缘之间的垂向距离为规定值。

2. 吃水标记的使用

为了确定潜艇的吃水,首先在吃水标记上测量出潜艇有效水线距零号板条下边缘的距离,然后通过简便的运算即可求得潜艇的实际吃水(标志吃水)。

假设零号板条的下边缘距离潜艇艇体最低点的高度为 3 500 mm,其距基线高度为 3 300 mm,先测得吃水标记处有效水线距离零号板条下边缘的距离,设此距离为 A,见图 3 - 2 - 3,则潜艇自艇体最低点(基线)算起的标志吃水(理论吃水)可以由下列公式确定。

（1）标志吃水：

$$T_{bz} = 3\ 500 \pm A\ (\text{mm}) \quad (3-2-2)$$

（2）理论吃水：

$$T = 3\ 300 \pm A\ (\text{mm}) \quad (3-2-3)$$

式中，"+"表示有效水线高于零号板条的下边缘；"-"表示有效水线低于零号板条的下边缘。

假设潜艇艇体最低点到基线的距离为 t，那么 $t = T_{bz} - T = 3\ 500 - 3\ 300 = 200\ \text{mm} = 0.2\ \text{m}$，这是潜艇艇员必须熟记的数据之一。

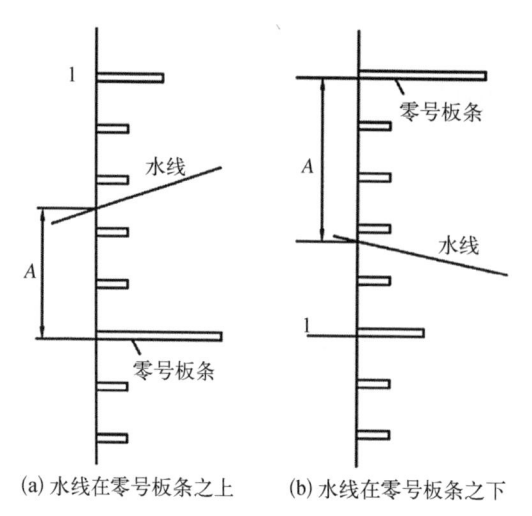

(a) 水线在零号板条之上　　(b) 水线在零号板条之下

图 3-2-3　吃水标记示意图

二、平衡条件

潜艇能以一定浮态漂浮于水中，是作用在潜艇上的外力及外力矩相互平衡的结果。

（一）受力情况

潜艇漂浮于水中时，作用在潜艇上的外力有两种。

1. 重力 D

大小：潜艇上全部载荷重量的总和，包括艇体、动装、武备、供应品、备品等艇上所有的固定载荷与可变载荷的重量。

方向：铅垂向下。

作用点：作用于重心 G 点 (x_g, y_g, z_g)。其中，x_g、y_g 与 z_g 分别是重心 G 点在 ox 轴、oy 轴与 oz 轴上的坐标。

潜艇重力大小取决于载荷的大小，而重心位置取决于潜艇载荷的分布。

2. 浮力 Q

浮力是作用在潜艇壳体表面上静水压力的合力。

大小：潜艇壳体排开水的重量，即 $Q = \gamma \cdot V$（为描述方便，本书中有时用体积或质量来表示其对应的重力）。其中 V 是潜艇的排水容积，γ 是海水的密度（一般取 $\gamma = 1.00\ \text{t/m}^3$）。

方向：铅垂向上。

作用点：作用于潜艇排水容积的中心，即浮心 C 点 (x_c, y_c, z_c)。其中，x_c、y_c 与 z_c 分别是浮心 C 点在 ox 轴、oy 轴与 oz 轴上的坐标。

潜艇浮力大小取决于排水容积的大小，而浮心位置取决于潜艇排水容积的形状。

（二）平衡条件

潜艇平衡于一定的浮态，作用在潜艇上的重力和浮力应满足如下条件：

1. 合力为零

重力 D 与浮力 Q 大小相等，方向相反。

2. 合力矩为零

重心 G 与浮心 C 在同一铅垂线上。

这就是潜艇的平衡条件。只有同时满足上述两个条件，潜艇才能在该浮态保持平衡。

（三）平衡方程

若用数学方程式来描述上述的平衡条件，就能得到平衡方程。对不同的浮态就有不同形式的平衡方程，以水面状态为例，列出正浮和纵倾两种状态时的平衡方程。

（1）正浮状态：

$$\begin{cases} D = Q = \gamma \cdot V \\ x_g = x_c \\ y_g = y_c = 0 \end{cases} \quad (3-2-4)$$

（2）纵倾状态：

$$\begin{cases} D = Q = \gamma \cdot V \\ x_c - x_g = \tan\varphi \cdot (z_g - z_c) \\ y_g = y_c = 0 \end{cases} \quad (3-2-5)$$

潜艇水下状态的平衡方程形式和水面状态完全相同，只是平衡方程中应用的数据不同。水面状态平衡方程中应用水面状态的各种数据，而水下状态则用水下状态的各种数据代入。

因此，决定潜艇浮态的四个因素分别是重力 D、重心位置 G 点和浮力 Q、浮心位置 C 点。

三、潜艇重量、重心和浮力、浮心的计算

潜艇在规定（或典型）装载情况下的重量、重心和浮力、浮心都已由设计部门进行了计算，编制在相关技术文件中。但其他情况（如载荷变动或破损进水）时，潜艇的重量、重心和浮力、浮心需要重新计算。

（一）重量、重心的计算

潜艇在服役过程中，通过跟踪载荷变化可以计算出新的重量和重心。

1. 典型装载情况

可以按下列公式计算。

重量：

$$D = \sum_{i=1}^{n} p_i \qquad (3-2-6)$$

重心位置：

$$\begin{cases} x_g = \dfrac{1}{D}\sum_{i=1}^{n} p_i \cdot x_i \\ y_g = \dfrac{1}{D}\sum_{i=1}^{n} p_i \cdot y_i \xrightarrow{\text{载荷左右对称分布}} y_g = 0 \\ z_g = \dfrac{1}{D}\sum_{i=1}^{n} p_i \cdot z_i \end{cases} \qquad (3-2-7)$$

由于涉及项目比较多，计算比较烦琐，这项计算由设计部门完成。

2. 载荷变动情况

1) 增减载荷时

潜艇原来的重量为 D，重心为 $G(x_g, y_g, z_g)$，在 $K(x_p, y_p, z_p)$ 处增加载荷 p。潜艇新的重量 D_1 与重心位置 $G_1(x_{g1}, y_{g1}, z_{g1})$ 可由下列公式进行计算。

重量：

$$D_1 = D + p \qquad (3-2-8)$$

重心位置：

$$\begin{cases} x_{g1} = \dfrac{D \cdot x_g + p \cdot x_p}{D + p} = \dfrac{D \cdot x_g + p \cdot x_p}{D_1} \\ y_{g1} = \dfrac{D \cdot y_g + p \cdot y_p}{D_1} \\ z_{g1} = \dfrac{D \cdot z_g + p \cdot z_p}{D_1} \end{cases} \qquad (3-2-9)$$

注意：p 在增加载荷时取正，反之取负，x_g、y_g、x_p、y_p 本身也有正负之分。

2) 移动载荷时

潜艇原来的重量为 D，重心 $G(x_g, y_g, z_g)$，载荷 p 由 $K_1(x_{p1}, y_{p1}, z_{p1})$ 移动到 $K_2(x_{p2}, y_{p2}, z_{p2})$，则潜艇新的重心位置 (x_{g1}, y_{g1}, z_{g1}) 可以通过在 K_1 点减少载荷 p，而在 K_2 点增加载荷 p 确定，这样移动载荷问题可按上述增减载荷的方法计算。

重心位置：

$$\begin{cases} x_{g1} = \dfrac{D \cdot x_g + p \cdot x_{p2} - p \cdot x_{p1}}{D + p - p} = \dfrac{D \cdot x_g + p \cdot (x_{p2} - x_{p1})}{D} \\ y_{g1} = \dfrac{D \cdot y_g + p \cdot (y_{p2} - y_{p1})}{D} \\ z_{g1} = \dfrac{D \cdot z_g + p \cdot (z_{p2} - z_{p1})}{D} \end{cases} \quad (3-2-10)$$

(二) 浮力、浮心的计算——浮力与初稳度曲线

浮力的大小取决于潜艇排水容积的大小，而浮心位置由排水容积的形状决定。因此，计算不同装载情况下潜艇的浮力与浮心，就是确定潜艇的排水容积（或排水量）与容积中心。为方便潜艇艇员工作，设计部门计算绘制了浮力与初稳度曲线。

1. 定义

浮力与初稳度曲线是指潜艇正浮于静水中时，有关艇体的各种几何基本特征量随吃水变化的曲线组。它是艇员处理艇体破损进水及日常勤务中有关防沉抗沉等问题时的一个重要图表，见图 3-2-4。

2. 组成

垂直竖轴表示由基线算起的平均吃水。

水平横轴上标有各种相应的特征量（即 V、x_c、z_c、$z_c+\rho$、R 和 x_F）。

曲线组包括以下曲线：

(1) 排水容积（容积排水量）V 曲线；
(2) 浮心位置纵坐标 x_c 曲线；
(3) 浮心位置垂坐标 z_c 曲线；
(4) 横稳定中心距基线的高度 $z_m = z_c + \rho$ 曲线；
(5) 纵稳定中心半径 R 曲线；
(6) 漂心位置纵坐标 x_F 曲线，漂心是潜艇水线面的面积中心（有些艇无该曲线）。

3. 使用方法

(1) 由 $T_{CP} \Rightarrow V$、x_c、z_c、z_m、R、x_F。

在浮力与初稳度曲线图的垂直竖轴上按比例截取等于 T_{CP}（平均吃水，即水线面漂心处的吃水）的线段，通过获得的点作一水平直线直到与各条曲线相交，从各个交点向水平横轴作垂线并取下各个对应的值 V、x_c、z_c、z_m、R、x_F。

(2) 由 $D \Rightarrow x_c$、z_c、z_m、R、x_F。

如果已知重量排水量 D，就可确定容积排水量 $V = D/\gamma$，然后确定其余各理论要素。

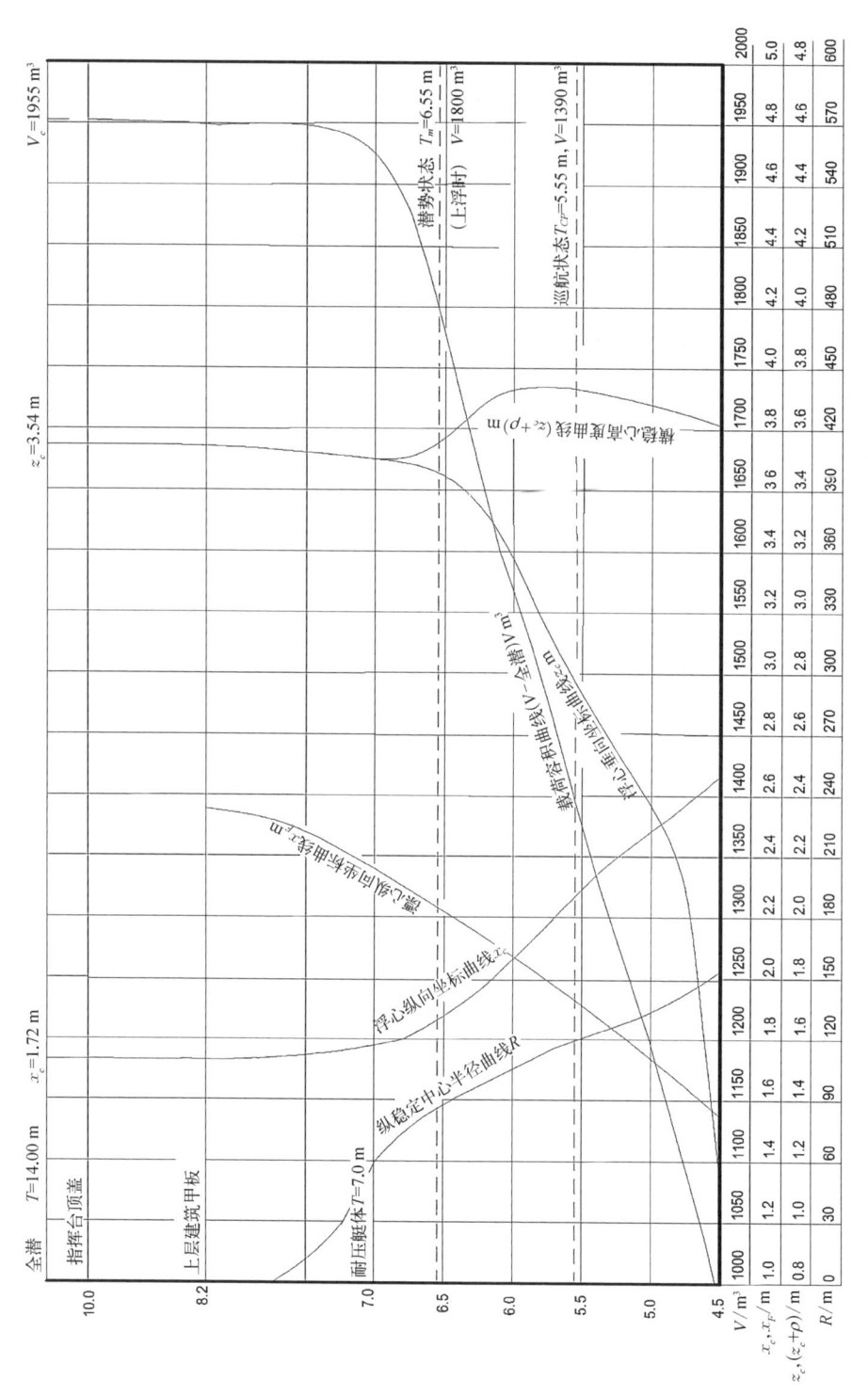

图 3-2-4 浮力与初稳度曲线示意图（此数据为假想数据，仅供学习使用）

在水平横轴上按比例截取等于 V 的线段,通过获得的点引一条垂直直线直至与容积排水量曲线相交,通过此交点作一水平直线。从水平直线与其余曲线的交点向水平横轴作垂线,并且按比例取下各相应的值 x_c、z_c、z_m、R、x_F,在水平直线与垂直竖轴的交点处,确定潜艇的平均吃水 T_{CP}。

【例题 1】假想潜艇平均吃水 T_{CP} = 5.55 m,利用图 3-2-4 确定 V、x_c、z_c、z_m、R、x_F 诸值。

解:

(1) 在浮力与初稳性曲线图的纵坐标轴上选取平均吃水 T_{CP} = 5.50 m 的点。

(2) 通过该点作水平线与 V=f(T)、x_c=f(T)、$z_c+\rho$=f(T)、R=f(T) 和 x_F=f(T) 各曲线相交,得相应的交点。

(3) 由各交点分别向水平轴作垂线,与水平轴相交,然后按比例量取,分别得到如下数据:

  a. 排水量为 V = 1 390 m³;

  b. 浮心位置纵向坐标(距舯船面)为 x_c = 2.24 m;

  c. 横稳定中心距基线的高度为 $z_c + \rho$ = 3.72 m;

  d. 纵稳定中心半径为 R = 120 m;

  e. 漂心位置纵向坐标(距舯船面)为 x_F = 1.92 m。

【例题 2】假想潜艇处于半潜状态,确定潜艇的平均吃水 T_{CP}、浮心位置纵坐标 x_c、横稳定中心距基线的高度 $z_c + \rho$、纵稳定中心半径 R 和漂心位置纵坐标 x_F。

解:

(1) 计算潜艇在半潜状态下的重量、重心位置,计算结果见表 3-2-1。

表 3-2-1　潜艇的重量、重心位置计算表(数据为假想数据,仅供学习使用)

序号	名　称	重量 D/t	垂向(距基线) 力臂 Z/m	垂向(距基线) 力矩 M_z/(t·m)	纵向(距舯船面) 力臂 X/m	纵向(距舯船面) 力矩 M_x/(t·m)
1	正常装载	1 390	3.34	4 642.60	1.62	2 252.00
2	所有主压载水舱注水	565.00	3.27	1 848.00	2.52	1 424
4	第 × 号主压载水舱吹除	-75.00	3.10	-232.50	14.00	—
5	第 ×+1 号主压载水舱吹除	-80.00	3.20	-256.00	6.00	-480.00
	共　计	1 800	3.33	6 490.60	1.19	3 675.60

潜艇半潜状态下的重量为 D = 1 800.00 t,重心位置为 G(1.19, 0, 3.33)。

(2) 在浮力与初稳度曲线图的水平轴上,由潜艇排水容积 V = D/γ = 1 800.00 m³ 的点,通过该点作水平轴的垂线,与排水容积曲线 V=f(T) 相交,从该交点作水平直线至垂直轴上,从而得到平均吃水 T_{CP} = 6.55 m。

(3) 由该水平线与 $x_c=f(T)$、$z_c+\rho=f(T)$、$R=f(T)$ 和 $x_F=f(T)$ 等曲线的交点,分别向水平轴作垂线,与水平轴相交,然后按比例量取,分别得到如下数据:

a. 浮心位置纵向坐标(距艏船面)为 x_c = 1.86 m;
b. 横稳定中心距基线的高度为 $z_c+\rho$ = 3.56 m;
c. 纵稳定中心半径为 R = 85.0 m;
d. 漂心位置纵向坐标(距艏船面)为 x_F = 2.24 m。

4. 注意事项

(1) 该曲线只适用于正浮状态,但可近似应用于初稳性范围(小角倾斜范围):

$$\begin{cases} \theta \leqslant \pm 15° \\ \varphi \leqslant \pm 0.5° \end{cases} \qquad (3-2-11)$$

(2) 每一条曲线都是吃水的函数;
(3) 每条曲线都有自己的比例尺,使用时要特别注意,不要混淆;
(4) 标志吃水必须换算成理论吃水,即 $T_{bz} \Rightarrow T$。

四、储备浮力与下潜条件

(一) 排水量分类

1. 按使用的物理量分

1) 容积排水量

容积排水量是指潜艇艇体所排开水的容积,用 V 表示,单位 m³。

2) 重量排水量

重量排水量是指潜艇艇体所排开水的重量,用 D 表示,单位 t。

2. 按装载状态分

1) 正常排水量(或巡航排水量,或水面排水量)

装载有设计任务书中所规定的一切载荷(包括武备、机械装置、系统设备等固定载荷和燃料、滑油、供应品、弹药、人员、食物、淡水及均衡所需的初水量等变动载荷)时的排水量,即潜艇处于水面巡航状态可随时下潜时的排水量,用 $V_\uparrow$ 表示。

潜艇处于这一状态时,所有主压载水舱和速潜水舱均未注水,有通海阀的主压载水舱通海阀是关闭的,潜艇已均衡好。

2) 超载排水量

潜艇正常排水量加上超载燃油(及其相应的附加载荷)后的水面排水量。

潜艇的这一状态与前一种状态的根本区别是部分主压载水舱(燃油压载水舱)注满了燃油或代换水,其余的主压载水舱和速潜水舱未注水,在耐压艇体内的燃油舱也装载燃油,还装载有柴油机滑油、饮用水、粮食和再生空气设备,潜艇也已均衡好。

3）水下排水量

潜艇在水下状态时,由于对主压载水舱内所注水的处理方法不同,水下排水量有两种不同的观点。

(1) 增加载荷法(或增载法)。

这一观点是将主压载水舱内所注水的重量看成是潜艇所增加的重量。因此,水下排水量是正常排水量加上全部 n 个主压载水舱内的注水量。这时容积排水量用 $V_\downarrow$ 表示。

$$\gamma \cdot V_\downarrow = \gamma \cdot V_\uparrow + \sum_{i=1}^{n} \gamma \cdot v_{zi} \Rightarrow V_\downarrow = V_\uparrow + \sum_{i=1}^{n} v_{zi} \qquad (3-2-12)$$

其特征是将主压载水舱与潜艇艇体联系在一起,潜艇潜入水下后,重力、重心位置及浮力、浮心位置都相对水面状态发生变化。

(2) 失去浮力法(或失浮法)。

潜艇下潜打开主压载水舱通海阀、通气阀后,主压载水舱因与舷外水相通而变成非水密,这部分容积可看成是舷外水的一部分,不再提供浮力。这一观点认为主压载水舱注水后潜艇失去了主压载水舱这部分容积所提供的浮力,或者说主压载水舱的注水重量与其提供的浮力相互抵消,可不考虑。

这时,潜艇在水下时,能提供浮力的只是耐压艇体和耐压指挥台这两部分排水容积(称为固定浮容积,用 V_o 表示),因此潜艇的水下排水量就是固定浮容积 V_o 所提供的排水量。因此以失浮法计算潜艇水下参数时,潜艇的重力、重心位置和浮力不变,只是浮心位置发生了变化。

4）水下全排水量

潜艇在水下包括非水密部分在内的整个艇体所排开水的重量,即是潜艇裸船体及全部附体外表面所围封的总体积。

(二) 浮力

1. 定义

潜艇巡航水线以上全部水密容积或全部水密容积所能提供的浮力,称为储备浮容积或储备浮力。用 W 表示,为描述方便,本书用体积或质量表示其对应的浮力,单位为 m^3 或 t。

2. 含义

储备浮力表示从巡航水线开始增加载荷或破损进水还能继续保持漂浮的能力。它相当于潜艇从巡航水线开始增加载荷直至全部浸没于水中为止所增加的极限载重,或者潜艇破损进水直至沉没时的最大进水量。

3. 特点

(1) 排水量和储备浮力是潜艇全部浮力的两个方面。其中,排水量是潜艇艇体浸入水中部分的容积,表现为现实浮力;而储备浮力是潜艇巡航水线以上的水密容积,表现为可能实现的浮力,即"储备"。

(2) 排水量与储备浮力之和为常数。由于潜艇的全部水密容积为常数,储备浮力随排水量的增加而减少。

(3) 水面状态才有储备浮力,而水下状态时储备浮力为零。在水下状态时,由于水线以上没有水密容积或所有水密容积都表现为排水量,提供现实浮力。潜艇在水下状态时储备浮力为零。

(4) 表示方式。

潜艇的储备浮力可以用两种方式表示。

绝对值:

$$(V_\uparrow + W = V_\downarrow + 0 = 常数) \Rightarrow W = V_\downarrow - V_\uparrow \quad (3-2-13)$$

相对值:

$$W = \frac{V_\downarrow - V_\uparrow}{V_\uparrow} \times 100\% \quad (3-2-14)$$

储备浮力的大小表示潜艇水上抗沉和水下自浮能力的高低,如果储备浮力较大,可以改善潜艇的不沉性,但增加潜艇下潜的时间,以水下航行为主的现代潜艇在保障不沉性的前提下,储备浮力应尽量小,一般为15%~30%。

(三) 下潜条件

采用向潜艇主压载水舱注水的方法,可使潜艇由水面巡航状态过渡到水下状态,并使潜艇正直悬浮于水中。因此,潜艇不仅要求满足水面正浮平衡条件,而且还要同时满足水下正浮平衡条件,这就是在下潜条件中所要讨论的问题。

下潜条件是指潜艇在下潜过程中所需满足的平衡条件。由于对潜艇主压载水舱内所注的水有两种不同的处理方法。因此,潜艇的下潜条件表达方式也就不相同。

1. 增载法

潜艇主压载水舱注满水,由水面正浮平衡状态过渡到水下正浮平衡状态后,在水面正浮状态的基础上增加了两个作用力,即主压载水舱注水后所增加的重力 $\gamma \cdot \sum v_z$ 及储备浮容积入水后所提供的浮力 $\gamma \cdot W$。

由于潜艇下潜前处于正浮平衡状态,因此,这两个新增加的作用力也应满足正浮平衡条件,才能保证潜艇正常下潜后在水下也是正浮平衡的。因此有

$$\begin{cases} \gamma \cdot \sum v_z = \gamma \cdot W \\ x_v = x_w \\ y_v = y_w = 0 \end{cases} \Rightarrow \begin{cases} \sum v_z = W \\ x_v = x_w \\ y_v = y_w = 0 \end{cases} \quad (3-2-15)$$

式(3-2-15)就是保证潜艇正常下潜的条件。式中，$\sum v_z$是所有主压载水舱的全部注水容积；W是潜艇的储备浮容积；x_v、y_v分别是全部主压载水舱容积中心的纵、横坐标；x_w、y_w分别是储备浮容积中心的纵、横坐标。

这表明，要保证潜艇能正常下潜（即下潜后也无纵倾和横倾），必须有主压载水舱的总容积等于储备浮容积，同时，主压载水舱的容积中心与储备浮容积中心在同一铅垂线上。

2. 失浮法

按失浮法的观点，潜艇主压载水舱注水后，潜艇失去了主压载水舱这部分容积所提供的浮力，而由潜艇的储备浮容积来替代提供。

潜艇下潜过程中，其重量、重心位置不变，只是排水容积的形状发生了变化，失去了主压载水舱这部分容积而增加了储备浮容积，这时，排水容积就是潜艇的固定浮容积V_o。

因此，保证潜艇正常下潜的下潜条件为

$$\begin{cases} D_\uparrow = \gamma \cdot V_o \\ x_{g\uparrow} = x_{co} \\ y_{g\uparrow} = y_{co} = 0 \end{cases} \Rightarrow \begin{cases} V_\uparrow = V_o \\ x_{g\uparrow} = x_{co} \\ y_{g\uparrow} = y_{co} = 0 \end{cases} \quad (3-2-16)$$

式(3-2-16)就是用失去浮力法观点得到的下潜条件。式中，V_o是潜艇的固定浮容积；$x_{g\uparrow}$、$y_{g\uparrow}$是潜艇水面巡航状态时重心位置的纵、横坐标；x_{co}、y_{co}是固定浮容积中心的纵、横坐标。

这表明，要保证潜艇能正常下潜，必须满足：潜艇水面排水容积等于固定浮容积，且巡航状态的重心与固定浮容积中心在同一铅垂线上。

下面进一步讨论潜艇的下潜条件，利用增载法，潜艇在水下状态时，有

$$\begin{cases} D_\downarrow = D_\uparrow + \gamma \cdot \sum v_z \\ V_\downarrow = V_o + \sum v_z \end{cases} \quad (3-2-17)$$

再引入式(3-2-15)，化简后有

$$\begin{cases} V_\uparrow = V_o \\ x_{g\uparrow} = x_{co} \\ y_{g\uparrow} = y_{co} = 0 \end{cases} \quad (3-2-18)$$

这说明利用增载法和失浮法获得潜艇下潜条件是相同的。综合上述分析，可得到下潜条件的第三种表达方式：

$$\begin{cases} V_\uparrow = V_o \\ x_{g\uparrow} = x_{c\uparrow} = x_{co} \\ y_{g\uparrow} = y_{c\uparrow} = y_{co} = 0 \end{cases} \qquad (3-2-19)$$

这表明,如果要保证潜艇正常下潜,潜艇的水面排水容积须等于固定浮容积,且潜艇水面巡航状态的重心、浮心和固定浮容积中心都在同一铅垂线上。

第三节 潜艇初稳性

潜艇浮态主要研究的是水中潜艇的平衡问题,那么在该平衡位置处,潜艇是否稳定? 潜艇平衡位置的稳定性则是由潜艇稳性决定的。根据受扰动的程度不同,潜艇稳性分初稳性和大角稳性。

一、稳性基本概念

(一) 定义

潜艇在外界扰动作用下偏离原来的平衡位置,当外界扰动消失后,能自行重新回到原来平衡位置的能力称为潜艇的稳性。

偏离平衡位置的潜艇,在外界扰动消失后,能重新回到原来平衡位置,则说明该平衡位置是稳定的,否则是不稳定的。实际上,潜艇无法漂浮在不稳定平衡位置,很可能会倾覆。因此,正常使用潜艇不仅要求潜艇满足平衡条件,同时还要满足稳定条件。

(二) 含义

1. 稳性是平衡位置的属性

稳性是针对潜艇的某一平衡位置而言的,对于同一潜艇,漂浮位置不同,其稳性也不同。不是平衡位置,不能谈其稳性。

2. 稳性的质与量

潜艇能不能重新回到原来平衡位置,是稳定不稳定的问题——质的不同;

回到原来平衡位置的能力大小,是稳定程度的问题——量的差异。

潜艇稳定程度(或稳性的好坏),通常是通过"稳度"这一指标来衡量的。因此,潜艇的稳性就包括"稳定不稳定"和"稳度"这两个方面。

(三) 分类

1. 按偏离平衡位置的方向分类

横稳性:潜艇在横倾情况下的稳性,是水面状态研究的重点;

纵稳性:潜艇在纵倾情况下的稳性,是水下状态研究的重点。

2. 按偏离平衡位置的大小分类

初稳性:潜艇在倾斜倾差较小时的稳性,它反映潜艇稳性的最初特征;

大角稳性:潜艇在倾斜倾差角较大时的稳性,它全面描述潜艇稳性的特征。

通常情况下,分别以 $\theta = \pm 15°$ 和 $\varphi = \pm 0.5°$ 作为横向、纵向初稳性和大角稳性研究的分界线。

既然大角稳性能全面描述潜艇的稳性,为何还专门研究初稳性呢?主要有以下两个原因:

(1)在倾角较小时,可以作某些假设使研究简化,用简单的数学方程来表示潜艇的稳性,得到实用方便的结果;

(2)在处理许多实际问题时,往往更关心潜艇在某个特定倾角及其邻域内的稳定性问题,只要知道潜艇的初稳性就足够了。

学习讨论稳性的目的,是为了能随时保持潜艇处于稳定平衡状态,或使不稳定平衡转变为稳定平衡。

二、水面状态的稳性

当潜艇在水面正直漂浮,在外力作用下偏离平衡位置后,并不是所有的潜艇在外力消失后都能重新回到原来的平衡位置,有的潜艇不能回到原来的平衡位置,甚至倾覆翻倒。这说明潜艇要重新回到原来的平衡位置是有一定条件的,这就是要讨论的"稳定平衡条件"。

(一)稳定平衡条件

这里以水面状态潜艇的横向倾斜为例来讨论其稳定平衡条件。

设潜艇正浮于 WL 水线,重量为 D,重心位置为 G 点,浮力为 Q,浮心位置为 C 点,满足平衡条件(图 3 - 3 - 1)。

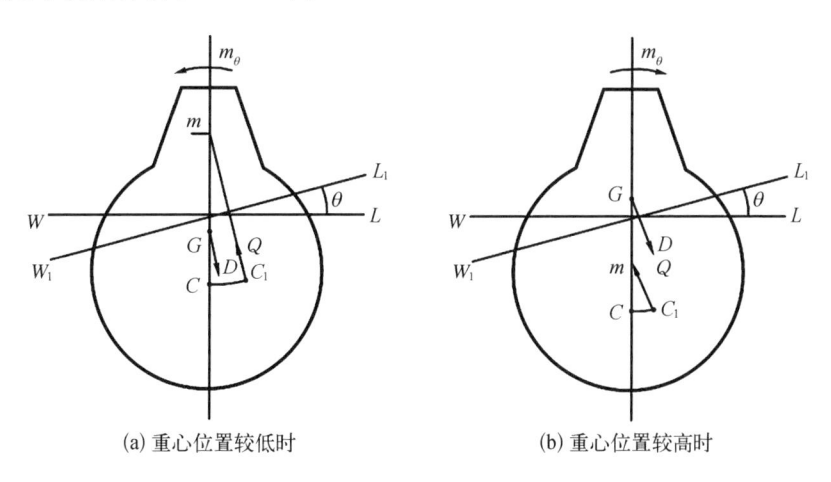

(a) 重心位置较低时　　　　　　(b) 重心位置较高时

图 3 - 3 - 1　横初稳性示意图

如何判断潜艇在 WL 水线是否稳定呢？

1. 受力分析

从"稳性"的定义出发，给潜艇施加一个外力矩（即扰动），使其偏离原来的平衡位置 WL 水线，而小角倾斜至 W_1L_1 水线。然后去掉外力矩，潜艇能否重新回到原来的平衡位置 WL 水线，如果能重新回到 WL 水线，那么，潜艇在 WL 水线是稳定的，否则就是不稳定的。

潜艇能否从 W_1L_1 重新回到 WL 水线，取决于在 W_1L_1 水线时潜艇的受力，潜艇在 W_1L_1 水线时的受力情况如下。

（1）重力：潜艇由 WL 水线倾斜到 W_1L_1 水线过程中，既没有增加或减少载荷，也没有移动各种载荷，因此，潜艇的重力和重心都不变。

（2）浮力：由于潜艇由 WL 水线到 W_1L_1 水线的倾斜是等容倾斜（保持容积排水量不变的倾斜），潜艇的排水容积大小不变，浮力也不变，但排水容积的形状发生了变化（有一块容积入水，另有一块容积出水），引起浮心位置的变化，由 C 点移动 C_1 点。

这样，潜艇在 W_1L_1 水线时，重力 D 与浮力 Q 虽然仍保持大小相等方向相反，但重心 G 与浮心 C_1 不在同一铅垂线上，从而重力和浮力就构成了一对力偶矩。

由于此力偶矩与倾斜方向相反，当外界扰动消失后，潜艇在这一力偶矩的作用下，能重新回到原来的平衡位置 WL 水线，见图 3-3-1(a)。说明潜艇原来的平衡位置 WL 水线是稳定的。这一力偶矩称为扶正力矩，用 m_θ 表示。

另一种情况是，由于潜艇装载不当，使重心处于不适当的过高位置，见图 3-3-1(b)。

由此可见，潜艇在某个平衡位置是否稳定，取决于潜艇小角倾斜后重力和浮力所构成的扶正力矩的方向。如果扶正力矩的方向与倾斜方向相反，那么，这个平衡位置是稳定的，否则就是不稳定的。

2. 扶正力矩方向判断

如何知道潜艇小角倾斜后扶正力矩的方向呢？扶正力矩的方向取决于哪些因素呢？即潜艇某个平衡位置稳定与否的关键是什么？

在图 3-3-1 中，将倾斜后的潜艇浮力作用线延长，与原来正浮时的浮力作用线相交于 m 点。对(a)、(b)两种情况分析可知：

当 m 点在 G 点之上时，扶正力矩与倾斜方向相反，原来的平衡位置稳定，见图 3-3-1(a)；

当 m 点在 G 点之下时，扶正力矩与倾斜方向一致，原来的平衡位置不稳定，见图 3-3-1(b)。

由此可见，m 点与 G 点的相对关系决定了潜艇平衡位置稳定与否。所以，m 点称为稳定中心。确切地说，m 点是潜艇横稳定中心，它对应潜艇的横倾情况。$\overline{Cm}$ 为横稳定中心半径，用 ρ 表示。同理，潜艇作纵向倾差时，相应的稳定中心称为纵稳定中心(M 点),$\overline{CM}$ 为纵稳定中心半径,用 R 表示。

如何确定某个平衡位置的稳定中心呢?实际上,稳定中心是相邻两个非常接近水线的浮力作用线的交点,如 WL 平衡位置的稳定中心就是 WL 水线时的浮力作用线和与之非常接近的水线(倾斜非常小角度)时的浮力作用线的交点。

当小角倾斜时,近似认为潜艇的稳定中心保持不变,浮心位置由 C 点到 C_1 的移动轨迹是以稳定中心为中心,稳定中心半径为半径的一段圆弧,这也是初稳性研究中所作的基本假设。

根据以上分析,可以得出结论:要使潜艇已知平衡位置是稳定的,则相应于该位置的稳定中心必须高于重心,即潜艇的稳定平衡条件。只有满足了此条件,才能保证潜艇在小角倾斜后产生使其复原的扶正力矩。

(二)稳定中心高

前面分析了潜艇某个平衡位置的稳定问题,现在讨论如何衡量某个已知平衡位置的稳定程度。潜艇平衡位置的稳定程度称为稳度,在初稳性范围内,潜艇的稳度称初稳度。表示潜艇初稳度大小的一个主要特征量就是稳定中心高。

1. 定义

稳定中心高是指稳定中心在重心之上的高度。

横稳定中心 m 在重心 G 以上的高度 $\overline{Gm}$ 称为横稳定中心高,用 h 表示。纵稳定中心 M 在重心 G 以上的高度 $\overline{GM}$ 称为纵稳定中心高,用 H 表示。当 m 点(M 点)在 G 点之上,$h(H) > 0$,潜艇处于稳定平衡状态;当 m 点(M 点)在 G 点之下,$h(H) < 0$,潜艇处于不稳定平衡状态。

因此潜艇的稳定平衡条件可以写成:只要稳定中心高 $h(H) > 0$,则潜艇的已知平衡位置是稳定的。

潜艇的稳定中心高反映了潜艇小角倾斜时的稳性,它是一个重要而实用的性能数据,在实际使用中,常常用它来衡量潜艇的稳性是否符合规定的要求。

2. 横稳定中心半径

设潜艇正浮于 WL 水线,排水容积为 V,等容倾斜一个无限小角 $\mathrm{d}\theta$ 到 W_1L_1 水线,排水容积大小不变,但形状发生了变化(W_0W_1 部分出水,L_0L_1 部分入水),浮心位置由 C 移到 C_1。浮心位置的移动,实际上是容积 v 由 W_0W_1 部分的容积中心 g_1 移到了 L_0L_1 部分的容积中心 g_2 所引起的(图 3-3-2)。

由前面的假设可知,当倾斜角很小时,稳定中心 m 点不变,即 W_1L_1 水线的浮力作用线通过 m 点,浮心的移动轨迹 $\overline{CC_1}$ 是一段圆弧。

$$\overline{CC_1} \approx \overline{\overline{CC_1}} = \overline{mC} \cdot \mathrm{d}\theta = \rho \cdot \mathrm{d}\theta \Rightarrow \rho = \frac{\overline{CC_1}}{\mathrm{d}\theta} \qquad (3-3-1)$$

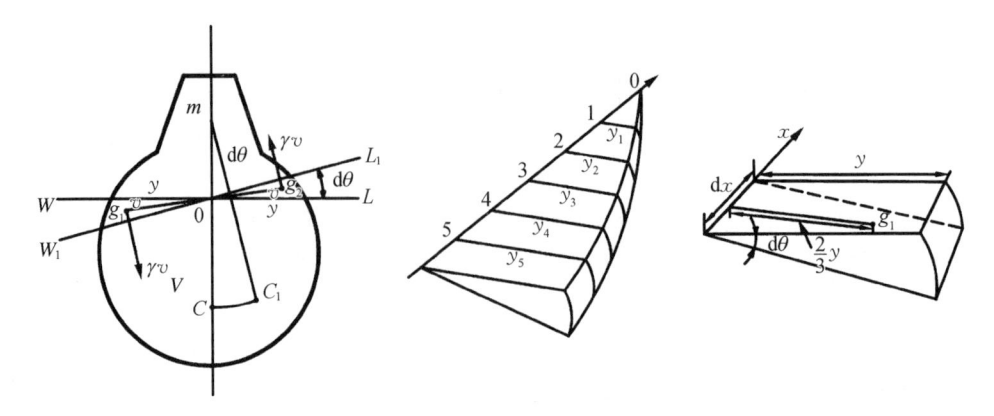

图 3-3-2　横稳定中心半径推导示意图

由重心移动定理可知：

$$v \cdot \overline{gg_1} = V \cdot \overline{CC_1} \Rightarrow \frac{\overline{CC_1}}{\overline{g_1g_2}} = \frac{v}{V} \Rightarrow \overline{CC_1} = \frac{1}{V} v \cdot \overline{g_1g_2} \quad (3-3-2)$$

在 X 方向截取一段 $\mathrm{d}x$，以此段楔形容积为微容积元 $\mathrm{d}v\left(=\dfrac{1}{2}y^2\mathrm{d}\theta \cdot \mathrm{d}x\right)$，那么，出水部分容积与入水部分容积组成的力矩值为

$$v \cdot \overline{g_1g_2} = \int_L 2 \cdot \frac{2}{3} y \cdot \mathrm{d}v = \frac{2}{3}\int_L y^3 \mathrm{d}x \cdot \mathrm{d}\theta = I_x \cdot \mathrm{d}\theta \quad (3-3-3)$$

因此，

$$\overline{CC_1} = \frac{1}{V} \cdot v \cdot \overline{g_1g_2} = \frac{I_x}{V}\mathrm{d}\theta \Rightarrow \rho = \frac{\overline{CC_1}}{\mathrm{d}\theta} = \frac{I_x}{V} \quad (3-3-4)$$

3. 稳定中心高计算公式

根据上面的推导，处于正浮状态的潜艇，它的稳定中心高由式(3-3-5)、式(3-3-6)计算。

（1）横稳定中心高：

$$h = z_c + \rho - z_g = z_m - z_g \quad (3-3-5)$$

（2）纵稳定中心高：

$$H = z_c + R - z_g \quad (3-3-6)$$

式中，z_c 为浮心 C 点的垂向坐标，m；z_g 为重心 G 点的垂向坐标，m；ρ 为横稳定中心半径，m；R 为纵稳定中心半径，m；$z_m = z_c + \rho$ 为横稳定中心 m 点距基线的高度。

其中，潜艇的稳定中心半径由下列公式计算。

（1）横稳定中心半径：

$$\rho = \frac{I_x}{V} \quad (3-3-7)$$

（2）纵稳定中心半径：

$$R = \frac{I_{yf}}{V} \quad (3-3-8)$$

式中，V 为潜艇的容积排水量，m^3；I_x 为水线面面积对纵向主中心轴 x 轴的惯性矩，m^4；I_{yf} 为水线面面积对横向主中心轴 y_f 轴的惯性矩，m^4。

实际使用时，根据潜艇的平均吃水或容积排水量，在浮力与初稳度曲线图上，查出稳定中心半径或稳定中心距基线的高度，然后得到潜艇的稳定中心高。

【例题 3】 已知假想潜艇处于半潜状态，利用图 3-2-4 确定横稳定中心高 h、纵倾角 φ 和艏、艉吃水标记处的吃水 T_{Fbz} 和 T_{Abz}。

解：

1）计算潜艇的重量、重心位置

由例题 2 可知潜艇在半潜状态下的重量为 $D = 1\,800.00\,t$，重心位置为 $G(1.19, 0, 3.33)\,m$。

2）计算潜艇浮力、浮心位置

根据潜艇排水容积 $V = D/\gamma = 1\,800\,m^3$，由图 3-2-4 查得半潜状态时潜艇的各浮性与稳性数据：

（1）平均吃水 $T_{CP} = 6.55\,m$；
（2）浮心位置纵向坐标（距舯船面）为 $x_c = 1.86\,m$；
（3）横稳定中心距基线的高度为 $z_C + \rho = 3.56\,m$；
（4）纵稳定中心半径为 $R = 85\,m$；
（5）漂心位置纵向坐标（距舯船面）为 $x_F = 2.24\,m$。

3）确定横稳定中心高

当潜艇排水量 $D = 1\,800\,t$ 时，不考虑各类自由液舱内自由液面对横初稳度的影响（后面还会提到），潜艇横稳定中心高：

$$h = z_c + \rho - z_g = 3.56 - 3.33 = 0.23$$

4）确定纵倾角 φ

$$\tan\varphi = \frac{x_g - x_c}{R} = \frac{1.19 - 1.86}{85} = -0.007\,9 \quad (3-3-9)$$

5）确定艏艉吃水标记处的标志吃水 T_{Fbz} 和 T_{Abz}

由漂心位置纵向坐标（距舯船面）为 $X_F = 2.24\,m$，得

$$T_{Fbz} = T_{CP} + t + (L_F - X_F) \cdot \tan \varphi$$
$$= 5.80 + 0.4 + (40 - 2.24) \times (-0.0079) = 5.90 \text{ m} \quad (3-3-10)$$
$$T_{Abz} = T_{CP} + t - (L_A + X_F) \cdot \tan \varphi$$
$$= 5.80 + 0.40 - (40 + 2.24) \times (-0.0079) = 6.53 \text{ m} \quad (3-3-11)$$

在实际工作中,设计部门会在相关技术文件中提供潜艇在巡航、潜势及水下等典型状态时的稳定中心高的数值,并给出几种典型卸载时,潜艇稳定中心高和浮态算例。

4. 几点说明

(1) $H \gg h$,潜艇的纵初稳度 H 与艇长度是一个量级,而横初稳度 h 常常不到 1 m。

这是由于潜艇纵向尺寸要比横向大许多倍,水线面呈瘦长形。因此,水线面面积对横向中心轴的惯性矩远远大于对纵向中心轴的惯性矩($I_{yf} \gg I_x$)

$$\Rightarrow R = \frac{I_{yf}}{V} \gg \rho = \frac{I_x}{V} \Rightarrow H \gg h_{\circ} \quad (3-3-12)$$

由于潜艇的纵稳度 H 在水面状态总是正的,因此,要判断潜艇某个平衡位置是否稳定,只要判断该平衡位置的横稳度 h 是否为正就足够了,同时,潜艇处于水面状态时只会出现横向倾覆翻倒。因此,本书研究讨论的重点是潜艇的横稳性。

(2) 初稳度 $h(H)$ 取决于潜艇的装载状态与吃水。

从初稳度的计算公式可知,初稳度与两个因素有关。

一是潜艇重心高 z_g,它主要取决于潜艇载荷的垂向分布。当底部卸载时,如果不及时进行补重,会使重心升高,引起潜艇初稳度明显降低,严重时,出现 $z_g > z_m$,使 $h \le 0$,导致潜艇倾覆翻倒。

二是艇体排水容积和水线面面积的形状及大小。浮心垂向坐标 z_c 取决于艇体排水容积的形状,而稳定中心半径 ρ、R 主要取决于潜艇平衡位置的水线面面积的形状及大小和艇体排水容积的大小。

潜艇艇体排水容积和水线面面积的形状及大小又取决于潜艇平衡位置时的吃水。当潜艇吃水改变时,潜艇的排水容积和水线面面积的形状及大小都会发生变化,从而影响潜艇的 z_c、ρ 和 R。因此,潜艇稳定中心高是随潜艇吃水和装载状态的变化而改变。

当潜艇在水面横浪航行时,潜艇会出现有效水线面面积瞬间变小,造成横稳性严重降低,产生严重的横倾。

(3) 各类潜艇都有其合适的横初稳度。

初稳度较大时,有利于稳性保持和改善抗沉性能,但 h 过大时,潜艇在风浪中航行时会出现剧烈横摇现象,从而对潜艇的安全、艇员的工作与生活及武备的使用都会产生不利影响。

（三）初稳度与扶正力矩

潜艇初稳度可以由稳定中心高来度量，但最本质的还是扶正力矩，它是度量初稳度的另一个特征量。

设潜艇原漂浮于 WL 水线，横向小角倾斜 θ 角到 W_1L_1 水线，浮心由 C 点移到 C_1 点。这时，由重力 D 和浮力 Q 所构成的扶正力矩 m_θ 为

$$m_\theta = D \cdot \overline{GK} \qquad (3-3-13)$$

式中，$\overline{GK}$ 称为扶正力臂，是重力与浮力间的垂直距离，见图 3-3-3。

若已知 $\overline{GK}$ 的大小，就可求出 m_θ。

由图 3-3-3 可知，对应于 WL 水线，稳定中心在 m 点（对应于 WL 水线的浮力作用线和与之极为邻近水线的浮力作用线的交点），而对应于 W_1L_1 水线，其稳定中心将在 m_1 点（对应于 W_1L_1 水线的浮力作用线和与之极为邻近水线的浮力作用线的交点），也就是 W_1L_1 水线时的浮力作用线通过 m_1 点，而与正浮 WL 水线的浮力作用线并不相交于 m 点，这时，要确定 $\overline{GK}$ 的大小就比较复杂。在小角倾斜时，由前面所

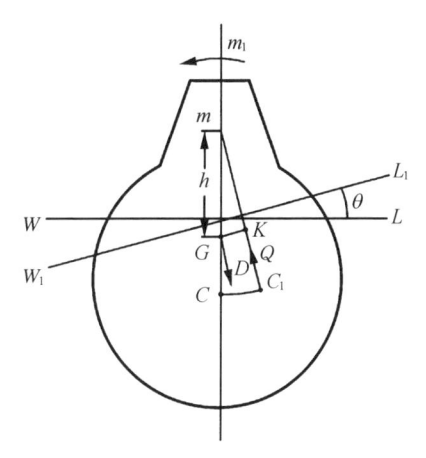

图 3-3-3 扶正力矩受力构成

作的假设可知，m_1 点与 m 点重合，即 W_1L_1 水线的浮力作用线也通过 m 点。这样一来，在扶正力臂 $\overline{GK}$ 与稳定中心高 h 之间建立起非常简单的联系，即 $\overline{GK} = h \cdot \sin\theta$。

由于 θ 较小，$\sin\theta \approx \theta$（弧度），扶正力矩 m_θ 为

$$m_\theta = D \cdot h \cdot \sin\theta \approx D \cdot h \cdot \theta \qquad (3-3-14)$$

同理，潜艇纵倾时的扶正力矩为

$$M_\varphi = D \cdot H \cdot \sin\varphi \approx D \cdot H \cdot \varphi \qquad (3-3-15)$$

同时将力矩方向进行了规定：扶正力矩以逆时针为正，反之为负。

该扶正力矩公式，只有在小角倾斜 $[\theta \leq \pm 15°, \varphi \leq \pm 0.5°]$ 时才能应用，因而也称为初稳度的扶正力矩。角度越大，误差越大，当倾斜角超出上述范围时，潜艇的扶正力矩将在"大角稳性"中加以研究讨论。

（四）表征初稳度的特征量

表征潜艇初稳度有以下三个特征量。

1. 扶正力矩

它是表征初稳度最根本的量。m_θ 越大表明扶正能力越强，或者使潜艇倾斜所

需的外力矩也越大,平衡位置的稳定程度越好,但扶正力矩随倾斜角 θ 变化,用它来表示初稳度时,必须注明所对应的倾斜角。

2. 稳定系数

(1) 横稳定系数：$k = D \cdot h$,与倾斜角 θ 无关；

(2) 纵稳定系数：$K = D \cdot H$,与倾斜角 φ 无关。

稳定系数越大,单位倾斜角的扶正力矩越大,平衡位置的稳定性越好。用它来表示初稳度比扶正力矩优越。对任一平衡位置,都有其确定的稳定系数值。

3. 稳定中心高

用它来表示潜艇初稳度时,简单明了,便于用来评价同类潜艇的初稳度。因此,应用比较广泛。缺点是：对潜艇的同一平衡位置,用不同方法计算时会得到不同的稳定中心高,而扶正力矩、稳定系数则不存在这种情况。

三、水下状态的稳性

同水面状态一样,潜艇在水下状态时,不仅有平衡的问题,也有稳定不稳定的问题。

(一) 水下稳定平衡条件

同讨论水面状态稳性一样,仍以横向倾斜为例。给处于正浮平衡的潜艇一个扰动,使它产生倾斜而偏离原来平衡位置,扰动消失后,观察潜艇能否重新回到原来的平衡位置。

与水面状态倾斜相比,潜艇在水下倾斜过程中,不仅水下重量 $D_\downarrow$ 和重心 $G_\downarrow$ 保持不变,而且无论倾斜角多大,排水容积的大小及形状都保持不变。因此,水下排水量 $V_\downarrow$ 及对应的水下浮心 $C_\downarrow$ 位置也不变。即潜艇的 $D_\downarrow$、$G_\downarrow$、$Q_\downarrow$ 和 $C_\downarrow$ 在倾斜过程都保持不变。由于重心 $G_\downarrow$ 和浮心 $C_\downarrow$ 不在同一铅垂线上,重力 $D_\downarrow$ 和浮力 $Q_\downarrow$ 将构成一力偶矩,即水下扶正力矩 $m_{\theta\downarrow}$。

当浮心 $C_\downarrow$ 位于重心 $G_\downarrow$ 之上时,重力 $D_\downarrow$ 和浮力 $Q_\downarrow$ 构成的扶正力矩与倾斜方向相反,潜艇在此扶正力矩作用下,能重新回到原来的正浮平衡位置,说明原来的正浮平衡位置是稳定的。

反之,当浮心 $C_\downarrow$ 位于重心 $G_\downarrow$ 之下时,重力和浮力所构成的扶正力矩与倾斜方向一致,潜艇在此扶正力矩作用下将继续倾斜,而不会重新回到原来正浮平衡位置,说明原来的正浮平衡位置是不稳定的。

因此,潜艇的水下稳定平衡条件是：潜艇的浮心 $C_\downarrow$ 在重心 $G_\downarrow$ 之上。

只有满足这一条件,才能产生与倾斜方向相反的扶正力矩,保证潜艇处于稳定平衡状态,反之,潜艇则处于不稳定平衡状态。

潜艇在水下状态时,由于浮心位置保持不变,因此,两个非常接近的浮力作用线的交点(即稳定中心),仍然通过潜艇的浮心,此时潜艇的"三心"(浮心、横稳定中心、纵稳定中心）重合于一点。

因此，与水面稳定平衡条件相似，水下稳定平衡条件也可描述为：$m_↓$（或 $M_↓$ 或 $C_↓$）点在 $G_↓$ 点之上时，潜艇既横向稳定又纵向稳定。

（二）水下初稳度的计算

潜艇的水下初稳度常用水下稳定中心高和水下扶正力矩来度量。

1. 水下稳定中心高

潜艇在水下状态时，浮心、横稳定中心和纵稳定中心"三心"合一。因此，作为衡量稳定中心在重心之上高度的稳定中心高如下。

（1）横稳定中心高：$h_↓ = z_{c↓} - z_{g↓}$；

（2）纵稳定中心高：$H_↓ = z_{c↓} - z_{g↓}$。

由此可见，潜艇的水下纵稳定中心高和水下横稳定中心高相等。

2. 水下扶正力矩

潜艇处于水下状态时，其横向扶正力矩：$m_{\theta↓} = D_↓ \cdot h_↓ \cdot \sin\theta$。

同理，水下状态时的纵向扶正力矩：$M_{\varphi↓} = D_↓ \cdot H_↓ \cdot \sin\varphi$。

由于潜艇水下状态时的浮心和重心都保持不变，不随倾斜角变化。因此，上述扶正力矩计算公式在任意倾角下都适用，无初稳性和大角稳性之分，这是与水面扶正力矩较为明显的区别。

3. 水下稳定中心高的进一步讨论

由于对潜艇主压载水舱内的水有两种不同的处理方法——增载法和失浮法。因此，潜艇的水下重量、重心和浮力、浮心就有两种量值，从而衡量潜艇重心与浮心之间距离的水下稳定中心高 $h_↓$ 或 $H_↓$ 也有两种不同的数值。

1）增载法

通常把主压载水舱内所注的水看成是潜艇所增加的重量。

水下重量：

$$D_↓ = D_↑ + \gamma \sum v_z \quad (3-3-16)$$

水下重心高：

$$z_{g↓} = \frac{D_↑ \cdot z_{g↑} + \gamma \sum v_z \cdot z_v}{D_↓} \quad (3-3-17)$$

水下浮力：

$$Q_↓ = \gamma \cdot V_↓ = \gamma \cdot (V_↑ + W) \quad (3-3-18)$$

水下浮心高：

$$z_{c\downarrow} = \frac{V_\uparrow \cdot z_{c\uparrow} + W \cdot z_w}{V_\downarrow} \qquad (3-3-19)$$

式中，$\sum v_z$、z_v 分别是主压载水舱的总容积及其容积中心高；W、z_w 分别是潜艇储备浮力及其储备浮容积中心高。此时，潜艇的水下稳定中心高为：$H_\downarrow = h_\downarrow = z_{c\downarrow} - z_{g\downarrow}$。

2）失浮法

通常认为主压载水舱注水后，潜艇失去了主压载水舱这部分容积所提供的浮力，由大小相等的储备浮力来补偿，水下排水容积就是固定浮容积 V_o，而潜艇水下状态的重量、重心保持不变，与水面状态相同，即水下重量 $D_\downarrow = D_\uparrow$；水下重心高 $z_{g\downarrow} = z_{g\uparrow}$；水下浮力 $Q_\downarrow = \gamma \cdot V_o$；水下浮心高 $z_{c\downarrow} = z_{co}$。

按此观点，潜艇的水下稳定中心高为

$$H_\downarrow = h_\downarrow = z_{c\downarrow} - z_{g\downarrow} = z_{co} - z_{g\uparrow} \qquad (3-3-20)$$

需要注意的是，水下稳定中心高的量值，随计算方法的不同而不同，在使用时必须明确是哪种计算方法，是针对哪个排水量时的稳定中心高，不能混用。

在研究潜艇的浮性与稳性的实际应用问题时，一般都采用增载法，失浮法本身带有假定的性质。虽然计算所得的稳定中心高数值不同，但由于某一平衡位置只对应着唯一确定的稳性，不会因为计算方法不同而改变平衡位置的这种属性，潜艇稳性的最终结果是一致的。实际上两种计算方法所对应的扶正力矩数值是相同的，因此，两种计算方法得到的稳定中心高有如下关系：

$$D_{\downarrow z} \cdot h_{\downarrow z} \cdot \sin\theta = D_{\downarrow s} \cdot h_{\downarrow s} \cdot \sin\theta \Rightarrow \gamma V_\downarrow \cdot h_{\downarrow z} = \gamma V_o \cdot h_{\downarrow s}$$

$$\Rightarrow h_{\downarrow z} = \frac{V_o}{V_\downarrow} h_{\downarrow s} \quad \text{或} \quad h_{\downarrow s} = \frac{V_\downarrow}{V_o} h_{\downarrow z} \qquad (3-3-21)$$

第四节　潜艇大角稳性

第三节主要讨论的是潜艇初稳性，即在小角倾斜时潜艇的稳性问题，但潜艇在整个服役过程中，绝不只限于发生小角倾斜，如果一舷主压载水舱通风阀失灵注水，或在大风浪中航行时，潜艇倾斜角可能达到30°以上。在这种情况下，潜艇是否具有足够的稳度？是否安全？这是关系潜艇安全的一个重要问题，要解决这类问题必须研究潜艇的大角稳性，即在大角倾斜情况下潜艇的稳性变化规律。

大角稳性是指潜艇某一平衡位置（通常是指正浮平衡状态）在发生大角倾斜时的稳性。由于扶正力矩是衡量潜艇某个平衡位置稳定与否最本质的特征量，因此，大角稳性的基本问题是确定扶正力矩与倾斜角之间的关系及其变化规律。

由于潜艇横向尺寸比较小,产生的横倾角比较大,并且在水面状态时,倾斜后潜艇的浮心位置随排水容积形状的变化而改变,扶正力矩与倾斜角之间的关系比较复杂。因此,在大角稳性中主要讨论潜艇水面状态时的横稳性。

本节主要介绍大角倾斜时扶正力矩的表示及其规律,以及利用这些规律解决潜艇在各种外力矩作用下的倾斜问题。

一、扶正力矩及其变化规律

当倾斜角超出初稳性范围时,初稳性假设及初稳度的扶正力矩公式 $m_\theta = D \cdot h \cdot \sin\theta$ 均不能成立。潜艇大角倾斜时的扶正力矩公式需重新推导。

设潜艇原来漂浮于 WL 水线,重力为 D,重心在 G 点,浮力为 Q,浮心在 C 点。在外力矩作用下,等容倾斜一大倾角 θ 至 $W_\theta L_\theta$ 水线,这时,重力、重心和浮力保持不变,浮心由 C 点移动至 C_θ 点,如图 3-4-1 所示。

这时,与小角倾斜相比有两点不同:一是水线 $W_\theta L_\theta$ 与 WL 水线的交线,不再通过 WL 水线的面积中心 F 点;二是 $W_\theta L_\theta$ 水线时的浮力作用线也不再通过 WL 水线的稳定中心 m 点。

潜艇大角倾斜时的扶正力矩 m_θ 为

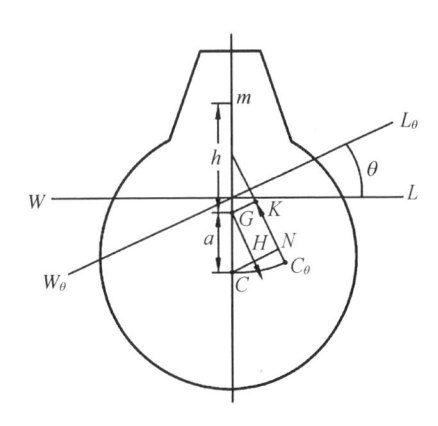

图 3-4-1 大角稳性

$$m_\theta = D \cdot \overline{GK} = D \cdot (\overline{CN} - \overline{CH}) = D \cdot (\overline{CN} - a\sin\theta)$$
$$= D \cdot \overline{CN} - D \cdot a \cdot \sin\theta \qquad (3-4-1)$$

式中,$\overline{CN}$ 为浮心 C 点至新浮力作用线的垂直距离;$a = z_g - z_c$ 为重心在浮心之上的高度。

由上可见,扶正力矩 m_θ 由两部分力矩组成:一是 $D \cdot \overline{CN}$,称为船形稳度力矩,总是使潜艇复原,取决于浮心位置,与船形有关;二是 $-D \cdot a\sin\theta$,称为重量稳度力矩,总是使潜艇继续倾斜,取决于重心位置。因此,与初稳性一样,大角稳性也取决于潜艇的船形和重心位置的高低。

扶正力矩还可表示为

$$m_\theta = D \cdot l_\theta \qquad (3-4-2)$$

式中,$l_\theta = l_{\varphi\theta} - a \cdot \sin\theta$ 称为扶正力臂,$l_{\varphi\theta}$ 为船形稳度力臂,$-a \cdot \sin\theta$ 为重量稳度力臂。

由此可见,大角倾斜情况下,扶正力矩 m_θ 与倾斜角 θ 之间的关系,已无法用准确的函数来描述,只能借助图表来表示,一般是用静稳性曲线来表示 $[m_\theta = f(\theta)]$。

静稳性曲线是一条表示扶正力矩(m_θ)或扶正力臂(l_θ)与倾斜角 θ 之间关系的曲线。它完整地表示潜艇的横稳性,具有很大的实用价值,通常记载于相关技术文件中。

二、静稳性曲线

静稳性曲线能完整地表示潜艇的横稳性,其中曲线初段描述的是潜艇的初稳性,而且它有水面静稳性曲线与水下静稳性曲线之分。

潜艇在水下状态时,由于稳定中心就是浮心,且不随倾斜而变化。因此,潜艇的水下扶正力矩 $m_{\theta\downarrow} = D_\downarrow \cdot h \cdot \sin\theta$,在任何倾斜角时都成立。如果不考虑自由液面影响,水下静稳性曲线是一条正弦曲线,变化规律比较简单明显。

现在着重讨论水面状态潜艇的静稳性曲线及其应用。

1. 特性

横坐标为倾斜角 θ,纵坐标为扶正力矩 m_θ 或扶正力臂 l_θ。图中曲线为 m_θ 或 l_θ 与倾斜角 θ 之间的关系曲线。由于 m_θ 或 l_θ 之间只差一常数排水量 D,只要对纵坐标采用不同的比例尺,m_θ 与 l_θ 可以用同一条曲线表示。

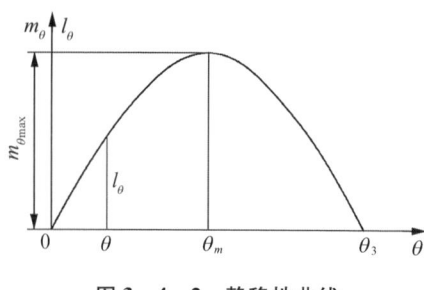

图 3-4-2 静稳性曲线

1)几何特性

(1)反映潜艇稳性的全貌(图 3-4-2)。

在 $0 \leq \theta < \theta_m$ 时,扶正力矩 m_θ 或扶正力臂 l_θ 随着倾斜角 θ 的增大而增加,当倾斜角 θ 增加到 θ_m 时,潜艇的扶正力矩达到最大值,即 $m_\theta = m_{\theta\max}$。当潜艇倾斜角 θ 继续增加超过 θ_m,在 $\theta_m < \theta < \theta_3$ 时,扶正力矩 m_θ 会随着倾斜角 θ 增加而减小,当倾斜角增加到等于 θ_3 时,扶正力矩等于零,即 $m_\theta = 0$。倾斜角 θ 继续增加超过 θ_3 时,潜艇的扶正力矩小于零变成负值,即 $m_\theta < 0$。

因此,θ_m 是相应于最大扶正力矩 $m_{\theta\max}$ 时的倾斜角,称为最大稳度角,而 θ_3 是相应于扶正力矩为零时的倾斜角,称为稳度消失角。

(2)静稳性曲线在原点处切线的斜率,等于正浮状态的初稳度 h。

由于静稳性曲线初段反映的是潜艇的初稳性,由初稳度的扶正力矩公式知,静稳性曲线的初段可表示为

$$m_\theta = D \cdot h \cdot \sin\theta \text{ 或 } l_\theta = h\sin\theta \tag{3-4-3}$$

静稳性曲线在原点处切线的斜率为

$$\frac{\mathrm{d}l_\theta}{\mathrm{d}\theta}\bigg|_{\theta=0} = h \cdot \cos\theta\bigg|_{\theta=0} = h \quad (3-4-4)$$

该几何特性为准确绘制静稳性曲线初段形状及由静稳性曲线得到正浮状态时的初稳度 h 提供了方便。

同理，如果潜艇在外力矩作用时平衡在 θ_B 处，潜艇在 θ_B 这一平衡位置时的初稳度 h_B 就等于静稳性曲线在 B 点处切线的斜率，如图 3-4-3 所示。

（3）完整的静稳性曲线关于原点对称。

由于潜艇的船形及载重分布是左右对称的，无论是向左还是向右倾斜，潜艇稳度应该相同（只是倾斜角及扶正力矩的方向不同）。因此，静稳性曲线关于原点对称，一般的静稳性曲线只给出 $\theta > 0$ 的部分。

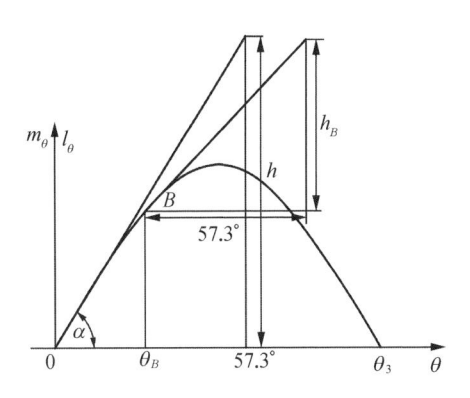

图 3-4-3 静稳性曲线特性

2）物理特性

（1）稳度消失角 θ_3 的特性。

它描述了潜艇在大扰动下的稳定平衡情况。

当平衡于正浮状态的潜艇受横向大扰动作用时，潜艇将产生一倾斜角 θ。

若倾斜角 $\theta < \theta_3$ 时。由于在此倾斜范围内潜艇的扶正力矩在 θ 轴之上，即扶正力矩 $m_\theta > 0$，表示扶正力矩 m_θ 的方向与潜艇倾斜方向相反，当外界扰动消失后，潜艇在此扶正力矩 m_θ 的作用下，能重新回到原来平衡位置。因此，原来平衡位置是稳定的。

若倾斜角 $\theta > \theta_3$ 时。由于在此倾斜范围内潜艇的扶正力矩 $m_\theta < 0$，表示扶正力矩 m_θ 的方向与潜艇倾斜方向一致，当扰动消失后，潜艇在此扶正力矩 m_θ 作用下，将继续倾斜，直至倾覆。因此，原来平衡位置是不稳定的。

因此，稳度消失角 θ_3 是潜艇在大倾斜时稳定平衡的重要标志。

（2）最大稳度角 θ_m 的特性。

它反映了潜艇在静倾力矩作用下平衡位置的稳定情况。

潜艇在外加静倾力矩作用下倾斜至某一角度 θ 时处于平衡状态。若潜艇平衡于 $0 < \theta < \theta_m$，由于在此倾斜角范围内，静稳性曲线上各点切线的斜率都大于零，也就是说，当潜艇在此倾斜角范围内的任一点平衡时，其初稳度 $h_\theta > 0$，表明潜艇处于稳定平衡状态。因此，$0 \sim \theta_m$ 称为稳定平衡区，见图 3-4-4。

若潜艇平衡于 $\theta_m \leq \theta < \theta_3$，由于在此倾斜角范围内，静稳性曲线上各点切线

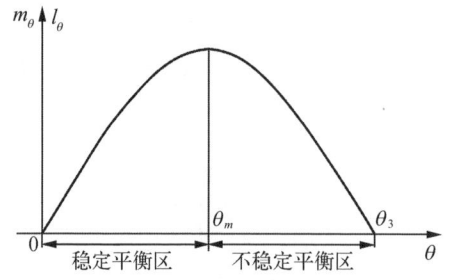

图 3-4-4 稳定平衡区和不稳定平衡区 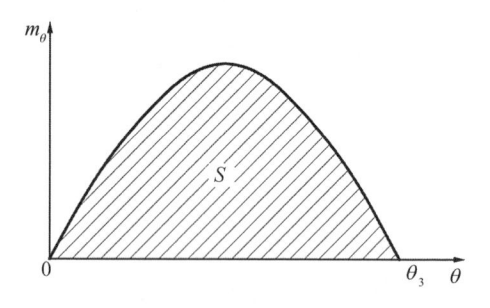　　图 3-4-5 潜艇正浮时的动力稳度储备

的斜率都小于零,说明当潜艇在此倾斜角范围内的任一点平衡时,其初稳度 $h_\theta <0$,表明潜艇处于不稳定平衡状态。因此,$\theta_m \sim \theta_3$ 称为不稳定平衡区,见图 3-4-4。

因此,潜艇在静倾力矩作用下,只能稳定平衡在 $0 \sim \theta_m$。

(3) 静稳性曲线下的面积。

它表示潜艇在倾斜过程中扶正力矩所做的功,如图 3-4-5 所示。

若静稳性曲线下的面积越大,表示扶正力矩所做的功也越大,使潜艇倾斜所需的外界能量也越大,即潜艇吸收外界能量的能力越大,表示潜艇承受动倾力矩的能力越大。因此,静稳性曲线下的面积也称为动力稳度储量,它是静稳性曲线的主要标志之一。

2. 表示大角稳性的特征量

(1) 静稳性曲线原点处切线的斜率。若曲线初段越陡,说明潜艇在正浮状态时的稳定中心高(初稳度) h 越大,表示潜艇的稳性包括大角稳性越好。

(2) 最大稳度角 θ_m。若最大稳度角 θ_m 越大,表明稳定平衡范围越大,潜艇的大角稳性越好。

(3) 稳度消失角 θ_3。若稳度消失角 θ_3 越大,表明潜艇在正浮状态时所能承受的外界大扰动的能力也越大,潜艇的大角稳性也就越好。

(4) 最大扶正力矩 $m_{\theta max}$。若最大扶正力矩 $m_{\theta max}$ 越大,表明潜艇所能承受外加静倾力矩的能力也越大,大角稳性也越好。

(5) 静稳性曲线下的面积 S。若静稳性曲线下的面积 S 越大,表明潜艇所能承受外加动倾力矩的能力也越大,潜艇大角稳性也就越好。

3. 静稳性曲线的应用

研究讨论潜艇静稳性曲线的主要目的是:利用它来解决在外力矩作用下的潜艇是如何运动、如何达到平衡、潜艇是否安全等问题。

静稳度曲线主要解决以下两个问题:① 在外力矩作用下,潜艇产生多大的倾斜角及在何处取得平衡;② 对确定装载状态的潜艇,其所能承受多大外力矩而不致倾覆。

潜艇所受外力矩按其作用方式可以分为以下两种。

(1) 静倾力矩 m_{kp}：是从零逐渐增加到某个值的力矩。

特点：潜艇在静倾力矩作用下将逐渐倾斜，在倾斜过程中，可认为潜艇既不产生角速度，也不产生角加速度。如实际工作中的油水导移、长时间连绵吹拂的风力等所产生的力矩就是静倾力矩。

(2) 动倾力矩 m_{kpD}：是突然施加到潜艇上，并瞬间就达到某个值的力矩。

特点：潜艇在动倾力矩作用下产生的倾斜过程中，具有角速度与角加速度。如潜艇破损大量进水突然灌注或突起的阵风等所产生的力矩就是动倾力矩。

由于外力矩作用方式的不同，潜艇产生的倾斜效应也不同。假设当外力矩作用于潜艇时，其作用方向是使潜艇向右舷倾斜，且其大小不随倾斜角 θ 的变化而变化，如图 3-4-6 所示。

1) 静倾力矩作用下的倾斜

情况：潜艇受一定的静倾力矩 m_{kp} 作用，且已知潜艇在某一装载状态的静稳性曲线，确定潜艇在 m_{kp} 作用下所产生的倾斜角。

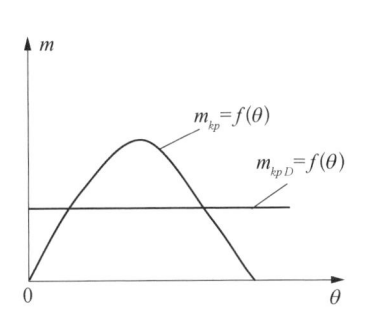

图 3-4-6　静倾力矩和动倾力矩曲线

分析：潜艇在静倾力矩作用下将产生倾斜，在潜艇倾斜的同时也将产生一扶正力矩。由于静倾力矩的值并非一开始就达到给定值，而是从 0 逐渐增加，潜艇也随之逐渐倾斜，扶正力矩也逐渐增大。在静倾力矩作用下的倾斜过程中，潜艇不产生角速度与角加速度。因此，可以认为潜艇在倾斜过程中始终存在静倾力矩等于扶正力矩，潜艇都处于平衡状态。当静倾力矩增大到给定的 m_{kp} 值时，潜艇倾斜到 θ_{CT} 就稳住了，这一角度称为静力倾斜角，简称为静倾角，如图 3-4-7 所示。

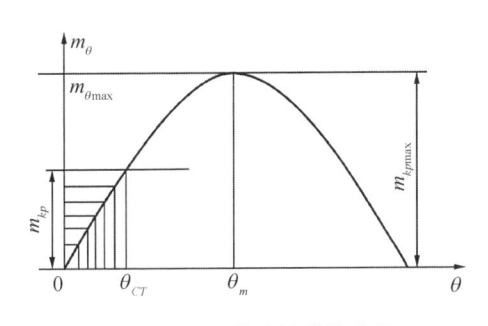

图 3-4-7　静稳性曲线应用

结论：静倾角 θ_{CT} 是根据两力矩（静倾力矩与扶正力矩）作用下的静力平衡条件来确定的，具体地讲就是静倾力矩等于扶正力矩，即 $m_{kp} = m_{\theta}$。

如已知静倾力矩的值（或静倾力矩随 θ 的变化曲线），将静倾力矩随 θ 的变化曲线直接绘在静稳性曲线图上，静倾力矩随 θ 的变化曲线与静稳性曲线的交点表示 $m_{kp} = m_{\theta}$，由静倾力矩等于扶正力矩这一平衡条件，交点所对应的角度就表示潜艇在此静倾力矩 m_{kp} 作用下所产生的静倾角 θ_{CT}。

2) 在一定装载状态下的潜艇所能承受的最大静倾力矩 m_{kpmas}

由以上分析可知,当静倾力矩值继续增大时,静倾角 θ_{CT} 也随之增大,当静倾力矩值增大到等于最大扶正力矩时,潜艇就将平衡在最大稳度角 θ_m,如图 3-4-7 所示。这时,若再加大一点静倾力矩,那么静倾力矩就将永远大于扶正力矩,再没有哪一个倾角的扶正力矩足以与静倾力矩相抗衡。显然,潜艇在此静倾力矩的作用下将会倾覆。

因此,潜艇所能承受的最大静倾力矩 m_{kpmax} 的数值就是最大扶正力矩 $m_{\theta max}$ 的数值,也常称此力矩为潜艇的最小倾覆力矩。而最大稳度角 θ_m 也就是潜艇在静倾力矩作用下所能达到的极限倾斜角 θ_{CTmax},θ_m 又称最大静倾角。

即潜艇所能承受的静倾力矩应满足

$$m_{kpmax} \leqslant m_{\theta max} \text{ 或 } \theta_{CTmax} \leqslant \theta_m \qquad (3-4-5)$$

3) 动倾力矩作用下的倾斜

设在正浮状态的潜艇,受到动倾力矩 m_{kpD} 的作用,由前面的假设可知,该动倾力矩在静稳性曲线上是一条平行于 θ 轴的直线,如图 3-4-8 所示。根据潜艇的受力情况可分析潜艇在动倾力矩作用下的运动情况。

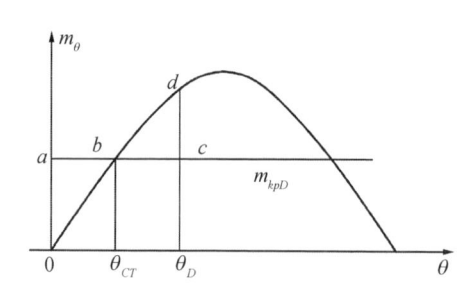

图 3-4-8 动倾力矩作用

当潜艇处在正浮状态($\theta = 0$)受到动倾力矩作用刚开始倾斜时,其角速度 ω 等于零。由于动倾力矩的值大于扶正力矩($m_{kpD} > m_\theta$),潜艇将产生与运动方向一致的角加速度 ε,且两力矩差值最大,其倾斜时的角加速度达到最大值,即 $\varepsilon = \varepsilon_{max}$。

当倾斜角 θ 在 $0 \sim \theta_{CT}$ 的间隔内,动倾力矩 m_{kpD} 一直大于扶正力矩 m_θ,因此潜艇倾斜时的角加速度一直存在,从而角速度也就一直在增加。但随着倾斜角 θ 的增加,两力矩间的差值在逐渐减小,潜艇的角加速度的值逐渐变小,导致角速度增加的趋势减缓。

当倾斜角到达 θ_{CT} 时,由于动倾力矩 m_{kpD} 等于扶正力矩 m_θ,合力矩为零使得角加速度 ε 也为零,但又因为在此之前潜艇一直处于加速状态,所以这时潜艇的角速度达到最大值。由于惯性作用,潜艇不会就此停留,将越过 θ_{CT} 而继续倾斜。

当倾斜越过 θ_{CT} 处于 $\theta_{CT} \sim \theta_D$ 时,由于扶正力矩 m_θ 大于动倾力矩 m_{kpD},潜艇将产生与运动方向相反的角加速度,于是,潜艇倾斜时的角速度越来越小。随着倾斜角 θ 的增加,两力矩间的差值逐步增大,与运动方向相反的角加速度的值越来越大,导致潜艇倾斜时的角速度减小的趋势逐渐增大。

当倾斜角达到 θ_D 时,潜艇倾斜的角速度为零,但潜艇并不会在 θ_D 处久留,这主

要是由于扶正力矩 m_θ 大于动倾力矩 m_{kpD}，且两力矩间的差值最大，潜艇在此合力矩的作用下将开始被扶正(往回运动)，这时潜艇的倾斜达到最大值。

潜艇被扶正过程中，当倾斜角 θ 处于 $\theta_D \sim \theta_{CT}$ 时，由于扶正力矩 m_θ 一直大于动倾力矩 m_{kpD}，潜艇产生与运动方向一致的角加速度，潜艇被扶正的角速度增大。随着潜艇被扶正，两力矩间的差值逐步减小，潜艇被扶正的角速度的增加趋势减缓。当重新经过平衡位置 θ_{CT} 时，角速度又达到最大值，由于惯性作用，潜艇将越过 θ_{CT} 以逐渐减小的角速度继续扶正。如果没有阻力作用，潜艇将重新回到正浮位置，角速度减小至零。

此后，同样的倾斜、扶正过程又将重复，潜艇围绕平衡位置 θ_{CT} 在 $0 \sim \theta_D$ 往复摆动。由于空气和水的阻尼作用，造成能量消耗，摆幅将越来越小，潜艇最终将停止在平衡位置 θ_{CT} 处。

潜艇在 θ_D 处角速度为零，取得动力平衡，称为动力倾斜角或简称为动倾角。而在 θ_{CT} 处潜艇取得静力平衡(扶正力矩与动倾力矩相等)，称为静力倾斜角或简称为静倾角。

可见，动倾角 θ_D 比静倾角 θ_{CT} 大得多，说明动倾力矩 m_{kpD} 对潜艇安全构成的危险比静倾力矩 m_{kp} 更大。因此，在动倾力矩作用时，主要关心的是动倾角 θ_D 的大小，而不是潜艇最终的静平衡位置 θ_{CT} (即静倾角)。完全可能有这样的情形：当某个一定大小的力矩静作用时，潜艇不会发生什么危险，并倾斜在 θ_{CT} 处，而当同样大小的力矩突然作用时，却会使潜艇翻掉。

(1) 确定动倾角 θ_D 的条件。

可通过理论力学中的动能定理来确定动倾角 θ_D。

动能定理：所有外力(或外力矩)对刚体所做的功等于刚体动能的改变。

可将潜艇看成刚体，潜艇在倾斜角 θ 由 0 至 θ_D 过程中，当潜艇刚开始倾斜(处于正浮平衡位置 $\theta = 0$)时，动能为零(角速度为零)，而当潜艇倾斜到动倾角 θ_D 时，动能又变为零(因为角速度变为零)。因此，潜艇在倾斜角 θ 由 0 至 θ_D 过程中动能没有改变，于是由动能定理就不难得出以下结论：

倾斜角 θ 由 0 至 θ_D 过程中，动倾力矩所做的功必等于扶正力矩所吸收的功，因为只有这样才能构成力矩对潜艇所做的功等于零，从而使潜艇动能的改变也为零。

因此，$\int_0^{\theta_D} m_{kpD} \cdot d\theta = \int_0^{\theta_D} m_\theta \cdot d\theta$。这也是确定动倾角 θ_D 的条件，利用此条件及静稳性曲线，可以确定动倾角 θ_D。

(2) 确定动倾角 θ_D。

由图 3-4-9 可见，潜艇在倾斜角 θ 由

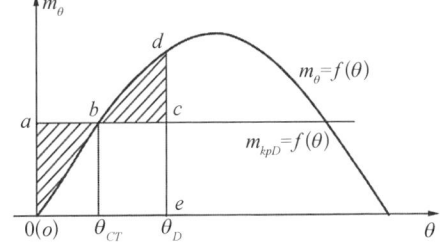

图 3-4-9 利用静稳性曲线确定动倾角

0 至 θ_D 过程中,动倾力矩 m_{kpD} 所做的功就是 $oabce$ 的面积,而扶正力矩 m_θ 所做的功就是静稳性曲线下的面积 $obdce$,由确定动倾角 θ_D 的条件可知,这两块面积必须相等。由于面积 $obce$ 是公共部分,所以上述两块面积相等也可看成面积 oab 等于面积 bcd。

当这两块面积相等时,就可保证动倾力矩 m_{kpD} 所做的功与扶正力矩 m_θ 所做的功相等。因此,只要将表示动倾力矩随 θ 变化的曲线绘制到静稳性曲线上,根据动倾力矩曲线与静稳性曲线交点两边的两块划线的类似三角形的面积相等这一条件,就可以确定动倾角 θ_D。但由于忽略了空气与水的阻尼作用,而空气与水的阻力将消耗掉一部分动能,所以,实际的动倾角将稍小一点。

(3) 确定所能承受的最大动倾力矩 m_{kpDmax}。

潜艇一定装载状态下能承受多大的动倾力矩作用而不至于倾覆,也就是潜艇所能承受的最大动倾力矩,可以按图 3-4-10 所示的过程来确定。

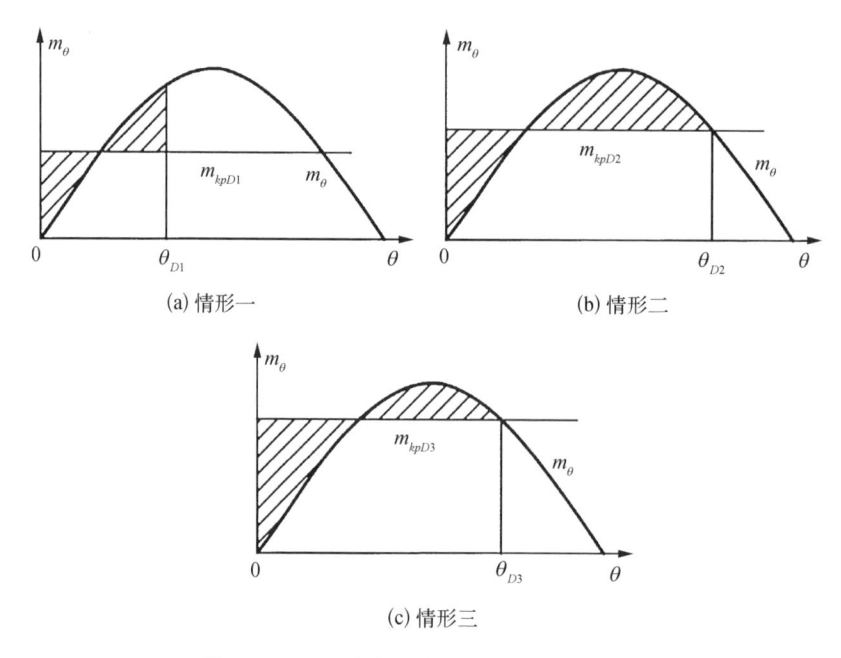

(a) 情形一

(b) 情形二

(c) 情形三

图 3-4-10 确定所能承受的最大动倾力矩

情形一:潜艇在动倾力矩 m_{kpD1} 的作用下,将最大倾斜到 θ_{D1} 处,此时,动倾力矩 m_{kpD1} 所做的功与扶正力矩 m_θ 所做的功相等,即 $\int_0^{\theta_{D1}} m_{kpD1} \cdot d\theta = \int_0^{\theta_{D1}} m_\theta \cdot d\theta$,同时,潜艇在最大倾斜角 θ_{D1} 处的扶正力矩大于动倾力矩,即 $m_{kpD1}|_{\theta_{D1}} < m_\theta|_{\theta_{D1}}$。因此,潜艇在最大倾斜角 θ_{D1} 处角速度为零,即 $\omega|_{\theta_{D1}} = 0$,两力矩间的差值最大,存在使潜艇被扶正的最大角加速度,即 $\varepsilon|_{\theta_{D1}} = \varepsilon_{max}$,潜艇将被扶正。

情形二：当动倾力矩增大到 m_{kpD2} 时,潜艇在动倾力矩 m_{kpD2} 的作用下,将最大倾斜到 θ_{D2} 处,此时,动倾力矩 m_{kpD2} 所做的功与扶正力矩 m_θ 所做的功相等,即 $\int_0^{\theta_{D2}} m_{kpD2} \cdot \mathrm{d}\theta = \int_0^{\theta_{D2}} m_\theta \cdot \mathrm{d}\theta$,同时,潜艇在最大倾斜角 θ_{D2} 处的扶正力矩等于动倾力矩,即 $m_{kpD2}|_{\theta_{D2}} = m_\theta|_{\theta_{D2}}$。因此,潜艇在最大倾斜角 θ_{D2} 处角速度为零,即 $\omega|_{\theta_{D2}} = 0$,又因两力矩相等,角加速度也等于零,即 $\varepsilon|_{\theta_{D2}} = 0$,潜艇将停留在最大倾斜角 θ_{D2} 处。

情形三：当动倾力矩继续增大到 m_{kpD3} 时,潜艇在动倾力矩 m_{kpD3} 的作用下,将最大倾斜到 θ_{D3} 处,此时,动倾力矩 m_{kpD3} 所做的功大于扶正力矩 m_θ 所做的功,即 $\int_0^{\theta_{D3}} m_{kpD3} \cdot \mathrm{d}\theta > \int_0^{\theta_{D3}} m_\theta \cdot \mathrm{d}\theta$,同时,潜艇在最大倾斜角 θ_{D3} 处的扶正力矩等于动倾力矩,即 $m_{kpD3}|_{\theta_{D3}} = m_\theta|_{\theta_{D3}}$。因此,潜艇在最大倾斜角 θ_{D3} 处存在一定的角速度。由于潜艇在 θ_{D3} 处的角速度 $\omega \neq 0$,存在惯性,潜艇不能在此停留,将继续倾斜。当越过此点后,由于动倾力矩 m_{kpD3} 大于扶正力矩 m_θ,将产生继续倾斜的角加速度,潜艇将加速倾斜,直至倾覆。

由以上分析可知,动倾力矩 m_{kpD2} 就是潜艇所能承受的最大动倾力矩 $m_{kpD\max}$。因此,确定潜艇所能承受的最大动倾力矩 $m_{kpD\max}$ 的条件为

$$\begin{cases} \int_0^{\theta_D} m_{kpD} \cdot \mathrm{d}\theta = \int_0^{\theta_D} m_\theta \cdot \mathrm{d}\theta \\ m_{kpD}|_{\theta=\theta_D} = m_\theta|_{\theta=\theta_D} \end{cases} \quad (3-4-6)$$

由此可见,$m_{kpD\max} < m_{kp\max} = m_{\theta\max}$,而对应的 $\theta_{D\max} > \theta_{CT\max} = \theta_m$。因此,$m_{kpD}$ 对潜艇安全的危害比 m_{kp} 要严重得多。

利用静稳性曲线解决潜艇在动倾力矩作用下的倾斜问题时,需要在静稳性曲线图上,分别绘出动倾力矩和扶正力矩的做功曲线,并使两者面积相等。这种方法缺点是既不方便也不精确,此时需要引进动稳度曲线,后面将专门进行讲解。

三、潜艇动稳度曲线

利用静稳性曲线解决潜艇在动倾力矩作用下的倾斜问题,既不方便也不精确,为了方便精确地确定 θ_D 和 $m_{kpD\max}$,引进了动稳度与动稳度曲线。

（一）动稳度

在静倾力矩作用下,潜艇静倾角的大小是根据静倾力矩等于扶正力矩的条件确定的,扶正力矩的大小标志着潜艇抵抗静倾力矩的能力,因此,用扶正力矩或力臂来表示潜艇的静稳度。而在动倾力矩作用下,确定潜艇动倾角的大小时,有决定意义的不是扶正力矩本身,而是扶正力矩所做的功。动倾角是根据动倾力矩所做

的功等于扶正力矩所做的功这一条件来确定的,扶正力矩做功的大小标志着潜艇抵抗动倾力矩的能力,所以用扶正力矩做的功来表示潜艇的动稳度,用 T_θ 来表示。

动稳度是使潜艇由正浮状态倾斜到某一倾角时所需消耗的最小功。"最小"是指倾斜潜艇的全部功都是用来克服潜艇的扶正力矩以形成潜艇的倾斜,而没有消耗在造成潜艇的角速度上。动稳度也就是指贮存在潜艇内部的势能,其数值就等于潜艇从 0 倾斜到 θ 过程中势能的增加。

潜艇势能是通过力矩做功来衡量。潜艇从 0 倾斜到 θ 过程中势能的增加,在数值上就是潜艇从 0 倾斜到 θ 时扶正力矩吸收的功,即由正浮状态倾斜到 θ 过程中扶正力矩所做的功。因此,潜艇在某一倾角 θ 处的动稳度实质上就是在 $0 \sim \theta$ 过程中扶正力矩所做的功。即

$$T_\theta = \int_0^\theta m_\theta \cdot d\theta。 \qquad (3-4-7)$$

因为如果动倾力矩所做的功比 T_θ 还小,哪怕小很少,也无法使潜艇倾斜到这一角度。式(3-4-7)还可改写为

$$T_\theta = \int_0^\theta m_\theta \cdot d\theta = \int_0^\theta D \cdot l_\theta \cdot d\theta = D \int_0^\theta l_\theta \cdot d\theta = D \cdot l_{D\theta} \qquad (3-4-8)$$

式中, $l_{D\theta} = T_\theta/D = \int_0^\theta l_\theta \cdot d\theta$,称为动稳度臂。

无论动稳度 T_θ 还是动稳度臂 $l_{D\theta}$,在几何上均可表现为静稳性曲线下相应的面积,如图 3-4-11 所示。

(二) 动稳度曲线

动稳度 T_θ 或动稳度臂 $l_{D\theta}$ 随倾斜角 θ 变化的曲线称为动稳度(臂)曲线。

横坐标为倾斜角 θ 轴,纵坐标为动稳度 T_θ 或动稳度臂。

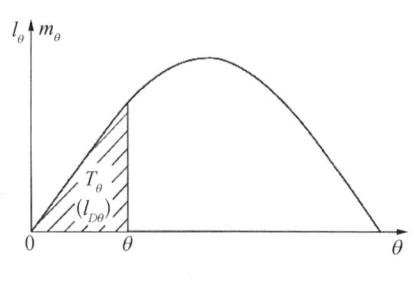

图 3-4-11 动稳度或动稳度臂

由式(3-4-7)和式(3-4-8)可看出动稳度(臂)曲线是相应的静稳度(臂)曲线的积分曲线,因此,它具有以下性质。

(1) 动稳度(臂)曲线在 θ 处的纵坐标就相当于对应倾斜角 θ 时静稳性曲线所包围的划线面积 A,见图 3-4-12。

(2) 静稳性曲线的最大稳度角 θ_m 对应的是动稳度曲线的拐点。

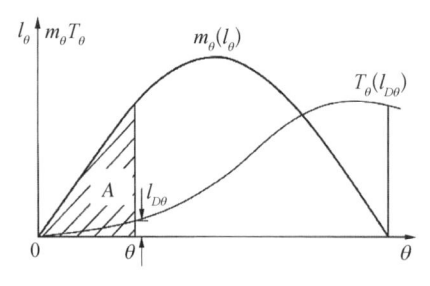

图 3-4-12 动稳度(臂)曲线

(3) 静稳性曲线的稳度消失角 θ_3 对应的是,动稳度(臂)曲线达到极大值,该数值等于静稳性曲线在 θ 轴以上的整个面积。这块面积的大小表示要使潜艇从 0 倾斜到 θ_3 所需消耗的全部功,也称为动稳度储备。

(4) 动稳度曲线在 θ 处切线的斜率,对应静稳性曲线在该处的纵坐标,即扶正力矩。

(三)动稳度曲线的应用

动稳度曲线主要用于解决动倾力矩作用下潜艇的倾斜问题,也就是确定在动倾力矩作用下潜艇产生多大的动倾角 θ_D,以及确定潜艇所能承受的最大动倾力矩 $m_{kpD\max}$。

1. 确定动倾角 θ_D

1) 正浮状态

潜艇在正浮状态受到动倾力矩的作用,利用静稳性曲线可以确定 θ_D,问题是准确判别图 3-4-13 中两块类似三角形的划线面积的大小比较困难,因此,实际上确定动倾角 θ_D 时,一般都利用动稳度曲线。

根据确定 θ_D 的条件是动倾力矩 m_{kpD} 所做的功与扶正力矩 m_θ 所做的功相等,即

$$\int_0^{\theta_D} m_{kpD} \cdot \mathrm{d}\theta = \int_0^{\theta_D} m_\theta \cdot \mathrm{d}\theta \tag{3-4-9}$$

由于动稳度曲线表示的是扶正力矩在 $0 \sim \theta$ 过程中所做的功。当用动稳度曲线来确定 θ_D 时,关键在于把表示动倾力矩 m_{kpD} 所做的功与倾斜角 θ 的关系曲线作出来,绘制

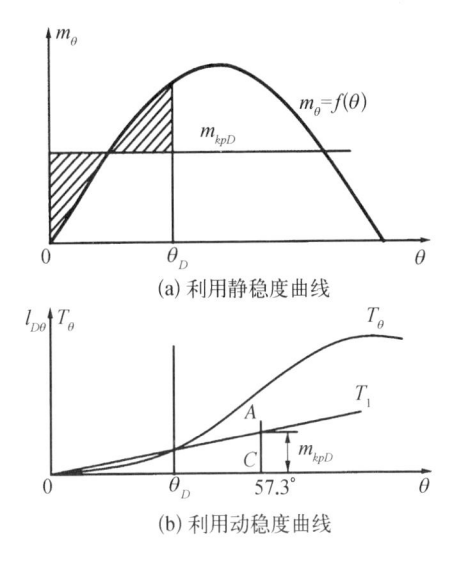

图 3-4-13 正浮状态时确定动倾角

到动稳度曲线上,它与动稳度曲线的交点就表示动倾力矩 m_{kpD} 与扶正力矩 m_θ 在倾斜过程所做的功相等,交点所对应的倾斜角即为动倾角 θ_D。

由于在前面作了外力矩的值不随倾斜角的变化而变化的假设,因此,动倾力矩 m_{kpD} 在倾斜过程中所做的功为 $T_1 = \int_0^\theta m_{kpD} \cdot \mathrm{d}\theta = m_{kpD} \cdot \theta$,显然是一条通过原点且斜率为 m_{kpD} 的直线。于是,只要任取直线上的两点即可作出动倾力矩 m_{kpD} 所做的功与倾斜角 θ 的关系曲线。一般取两个特征点:取 $\theta = 0$ 时,有 $T_1 = 0$;取 $\theta = 57.3° = 1\ \mathrm{rad}$ 时,有 $T_1 = m_{kpD}$,此时动倾力矩 m_{kpD} 所做的功在数值上就等于动倾力矩本身的大小。

具体确定 θ_D 的方法如图 3-4-13 所示,首先将动倾力矩的做功曲线绘制到动稳度曲线上,在横轴上 θ 等于 1 rad(57.3°)处引一横轴的垂线,并在此垂线上

以动稳度之比尺量取一段长度 $\overline{AC} = m_{kpD} \cdot 1 = m_{kpD}$，将所得的 A 点与坐标原点相连，直线 $\overline{OA}$ 就是动倾力矩 m_{kpD} 所做的功与倾斜角的关系曲线。而直线 $\overline{OA}$ 与动稳度曲线的交点，表示在倾斜过程中动倾力矩 m_{kpD} 所做的功与扶正力矩 m_θ 所做的功相等，交点所对应的倾斜角就是潜艇在此动倾力矩 m_{kpD} 作用下所产生的动倾角 θ_D。

2）瞬间初倾斜

瞬间初倾斜是指该倾斜位置并不是潜艇的静力平衡位置，潜艇在该处仅作瞬间的停留，即角速度为零。例如，潜艇在波浪中向一舷摇摆至最大摆幅正要返回的一瞬间，突然受舷侧阵风的作用（相当于某个动倾力矩作用）。

(1) 向右舷的瞬间初倾斜。

先假定潜艇有向右舷的瞬间初倾斜 θ_0，正要向左舷返回时，受到使潜艇向右舷倾斜的动倾力矩作用，这时动倾角 θ_D 在静稳性曲线上就可以根据图 3-4-13 上两块划线三角形面积相等这一条件确定，在这种情况下动倾力矩所做的功及扶正力矩所做的功均应从 θ_0 开始计算。利用动稳度曲线来确定 θ_D，如图 3-4-14 所示方法。

在动稳度曲线上倾斜角为 θ_0 的 A 点，作一条平行于横轴且等于 1 弧度长的线段 $\overline{AC}$，由此线段的端点 C 以动稳度 T_θ 的比尺在垂向上量取 $\overline{BC} = m_{kpD}$ 而得到 B 点，连接 A、B 两点得一直线 AB，它在 $\overline{AC}$ 线以上的纵坐标 $\overline{EF}$ 就表示动倾力矩从 θ_0 起所做的功 T_1 随 θ 变化的曲线，因此，直线 AB 与动稳度曲线的交点 E 所对应的倾斜角就是动倾角 θ_D。

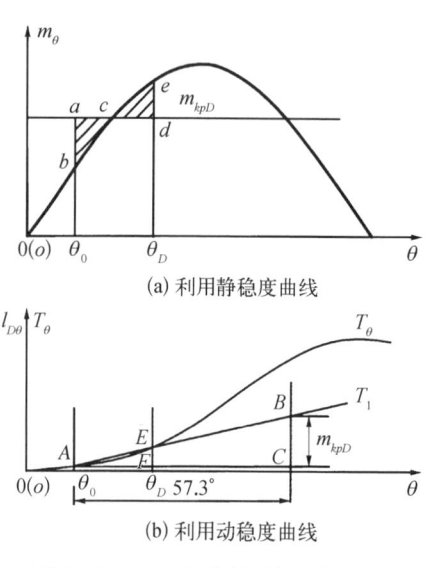

图 3-4-14 向右舷瞬间初倾斜时动倾角的确定

(a) 利用静稳度曲线

(b) 利用动稳度曲线

在图 3-4-14(b) 中，对直线 AB 而言，纵坐标 $\overline{EF}$ 相当于图 3-4-14(a) 中矩形 $\theta_0 a d \theta_D$ 的面积。而对动稳度曲线而言，交点 E 的纵坐标 $\overline{E\theta_D}$ 代表了图 3-4-14(a) 中静稳性曲线下 $obced\theta_D$ 的面积，$\overline{EF} = \overline{E\theta_D} - \overline{F\theta_D}$，而 $\overline{F\theta_D} = \overline{A\theta_0}$ 相当于图 3-4-14(a) 中 $ob\theta_0$ 的面积，于是，线段 $\overline{EF}$ 正好相当于图 3-4-14(a) 中 $\theta_0 bced\theta_D$ 的面积，而从图 3-4-14(a) 中可以看出，$\theta_0 a d \theta_D$ 的面积与 $\theta_0 bced\theta_D$ 的面积相等。这就可以证明动倾力矩所做的功与扶正力矩所做的功是相等的。

(2) 向左舷的瞬间初倾斜。

如果潜艇发生向左舷（$-\theta_0$）的瞬间初倾斜，正要向右舷返回时，受到使潜艇向右舷倾斜的动倾力矩作用。确定动倾角时，如图 3-4-15 所示，首先在 $-\theta_0$ 处引一条横轴的垂线与动稳度曲线相交于 A 点，由 A 点作一条水平线，并在其上量取一长度等于 1 rad（57.3°）的线段 $\overline{AC}$，由线段的端点 C 点向上作横轴的垂线，并在此垂线上以动稳度之比尺量取一段长度 $\overline{BC} = m_{kpD}$·$1 = m_{kpD}$，将所得的 B 点与 A 点相连，直线 $\overline{AB}$ 就是动倾力矩 m_{kpD} 所做的功与倾斜角的关系曲线。直线 $\overline{AB}$ 与动稳度曲线相交于 E 点，交点 E 所对应的倾斜角就是潜艇在此动倾力矩 m_{kpD} 作用下所产生的动倾角 θ_D。图 3-4-15(b) 与图 3-4-15(a) 中坐标、线段及各图形面积的对应关系可参照前面介绍的方法进行分析。

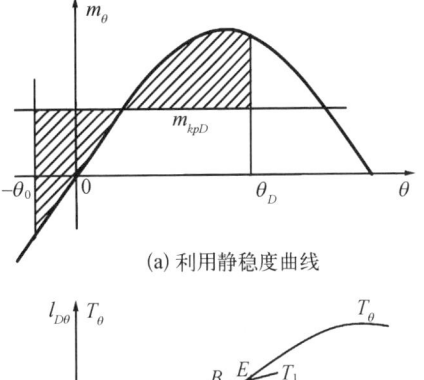

(a) 利用静稳度曲线

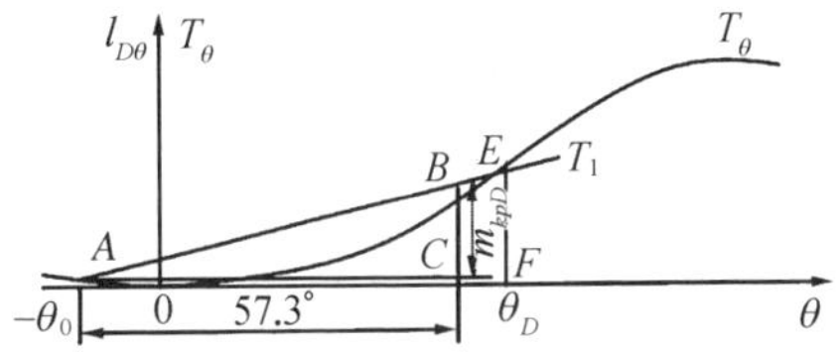

(b) 利用动稳度曲线

图 3-4-15 向左舷瞬间初倾斜时动倾角的确定

显然，这种情况下，潜艇动倾角的值要比有向左舷瞬间初倾斜的情况大得多，这主要是因为扶正力矩在潜艇从 $-\theta_0$ 至 0 的倾斜过程中也对潜艇倾斜做正功，与动倾力矩的作用相同，都使得潜艇向右舷倾斜。

2. 确定所能承受的最大动倾力矩 $m_{kpD\max}$

1) 正浮状态

(1) 利用静稳性曲线确定 $m_{kpD\max}$。

从图 3-4-16(a) 中的静稳性曲线上可看出，当面积 A 与面积 B 相等时，表明在此倾斜过程中动倾力矩所做的功与扶正力矩所做的功相等，同时，潜艇在 $\theta_{D\max}$ 处的动倾力矩与扶正力矩相等，由确定 $m_{kpD\max}$ 的条件可以知道，直线 ab 所表示的动倾力矩就是潜艇所能承受的最大动倾力矩 $m_{kpD\max}$，相应的动倾角亦称为最大动倾角 $\theta_{D\max}$。

也可理解为：如果动倾力矩的值稍微再增大一点，由 ab 直线变为 $a'b'$ 直线所示的情况，那么动倾力矩所做的功将永远大于扶正力矩所做的功，直到潜艇倾斜到 θ' 时动能还不会为零，存在角速度，使潜艇继续倾斜，并且当倾斜超过了 θ' 后，倾斜力矩所做的功将更加大于扶正力矩所做的功，同时，倾斜力矩也大于扶正力矩，产生与倾斜方向一致的角加速度，使得潜艇倾斜的角速度越来越大，直至潜艇倾覆。

(2) 利用动稳度曲线确定 $m_{kpD\max}$。

如果利用动稳度曲线来确定动倾角时,只要从坐标原点向动稳度曲线作切线,在横轴的 57.3°处引一横轴的垂线,与切线交于 A 点,用动稳度的比尺所量取的线段 $\overline{AC}$ 就是潜艇所能承受的最大动倾力矩 $m_{kpD\max}$,切点所对应的角度就是最大动倾角 $\theta_{D\max}$。

这是因为动倾力矩做功直线的斜率就是动倾力矩本身的大小,又由动稳度曲线的性质(4)知道,动稳度曲线切线的斜率就是切点处扶正力矩的大小。因此,该切线 OA 既是动倾力矩所做的功与倾斜角间的关系直线,又是动稳度曲线的切线,由于该直线的斜率是一定的,从而在切点处就有动倾力矩与扶正力矩相等这一条件存在。

对动倾力矩所做功的直线而言,切点处的纵坐标就是动倾力矩在 $0 \sim \theta_{D\max}$ 倾斜过程中所做的功。对动稳度曲线而言,切点处的纵坐标就是扶正力矩在 $0 \sim \theta_{D\max}$ 倾斜过程中所做的功。由于切点既在动倾力矩所做的功与倾斜角间的关系直线上,又在动稳度曲线上,这就表明在 $0 \sim \theta_{D\max}$ 倾斜过程中动倾力矩所做的功与扶正力矩所做的功相等。

综上所述,确定潜艇所能承受的最大动倾力矩的两个条件都得到了满足,该切线就是最大动倾力矩所做的功与倾斜角间的关系直线,上述方法就是确定该切线的斜率,即潜艇所能承受的最大动倾力矩 $m_{kpD\max}$ 的具体方法。

也可理解为:若动倾力矩的值再稍微增加一点,动倾力矩做功直线的斜率就增大,动倾力矩所做功的直线变陡,如图 3-4-16(b) 中的虚线所示,它与动稳度曲线不再相交且总在动稳度曲线之上,表明动倾力矩所做的功都永远大于扶正力矩所做的功,使得潜艇在任一倾斜角处,都存在与倾斜方向一致的角速度,潜艇存在惯性将继续倾斜直至倾覆。因此,该切线就是最大动倾力矩所做的功与倾斜角间的关系直线。

2) 瞬间初倾斜

设潜艇有向左舷的瞬间初倾斜($-\theta_0$),确定潜艇所能承受的最大动倾斜力矩显然应该从最严重的受力情况进行考虑,即动倾力矩将使潜艇向右舷倾斜的情况。

利用动稳度曲线来确定潜艇所能承受的最大动倾力矩时,确定方法如

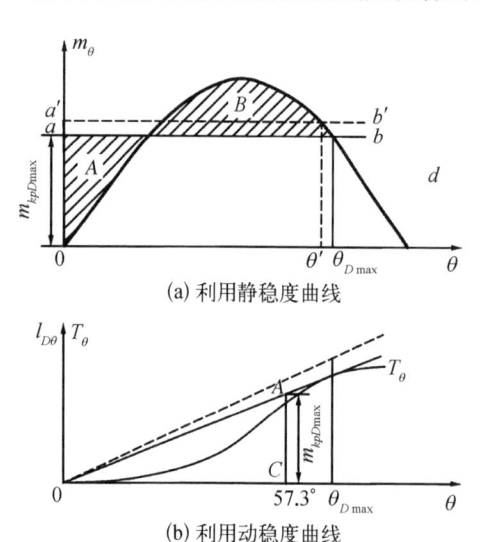

图 3-4-16 正浮状态时所能承受最大动倾力矩的确定

图 3-4-17 所示，从动稳度曲线图中的横轴 $-\theta_0$ 处引一条横轴的垂线交动稳度曲线于 A 点，然后由 A 点作一条水平线 AC，并由 A 点向动稳度曲线引一条切线，与动稳度曲线在 E 点相切，切点 E 所对应的角度就是最大动倾角 $\theta_{D\max}$，由 A 点水平量取 57.3° 得到 C 点，再由 C 点向上作一条横轴的垂线与切线相交于 B 点，然后以动稳度的比尺量取线段 $\overline{BC}$ 的长度，就可以得到所要确定的最大动倾力矩 $m_{kpD\max}$。

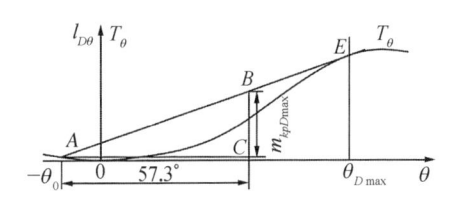

图 3-4-17 向左舷瞬间初倾斜时最大动倾力矩的确定

显然，对于不同的瞬间初倾斜 θ_0（包括瞬间初倾斜的方向与大小），潜艇所能承受的最大动倾力矩 $m_{kpD\max}$ 和相应的最大动倾角 $\theta_{D\max}$ 也不相同。

同时还需要指出，潜艇在最大动倾力矩 $m_{kpD\max}$ 作用下，从潜艇所能承受的最大动倾力矩的确定条件可知，由于在潜艇的 $0 \sim \theta_{D\max}$（或 $-\theta_0 \sim \theta_{D\max}$ 或 $\theta_0 \sim \theta_{D\max}$）倾斜过程中，动倾力矩所做的功与扶正力矩所做的功相等，且在最大动倾角 $\theta_{D\max}$ 处动倾力矩与扶正力矩相等，因此，潜艇在最大动倾角 $\theta_{D\max}$ 处既没有角速度也不存在角加速度，潜艇停留在最大动倾角 $\theta_{D\max}$ 位置，处于静力平衡状态。但实际上由于最大动倾角 $\theta_{D\max}$ 处在静稳性曲线的不稳定区内，因此，该位置是一个不稳定的平衡位置，根据外界扰动的情况（包括扰动的大小与方向），潜艇或者返回，或者倾覆。

动稳度曲线主要用于解决动倾力矩作用下潜艇的倾斜问题，也就是确定在动倾力矩作用下潜艇产生多大的动倾角 θ_D，以及确定潜艇所能承受的最大动倾力矩 $m_{kpD\max}$。动稳度曲线通常使用在潜艇抗风浪校核中，将在第四章详细讲解如何运用。

本 章 小 结

本章主要讲述了潜艇的外形和主尺度、浮性及表示方法，以及潜艇初稳性和大角稳性等生命力基础理论，这部分内容是后面潜艇防沉、抗沉具体运用的基础。

思考题

1. 潜艇浮态有哪几种？分别用哪些参数可以表达？
2. 潜艇的初稳性和大角稳性是如何划分的？

3. 可以表征潜艇稳性的参数有哪些？

4. 请说明利用失去浮力法和增加载荷法，获得的稳定中心高存在怎样的系数关系，并写出推导过程。

5. 请描述一下水下"三心合一"具体是哪"三心"？为什么会出现这种现象？

6. 请说明静稳度曲线和动稳度曲线之间关系。

第四章　潜艇平时防沉

保障潜艇的储备浮力和稳度是潜艇防沉、抗沉的基础,也是保障潜艇生命力的关键。潜艇服役可能会由于艇员操纵不慎或错误导致潜艇碰撞、触礁及搁浅,或者因为平时保养不周、执行规章制度不严,或者发生战斗破损等造成艇体或管路破损进水。潜艇一旦发生破损进水,艇员抗沉损管的效果在很大程度上取决于平时防沉工作准备的程度。平时防沉有了良好的准备,一方面可以预防或减少破损灾害的发生,另一方面,在发生破损灾害时能迅速采取有效的抗沉措施,限制破损灾害的扩散蔓延,有效地消除破损灾害造成的影响。因此,平时防沉工作是保障潜艇生命力的首要任务。

平时防沉工作主要围绕以下五个方面进行工作:

(1) 保持潜艇的储备浮力,防止潜艇因丧失储备浮力而沉没;

(2) 保障潜艇的稳度,防止潜艇因丧失稳度而倾覆;

(3) 维护艇体的坚固性和密封性,防止艇体失事进水,以及限制海水在潜艇内的蔓延;

(4) 备便各种防沉装备器材,保证能随时投入抗沉活动中;

(5) 加强艇员的损管训练,以提高指挥员的损管组织指挥能力和艇员的损管技能。

潜艇的防沉主要研究讨论潜艇在正常情况及各种特殊情况,如装卸载荷、进出坞、主压载水舱局部进水、上浮下潜、造大纵倾等情况下的浮性与稳性问题,以及讨论为保持和提高潜艇在各种特殊情况下的浮性与稳性所应采取的防沉措施。

在研究讨论潜艇在各特殊情况下的浮性与稳性等静力性能时,均未考虑纵倾与横倾的相互影响。为了方便计算,取海水密度 $\gamma = 1.000 \text{ t/m}^3$。

第一节　移动载荷时防沉

载荷的移动与装卸是潜艇日常工作中经常会遇到的问题。当潜艇载荷移动时,潜艇的重量和排水容积并不改变,而其重心位置却发生变化,从而影响潜艇的浮态和稳度。

关于载荷移动问题的研究方法,遵循由简到繁、由特殊到一般的原则,首先研究讨论载荷在三个特殊方向上的移动,即铅垂移动、横向水平移动与纵向水平移动。最后,综合讨论载荷的任意移动。

一、铅垂移动载荷

(一) 对浮态的影响

设潜艇正浮于 WL 水线,这时,潜艇上有一载荷由 A_0 位置铅垂上移到 A_1 位置。载荷铅垂移动后,并未产生使潜艇倾斜的横倾力矩和纵倾力矩,潜艇的重量、排水容积保持不变,浮心位置也不变。因此,潜艇的浮态也不改变,即潜艇的吃水、横倾、纵倾不变,潜艇仍漂浮于 WL 水线,但由于载荷的铅垂移动,潜艇的重心位置将发生变化,从而影响潜艇的稳性。

设载荷重量为 P,A_0、A_1 点的竖坐标分别为 Z_0 和 Z_1,如图 4-1-1 所示。由于载荷 P 的铅垂移动,潜艇的重心也将向同一方向铅垂移动,由 G 点移到 G_1 点。由"重心移动定理"可知,G 点到 G_1 点的移动距离为

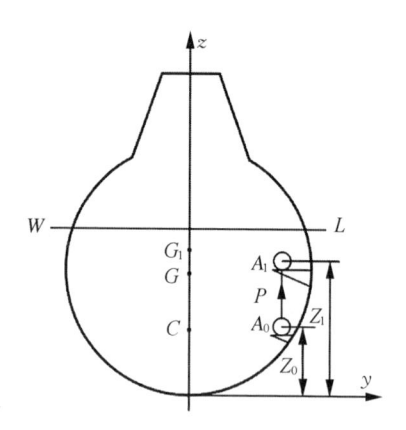

图 4-1-1 载荷的铅垂移动

$$\Delta Z_g = Z_{g1} - Z_g = \overline{GG_1} = \frac{p}{D}(Z_1 - Z_0) \qquad (4-1-1)$$

(二) 对初稳度的影响

那么稳度有何变化呢?由于稳定中心高的大小取决于潜艇浮心、稳定中心及重心三个点的高度,因此,其变化增量也与上述三个点在垂向变动情况有关。

载荷移动前,潜艇的横初稳度为:$h = Z_c + \rho - Z_g$。

载荷移动后,潜艇的横初稳度为:$h_1 = Z_{c1} + \rho_1 - Z_{g1}$。

此时,横初稳度的变化增量 Δh 为

$$\Delta h = h_1 - h = (Z_{c1} + \rho_1 - Z_{g1}) - (Z_c + \rho - Z_g) = \Delta Z_c + \Delta \rho - \Delta Z_g \qquad (4-1-2)$$

如果已知 ΔZ_c、$\Delta \rho$ 和 ΔZ_g,就可以得到 Δh。

载荷铅垂移动后,由于潜艇浮态不变,仍漂浮于 WL 水线,因此,浮心 C 点和稳定中心 m 点没有改变,因而有 $\Delta Z_c = 0, \Delta \rho = 0$。

因此,横初稳度的变化量 Δh 为

$$\Delta h = -\Delta Z_g = -\frac{p}{D}(Z_1 - Z_0) \qquad (4-1-3)$$

当载荷铅垂上移时，$Z_1 > Z_0$，$\Delta h < 0$，表明横初稳度下降；而当载荷铅垂下移时，$Z_1 < Z_0$，$\Delta h > 0$，表明横初稳度提高。

此时，潜艇新的初稳度为

$$h_1 = h + \Delta h = h - \frac{p}{D}(Z_1 - Z_0) \tag{4-1-4}$$

同理，潜艇纵初稳度为

$$H_1 = H + \Delta H = H - \Delta Z_g = H - \frac{p}{D}(Z_1 - Z_0) \tag{4-1-5}$$

由于 H 很大，ΔH 与 H 相比可以忽略不计，因此，$H_1 \approx H$，即认为纵初稳度不变。

（三）对大角稳性的影响

铅垂移动载荷时，不仅会对潜艇的初稳度有影响，而且对潜艇的大角稳度也会产生影响。

载荷铅垂移动前，当潜艇倾斜一定角度 θ 时，它的扶正力臂为 $l_\theta = \overline{GK}$。

载荷铅垂移动后，潜艇倾斜同样的 θ 时，由于重心由 G 点移到 G_1 点，这时，潜艇的扶正力臂为 $l_{\theta 1} = \overline{G_1 K_1}$。

与载荷移动前相比，两扶正力臂存在差值 Δl_θ：

$$\Delta l_\theta = l_{\theta 1} - l_\theta = \overline{G_1 K_1} - \overline{GK} = -\overline{GG_1}\sin\theta = -\Delta Z_g \sin\theta, \tag{4-1-6}$$

或

$$\Delta l_\theta = -\frac{p}{D}(Z_1 - Z_0)\sin\theta \tag{4-1-7}$$

即载荷铅垂移动后，潜艇新的静稳性曲线在原来的基础上，需要修正一个量值 $-\Delta Z_g \sin\theta$。

由于原来的静稳性曲线是关于原点对称的，而新的静稳性曲线对此所作的修正（$-\Delta Z_g \sin\theta$）是正弦曲线，也是关于原点对称的，因此，可以得到以下结论：

当载荷铅垂上移时，由于 $Z_1 > Z_0$，$\Delta Z_g > 0$，$\Delta l_\theta < 0$，表明对大角稳性不利；

当载荷铅垂下移时，由于 $Z_1 < Z_0$，$\Delta Z_g < 0$，$\Delta l_\theta > 0$，表明对大角稳性有利。

综合上述分析，可以得出以下结论：

（1）载荷铅垂移动时，潜艇的浮态不变，纵稳性也认为不受影响，而潜艇的横初稳性和大角稳性则发生变化；

（2）载荷铅垂上移时，使潜艇的横初稳度和大角稳性下降，对潜艇的稳性不利；

（3）载荷铅垂下移时，使潜艇的横初稳度和大角稳性提高，对潜艇的稳性有利。

二、横向水平移动载荷

设潜艇原来正浮于 WL 水线,潜艇上有一载荷由 A_0 位置横向水平移动到 A_1 位置,如图 4-1-2 所示。此时潜艇的浮态和稳性如何变化呢?

为讨论问题方便,假设移动的载荷 P 是小量载荷。小量载荷是指与潜艇重量相比是比较小的载荷,一般当 $P < D/10$ 时,认为 P 就是小量载荷。

设载荷重量为 P, A_0、A_1 位置横向坐标分别为 y_0 和 y_1,根据"重心移动定理",载荷横向水平移动时,潜艇的重心也向同方向移动,由 G 点移动到 G_1 点,移动的距离为

$$\Delta y_g = y_{g1} - y_g = \frac{P}{D}(y_1 - y_0) \tag{4-1-8}$$

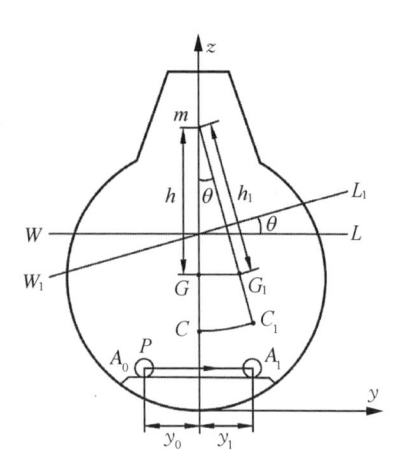

图 4-1-2 载荷的横向水平移动

由于移动的是小量载荷,潜艇产生的倾斜角比较小,在初稳性范围内。

(一) 对初稳度的影响

当载荷 P 横向水平移动后,潜艇平衡于 W_1L_1 水线,倾斜角为 θ。由前面的假设,潜艇倾斜后,稳定中心 m 点不变,也就是潜艇在 W_1L_1 水线时的稳定中心仍在 m 点。由于 W_1L_1 水线是平衡水线,因此,这时,重心 G_1、浮心 C_1 和稳定中心 m 点在同一铅垂线上。

由于稳定中心高是指稳定中心在重心之上的高度,因此,潜艇在 W_1L_1 水线时的稳定中心高 h_1 为

$$h_1 = \overline{mG_1} = \overline{mG}/\cos\theta = h/\cos\theta \tag{4-1-9}$$

由于倾斜角 θ 比较小,$\cos\theta \approx 1$,这时 $h_1 \approx h$,即横稳定中心高不变。

载荷横向水平移动时,由于纵稳定中心 M 点不变,H 又很大,这时,纵稳定中心高也不变。

同理:载荷纵向水平移动时,纵初稳度 H、横初稳度 h 都不变。因此,当小量载荷横向水平移动时,潜艇的初稳度不变。

(二) 对浮态的影响

载荷横向水平移动时,潜艇浮态将发生变化,但由于潜艇的重量不变,这时,潜艇的平均吃水不变,也不产生纵倾,而只产生横倾,如何求解潜艇所产生的横倾角 θ 呢?

当载荷由 A_0 点横向移动 A_1 点时,将产生一横倾力矩,其大小为

$$m_{kp} = p \cdot \overline{A_0 A_1} \cdot \cos\theta = p \cdot (y_1 - y_0) \cdot \cos\theta \qquad (4-1-10)$$

潜艇在此横倾力矩 m_{kp} 的作用下将产生倾斜角 θ,从而形成扶正力矩,使潜艇在 $W_1 L_1$ 水线平衡。扶正力矩 m_θ 可由式(4-1-11)表示:

$$m_\theta = D \cdot h \cdot \sin\theta \qquad (4-1-11)$$

由于 $W_1 L_1$ 水线是平衡水线,因此,有

$$m_\theta = m_{kp}$$
$$D \cdot h \cdot \sin\theta = p \cdot (y_1 - y_0) \cdot \cos\theta$$
$$\theta \approx \tan\theta = p \cdot (y_1 - y_0)/Dh \qquad (4-1-12)$$

当载荷 p 由左向右横向水平移动时,$y_1 > y_0$,$\theta > 0$,向右倾斜;

当载荷 p 由右向左横向水平移动时,$y_1 < y_0$,$\theta < 0$,向左倾斜。

为使求倾斜角方便起见,引进横倾 1°力矩的概念。横倾 1°力矩是指使正直漂浮状态的潜艇横倾 1°所需要加的外力矩。横倾 1°所需要加的外力矩必等于横倾 1°时的扶正力矩。若将横倾 1°力矩记为 $\overline{m}_{1°}$,则

$$\overline{m}_{1°} = Dh\sin 1° \qquad (4-1-13)$$

即

$$\overline{m}_{1°} = \frac{Dh}{57.3} \ [\text{t} \cdot \text{m}/(°)] \qquad (4-1-14)$$

根据这个公式,可以计算在横倾力矩作用下潜艇的横倾角。设横倾力矩为 m_{kp},则在 m_{kp} 作用下,潜艇平衡位置的横倾角为

$$\theta = \frac{m_{kp}}{\overline{m}_{1°}} \ (°) \qquad (4-1-15)$$

或根据已知横倾角,计算出作用在潜艇上的横倾力矩,即

$$m_{kp} = \overline{m}_{1°} \cdot \theta \ (\text{t} \cdot \text{m}) \qquad (4-1-16)$$

(三) 对大角稳性的影响

载荷移动前,当潜艇倾斜一角度 θ 时,它的扶正力臂为 $l_\theta = \overline{GK}$。

载荷横向水平移动后,重心由 G 点移到 G_1 点。当潜艇由正浮状态倾斜同样大小的倾斜角 θ 时,潜艇的扶正力臂 $l_{\theta 1}$ 为

$$l_{\theta 1} = \overline{G_1 K_1} \qquad (4-1-17)$$

此时,扶正力臂的变化量 Δl_θ 为

$$\Delta l_\theta = l_{\theta 1} - l_\theta = \overline{G_1 K_1} - \overline{GK} = -\overline{GG_1}\cos\theta = -\Delta y_g \cos\theta$$
$$= -\frac{p}{D}(y_1 - y_0)\cos\theta \qquad (4-1-18)$$

因此,载荷横向水平移动后,潜艇新的静稳性曲线应在原来的基础上,需修正一个 $-\Delta y_g \cos\theta$ 差值。

由于原来正浮状态时的静稳性曲线关于原点对称,而静稳性曲线的修正值($-\Delta y_g \cos\theta$)是余弦曲线,它关于竖轴对称,因而有如下结论。

当载荷由左向右横向水平移动时,$y_1 > y_0$,$\Delta y_g > 0 \Rightarrow \Delta l_\theta < 0$。在静稳性曲线的右侧部分,其最大扶正力臂 $l_{\theta 1 \max}$ 减小;而在静稳性曲线的左侧部分,最大扶正力臂 $l_{\theta 1 \max}$ 增大。综合起来,静稳性曲线整体性能下降,导致潜艇大角稳性恶化。

当载荷由右向左横向水平移动时,$y_1 < y_0$,$\Delta y_g < 0 \Rightarrow \Delta l_\theta > 0$。在静稳性曲线的右侧部分,其最大扶正力臂 $l_{\theta 1 \max}$ 增大;而在静稳性曲线的左侧部分,最大扶正力臂 $l_{\theta 1 \max}$ 减小。综合起来,静稳性曲线整体性能下降,导致潜艇大角稳性恶化。

因此,无论载荷是由左向右移动还是由右向左移动,对潜艇的大角稳性总是不利的。

综合上述分析,可以得出以下结论:

(1) 载荷横向水平移动时,潜艇的平均吃水不变,纵倾不变,初稳度也可认为不变,但将产生横倾使干舷减小,使大角稳性恶化;

(2) 为提高潜艇的抗沉性,应尽量保持载荷的对称分布,减少或消除潜艇的固定横倾。

三、纵向水平移动载荷

设潜艇正浮于 WL 水线,艇上有一载荷 P 由 A_0 位置纵向水平移动到 A_1 位置,潜艇将倾斜至 $W_1 L_1$ 水线,如图 4-1-3 所示,A_0、A_1 位置的纵向坐标分别为 x_0 和 x_1。

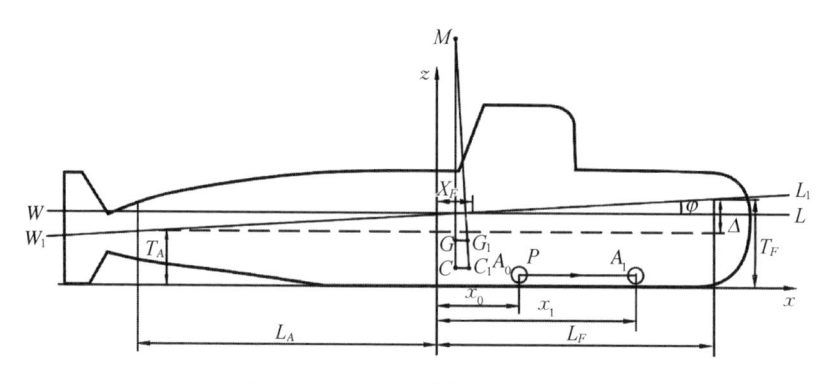

图 4-1-3　载荷的纵向水平移动

与前面讨论相同,载荷纵向水平移动后,潜艇的横、纵初稳度认为不变,即 $H_1 \approx H, h_1 \approx h$。但引起潜艇产生纵倾,产生的纵倾角 φ,可以由 W_1L_1 水线时的平衡条件(纵倾力矩 M_{kp} 等于纵向扶正力矩 M_φ)得到,即

$$p \cdot (x_1 - x_0) \cdot \cos\varphi = D \cdot H \cdot \sin\varphi$$

$$\varphi \approx \tan\varphi = \frac{p}{DH}(x_1 - x_0)$$

$$= \frac{p}{DH}(x_1 - x_0) \times 57.3° \quad (4-1-19)$$

从式(4-1-19)可知,当载荷由艉部移动到艏部时, $x_1 > x_0$, $\varphi > 0$,潜艇产生首纵倾。而当载荷由艏部移动到艉部时, $x_1 < x_0$, $\varphi < 0$,潜艇产生尾纵倾。

通常,当潜艇有纵倾时,人们首先关注的不是纵倾角 φ(与横倾角 θ 不一样,它的值往往非常小),而是潜艇的艏艉吃水,由于小角等容纵倾时,其纵倾轴通过水线面的面积中心 F 点(即漂心),因此,潜艇的艏艉吃水如下。

艏吃水:

$$T_F = T_{CP} + (L_F - x_F) \cdot \tan\varphi \quad (4-1-20)$$

艉吃水:

$$T_A = T_{CP} - (L_A + x_F) \cdot \tan\varphi \quad (4-1-21)$$

倾　差:

$$\Delta = T_F - T_A = L \cdot \tan\varphi \quad (4-1-22)$$

为了方便地确定由载荷纵向移动所引起的倾差,引进"倾差1 cm 力矩"的概念,倾差1 cm 力矩是指使潜艇产生1 cm 倾差所需的外加力矩,用 $M_{1\,cm}$ 表示。

如图4-1-3所示,潜艇倾差 Δ 与纵倾角 φ 之间有 $\varphi \approx \tan\varphi = \Delta/L$,当潜艇产生1 cm 倾差时的纵倾角为

$$\varphi_{1\,cm} = \frac{\Delta}{L} = \frac{1}{100L} \quad (4-1-23)$$

根据外加力矩和纵向扶正力矩相等的原理,此时潜艇倾差1 cm 力矩 $M_{1\,cm}$ 为

$$M_{1\,cm} = M_{\varphi 1\,cm} = DH \cdot \varphi_{1\,cm} = DH \cdot \frac{1}{100L} = \frac{DH}{100L} \quad (4-1-24)$$

由式(4-1-24)可知,潜艇倾差1 cm 力矩 $M_{1\,cm}$ 随着潜艇排水量和纵稳定中心高的变化而改变。根据倾差1 cm 力矩 $M_{1\,cm}$,可知:潜艇在纵倾 M_{kp} 作用下,产生的倾差为 $\Delta = \dfrac{M_{kp}}{M_{1\,cm}}$。或者,使潜艇产生倾差 Δ 时所需的外力矩为 $M_{kp} = \Delta \cdot M_{1\,cm}$

潜艇在水面状态由于存在水线面,其抵抗纵倾能力高。一旦潜艇下潜至水下,水线面不存在了,则其抵抗纵倾的能力大大下降。这时用倾差 1 cm 力矩表示纵倾抵抗能力就不合适了,也可以采用纵倾 1°力矩的方式来表示。

四、任意移动载荷

实际上,潜艇上的载荷移动都是任意的,当载荷 P 由 $A_0(x_0, y_0, z_0)$ 移动到 $A_1(x_1, y_1, z_1)$ 时,会同时引起潜艇产生横倾、纵倾及初稳度的变化。实际上对于不考虑能量耗散情况下的潜艇-海水这个保守系统,移动载荷对潜艇浮态和稳度的影响只取决于载荷移动的起止位置,而与载荷移动时所取的路径无关。但是在计算时必须首先考虑铅垂移动,确定新的稳定中心高 h_1、H_1,然后再用这个新的稳定中心高去确定潜艇产生的横倾角、纵倾角,这样就可以把一个一般性的问题简化为几个特殊的问题来处理。

因此,当载荷 P 由 A_0 任意移动到 A_1 时,对潜艇浮态和稳性的影响可理解为

$$(x_0, y_0, z_0) \xrightarrow[\text{浮态不变}]{\text{铅垂}} (x_0, y_0, z_1) \xrightarrow[\text{初稳度不变}]{\text{横向水平}} (x_0, y_1, z_1) \xrightarrow[\text{初稳度不变}]{\text{纵向水平}} (x_1, y_1, z_1)$$

$$h_1 = h - \frac{p}{D}(z_1 - z_0) \qquad \text{产生横倾} \qquad \text{产生纵倾}$$

$$H_1 \approx H \qquad \theta = \frac{p}{Dh_1}(y_1 - y_0) \qquad \begin{cases} \varphi = \frac{p}{DH}(x_1 - x_0) \\ T_F = T_{CP} + (L_F - x_F) \cdot \tan\varphi \\ T_A = T_{CP} - (L_A + x_F) \cdot \tan\varphi \\ \Delta = T_F - T_A = L \cdot \tan\varphi \end{cases}$$

$$(4-1-25)$$

综上所述,潜艇在移动载荷时的防沉必须坚持的要点如下:
(1) 艇内载荷尽量不要上移,以防止潜艇稳性的降低;
(2) 经常保持潜艇处于正直漂浮状态或允许的纵倾值,严防潜艇出现固定横倾;
(3) 必要时,可以将载荷下移,以提高潜艇的稳度。

第二节　装卸载荷时防沉

潜艇在服役过程中,由于战备、执勤或坞修等原因,经常需要装卸载荷。装卸载荷时会改变潜艇的浮态和稳度。因此应密切注意潜艇在装卸载荷过程中的稳度变化,以防潜艇因出现负初稳度而倾覆。

装卸载荷时的防沉主要研究潜艇水上的两种航行状态。

（1）正常装载时的巡航状态。

正常装载时的巡航状态是吹除了所有主压载水舱，在正常装载时均衡好的潜艇水上状态。

（2）燃油超载时的巡航状态。

燃油超载时的巡航状态是吹除了所有非燃油压载水舱的主压载水舱，在燃油超载装载时均衡好的潜艇水上状态。在装载有超载燃油的潜艇上，在燃油压载水舱和耐压艇体内的燃油舱装载（对正常装载的补充）柴油，还要装载柴油机滑油、饮用水、粮食和再生空气设备等。

在上述的两种水上航行状态中没有说明速潜水舱的状态（注满或排干），因为该舱的状态对潜艇的浮性和稳性各要素的影响很小，而且有些潜艇未设置速潜水舱。

装卸载荷与移动载荷的不同点在于，移动载荷时潜艇的重量及浮力保持不变，只考虑重心位置的改变对潜艇浮态和稳度的影响。而装卸载荷时潜艇的重量、重心位置发生了变化，而且排水容积的大小及形状也出现了相应的变化。因此，不仅要考虑重心位置的改变对浮态和稳度的影响，而且还要考虑浮心位置变化带来的影响。

一、装载时稳度与浮态变化

设潜艇正浮于 WL 水线，现在 $k(x_p, y_p, z_p)$ 处增加一载荷 p，此时潜艇的浮态（吃水、横倾、纵倾）及稳度都要发生变化。

（一）初稳度的计算

为研究方便，不考虑加载过程中的能量耗散问题，则潜艇加载后的状态只与最后加载的位置有关，与加载的路径无关。在计算潜艇增加载荷对浮态和稳度的影响时可以分为两步进行（图 4-2-1）：第一步先将载荷加载在潜艇某一条铅垂线

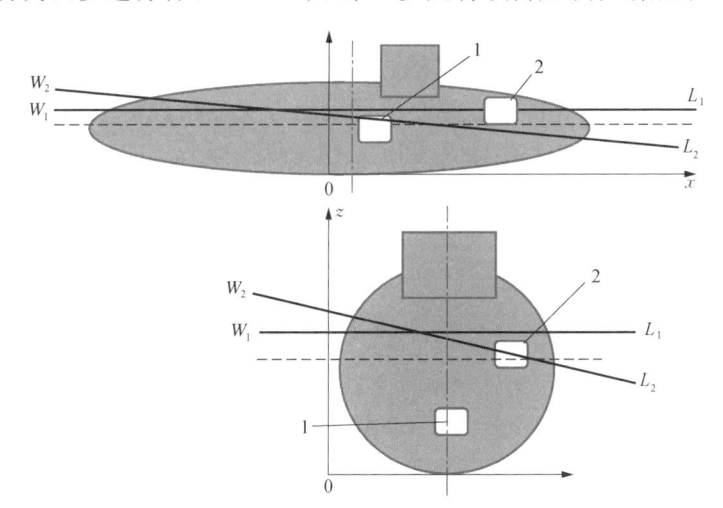

图 4-2-1　潜艇装卸载荷两步分解示意图

上,潜艇在加载前后不会产生横倾和纵倾,只产生吃水变化,之后利用浮力与初稳度曲线,查到吃水和浮心位置等数据,再确定加载后的水线和初稳度等参数;第二步将载荷移动到要实际加载位置,再按第一节计算方法计算潜艇浮态。

1. 重量、重心位置的计算

装卸载荷后,潜艇新的重量、重心位置分别如下。

重量:

$$D_1 = D + p \tag{4-2-1}$$

重心位置:

$$\begin{cases} x_{g1} = \dfrac{D \cdot x_g + p \cdot x_p}{D + p} = \dfrac{D \cdot x_g + p \cdot x_p}{D_1} \\ y_{g1} = \dfrac{D \cdot y_g + p \cdot y_p}{D_1} = \dfrac{p \cdot y_p}{D_1} \\ z_{g1} = \dfrac{D \cdot z_g + p \cdot z_p}{D_1} \end{cases} \tag{4-2-2}$$

式中,D、(x_g, y_g, z_g)分别为装卸载荷前潜艇的重量和重心位置坐标;p、(x_p, y_p, z_p)分别为装卸载荷的重量及所在位置坐标。

潜艇新的重量、重心位置可通过列表进行计算,当潜艇增加载荷时,p取正值,反之取负值。

2. 浮力、浮心位置的计算

按假设第一步,先将载荷加载在潜艇水线面积中心的铅垂线上,潜艇正直平衡于W_1L_1水线,有$Q_1 = \gamma \cdot V_1 = D_1$。因此,可以根据潜艇的排水容积$V_1 = D_1/\gamma$,在浮力与初稳度曲线图上,查得$W_1L_1$水线时潜艇的有关浮性与稳性数据,如平均吃水(即水线面漂心处的吃水)T_{CP1}、浮心位置纵坐标x_{c1}、横稳定中心距基线的高度$z_{m1} = (z_c + \rho)_1$、纵稳定中心半径R_1和漂心位置纵坐标x_{F1}。

在查浮力与初稳度曲线图求取相关浮性稳性参数时,缺省认定潜艇处于正直漂浮状态。

3. 初稳度的计算

考虑自由液面对初稳度的影响时,W_1L_1水线时潜艇的初稳度为

$$\begin{aligned} h_1 &= (z_c + \rho)_1 - z_{g1} + \Delta\rho_{x1} + \Delta\rho_{x2} \\ &= z_{m1} - z_{g1} + \Delta\rho_{x1} + \Delta\rho_{x2} \end{aligned} \tag{4-2-3}$$

式中,$\Delta\rho_{x1}$、$\Delta\rho_{x2}$分别为主压载水舱和内部各液舱内余水自由液面对横初稳度的修正值。

前面已经介绍,横稳定中心高增量是由三项组成,即

$$\Delta h = \Delta z_c + \Delta \rho - \Delta z_g$$

设原来的排水量为 D,浮力为 γV,浮心在 C 点。增加载荷 q 后,平均吃水增加 ΔT,该容积层的容积为 v,增加的浮力为 $\gamma v = q$,总排水体积为 $V + v$,总浮力为 $\gamma(V + v)$,浮心位置移到 C_1 点,见图 4-2-2。

根据力矩定理有:γv 对 C 点取力矩等于 $\gamma(V + v)$ 对 C 点取力矩,则

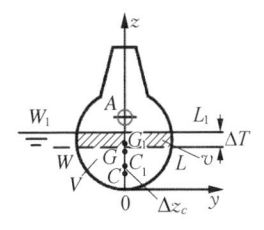

图 4-2-2　浮心位置示意图

$$\gamma(V + v)\Delta z_c = \gamma v \left(T + \frac{\Delta T}{2} - z_c\right) \tag{4-2-4}$$

$$\Delta z_c = \frac{v}{V + v}\left(T + \frac{\Delta T}{2} - z_c\right) \tag{4-2-5}$$

或

$$\Delta z_c = \frac{q}{P + q}\left(T + \frac{\Delta T}{2} - z_c\right) \tag{4-2-6}$$

$\Delta \rho$ 是横稳定中心半径的增量,其值为增加载荷后潜艇的稳定中心半径与原稳定中心半径之差,即

$$\Delta \rho = \rho_1 - \rho = \frac{I_{x1}}{V + v} - \frac{I_x}{V} \tag{4-2-7}$$

式中,I_{x1} 为 W_1L_1 水线的水线面面积对其纵向中心轴的惯性矩。由于增加的是小量载荷,在 ΔT 范围内可视为直舷,故 $I_{x1} \approx I_x$,则得

$$\Delta \rho = \frac{I_x}{V + v} - \frac{I_x}{V} = -\frac{v}{V + v} \cdot \frac{I_x}{V} \tag{4-2-8}$$

即

$$\Delta \rho = -\frac{v}{V + v} \cdot r = -\frac{q}{P + q} \cdot r \tag{4-2-9}$$

重心位置竖坐标的增量,根据力矩定理,很容易求得:$\Delta z_g = \frac{q}{P + q}(z_q - z_g)$,将求得的 Δz_c、$\Delta \rho$、Δz_g 值代入横稳定中心高增量公式,可得

$$\Delta h = \frac{q}{P + q} \cdot \left(T + \frac{\Delta T}{2} - z_c - \rho + z_g - z_q\right) \tag{4-2-10}$$

由于 $h = z_c + \rho - z_g$，则式(4-2-10)为

$$\Delta h = \frac{q}{P+q} \cdot \left(T + \frac{\Delta T}{2} - h - z_q\right) \qquad (4-2-11)$$

同理，可求得纵稳定中心高增量公式：

$$\Delta H = \frac{q}{P+q} \cdot \left(T + \frac{\Delta T}{2} - H - z_q\right) \qquad (4-2-12)$$

由于 H 很大，$T + \frac{\Delta T}{2} - z_q$ 的值与 H 相比显得很小，实用上可忽略不计，则得

$$\Delta H = -\frac{q}{P+q}H \qquad (4-2-13)$$

即当潜艇增加载荷时，不管载荷增加在何处，潜艇的纵稳定中心高总是减小的。至于横稳定中心高的变化，下面作进一步讨论。

由式(4-2-11)可知，增加载荷后，横稳定中心高是提高还是降低，即 Δh 是正还是负，与载荷所加位置的竖坐标 z_q 有着密切关系，因为当增加小量载荷时，$\frac{q}{P+q} > 0$，Δh 的正负决定于括号内数值的正负，则有三种可能：

(1) 当 $z_q < T + \frac{\Delta T}{2} - h$ 时，$\Delta h > 0$，横稳定中心高增大；

(2) 当 $z_q = T + \frac{\Delta T}{2} - h$ 时，$\Delta h = 0$，横稳定中心高不变；

(3) 当 $z_q > T + \frac{\Delta T}{2} - h$ 时，$\Delta h < 0$，横稳定中心高减小。

其中，$z_q = T + \frac{\Delta T}{2} - h$ 是潜艇增加载荷后，横稳定中心高增大或减少的高度分界线。在该高度以下增加载荷，横稳定中心高增大；在该高度以上增加载荷，横稳定中心高减小；在该高度处增加载荷，横稳定中心高不变。当潜艇卸载，公式中 q 取负值，$\frac{q}{p+q} < 0$，结论相反。

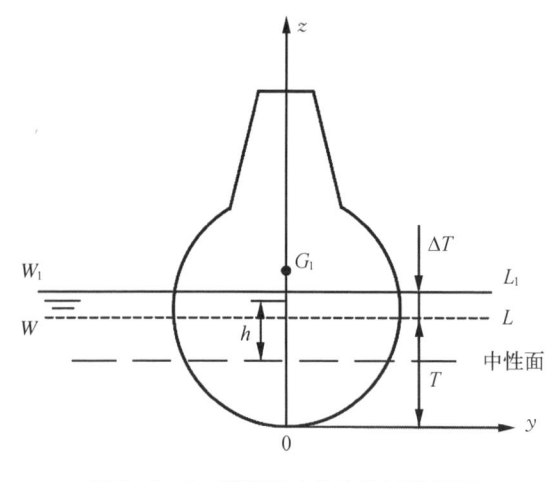

图 4-2-3 潜艇稳度的中性面示意图

人们把不引起横稳定中心高

改变的载荷所加的垂向位置($z_q = T + \dfrac{\Delta T}{2} - h$)所在的平面,称为中性面。该概念在水面舰船中应用较多,因采取"直舷"假设,近似认为水线面在增减载荷前后几乎不变;而潜艇舷侧为弧面设计,水线面形状与大小随吃水变化较大,故使用受限。

(二)潜艇浮态的计算

潜艇增加载荷后平行下沉到 W_1L_1 水线。如果计算得到的重心 G_1 与浮心 C_1 在同一铅垂线上,当去掉制止潜艇产生横倾、纵倾的假想力矩时,潜艇仍漂浮在 W_1L_1 水线。即 $x_{g1} = x_{c1}$,$y_{g1} = y_{c1} = 0$ 时,潜艇不会产生横倾、纵倾。

如果计算得到的重心 G_1 与浮心 C_1 不在同一铅垂线上,当去掉制止潜艇产生横倾、纵倾的假想力矩时,潜艇会产生横倾或纵倾,而在 W_2L_2 水线平衡,如图 4-2-4 所示。即 $x_{g1} \neq x_{c1}$ 时,潜艇产生纵倾;$y_{g1} \neq y_{c1}$ 时,潜艇产生横倾。

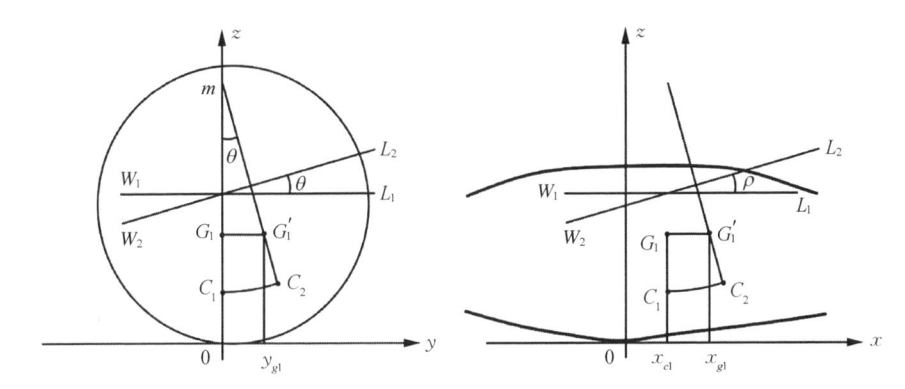

图 4-2-4 潜艇增加载荷时横倾与纵倾示意图

因此可以认为:潜艇由 W_1L_1 水线变化到 W_2L_2 水线,产生横倾或纵倾是重心由 G_1 点移到 G'_1 点,从而产生横倾力矩或纵倾力矩造成的。

1. 横倾角

如果 $y_{g1} \neq y_{c1}$ 时,相当于潜艇的重心由 G_1 点横向水平移动到 G'_1 点,使潜艇倾斜 θ 角,在 W_2L_2 水线处平衡。重心横向水平移动所产生的横倾力矩为 $m_{kp} = D_1 \cdot (y_{g1} - y_{c1})\cos\theta = D_1 \cdot y_{g1}\cos\theta = p \cdot y_p \cos\theta$;潜艇倾斜 θ 角后所形成的扶正力矩为 $m_\theta = D_1 h_1 \sin\theta$。

潜艇在 W_2L_2 水线处,根据横倾力矩与扶正力矩相等的平衡条件,即 $m_{kp} = m_\theta$,即可得到潜艇产生的横倾角 θ 为

$$\theta \approx \tan\theta = \frac{p \cdot y_p}{D_1 h_1} \times 57.3° \ (°) \qquad (4-2-14)$$

2. 纵倾角

如果 $x_{g1} \neq x_{c1}$ 时,相当于潜艇的重心由 G_1 点纵向水平移动到 G'_1 点,即重心从

一个与查图所得浮心纵坐标 c_1 相同的位置，移到 x_1，使潜艇产生纵倾角 φ，在 W_2L_2 水线处平衡。

重心纵向水平移动时，产生的纵倾力矩为 $M_{kp} = D_1 \cdot (x_{g1} - x_{c1})\cos\varphi$；潜艇纵倾 φ 角后所形成的扶正力矩为 $M_\varphi = D_1 \cdot H_1 \cdot \sin\varphi \approx D_1 \cdot R_1 \cdot \sin\varphi$。

潜艇在 W_2L_2 水线处，根据重心移动产生的纵倾力矩等于纵向扶正力矩的条件（即 $M_{kp} = M_\varphi$）来确定纵倾角 φ：

$$\varphi \approx \tan\varphi = \frac{D_1(x_{g1} - x_{c1})}{D_1 R_1} \times 57.3° = \frac{x_{g1} - x_{c1}}{R_1} \times 57.3° \; (°)$$

$$(4-2-15)$$

3. 艏艉吃水

艏吃水：

$$T_{F1} = T_{CP1} + (L_F - x_{F1}) \cdot \tan\varphi$$

艉吃水：

$$T_{A1} = T_{CP1} - (L_A + x_{F1}) \cdot \tan\varphi$$

艏标志吃水：

$$T_{Fbz1} = T_{F1} + t$$

艉标志吃水：

$$T_{Abz1} = T_{A1} + t$$

式中，L_F 为艏吃水标记到舯吃水标记的距离；L_A 为艉吃水标记到舯吃水标记的距离；x_{F1} 为加载后潜艇水线面漂心坐标；下标 bz 表示标志吃水，CP 表示舯船吃水。

二、防止潜艇倾覆的基本措施

（一）潜艇倾覆的主要原因

由初稳度的计算公式：

$$h = z_c + \rho - z_g + \Delta\rho_{x1} + \Delta\rho_{x2} = z_m - z_g + \Delta\rho_{x1} + \Delta\rho_{x2} \quad (4-2-16)$$

当底部大量卸载而未补重压载时，潜艇重心高 z_g 增大，随着潜艇吃水的减小，横稳定中心距基线的高度 z_m 下降。当潜艇重心高于横稳定中心，即 $z_g > z_m$ 时，再加上自由液面的影响，导致潜艇的横稳定中心高 $h < 0$，潜艇就容易倾覆。

（二）防止潜艇倾覆的基本措施

（1）大量卸载前，必须查阅相关技术文件，并按规定执行。

（2）如果卸载项目在技术文件中没有说明，必须先校核计算潜艇卸载后初稳度 h。如果 h 值在安全范围内，才可进行卸载；如果 h 值不在安全范围内，则必须先进行压载补重,再次计算 h 值。直到初稳度有保证后,才可进行卸载。

(3) 大量卸载时,可采用以下压载补重措施:

  a. 燃油舱卸去全部燃油后,应立即用海水补重,提高初稳度;

  b. 必要时,速潜水舱注满水,可提高 h,但效果有限;

  c. 不得已时可以选择数个适合压载的主压载水舱注水补重,可提高初稳度;

  d. 通常情况下,常规潜艇如果全部燃油舱内都注满油水时,无论再卸去多少可变载荷,潜艇的初稳度总是有保证的。

三、变动载荷代换

潜艇水下航行时,由于变动载荷的消耗和海水密度的变化,使潜艇的重力和浮力发生变化,产生了正或负的剩余浮力及其纵倾力矩,从而破坏了潜艇的平衡条件。为了保持和恢复潜艇的平衡条件,必须运用浮力调整水舱、纵倾均衡水舱和补重水舱注排水的方法,以消除航行过程中所产生的剩余浮力及其纵倾力矩。

(一) 变动载荷代换的一般方法

1. 瞬时消耗载荷

瞬时消耗载荷(如鱼雷、水雷、导弹等)在消耗过程中,首先应根据消耗的重量相应地在鱼雷发射管等特殊部位或者水舱注水进行代换,而剩余纵倾力矩,应用首、尾纵倾均衡水舱转注水的方法来消除。

2. 逐渐消耗载荷

通常情况下,逐渐消耗载荷(如燃油与其代换水的重量差、润滑油、淡水和粮食等),一般由浮力调整水舱注排水的方法来抵消剩余浮力,而由首、尾纵倾均衡水舱转注水的方法来消除其纵倾力矩。但要注意,在首、尾纵倾均衡水舱中必须留有发射武备时需要的代换水量。因此,若用上述方法尚不足以抵消剩余浮力及其纵倾力矩时,可以采用浮力调整水舱与首、尾纵倾均衡水舱共同调整剩余浮力及其纵倾力矩。

(二) 代换时机

1. 出航前

艇员须进行下潜的纵倾均衡准备工作,登记所有变动载荷的情况,并计算好浮力调整水舱和纵倾均衡水舱内所需的初水量。

2. 水面长期航行时

潜艇逐渐消耗载荷,必须定期进行代换。每次定期代换前,应预先进行纵倾均衡计算。

3. 水下航行或频繁下潜时

变动载荷的消耗按需要量进行代换,不必进行纵倾均衡计算。

4. 潜艇装备消声瓦时

消声瓦在潜艇处于极限下潜深度的情况下,会产生一定的压缩量,使潜艇重量增加,并引起相应的埋首力矩,潜艇在其他深度的情况下,消声瓦压缩量与水深成正比。因此,可以在水深每增加一定数量时,将浮力调整水舱向舷外排适量的水(与极限深度时增加的重量成比例),并向纵倾均衡水舱调水(与极限深度时的转注水量成比例)。

四、典型运用

水上正常状态潜艇卸载蓄电池组,这里沿用前面例题中假想潜艇数据。

(一)重量、重心位置的计算

卸载蓄电池组后,潜艇新的重量、重心坐标可通过列表计算,具体计算如表4-2-1所示。

表4-2-1 潜艇重量、重心位置计算表

序号	载荷名称	重量/t	垂向(距基线) 力臂/m	垂向(距基线) 力矩/(t·m)	纵向(距舯船面) 力臂/m	纵向(距舯船面) 力矩/(t·m)
1	正常状态载荷	1 390	3.34	4 642.20	1.62	2 251.80
2	卸载蓄电池组(包括安装、连接装置)	−150.00	2.60	−390.00	3.00	−450.00
	合计	1 240.00	3.43	4 252.60	1.45	1 801.80

经计算,潜艇新的重量为 $D_1 = 1\,240$ t,新的重心位置 $G_1(1.45, 0, 3.43)$ m。

(二)浮力、浮心位置的计算

根据潜艇在卸载蓄电池组后的排水容积 $V_1 = D_1/\gamma = 1\,240$ m³,在浮力与初稳度曲线图上查到:

平均吃水 $T_{CP1} = 4.65$ m;

浮心位置纵坐标 $x_{c1} = 2.60$ m;

横稳定中心距基线的高度 $Z_{m1} = (z_c + \rho)_1 = 3.62$ m;

纵稳定中心半径 $R_1 = 145$ m;

漂心位置纵坐标 $x_{F1} = 1.60$ m。

(三)初稳度的计算

不计耐压船体内部液舱液体自由液面的影响时,潜艇此时的横初稳度为

$$h_1 = (z_c + \rho)_1 - z_{g1}$$
$$= 3.62 - 3.43$$
$$= 0.19 \text{ m} \qquad (4-2-17)$$

(四) 浮态的计算

(1) 纵倾角:

$$\tan \varphi = \frac{x_{g1} - x_{c1}}{R_1} = \frac{1.45 - 2.60}{145} = -0.0079 \quad (\varphi = -0.45°)$$

$$(4-2-18)$$

(2) 艏吃水:

$$T_{F1} = T_{CP1} + (L_F - x_{F1}) \cdot \tan \varphi = 4.65 + (40 - 1.6) \times (-0.0079) = 4.35 \text{ m}$$

(3) 艉吃水:

$$T_{A1} = T_{CP1} - (L_A + x_{F1}) \cdot \tan \varphi = 4.65 - (40 + 1.6) \times (-0.0079) = 4.97 \text{ m}$$

(4) 艏标志吃水 (假设 $t = 0.2$ m):

$$T_{Fbz1} = T_{F1} + t = 4.35 + 0.20 = 4.55 \text{ m}$$

(5) 艉标志吃水 (假设 $t = 0.2$ m):

$$T_{Abz1} = T_{A1} + t = 4.97 + 0.20 = 5.17 \text{ m}$$

第三节　装卸液体载荷时防沉

主压载水舱和耐压艇体内部液舱余水自由液面对潜艇的稳度有较大的影响。如果潜艇油水等液体载荷完全充满舱室时,它们的重心位置不会随潜艇的倾斜而改变,这部分液体载荷与重量相当的固体载荷对潜艇的作用是相同的。如果液体载荷没有充满舱室,则存在液体表面。当潜艇倾斜时,舱内的液体会发生流动,液体表面也随之倾斜与水线平行。这种可以自由流动的液体表面称为自由液面,因此,未充满舱室的液体载荷存在自由液面。

具有自由液面的潜艇产生倾斜时,由于液体载荷可以流动,其重心会向倾斜方向移动,产生倾侧力矩,从而削弱扶正力矩,使潜艇的稳度降低。如果潜艇多个舱室内同时存在大面积自由液面,可能会导致潜艇丧失稳度而倾覆。因此必须重视自由液面对潜艇稳度的危害,严防舱室失事进水,并按规定使用油水,以减小或消除自由液面的影响。

一、自由液面对初稳度的影响

设潜艇正浮于 WL 水线,某液舱内液体载荷未装满,存在自由液面,这时液体

表面为 ωl 与 WL 水线平行,液体载荷重心在 g 点。当潜艇倾斜一小角度 θ 到 W_1L_1 水线时,液体表面也将倾斜 θ 角到 $\omega_1 l_1$ 与 W_1L_1 水线平行,液体载荷的重心移动到 g_1 点,如图 4-3-1 所示。

存在自由液面情况下,当潜艇产生倾斜时,液体载荷的重心位置向倾斜方向移动,从而产生倾侧力矩 m_{kp},削弱潜艇的扶正力矩。此时,潜艇的扶正力矩为

$$m_{\theta 1} = m_{\theta} - m_{kp} = m_{\theta} - \gamma_1 v \cdot \overline{gg_1}$$

(4-3-1)

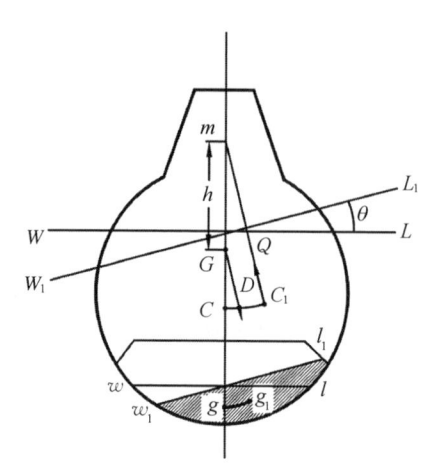

图 4-3-1 自由液面对初稳度的影响

根据式(4-3-1)可知,由 $\overline{gg_1}$ 就可确定液舱内自由液面对潜艇初稳度的影响,那么如何确定 $\overline{gg_1}$ 呢?

液体载荷的重量为 $\gamma_1 v$,与潜艇的浮力表示方法相近;而液体载荷的重心就是其所占液舱容积中心,即重心 g 点和 g_1 点分别就是 wl 和 $w_1 l_1$ 液面下液舱的容积中心,与潜艇 WL 水线及 W_1L_1 水线下的浮心位置相似。

因此,可以将具有自由液面的液舱看成是"假想潜艇"。液舱内液体载荷重心位置的移动情况,与潜艇倾斜时浮心位置的移动有相似之处,如图 4-3-2 所示。

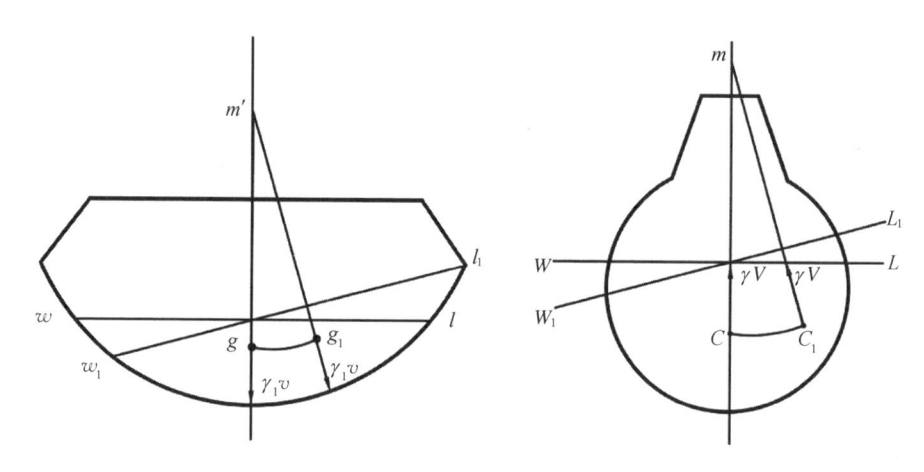

图 4-3-2 具有自由液面的液舱与潜艇类比示意图

因此,对具有自由液面的液舱与潜艇各项要素进行类比分析,类比结果如表 4-3-1 所示。

表 4-3-1　具有自由液面的液舱与潜艇类比的参数

液　舱	潜　艇
$\gamma_1 v$：液体的重量	γV：潜艇的浮力
v：wl 液面或 $w_1 l_1$ 液面下液舱的容积	V：WL 水线或 $W_1 L_1$ 水线下的排水容积
g 点：wl 液面下液舱的容积中心	g_1 点：$W_1 L_1$ 液面下液舱的容积中心
C 点：WL 水线下的浮心	C_1 点：$W_1 L_1$ 水线下的浮心
wl 液面	WL 水线
$w_1 l_1$ 液面	$W_1 L_1$ 水线
m' 点：两重力作用延长线的交点	m 点：两浮力作用延长线的交点
重心的移动轨迹： 以 m' 点为中心，$\overline{m'g}$ 为半径的一段圆弧 重力移动的曲率半径 ρ'：$\rho' = i_x/v$	浮心的移动轨迹： 以 m 点为中心，$\overline{mc}$ 为半径的一段圆弧 浮心移动的曲率半径 ρ：$\rho = I_x/V$
i_x：wl 液面面积对其主中心轴的面积惯性矩	I_x：水线面积对其主中心轴的面积惯性矩

通过类比可知，液体载荷重心的移动轨迹是以 m' 点为中心，$\overline{m'g}$ 为半径的一段圆弧，其曲率半径 ρ'（即 $\overline{m'g}$）为

$$\rho' = \frac{i_x}{v} \qquad (4-3-2)$$

式中，i_x 为自由液面对其自身横向主中心轴的面积惯性矩；v 为液舱内液体载荷的容积。

当潜艇倾斜 θ 时，自由液面也倾斜同样的角度 θ。如果倾斜角 θ 较小，液体载荷重心横向水平移动的距离为

$$\overline{gg_1} \approx \rho'\theta = \frac{i_x}{v} \cdot \theta \qquad (4-3-3)$$

当液舱内存在自由液面时，潜艇在倾斜 θ 后的扶正力矩为

$$m_{\theta 1} = Dh\theta - \gamma_1 v \cdot \overline{gg_1} = Dh\theta - \gamma_1 i_x \theta = D\left(h - \frac{\gamma_1 \cdot i_x}{\gamma \cdot V}\right)\theta = Dh_1\theta$$

$$(4-3-4)$$

当存在自由液面时，潜艇的初稳度 h_1 为

$$h_1 = h - \frac{\gamma_1 \cdot i_x}{\gamma \cdot V} = h + \Delta h \qquad (4-3-5)$$

式中，γ 为舷外海水的密度；γ_1 为液舱内液体的密度；h 为未考虑自由液面影响时

潜艇的初稳度。

自由液面对潜艇横初稳度的影响为

$$\Delta h = -\frac{\gamma_1 \cdot i_x}{\gamma \cdot V} \quad (4-3-6)$$

同理,自由液面对潜艇纵初稳度的影响为

$$\Delta H = -\frac{\gamma_1 \cdot i_y}{\gamma \cdot V} \quad (4-3-7)$$

式中,i_y 为自由液面对其自身纵向主中心轴的面积惯性矩。

如果 $\gamma_1 = \gamma$,则

$$\Delta h = \Delta \rho_x = -\frac{i_x}{V}$$

$$\Delta H = \Delta \rho_y = -\frac{i_y}{V} \quad (4-3-8)$$

根据上述分析及所得到的影响计算公式,可以得出以下结论。

(1) 自由液面对潜艇初稳度的影响总是负的,即自由液面总是使初稳度降低。

(2) 自由液面对初稳度的影响程度,取决于自由液面的形状与大小(即自由液面的面积惯性矩 i_x、i_y)、液体比重和潜艇排水容积的大小。这意味着同样形状大小的自由液面,若是在小艇上,对初稳度的影响要比在大艇上严重。

(3) 自由液面对初稳度的影响与液舱内液体载荷的容积 v 无关。

(4) 如果潜艇上存在若干个自由液面时,对初稳度的影响为

$$\Delta h = -\frac{1}{\gamma \cdot V} \sum_{i=1}^{n} \gamma_i \cdot i_{xi}$$

$$\Delta H = -\frac{1}{\gamma \cdot V} \sum_{i=1}^{n} \gamma_i \cdot i_{yi} \quad (4-3-9)$$

(5) 潜艇上的液舱可近似认为是矩形,如图 4-3-3 所示,自由液面的面积惯性矩如下。

对自身横向主中心轴:

$$i_x = \frac{1}{12} l b^3 \quad (4-3-10)$$

对自身纵向主中心轴:

$$i_y = \frac{1}{12} b l^3 \quad (4-3-11)$$

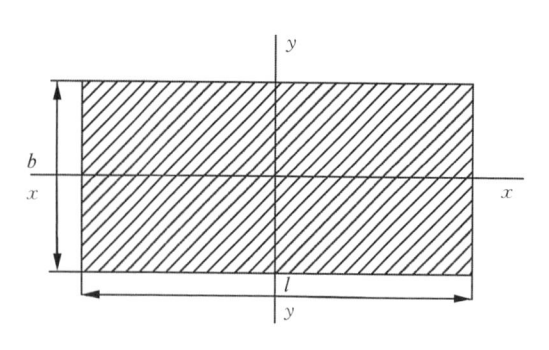

图 4-3-3 自由液面计算示意图

潜艇各主压载水舱内余水、耐压艇体内部各液舱和燃油舱内液体都存在自由液面,这些自由液面的惯性矩常以列表的形式出现,方便汇总出所有自由液面对潜艇初稳度的修正值。

二、潜艇存在自由液面时初稳度的计算及防沉要点

(一) 存在自由液面时,初稳度的计算

1. 水上正常状态

潜艇处于水上正常状态(未发生破损进水情况)时,主压载水舱内余水、耐压艇体内部各液舱及燃油舱内液体都存在自由液面,潜艇的初稳度可通过式(4-3-12)进行计算:

$$h = z_c + \rho - z_g + \Delta\rho_{x1} + \Delta\rho_{x2}$$
$$H = z_c + R - z_g + \Delta\rho_{y1} + \Delta\rho_{y2} \quad (4-3-12)$$

2. 水下正常状态

在水下未发生破损进水的潜艇,由于主压载水舱都已注满水,不形成自由液面,只有耐压艇体内部各液舱及燃油舱内的液体存在自由液面,此时,潜艇的初稳度为

$$h_\downarrow = z_{c\downarrow} - z_{g\downarrow} + \Delta\rho_{x2}$$
$$H_\downarrow = z_{c\downarrow} - z_{g\downarrow} + \Delta\rho_{y2} \quad (4-3-13)$$

3. 水上部分舱室及主压载水舱破损进水

在水上状态时,潜艇部分舱室及主压载水舱发生破损进水情况下,除未破损主压载水舱的余水、耐压艇体内部各液舱和燃油舱内的液体形成自由液面外,还有破损舱室进水、破损主压载水舱进水都将形成自由液面,潜艇的初稳度为

$$h_1 = (z_c + \rho)_1 - z_{g1} + \Delta\rho_{x1} + \Delta\rho_{x2} + \sum\Delta\rho_{xc} + \sum\Delta\rho_{xz}$$
$$H_1 = z_{c1} + R_1 - z_{g1} + \Delta\rho_{y1} + \Delta\rho_{y2} + \sum\Delta\rho_{yc} + \sum\Delta\rho_{yz} \quad (4-3-14)$$

4. 水下部分舱室破损进水

在水下状态发生部分舱室及主压载水舱破损进水时,潜艇形成自由液面的主要是破损舱室进水、耐压艇体内部各液舱和燃油舱内的液体,潜艇的初稳度为

$$h_{\downarrow 1} = z_{c\downarrow 1} - z_{g\downarrow 1} + \Delta\rho_{x2} + \sum\Delta\rho_{xc}$$
$$H_{\downarrow 1} = z_{c\downarrow 1} - z_{g\downarrow 1} + \Delta\rho_{y2} + \sum\Delta\rho_{yc} \quad (4-3-15)$$

式中, $\Delta\rho_{x1}$ 为主压载水舱余水自由液面对横初稳度的修正值; $\Delta\rho_{y1}$ 为主压载水舱余水自由液面对纵初稳度的修正值; $\Delta\rho_{x2}$ 为耐压艇体内部各液舱及燃油舱内液体自由液面对横初稳度的修正值; $\Delta\rho_{y2}$ 为耐压艇体内部各液舱及燃油舱内液体自由

液面对纵初稳度的修正值；$\Delta\rho_{xc}$为破损舱室进水自由液面对横初稳度的修正值；$\Delta\rho_{yc}$为破损舱室进水自由液面对纵初稳度的修正值；$\Delta\rho_{xz}$为破损主压载水舱进水自由液面对横初稳度的修正值；$\Delta\rho_{yz}$为破损主压载水舱进水自由液面对纵初稳度的修正值。$\Delta\rho_{x1}$、$\Delta\rho_{y1}$、$\Delta\rho_{x2}$、$\Delta\rho_{y2}$可直接查阅有关表格得到，而$\Delta\rho_{xc}$、$\Delta\rho_{yc}$、$\Delta\rho_{xz}$、$\Delta\rho_{yz}$需在查阅有关图表后，再进行计算得到。

在几种特殊情况下，上述自由液面效应估算不太适用。一种情况是液体层或液舱的自由空间高度不大于0.1倍的液舱宽度时，可移动的液体量相对较少，上述自由液面修正算法会夸大实际影响，因此不太适用；另一种情况是如果浸水舱内有大量设备，水在舱内的自由流动受到一定的影响与延滞，上述自由液面修正算法也会夸大其对初稳度的影响。

（二）装卸液体载荷时的防沉措施

为减小或消除自由液面对初稳度的影响，在日常管理使用中应做到以下几点。

（1）装卸液体载荷时，应尽量将液舱注满或卸空。

（2）消耗液体载荷时，应按规定的顺序，尽量避免各液舱同时出现自由液面，特别在进行各种试验时，应严格控制自由液面，并尽量减少到最小限度。

（3）日常维护时，要确保液舱内水密隔墙的水密性。

（4）经常抽干舱底积水，对于渗入邻舱的水，也应及时排除。若舱室破损进水时，在堵好破口后，应及时排除舱室内的积水。

（5）其他特殊作业，也应严格控制自由液面，按照相关规定执行。

第四节　进出坞时防沉

基于维修等作业考虑，潜艇还需要定期或不定期地进出船坞，本节主要对潜艇进出船坞时的防沉展开讨论。根据潜艇进坞前的装载情况，需要进行浮态和初稳性计算，平衡潜艇，要求进坞的潜艇无横倾，纵倾应与龙骨墩的倾斜角度一致，横稳定中心高不小于规定最小值。

一、潜艇进坞坐墩压力

设潜艇进坞时尾倾角为φ_0，墩木一般是水平的，如图4-4-1所示。

随着坞内排水，潜艇平行下沉，艉部先与墩木A点接触，此后继续排水时，潜艇开始绕通过A点并垂直于对称面的横轴而转动，直到龙骨线全部接触墩木为止，在这一过程中舰船倾角由φ_0变为零。

当艉部开始接触墩木A点之前，潜艇是自由漂浮的，其重量全由浮力支持。艉部接触A点之后，随着船坞排水，潜艇浮力将随着船体水下部分逐渐露出水面而相

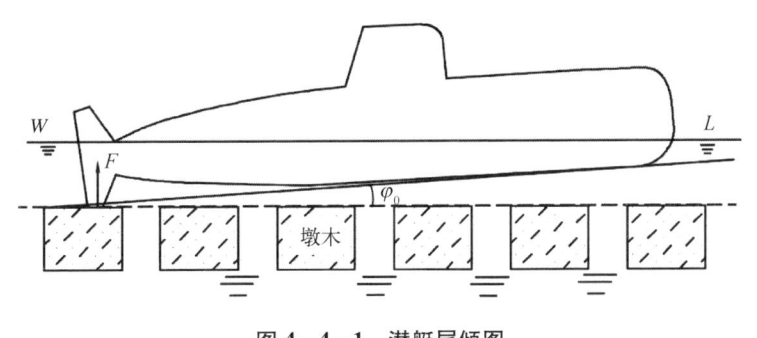

图 4-4-1 潜艇尾倾图

应减小。这时重量超过浮力的部分就由墩木来承担,表现为压在墩木上的压力。再继续排水,压在墩木上的压力不断增加。

在龙骨全部与墩木接触之前,潜艇的压力集中在靠艉部的一小段墩木上。在龙骨全部与墩木接触后,随着排水,虽然浮力继续减小,压在墩木上的总压力继续增加,但开始分布到较大的接触表面上去了。

实际上,最值得注意的是当龙骨刚刚全部要和墩木接触的一瞬间,这时尾部一小段墩木上所受的压力最大。用 F_{max} 来表示该瞬间的总压力。当舰船尾倾较大时,对应该总压力的压强(单位接触表面上之力)将大于坞中水排干后之压强的几倍。

这里不直接求总压力 F_{max},而设法求墩木对潜艇的反作用力 F'_{max},这就相当于将坐墩的过程想象为潜艇不动,而是墩木平行升起,顶出潜艇,从潜艇和墩木相互作用的观点看,这是完全一样的。

由于此反作用力是铅垂向上的,并且其作用 A 点实际上可以看作是不变的,因此可以把此反力 F'_{max} 看成是在潜艇 A 点处减少了载荷。由于在 A 点减少了载荷 F'_{max},艇向首倾 φ_0 根据纵倾力矩等于扶正力矩可得出如下公式:

$$\Delta\varphi = \frac{F'(x_q - x_f)}{PH}$$

$$\Delta\varphi = -\psi_0 \tag{4-4-1}$$

由此,可得

$$F'_{max} = -\frac{PH\varphi_0}{x_q - x_f} \tag{4-4-2}$$

式中,设 $x_q = -L/2$,$z_q = 0$,则

$$F'_{max} = \frac{PH\varphi_0}{L/2 + x_f} \tag{4-4-3}$$

横稳心高的改变为

$$\Delta h = \frac{F'_{max}}{P + F'_{max}}\left(T + \frac{\Delta T}{2} - h\right)$$

$$\Delta T = \frac{F'_{max}}{\gamma S} \tag{4-4-4}$$

$$h_1 = h + \Delta h$$

式中，h 和 S 分别是潜艇坐墩前自由漂浮时之横稳定中心高和水线面面积。注意，由于是减少载荷，所以 F'_{max} 为负值。

分析进坞过程潜艇艉部 A 点处所受的反作用力 F'_{max} 及稳心高的变化公式，不难得出以下结论。

（1）当龙骨刚要和墩木重合的那一瞬间，作用于墩木上的总压力的大小，一方面主要取决于龙骨和墩木表面的夹角，当墩木表面没有坡度时，即 $\alpha_0 = 0$ 时，则主要取决于舰船的纵倾角；另一方面也和舰船进坞时的重量有关。纵倾角越大，重量越大，总压力也越大。所以进坞时必须调整倾差，以减小 F'_{max} 值，保障艇体在 A 点处的强度。

（2）从进坞过程中稳心高的变化公式可知，在龙骨全部刚要和墩木重合的那一瞬间，潜艇的稳度总是降低的。因为通常 $T + \frac{\Delta T}{2} > h$，所以 $\Delta h < 0$，且总压力越大，稳定中心高减小越严重。

（3）当进坞潜艇原来的稳度就较小且又有较大的尾倾时，则在坐墩过程中很容易发生危险。为了防止过大的集中压力压坏墩木和艇体，避免稳度的严重降低而滑下墩木或倾倒，应在进坞前减小潜艇的纵倾、减轻潜艇的进坞重量，这样可减小坐墩力，并保证具有足够的稳度。

潜艇因稳度不足而从墩木上倾倒或滑下事故，在出坞时尤为多见。除上述原因外，往往是由于在船坞中潜艇不正确增减载荷。例如，为了修理，艇体在坞内卸下了部分固体压载，而出坞前又忘记将固体压载重新装上，这就更加恶化了出坞时的稳性。

二、潜艇进坞时的计算

潜艇进出坞时，由于潜艇内的变动载荷有较大的变化（如卸蓄电池组、卸燃油等），会引起潜艇稳性较大变化。因此，作为机电管理干部应做好潜艇进出坞的各项工作。当潜艇底部大量卸载时，会引起潜艇稳度下降，使潜艇产生横倾与纵倾。为保障潜艇进坞时具有足够的稳度，确保进坞潜艇的安全，同时，也为了平衡潜艇的浮态，消除进坞时潜艇的横倾和纵倾，需要进行注水压载补重。一般使用主压载水舱来进行注水压载。

需要注意的是,并非所有的主压载水舱注水压载后都能提高潜艇稳度。有的主压载水舱注水压载后,不仅不能提高潜艇稳度,相反还会造成潜艇稳度的进一步降低,因此,应选择合适的主压载水舱来进行注水压载。主要选择依据如下。

(1) 主压载水舱注水压载后,进水部分的容积中心高必须低于潜艇的重心,即 $x_{vz} < z_g$ 时,有利于提高潜艇的稳度。这作为选择主压载水舱进行注水压载的主要依据。因此,作为注水压载的主压载水舱,其底部容积要大,且进水量要多,有利于压载。

(2) 主压载水舱注水压载后,水舱内形成的自由液面要尽可能小,以降低自由液面对稳度的影响。

主压载水舱注水后,要确定进水量、进水容积中心高及形成的自由液面的大小,可以借助主压载水舱要素曲线图来判断。

(一) 主压载水舱要素曲线图

1. 组成

由于潜艇上每个主压载水舱的形状、大小各不相同,对每个主压载水舱都有一张主压载水舱要素曲线图,曲线图都由下列四条曲线组成:

(1) 净容积曲线 $v_z = f(T_z)$;
(2) 净容积重心垂向坐标曲线 $z_{vz} = f(T_z)$;
(3) 自由液面总惯性矩 $I_x = f(T_z)$;
(4) 自由液面的自身惯性矩 $i_x = f(T_z)$(有时没有这一曲线)。

在图 4-4-2 中,垂直纵轴为液舱内从基本面算起的水位 T_z,m;水平横轴为各理论要素值的坐标。各曲线均为水舱内水位高度 T_z 的函数,曲线的起始点是从水舱内的余水高度开始的。

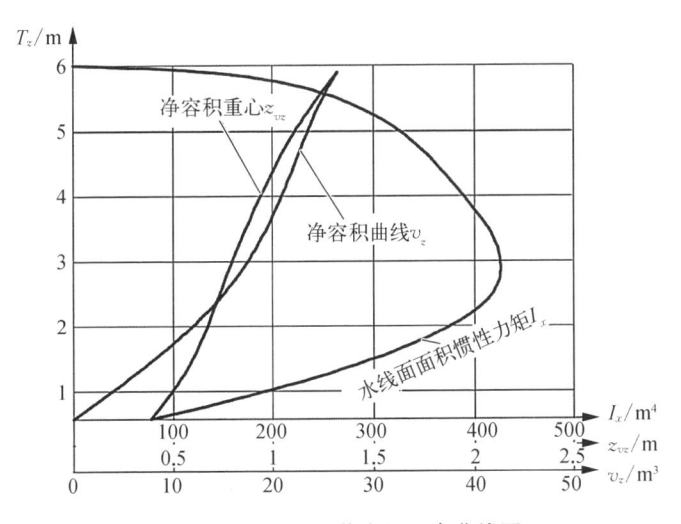

图 4-4-2 主压载水舱要素曲线图

2. 用途

利用主压载水舱要素曲线图,可以查出在不同水位时,主压载水舱内的进水容积(或进水量),进水容积中心距基线的高度(有时是进水容积对基线的矩 M_x)以及水舱内自由液面对 x 轴的惯性矩等参数,为主压载水舱注水压载计算及艇体破损进水时的抗沉计算提供依据。

3. 使用方法

主压载水舱的使用方法与浮力与初稳度曲线图的方法相同。确定主压载水舱各理论要素时,在垂直竖轴上截取符合主压载水舱水位 T_z 的一段线段,并由此作一条水平直线,从水平直线与曲线组的各个交点向水平横轴作垂线,按比例在水平横轴上确定主压载水舱在该注水水位时的 v_z、z_{vz}、I_x 以及 i_x 各值。

根据主压载水舱的进水量 v_z 来确定其他理论要素时,在水平横轴上截取符合主压载水舱进水量 v_z 的线段,并由此作一条垂直线,与净容积曲线相交。由该交点再作一水平线,水平线与垂直轴的交点所对应的值就是主压载水舱在该进水量时的进水水位 T_z。从水平线与曲线组的各个交点向水平轴作垂线,按比例在水平横轴上确定主压载水舱在该进水量时的 z_{vz}、I_x 以及 i_x 各值。这主要在潜艇进行抗沉计算时使用。

如果曲线图中的 v_z 曲线在较小的进水水位 T_z 时靠右,表明水舱的底部容积较大。如果曲线图中的 z_{vz} 曲线靠左,表明水舱进水容积中心垂向高度较低。如果要素曲线图中的 i_x 曲线靠左,表明水舱内的自由液面较小,对稳度的影响较小。此类主压载水舱适用于注水压载及选择作为平衡舱。

(二) 计算方法

选择好注水的主压载水舱后,在实施注水压载前,应先校核计算注水压载后潜艇的浮态和稳度。确定潜艇浮态和稳度的计算方法与"装卸载荷"中所讨论的方法相同,但有两点不同。

(1) 应考虑主压载水舱注水压载后自由液面对横稳定中心高的影响。

注水压载后,主压载水舱内的自由液面对潜艇横稳定中心高的修正值为

$$\sum \Delta \rho_x = - \frac{\sum i_{xi}}{V + \sum v_{zi}} \qquad (4-4-5)$$

式中,$\sum i_{xi}$ 为各主压载水舱内自由液面对自身纵向中心轴的惯性矩之和;$V + \sum v_{zi}$ 为各主压载水舱注水压载后潜艇的容积排水量。

(2) 由于水舱内的进水量会随着潜艇吃水的改变而变化(水舱内的水位始终与潜艇的水线保持一致),即主压载水舱内的进水量是不确定的。

所以,潜艇进坞时的有关计算的关键问题是确定各主压水舱注水压载时的实际进水量。由于潜艇上没有安装用于测定主压载水舱实际进水量或水位的仪器,同时

潜艇新的平衡状态取决于主压载水舱内的进水高度（即进水量），而主压载水舱的进水高度又受到潜艇新平衡状态吃水的约束，因此，潜艇新的平衡状态只能通过逐步逼近法才能确定，也就是采用逐步逼近法来确定潜艇各注水压载的主压载水舱内的实际进水量。逐步逼近法一直做到最后两次逼近中容积排水量、吃水和纵倾角值以足够的精度相吻合为止，一般只需要进行两次或三次逼近计算，就可以确定各注水压载的主压载水舱内的进水量。首先，为了校准按有效水线注入该主压载水舱内的水量，必须按依次逼近中获得的潜艇吃水，按式(4-4-6)计算出液舱区域的吃水：

$$T_{zi} = T_{CP} + (x_{vzi} - x_F) \cdot \tan\varphi \qquad (4-4-6)$$

式中，T_{CP} 为潜艇的平均吃水（即有效水线面漂心处的吃水），m。

其次，根据 T_{zi}，在各主压载水舱要素曲线图确定符合于主压载水舱注水水位所必需的要素，依据最后一次逼近所确定的载荷计算潜艇的浮态和稳性。

如图 4-4-3 所示，设潜艇在卸载而未注水补重的情况下漂浮于 W_1L_1 水线，认为潜艇处于正直漂浮状态。当潜艇各主压载水舱开始注水时，认为各主压载水舱首先只注水到有效水线 W_1L_1 水线处，各主压载水舱内的注水水位就是 W_1L_1 水线时潜艇的吃水，根据各主压载水舱的注水水位可以确定各主压载水舱的进水量。各主压载水舱注水后，潜艇的载重也相应地增加（增加了主压载水舱的进水量），引起潜艇浮态（平均吃水、纵倾）的变化，潜艇将漂浮于 W_2L_2 水线，此时，各主压载水舱继续注水，其注水水位与 W_2L_2 有效水线保持一致，根据此时潜艇的平均吃水可以计算得到各主压载水舱的注水水位，从而确定各主压载水舱注水到 W_2L_2 有效水线时的进水量，认为此时各主压载水舱的进水量就是实际进水量。

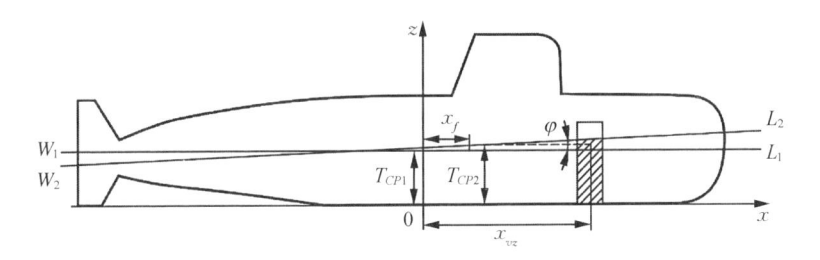

图 4-4-3 主压载水舱进水示意图

然后，在主压载水舱要素曲线图上，根据各主压载水舱的注水水位查得各主压载水舱的进水量 v_z、进水容积中心高 z_{vz} 和自由液面的自身惯性矩 i_x 等要素。

根据上面的分析可以确定注水压载主压载水舱内的进水量，具体方法步骤如下。

1. 第一次逼近计算

(1) 根据潜艇卸载而未补重时的容积排水量 $V_1 = D_1/\gamma$，在浮力与初稳度曲线图上查出此时潜艇的平均吃水 T_{CP1}。

由于主压载水舱的水位与潜艇 W_1L_1 水线是一致的,则压载水舱的水位就是潜艇的平均吃水 $T_z = T_{CP1}$。

(2) 在各主压载水舱的要素曲线图上,根据主压载水舱的水位 T_z,初步查出各主压载水舱的进水量 $v_{z1}, v_{z2}, \cdots, v_{zi}$。

2. 第二次逼近计算

(1) 计算压载后潜艇新的重量 D_2 及重心位置纵坐标 x_{g2}。

(2) 根据 $V_2 = D_2/\gamma$,在浮力与初稳度曲线图上查得参数 T_{CP2}、x_{c2} 及 R_2。

(3) 计算压载后潜艇产生的纵倾角 φ_2:

$$\varphi_2 = \frac{x_{g2} - x_{c2}}{R_2} \times 57.3° \qquad (4-4-7)$$

(4) 计算新的水位。

由于潜艇吃水的改变及产生了纵倾角,各主压载水舱新的水位 $T_{z1}, T_{z2}, \cdots, T_{zi}$ 可以按式(4-4-8)进行计算:

$$T_{z1} = T_{CP1} + (x_{vz1} - x_F) \cdot \tan\varphi_1$$
$$T_{z2} = T_{CP2} + (x_{vz2} - x_F) \cdot \tan\varphi_2$$
$$\vdots$$
$$T_{zi} = T_{CP2} + (x_{vzi} - x_F) \cdot \tan\varphi_i \qquad (4-4-8)$$

式中,x_{vzi} 为第 i 号主压载水舱容积中心的纵坐标;x_F 为水线面漂心的纵坐标。

(5) 根据各主压载水舱新的水位 $T_{z1}, T_{z2}, \cdots, T_{zi}$,在相应的水舱要素曲线图上查出:

$$\begin{matrix} v'_{z1}, & i'_{x1}, & z'_{vz1} \\ v'_{z2}, & i'_{x2}, & z'_{vz2} \\ \vdots & \vdots & \vdots \\ v'_{zi}, & i'_{xi}, & z'_{vzi} \end{matrix} \qquad (4-4-9)$$

最后,根据第二次逼近计算所得到的各注水主压载水舱内的实际进水量,也就是卸载后的潜艇所增加的载荷,利用"装卸载荷"中所讨论的方法,就可以计算各主压载水舱注水压载后潜艇的浮态和稳度。

四、主压载水舱局部进水后的计算

(一)计算方法

潜艇在使用过程中,可能由于某种原因,如无通海阀主压载水舱的通气阀损坏,造成主压载水舱局部进水。水舱局部进水后,引起潜艇重量和重心位置的改变,潜艇将处于新的平衡状态,在潜艇新的平衡状态时,主压载水舱的进水高度与主压载水舱中心处的吃水高度相等。主压载水舱局部进水后潜艇浮态和初稳性的计算问题,与前面所研究讨论"压载水舱注水压载"问题相同。

一般情况下,潜艇在主压载水舱局部进水后所产生纵倾角较小,在1°之内。因此,仍可应用浮力与初稳度曲线图来确定潜艇的浮性和初稳性各要素。其他无通海阀水舱的影响在此不予考虑。

主压载水舱局部进水后潜艇的浮态和初稳性,也可通过内插法来进行计算。其计算步骤如下。

1. 确定各主压载水舱的进水量 v_{zi}^j

对局部进水的各主压载水舱选取若干个进水高度 H_i^j(i 为主压载水舱号码,j 为进水高度编号),在各主压载水舱要素曲线图上查得与进水高度对应的进水量 v_{zi}^j。

2. 确定各主压载水舱进水后潜艇的浮性各要素

各主压载水舱进水至相应进水高度 H_i^j 后,潜艇的容积排水量为

$$V^j = V + \sum v_{zi}^j \qquad (4-4-10)$$

式中,V 为各主压载水舱局部进水前潜艇的容积排水量。

根据 V^j 在浮力与初稳度曲线图上查得潜艇的其他浮性要素如平均吃水 T_{CP}^j、浮心位置纵坐标 x_c^j、纵稳定中心半径 R^j 和漂心纵坐标 x_F^j。

3. 确定主压载水舱进水后潜艇的重心位置纵坐标 x_g^j、纵倾角正切值 $\tan\varphi^j$ 和水舱中心处吃水 T_{zi}^j

主压载水舱进水后潜艇的重心位置纵坐标 x_g^j 为

$$x_g^j = \frac{\gamma \cdot V \cdot x_{g0} + \sum \gamma \cdot v_{zi}^j \cdot x_{vzi}}{\gamma \cdot (V + \sum v_{zi}^j)} = \frac{V \cdot x_{g0} + \sum v_{zi}^j \cdot x_{vzi}}{V^j} \qquad (4-4-11)$$

式中,V、x_{g0} 分别为各主压载水舱局部进水前潜艇的容积排水量和重心位置纵坐标;v_{zi}^j、x_{vzi} 分别为各主压载水舱的进水量和进水容积中心纵坐标。

潜艇纵倾 $\tan\varphi^j$ 为

$$\tan\varphi^j = \frac{x_g^j - x_c^j}{R^j} \qquad (4-4-12)$$

各主压载水舱中心处的吃水 T_{zi}^j 为

$$T_{zi}^j = T_{CP}^j + (x_{vzi} - x_F^j) \cdot \tan\varphi^j \qquad (4-4-13)$$

4. 确定主压载水舱实际进水高度 T_{zi} 和潜艇的平均吃水 T_{CP}

根据潜艇不同的平均吃水 T_{CP}^j,可以绘制出各主压载水舱进水高度 H_i 和主压

载水舱中心处的吃水 T_{zi} 两条曲线。两曲线的交点就是潜艇处于平衡状态下,主压载水舱中心处的实际进水高度 T_{zi} 和潜艇的平均吃水 T_{CP}。

5. 确定潜艇浮态和横稳定中心高

根据所得的各主压载水舱实际进水量,即卸载后的潜艇所增加的载荷,利用"装卸载荷"中所讨论的方法,计算各主压载水舱局部进水后潜艇的浮态和横稳定中心高。

(二) 具体运用

【例题1】 假想潜艇在水上正常状态航行,排水量为 1 800 t,重心纵坐标 x_{g0} = 1.00 m,垂向坐标 z_{g0} = 3.00 m。某主压载水舱因设备故障进水,确定进水后潜艇浮态(艏艉吃水)和横稳定中心高(设海水密度为 $1.0 \times 10^3 \text{kg/m}^3$)。

解:

1. 确定进水量

根据该主压载水舱的若干个进水高度,可以从主压载水舱要素曲线图上查得相应的进水量,这里直接给出查询结果:

$$H^1 = 5.0 \text{ m}, v^1 = 20 \text{ m}^3$$
$$H^2 = 5.5 \text{ m}, v^2 = 25 \text{ m}^3$$
$$H^3 = 6.0 \text{ m}, v^3 = 30 \text{ m}^3 \tag{4-4-14}$$

2. 从主压载水舱要素曲线图上确定该主压载水舱进水后潜艇的浮性各要素

(1) 该主压载水舱进水高度为 H^1 = 5.0 m 时,潜艇的容积排水量为

$$V^1 = V + v^1 = 1\ 800 + 20 = 1\ 820 \text{ m}^3 \tag{4-4-15}$$

根据 V^1 = 1 824 m³,可以在主压载水舱要素曲线图上查得相应参数,这里直接给出查询结果:

$$T_{CP}^1 = 5.00 \text{ m}, x_c^1 = 1.30 \text{ m}, R^1 = 56.0 \text{ m}, x_F^1 = 1.80 \text{ m}。 \tag{4-4-16}$$

(2) 该主压载水舱进水高度为 H^2 = 5.5 m 时,潜艇的容积排水量为

$$V^2 = V + v^2 = 1\ 800 + 25 = 1\ 825 \text{ m}^3 \tag{4-4-17}$$

根据 V^2 = 1 825 m³,可以在主压载水舱要素曲线图上查得相应参数,这里直接给出查询结果:

$$T_{CP}^2 = 5.20 \text{ m}, x_c^2 = 1.42 \text{ m}, R^2 = 60.7 \text{ m}, x_F^2 = 2.00 \text{ m}。 \tag{4-4-18}$$

(3) 该主压载水舱进水高度为 H^3 = 6.0 m 时,潜艇的容积排水量为

$$V^3 = V + v^3 = 1\ 800 + 30 = 1\ 830 \text{ m}^3。 \tag{4-4-19}$$

根据 V^3 = 1 830 m³,可以在主压载水舱要素曲线图上查得相应参数,这里直接给出查询结果:

$$T_{CP}^3 = 5.50 \text{ m}, x_c^3 = 1.60 \text{ m}, R^3 = 63.0 \text{ m}, x_F^3 = 2.20 \text{ m} \quad (4-4-20)$$

3. 确定主压载水舱进水后潜艇的重心位置纵坐标 x_g、纵倾角正切值 $\tan\varphi$ 和主压载水舱中心处的吃水 T_z

（1）确定潜艇重心位置纵坐标 x_g。

已知 $x_{vz} = -27.00$ m，则

$$x_g^1 = \frac{V \cdot x_{g0} + v^1 \cdot x_{vz}}{V^1} = \frac{1\,800 \times 1.00 + 20 \times (-27)}{1\,820} = 0.69 \text{ m}$$

$$x_g^2 = \frac{V \cdot x_{g0} + v^2 \cdot x_{vz}}{V^2} = \frac{1\,800 \times 1.00 + 25 \times (-27)}{1\,825} = 0.62 \text{ m}$$

$$x_g^3 = \frac{V \cdot x_{g0} + v^3 \cdot x_{vz}}{V^3} = \frac{1\,800 \times 1.00 + 30 \times (-27)}{1\,830} = 0.54 \text{ m}$$

$$(4-4-21)$$

（2）确定纵倾角正切值 $\tan\varphi$。

$$\tan\varphi^1 = \frac{x_g^1 - x_c^1}{R^1} = \frac{0.69 - 1.30}{56} = -0.010\,9 \quad (4-4-22)$$

$$\tan\varphi^2 = \frac{x_g^2 - x_c^2}{R^2} = \frac{0.62 - 1.42}{60.7} = -0.016\,1 \quad (4-4-23)$$

$$\tan\varphi^3 = \frac{x_g^3 - x_c^3}{R^3} = \frac{0.54 - 1.60}{63} = -0.016\,8 \quad (4-4-24)$$

（3）主压载水舱中心处的吃水 T_z。

该主压载水舱进水后，其中心处的吃水 T_z 分别为

$$T_z^1 = T_{CP}^1 + (x_{vz} - x_F^1) \cdot \tan\varphi^1 = 5.00 + (27.00 + 1.80) \times 0.010\,9 = 5.31$$

$$T_z^2 = T_{CP}^2 + (x_{vz} - x_F^2) \cdot \tan\varphi^2 = 5.20 + (27.00 + 2.00) \times 0.016\,1 = 5.67$$

$$T_z^3 = T_{CP}^3 + (x_{vz} - x_F^3) \cdot \tan\varphi^3 = 5.50 + (27.00 + 2.20) \times 0.017\,0 = 6.00$$

$$(4-4-25)$$

4. 确定主压载水舱实际进水高度 T_z 和潜艇的平均吃水 T_{CP}

根据不同的平均吃水 T_{CP}^j，可以绘制出潜艇该主压载水舱进水高度 $H = f(T_{CP})$ 和主压载水舱中心处的吃水 $T_z = f(T_{CP})$ 两条曲线。两曲线的交点就是潜艇处于平衡状态下，主压载水舱中心处的实际进水高度 T_{z10} 和潜艇的平均吃水 T_{CP}。

经计算，题干中的主压载水舱的最终进水高度为 $T_z = 6.12$ m，根据主压载水舱

要素曲线图可知该主压载水舱全部容积的进水高度只有 6.0 m,进水容积为 v_z = 30.00 m³。因此,该例题不是局部进水,而是该主压载水舱注满水的情况。

5. 确定潜艇浮态和横稳定中心高

1) 重量、重心位置的计算

由上可知,该主压载水舱全部进水 v_z = 30.00 m³ 后,潜艇新的重量和重心位置可通过列表进行计算,如表 4 - 4 - 1 所示。

表 4 - 4 - 1　潜艇重量、重心位置计算表

序号	载荷名称	重量/t	垂向(距基线) 力臂/m	垂向(距基线) 力矩/(t·m)	纵向(距舯船面) 力臂/m	纵向(距舯船面) 力矩/(t·m)
1	正常状态载荷	1 800.00	3.00	5 400.00	1.00	1 800.00
2	该主压载水舱全部进水	30.00	4.00	120.00	-27.00	-8 100.00
3	合计	1 830.00	3.02	5 520.00	0.54	990.00

注:由主压载水舱要素曲线图获得表中注满水的主压载水柜中心坐标为(-27.0, 0.00, 4.00)。

潜艇新的重量为 D_1 = 1 830.00 t,重心位置 G_1(0.54, 0, 3.02) m。

2) 浮力、浮心的计算

在浮力与初稳度曲线图上,根据 V_1 = 1 830 t,可以查出下列参数,这里直接给出结果:

(1) 平均吃水 T_{CP1} = 5.50 m;

(2) 浮心位置纵坐标 x_{c1} = 1.60 m;

(3) 横稳定中心距基线的高度 $z_{m1} = (z_c + \rho)_1$ = 3.55 m;

(4) 纵稳定中心半径 R_1 = 36.0;

(5) 漂心位置纵坐标 x_{F1} = 2.20 m。

3) 初稳度的计算

不考虑耐压船体内部液舱自由液面影响,假设各主压载水舱自由液面修正为 -0.025 m,假设艇长 60 m,则潜艇的横初稳度为

$$h_1 = (z_c + \rho)_1 - z_{g1} + \Delta \rho_{x1} = 3.55 - 3.02 - 0.025 = 0.51 \text{ m}$$
(4 - 4 - 26)

4) 浮态的计算

$$\tan \varphi = \frac{x_{g1} - x_{c1}}{R_1} = \frac{0.54 - 1.60}{63} = -0.016\ 8 \quad (4 - 4 - 27)$$

纵倾角为 φ = -0.96°。

艏吃水为

$$T_{F1} = T_{CP1} - (L_A + x_{F1}) \cdot \tan\varphi = 5.50 + (30.00 - 2.20) \times (-0.016\,8) = 5.05 \text{ m}$$
$$(4-4-28)$$

艉吃水为

$$T_{A1} = T_{CP1} - (L_A - x_{F1}) \cdot \tan\varphi = 5.50 + (30.00 + 2.20) \times (-0.016\,8) = 4.98 \text{ m}$$
$$(4-4-29)$$

第五节　下潜与上浮时的防沉

潜艇的下潜或上浮主要通过主压载水舱的注水或排水来实现的,通常情况下,可分为一阶段或两阶段方式下潜或上浮。

1) 以一阶段方式下潜(或上浮)时

在正常装载状态要求下潜或上浮时,同时注满(或吹除)所有主压载水舱。在燃油超载状态要求下潜或上浮时,同时注满(或吹除)除燃油压载水舱外的主压载水舱,而所有燃油压载水舱则注满燃油或代换水,以上方式称为速潜和失事浮起。

2) 以两阶段方式下潜时

在正常装载状态要求下潜时,在第一阶段同时注满各端部(艏艉组)的主压载水舱,而在第二阶段则注满舯组主压载水舱。

在燃油超载状态要求下潜时,在第一阶段同时注满艏艉组主压载水舱,而在第二阶段则注满舯组主压载水舱(燃油压载水舱除外),而燃油压载水舱则注满燃油或代换水。

3) 以两阶段方式上浮时

在正常装载状态要求上浮时,在第一阶段吹除舯组主压载水舱,而在第二阶段吹除各端部的主压载水舱。在燃油超载状态要求上浮时,在第一阶段吹除舯组主压载水舱,而在第二阶段吹除舯组主压载水舱(燃油压载水舱除外)。以两阶段方式下潜或上浮分别称为正常下潜和正常浮起。

一、下潜与上浮时的初稳性

按增载法观点,潜艇在下潜与上浮过程中,由于各主压载水舱内的水量在改变,从而引起潜艇的重心高 z_g 的变化。同时,随着潜艇吃水状态的改变,导致潜艇排水容积形状与大小的变化,引起潜艇横稳定中心距基线高度 $z_m = z_c + \rho$ 的变化。因此,导致潜艇下潜与上浮过程中,横稳定中心高 h 不断改变。

潜艇下潜与上浮过程,表征某一吃水状态时的浮性和稳性要素有,容积排水量

V、平均吃水 T_{CP} 和横稳定中心高 h。那么潜艇在有效排水量 V 时,横稳定中心高 h 的计算公式为

$$h = (z_c + \rho) - z_g + \Delta\rho \qquad (4-5-1)$$

式中,$\Delta\rho$ 为主压载水舱、内部各液舱及燃油舱自由液面对横稳定中心高的修正值。

相对于固定浮容积排水量(失浮法)V_0 的横稳定中心高 h_0 可通过 $h_0 = \dfrac{V}{V_0} \times h$ 进行换算。

为确定潜艇在下潜与上浮过程中,任何瞬间的横稳定中心高 h 值和剩余储备浮力,设计部门提供了潜艇的潜浮初稳性曲线图和剩余储备浮容积图。

(一) 潜浮初稳性曲线图

潜浮初稳性曲线图中的曲线是用来确定潜艇在下潜与上浮过程的任何瞬间的横稳定中心高值(考虑主压载水舱、耐压艇体内部各液舱及燃油舱内自由液面对横稳定中心高的影响后)。

1. 构成

潜浮初稳性曲线图中给出了下列随潜艇理论吃水变化的曲线:

(1) 容积排水量曲线 $V = f(T)$,m^3;
(2) 横稳定中心距基线的高度曲线 $z_m = z_c + \rho = f(T)$,m;
(3) 考虑自由液面修正后横稳定中心距基线的高度曲线 $z_m + \Delta\rho = f(T)$,m;
(4) 重心垂向坐标曲线 $z_g = f(T)$,m;
(5) 浮心垂向坐标曲线 $z_c = f(T)$,m。

该曲线图用统一的坐标系绘制这些曲线,分别按比例尺标出,垂直轴表示潜艇上浮或下潜过程中的理论吃水 T,m;水平轴为度量各变化量的比例尺 V、z_m、$z_m + \Delta\rho$、z_g 和 z_c。

采用不同的潜浮方式时,由于各主压载水舱的注排水情况不同,其中的水量及其自由液面的分布也不相同,从而影响潜艇的重心高 z_g,影响稳定中心距基线的高度 $z_m + \Delta\rho$。因此,$z_g = f(T)$ 曲线与 $z_m + \Delta\rho = f(T)$ 曲线都有"一次潜浮""二次下潜"和"二次上浮"三种情况。

潜艇排水容积的大小及形状只与潜艇艇型有关,而与潜浮方式无关。因此,$V = f(T)$、$z_c = f(T)$ 和 $z_m = z_c + \rho = f(T)$ 曲线都只有一条。

潜艇潜浮过程中任何瞬间的横稳定中心高,就是潜浮初稳性曲线图中与潜艇下潜(或上浮)阶段相对应的两条曲线 $z_m + \Delta\rho = f(T)$ 与 $z_g = f(T)$ 之间的差值。

绘制这些曲线(即绘制潜浮初稳性曲线图)时,作了如下假设:

(1) 潜艇无航速下潜或上浮;
(2) 在下潜或上浮过程中,无横倾和纵倾;

（3）均匀地与主压载水舱容积成比例地灌注或吹除主压载水舱；
（4）主压载水舱通风阀关闭着；
（5）如果下潜（或上浮）过程中，主压载水舱注满（或排干）时，则通海阀是开启的。

2. 潜浮时横稳定中心高变化

根据潜浮初稳性曲线图，可确定潜艇潜浮过程中任何瞬间的横稳定中心高。为了理解该曲线图，本节专门编制了一艘假想潜艇正常状态下，潜浮过程中横稳定中心高的变化表，见表 4-5-1。

表 4-5-1　正常状态时的横稳定中心高变化表

状态名称	吃水 T/m	横稳定中心距基线高度（计及自由液面修正）$z_m + \Delta\rho/m$			重心距基线高度 z_g/m			横稳定中心高（计及自由液面修正）h/m		
		一次潜浮	二次下潜	二次上浮	一次潜浮	二次下潜	二次上浮	一次潜浮	二次下潜	二次上浮
半潜状态	6.55（下潜）	3.58			3.18			0.4		
	6.48（上浮）	—		3.52	—		3.28	—		0.24
"颈"部状态	7.10（一次）	3.40			3.16			0.24		
	6.80（二次）		3.43	3.43		3.22	3.22		0.21	0.21
全　潜	14.0	3.54	3.54	3.54	3.32	3.32	3.32	0.21	0.21	0.21

表内横稳定中心高已计及了主压载水舱等各液舱内自由液面影响的修正值。

潜艇在潜浮过程中，由于主压载水舱的注排水，引起潜艇载重状态和吃水的改变，导致潜艇在潜浮过程中横稳定中心高 h 的不断改变。当潜艇的吃水改变到相当于耐压艇体上边缘的高度，即平均吃水 $T_{CP} = 7.0$ m 时（如图 4-5-1 所示），有效水线面面积接近于零，在此瞬间，可以认为稳定中心半径 $\rho = 0$，此时的横稳定中心距基线的高度 $z_m = z_c + \rho$ 就等于浮心高 z_c。

二次潜浮时重心高曲线有一个拐点，且下潜和上浮时并不按同一曲线变化。因为二次潜水时，艏艉组主压载水舱先注的水不能抵消全部储备浮力，艏艉组的主压载水舱并未注满，水舱上部还有自由空间；当开始向中组主压载水舱注水时，艇的重心会缓慢地向上变化直到注水完毕。而二次浮起时，艏艉组主压载水舱是注满水的，而中组主压载水舱水先从上部开始减少，艇的重心先向下变化，当水舱下部排水时，重心开始向上改变，潜艇浮到半潜状态的吃水深度大于二次下潜时的吃水深度。

当吃水改变到出现横稳定中心高 h 的最小值时，称此状态为"颈"部状态，

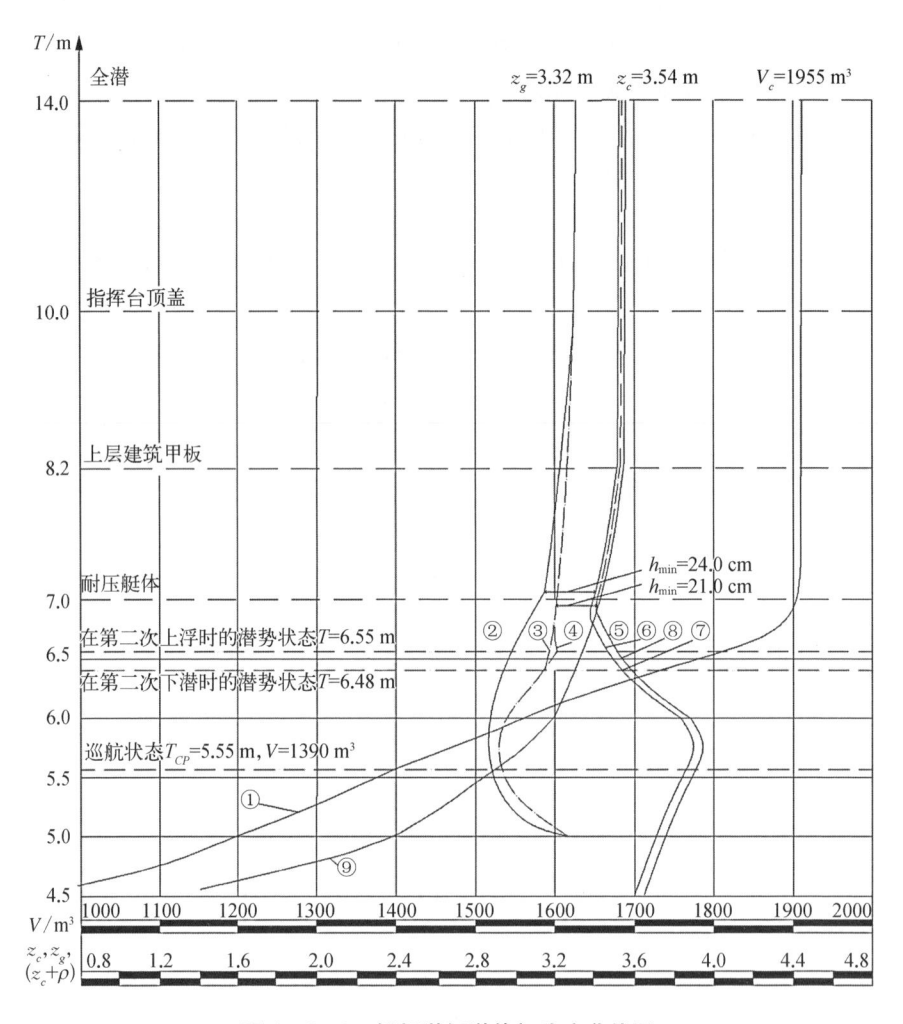

图 4-5-1　假想潜艇潜伏初稳度曲线图

注：曲线符号：① 载荷容积曲线,重心垂向坐标；② 在一次下潜和上浮时；③ 在二次下潜时；④ 在二次上浮时,横稳心在基线以上的高度曲线；⑤ 不计耐压艇体和非耐压艇体液舱液体自由液面修正值；⑥ 在一次下潜和上浮时计及自由液面修正值；⑦ 在二次下潜时计及自由液面修正值；⑧ 在二次上浮时计及自由液面修正值；⑨ 浮心坐标曲线

"颈"部状态一般发生在吃水接近于耐压艇体上边缘高度时的瞬间。

3. 潜浮时的防沉要点

（1）明确本艇潜浮时,潜艇的最小横稳定中心高（"颈"区）h_{min} 是否在安全范围内,有无负初稳度出现。

（2）机电管理干部（特别是机电长）应熟记本艇的 h_{min} 及其所对应的平均吃水。

（3）潜浮前,潜艇应处于备潜状态,严格管理防水门与升降口。

（4）潜浮时,应尽快通过"颈区",禁止在此停留,还应避免横浪时潜浮。

(二) 剩余储备浮容积曲线图

1. 构成

"剩余储备浮容积曲线图"是为了确定潜艇在下潜过程中的剩余浮容积而绘制的一种曲线,它以吃水(潜深)为垂直轴(从上层建筑甲板开始到指挥室围壳顶盖为止),以剩余浮容积为横水平轴,见图 4-5-2。

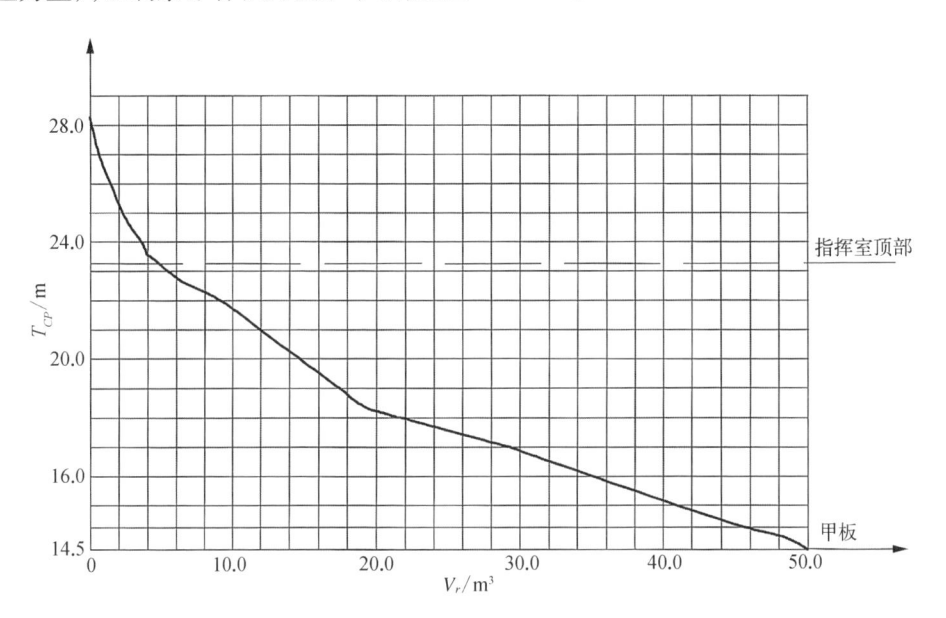

图 4-5-2 剩余储备浮容积曲线图(数据为假想数据,仅供学习使用)

2. 使用方法

如已知潜艇在下潜某瞬间的吃水 T_{CP},即可从该曲线求得剩余浮容积值 V_r。如需确定潜艇下潜至吃水 T_{CP} 时的剩余浮容积值。则在垂直坐标轴上量取 T_{CP} 的点,通过该点作水平线与曲线相交,从交点引横轴的垂线至横向坐标轴,从横向坐标轴的交点,即得到此时潜艇的剩余浮容积值为 V_r。

由图 4-5-2 可知,潜艇由水面状态转为水下状态时,剩余储备浮容积越来越小,当完全沉入水下后,该值为零。因此,艇员须注意防止潜艇因储备浮容积不够而沉没。

二、潜浮时的注意事项

(一) 下潜

如果潜艇未设置速潜水舱,将下潜分为浮力调整水舱不加注水和加注(适量)水两种情况,前者称为正常下潜,后者称为应急下潜。

1. 正常下潜

正常下潜分每次出航的第一次下潜和平时正常下潜两种情况。

1) 每次出航的第一次下潜

每次出航前都要进行下潜的纵倾均衡计算,按纵倾均衡计算结果,预先注入纵倾均衡水。当潜艇载荷计算不够精确时,在下潜过程中浮力调整水舱注入的水量应比计算值少些。

下潜时,主压载水舱分两阶段注水。第一阶段:正常状态时,艏艉组主压载水舱(包括燃油压载水舱)注水;燃油超载状态时,艏艉组主压载水舱(不包括燃油压载水舱)注水。第二阶段:舯组主压载水舱注水。

注水结束后,进行水下纵倾均衡。

2) 平时正常下潜

从水上状态下潜至水下状态可不分阶段一次完成,即所有主压载水舱(燃油超载状态时不包括燃油压载水舱)同时注水。

下潜过程中,如果潜艇的横倾和纵倾很大,应立即中止下潜,消除横倾和纵倾,若必要则上浮。

在所有主压载水舱注水后,如果潜艇具有不大的剩余正浮力和纵倾,应先进行纵倾均衡,然后消除剩余浮力。

在水下状态时,主压载水舱通海阀保持开启,而通气阀保持在关闭状态。

2. 应急下潜

为缩短正常下潜的时间,潜艇可进行浮力调整水舱注水的下潜。在进行注水下潜时应注意:

(1) 注水应在水上状态预先完成,加注水量要适当,并保持潜艇的纵倾均衡;

(2) 主压载水舱注水与平时正常下潜相同;

(3) 加注水的浮力调整水舱应保持随时向舷外疏水的状态,当指挥舱深度计指示下潜一定深度时应及时向舷外疏水。

(4) 应急下潜时尚需遵循平时正常下潜的一些规定。

(二) 上浮

潜艇上浮有正常上浮和应急上浮两种情况。

1. 正常上浮

正常上浮分三个阶段。

(1) 上浮至潜望深度:潜艇上浮至潜望深度是借助于航行时升降舵产生的水动力作用来实现的。

(2) 上浮至半潜状态:潜艇上浮至半潜状态的方法可采用高压空气吹除舯组主压载水舱,直至完全疏干,需要时,可用高压空气部分地吹除舯组主压载水舱,上浮后再用低压空气完全吹除舯组主压载水舱。

(3) 上浮至水上状态:潜艇从半潜状态上浮至水上状态的方法分两种情况。

正常装载状态时,艏艉组主压载水舱和燃油压载水舱用低压气(废气)吹除;

燃油超载状态时,舯艉组主压载水舱用主机废气吹除(燃油压载水舱不吹除)。某些潜艇上浮时,部分端部主压载水舱只能用高压空气吹除。

上浮时必须注意潜艇横倾,横倾可以借助艇舯部的主压载水舱的吹除阀调节空气量供给来平衡。从横倾开始出现就要进行调整。

潜艇上浮至设计状态后,舯组主压载水舱应解除压力。

2. 应急上浮

应急上浮是潜艇在水下遇到紧急情况时进行的一种上浮方式。当潜艇采取应急上浮时,不必预先上浮至潜望深度,而可从原深度一次上浮至水上状态。

潜艇从水下应急上浮至水上状态有两种情况:在正常状态时,用高压空气吹除所有主压载水舱;在燃油超载状态时,用高压空气吹除燃油压载水舱以外的其余主压载水舱。

当潜艇在水下海损情况时的应急上浮,应按潜艇水下自浮能力表的规定,关闭那些不需要吹除的主压载水舱在应急吹除阀柱上的阀。

(三)水下状态剩余浮力和纵倾的消除

潜艇下潜过程中,若在液舱、指挥室围壳内存在空气泡,空气泡会随着潜艇下潜被压缩,从而破坏潜艇的定重和产生较大的纵倾。因此,必须认真仔细地消除空气泡,消除的方法是在主压载水舱通气阀开启的情况下,人为地制造纵倾,首尾倾交替进行。

由于潜艇下潜初期的"浸湿"、深水下耐压艇体和消声瓦的压缩,会造成潜艇产生附加的负浮力,为补偿此项负浮力,可根据使用经验,从浮力调整水舱内排出部分水。

潜艇在波浪中下潜时,波浪作用而产生的附加浮力往往使潜艇下潜发生困难。附加浮力的大小取决于波浪的程度和潜艇对波浪的航向角。可以通过浮力调整水舱预先加注水量,来保证潜艇在波浪中下潜。如果波浪的附加浮力较小,可借助升降舵的作用来克服。

第六节 正确处理潜艇的负初稳度

潜艇在服役过程中遇到大量卸载、水上搁浅遇退潮或进坞坐墩坞内排水时,可能会出现负初稳度情况。潜艇出现负初稳度时将处于极为危险的状态,如果处理不当,或者潜艇受到轻微的外力(如风浪等)作用,很容易发生翻艇事故,因此,必须认真对待潜艇出现的负初稳度。

潜艇在日常管理和使用过程中,应该掌握如何预防和判断潜艇可能出现的负初稳度;同时,当潜艇一旦出现负初稳度后,应该正确处理,避免发生翻艇事故。

一、出现负初稳度的原因

(一) 含义

潜艇在某一平衡位置时,若横稳定中心高 $h<0$,说明潜艇出现负初稳度。

如果潜艇在某平衡位置出现负初稳度,说明该平衡位置是不稳定的。当潜艇受到外界扰动作用时,会停留到另一平衡位置,产生倾斜。但这种倾斜往往会被误解为是由不对称装卸载荷引起的。如果盲目地采取措施来扶正潜艇,会造成更大的倾斜,甚至翻艇。

因此,当潜艇倾斜时,必须查明产生的原因,然后针对问题的性质,采取正确的措施来扶正潜艇。

(二) 原因

潜艇在什么情况下会出现负初稳度?潜艇初稳度的计算公式如下:

$$h = z_m - z_g + \Delta\rho + \sum \Delta\rho_c + \sum \Delta\rho_z \qquad (4-6-1)$$

(1) 如果潜艇横稳定中心距基线的高度 z_m 降低,可能使潜艇的横稳定中心高 $h<0$,潜艇出现负初稳度。如艇内大量卸载(未补重)、潜艇在水上搁浅后遇到退潮,以及潜艇进坞坐墩时坞内排水等情况下,潜艇的吃水减少,浮心位置 C 降低,水线面面积减小(使稳定中心半径 ρ 减小),结果使潜艇的稳定中心 m 也随之降低。

(2) 如果潜艇的重心高 z_g 升高,可能使横稳定中心高 $h<0$,潜艇出现负初稳度。如潜艇在底部大量卸载情况下,不及时采取压载补重措施,会使潜艇的重心 G 升高。

(3) 如果 $\Delta\rho + \sum \Delta\rho_c + \sum \Delta\rho_z$ 值(负值)比较大,可能使横稳定中心高 $h<0$,潜艇出现负初稳度。如潜艇的数个舱室和主压载水舱破损进水,艇内存在大面积的自由液面,造成 $\sum \Delta\rho_c$ 和 $\sum \Delta\rho_z$ 比较大。

(4) 若几种因素综合作用,可能使横稳定中心高 $h<0$,潜艇出现负初稳度。如前面提到的,当潜艇底部大量卸载又不进行压载补重的情况下,除了会造成潜艇的重心升高外;同时还由于潜艇载重减小后使潜艇变轻,吃水相应减小,造成横稳定中心距基线的高度 z_m 也随之降低,在此两种因素综合作用下,容易使潜艇出现负初稳度。又如当潜艇在水上触礁搁浅后,艇体又发生严重破损,数个主压载水舱甚至某些舱室破损进水,艇内形成大面积的自由液面,$\sum \Delta\rho_c$ 和 $\sum \Delta\rho_z$ 比较大,如果再遇到退潮,潜艇的吃水减小,造成横稳定中心距基线的高度 z_m 降低,在此两种因素的综合作用下,也容易使潜艇出现负初稳度。

综上所述,当潜艇在底部大量卸载未进行补重压载、潜艇在水上搁浅后遇到退潮、潜艇进坞坐墩时坞内排水,或者是艇体发生严重破损进水等情况下,由于造成潜艇的重心升高、稳定中心降低,或者是艇内存在大面积的自由液面,都可能使潜艇出现负初稳度。艇员应格外注意潜艇稳度的变化,并采取有效措施,防止因出现负初稳度而发生翻艇事故。

(三)具有负初稳度潜艇的静稳性曲线

如果潜艇在某平衡位置时出现负初稳度,由于该平衡位置是不稳定的,潜艇将倾斜角 θ 到另一平衡位置稳定平衡。因此,具有负初稳度的潜艇会不会倾覆翻倒,取决于潜艇新的平衡位置在何处,即 θ 有多大。因此,应先讨论具有负初稳度潜艇的静稳性曲线,如图 4-6-1 所示。

在研究潜艇大角稳性时已说明,潜艇的静稳性曲线反映了潜艇在倾斜过程中稳性变化的全貌。潜艇正浮状态时的初稳度 h 就等于静稳性曲线在原点切线的斜率。

如果潜艇的初稳度 $h>0$,静稳性曲线的初切线在 θ 轴之上(如Ⅰ曲线);如果潜艇的初稳度 $h<0$,静稳性曲线的初切线在 θ 轴之下(如Ⅱ、Ⅲ曲线)。有的潜艇吃水较深,$-h$ 值较小,静稳性曲线的最初一段在 θ 轴之下。当潜艇产生倾斜后,水线面面积增大,使稳定中心 m 点上升,直到 m 点高于重心 G 点后,$h>0$,潜艇重新具有正初稳度,随后曲线能回复到 θ 轴的上部(如Ⅱ曲线),潜艇新的稳定平衡位置在 $\theta=\theta_1$ 处。因此,若正浮状态的潜艇负初稳度值较小,受外界小扰动作用,潜艇可能停留在左舷 θ_1 处或右舷 θ_1 处,这取决于潜艇正浮所受小扰动的方向是向左还是向右。

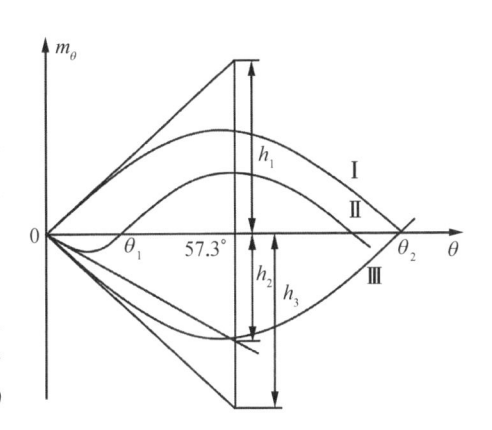

图 4-6-1 潜艇的静稳性曲线

有的潜艇吃水过浅,$-h$ 的值较大,虽然潜艇产生倾斜,但稳定中心 m 点仍不可能上升到重心 G 点之上,整个静稳性曲线全部在 x 轴的下部,直到 $\theta=\theta_2$ 时,曲线才与 θ 轴相交,过 θ_2 以后曲线才回复到 x 轴的上部(如Ⅲ曲线),潜艇新的稳定平衡位置在 θ_2(由于 θ_2 很大,潜艇将翻倒在 θ_2 位置上)。因此,若潜艇正浮状态时的负初稳度值较大,受外界小扰动作用,潜艇就会倾覆翻倒。

二、出现负初稳度的判断依据

潜艇底部大量卸载未补重或者艇体多舱破损进水出现大面积自由液面时,可利用前面讨论的方法来计算此时潜艇的初稳度,从而判断潜艇是否出现了负初稳度。在此讨论另一种判断方法,主要是通过分析比较 $h>0$ 与 $h<0$ 的静稳性曲线的特点来判断潜艇是否出现了负初稳度。

(一)特点

理论计算和实验结果都已证明,在潜艇底部大量卸载未压载补重,或者艇体多舱破损进水后，当初稳度仍为正值时（即 $h>0$），如果潜艇是对称卸载或进水时，由于没有产生倾斜力矩，则潜艇不会产生固定的倾斜；如果潜艇是不对称卸载或进水时，由于形成了倾斜力矩，则潜艇在倾斜力矩的作用下将产生倾斜，且倾斜的方向与倾斜力矩方向一致，即潜艇能且只能倾斜停留在卸载少或进水多的一舷（简称重边），如图 4-6-2 所示。

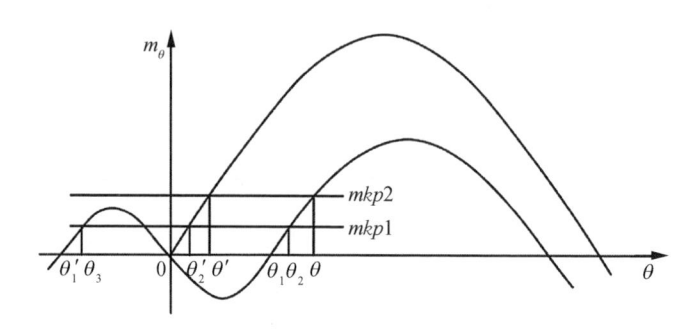

图 4-6-2　具有负初稳度潜艇的倾斜

当潜艇初稳度变为负值时（即 $h<0$），潜艇将出现反常现象，归纳这些现象后得到的特点就可作为判断潜艇可能出现负初稳度的依据。

（1）对称卸载或进水的情况下，潜艇存在固定的倾斜，且倾斜舷不固定，时而左倾，时而右倾，同时两舷的倾斜角相等。

当潜艇出现负初稳度时，虽然是对称卸载或进水，没有产生倾斜力矩，但潜艇在正浮平衡位置是不稳定的（即潜艇不会停留在图 4-6-2 中的 0 点），如果此时潜艇受到一点轻微的扰动（如风浪等）作用，假定扰动是向右舷的，由于此时的扶正力矩方向与扰动方向一致，潜艇就会在负的扶正力矩的作用下，离开正浮平衡位置继续倾斜，直到潜艇的稳定中心 m 点上升到重心 G 点之上，扶正力矩与倾斜力矩相等，方向相反，才能达到新的平衡，并倾斜在一定角度上稳定下来，如图中的 θ_1 点就是潜艇新的稳定平衡位置。这就是在对称卸载或进水的情况下，潜艇会出现固定倾斜的原因。

一般在此情况下，潜艇静稳性曲线初段的扶正力矩是比较小的，当潜艇在受到数值不大、方向相反的小扰动作用时，就可能倾斜到另一舷，并倾斜停留在该舷的某一倾斜角上，如图中的 θ_1' 点就是潜艇新的稳定平衡位置。这就是具有负初稳度潜艇的倾斜舷不固定，时而左倾，时而右倾的原因。即图 4-6-2 中潜艇可以倾斜停留在左舷 θ_1' 或者右舷 θ_1 处，这主要取决于扰动的方向。

（2）不对称卸载或进水情况下，潜艇也可能倾斜停留在卸载多或进水少的一舷（轻边）。

当潜艇不对称卸载或进水时（即存在偏侧载荷），潜艇将受到倾斜力矩 m_{kp} 的作用，假定潜艇右舷卸载少或进水多，倾斜力矩 m_{kp} 方向向右舷。

如果倾斜力矩 m_{kp} 大于潜艇的最大负扶正力矩 $-m_{\theta \max}$ 时，即潜艇受到向右舷的倾斜力矩 m_{kp2} 的作用，此时它与静稳性曲线只有一个交点，对应于倾斜角 θ，则潜艇只能倾斜停留在右舷（重边）θ 处。但此时的倾斜角 θ 将比潜艇具有正初稳度时，由倾斜力矩 m_{kp2} 引起的倾斜角 θ' 大得多，即 $\theta \gg \theta'$。

如果倾斜力矩 m_{kp} 小于潜艇的最大负扶正力矩 $-m_{\theta \max}$ 时，即潜艇受到向右舷的倾斜力矩 m_{kp1} 的作用，此时它与静稳性曲线有两个交点，对应的角度分别为 θ_2 和 θ_3，则潜艇可以倾斜停留在右舷（重边）θ_2 处，也可能倾斜停留在左舷（轻边）θ_3 处。如果潜艇倾斜停留在重边 θ_2 处，此时的倾斜角 θ_2 要比潜艇具有正初稳度时，由倾斜力矩 m_{kp1} 引起的倾斜角 θ_2' 大得多，即 $\theta_2 \gg \theta_2'$。如果潜艇倾斜停留在轻边 θ_3 处，其倾斜角将比倾斜停留在重边时的倾斜角小，即 $\theta_3 < \theta_2$。

经过上面的分析，可以总结出潜艇初稳度 $h>0$ 和 $h<0$ 时倾斜特点的区别，见表 4-6-1。

表 4-6-1　潜艇初稳度为正值和负值时倾斜特点比较表

卸载或进水情况	$h>0$	$h<0$
对称卸载或进水	潜艇不产生固定倾斜	潜艇产生固定倾斜，且倾斜舷不固定，时而左倾，时而右倾，同时在两舷的倾斜角相等
不对称卸载或进水	产生固定倾斜，且倾斜停留在卸载少或进水多的一舷（重边）	虽然倾斜停留在重边，但倾斜角远大于因卸载或进水不对称所造成的倾斜角；也可倾斜停留在轻边

（二）判断依据

通过上面的分析比较，当潜艇底部大量卸载未补重或者多舱破损进水出现大面积自由液面等情况，如果出现以下情形之一，即可认为潜艇已出现负初稳度：

（1）在对称卸载或者对称进水情况下，出现横倾，不定期地在左舷与右舷之间轮换倾斜停留，且倾角相等；

（2）在不对称卸载或者不对称进水情况下，以较大倾斜角（远大于载荷不对称所造成的倾斜角）停留于卸载少或者进水多的一舷；

（3）在不对称卸载或者不对称进水情况下，倾斜停留于卸载多或者进水少的一舷。

三、正确处理具有负初稳度的潜艇

如果潜艇倾斜是由装卸载荷或进水不对称引起的，可通过向反方向移动或增加载荷的方法来扶正；如果潜艇的倾斜是由出现了负初稳度引起的，若仍用直接加反力矩的方法来扶正，则会导致潜艇倾覆翻倒。

（一）严禁直接用加反力矩的方法来扶正具有负初稳度潜艇

假设潜艇在正浮状态时出现负初稳度，其静稳性曲线如图 4-6-3 所示，现潜

艇倾斜停留在左舷 θ'_1 处,现在采用向右舷某些主压载水舱逐渐注水形成向右舷的反力矩 m_{kp} 的方法来扶正潜艇的倾斜,是否可行?

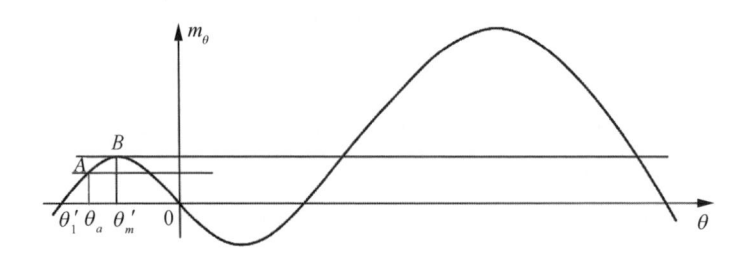

图 4-6-3　用加反力矩的方法扶正具有负初稳度潜艇的倾斜

当反力矩 m_{kp} 逐渐加大时,在此反力矩 m_{kp} 的作用下,潜艇将向右舷运动,同时还受到向左舷的扶正力矩的作用。潜艇在这两个力矩作用下,被扶正到 θ_a 处。随着反力矩 m_{kp} 的逐渐增大,潜艇逐渐扶正,当反力矩 m_{kp} 加大到与最大扶正力矩 $m_{\theta\max}$ 相等时,潜艇被扶正到 θ'_m 处。

如果反力矩 m_{kp} 稍微增加一点,反力矩 m_{kp} 将大于扶正力矩 $m_{\theta\max}$,即 $m_{kp} > m_{\theta\max}$,潜艇将越过 θ'_m 点,继续向右舷运动(被扶正),从而进入不稳定区。在不稳定区域内,由于一直存在 $m_{kp} > m_\theta$,且两力矩的差值越来越大。因此,潜艇在扶正过程中将产生角速度与角加速度,这种扶正过程就演变为以 θ'_m 为起点的动力倾斜。潜艇在反力矩 m_{kp} 的作用下将产生两种结果。

(1) 如 $-h$ 值较大时,反力矩 m_{kp} 所做的功大于扶正力矩 m_θ 所做的功,即面积 CDE 大于面积 ABC,潜艇在 θ_D 处仍具有动能(角速度),由于惯性作用,潜艇将越过 θ_D 后继续向右舷运动,且有 $m_{kp} > m_\theta$,向右舷运动的角加速度越来越大,从而导致潜艇倾覆翻倒,如图 4-6-4 所示。

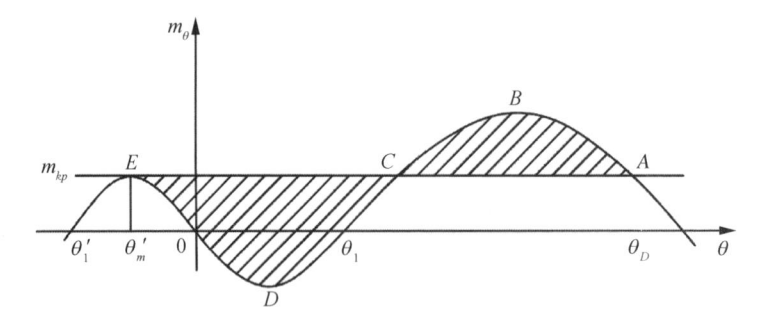

图 4-6-4　用加反力矩的方法扶正具有负初稳度潜艇的倾斜之一

(2) 如 $-h$ 值较小时,反力矩 m_{kp} 所做的功等于扶正力矩 m_θ 所做的功,即面积 CDE 大于面积 ABC,潜艇一直倾斜到动倾角 θ_D 处。然后,在扶正力矩作用下往回运动,做往复摆动,直到能量消耗为止,潜艇最终停留在 θ_2 处,由于 $\theta_2 > \theta_1 = \theta_1'$,即潜艇产生更大的倾斜角,漂浮在比 θ_1 更大的倾斜位置上,如图 4-6-5 所示。

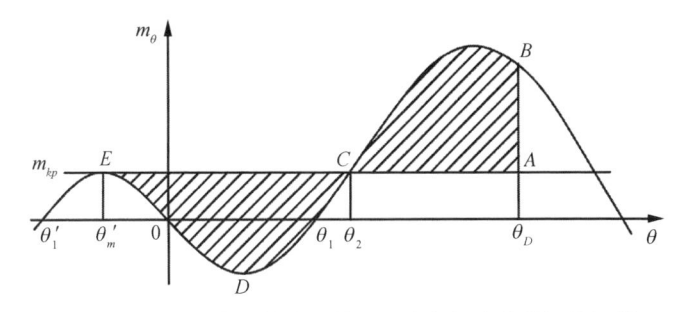

图 4-6-5　用加反力矩的方法扶正具有负初稳度潜艇的倾斜之二

因此,如果直接用加反力矩的方法来扶正具有负初稳度潜艇的倾斜时,将使潜艇产生更大的倾斜或导致潜艇倾覆翻倒。

(二) 扶正基本方法

潜艇出现负初稳度后,无论装卸载荷或进水是对称还是不对称,潜艇都将产生倾斜。要扶正这种倾斜的关键是:使潜艇的重心回到稳定中心之下及消除自由液面的影响,提高潜艇的初稳度到正值。

使潜艇的重心回到稳定中心之下,提高初稳度到正值的方法如下。

1) 在潜艇底部大量压载

若在潜艇底部大量增加压载,可降低潜艇重心,即 z_g 减小。对于潜艇来说,最有效的底部压载措施,是将潜艇的全部或大部分燃油舱装满燃油或代换水,就能有效地使潜艇的初稳度 h 从负值提高到正值。

2) 减小或消除艇内的自由液面

主要是通过堵塞好艇体破口,排除破损舱内的进水和渗入到邻舱的积水,以及用高压空气吹净主压载水舱内的进水来实现。

当潜艇初稳度 h 提高到正值,并达到规定的安全范围内后,如果没有不对称装卸载荷或进水,潜艇的倾斜会随着初稳度的提高而自行消除;如果还有剩余倾斜,可以直接用加反力矩的方法来消除。

第七节　潜艇大纵倾时的防沉

一、概述

(一) 制造大纵倾的一般方法

潜艇在服役过程中,有时需要在水面制造大纵倾,以便修理巡航水线以下的各种装置设备等,如声呐、螺旋桨及其桨毂和外壳等;或直接从发射管前盖装卸雷弹等,也需制造较大的纵倾,将需检修的部位及部件露出水面。潜艇可以利用艇上一些设施来制造所要求达到的大纵倾,达到有关部位露出水面的目的。

潜艇利用自身设备制造大纵倾的一般方法如下:

(1) 向相应的主压载水舱注水;

(2) 向相应的辅助压载水舱注排水或调水,如鱼雷补重水舱、速潜水舱、浮力调整水舱、首尾纵倾均衡水舱等;

(3) 卸去部分载荷,如鱼雷、油水等;

(4) 艇员移到对端的舱室内。

(二) 制造大纵倾的要求

在潜艇制造大纵倾过程中,为保证潜艇的安全和有关装置或部位露出水面便于修理或装雷弹,应该注意以下几点。

1) 必须校核稳度,保障稳度在安全范围内

通过采用主压载水舱及其他液舱的注排水或调水的方法,使潜艇平衡所要求的纵倾角。随着潜艇大纵倾的形成,其横稳性和纵稳性都大大降低。因此,必须核校此时的稳度,保障潜艇具有足够的稳度,处于安全范围内。

2) 校核浮态

校核计算潜艇的浮态(φ、T_F、T_A),确保需修理的部位、装置设备能露出水面。

3) 校核计算最小水深 H_{min}

为防止艇体一端碰触海底,在实施制造大纵倾的方案前应校核海区最小水深 H_{min}。

(三) 校核方法

潜艇大纵倾的形成是通过大量装卸、移动载荷来实现的,且装卸、移动载荷的重量、重心位置可查有关图表后得到。因此,潜艇大纵倾的问题,就是在已知载荷重量、重心位置的情况下,确定潜艇的浮态和稳度。这种计算方法及有关公式,在本章的第一、二节中已经研究讨论过了。

不过,在前面的讨论计算中,用于确定浮心位置及稳定中心半径的浮力与初稳度曲线图和用于确定纵倾角 φ 的"初稳度扶正力矩公式"都是有适用条件的,必须在初稳性范围内使用,即小角倾斜时才成立。制造大纵倾时,潜艇纵倾角已超出了"初稳性范围"这一条件,此时,确定潜艇稳度与浮态需要使用浮性和初稳性图解。

二、浮性和初稳性图解

浮性和初稳性图解包括两张曲线图,即浮力与初稳度万能图解和两端部吃水标记处的吃水曲线。

(一) 浮力与初稳度万能图解曲线图

1. 组成

浮力与初稳度万能图解曲线图由上、下两部分曲线图组成,见图4-7-1。

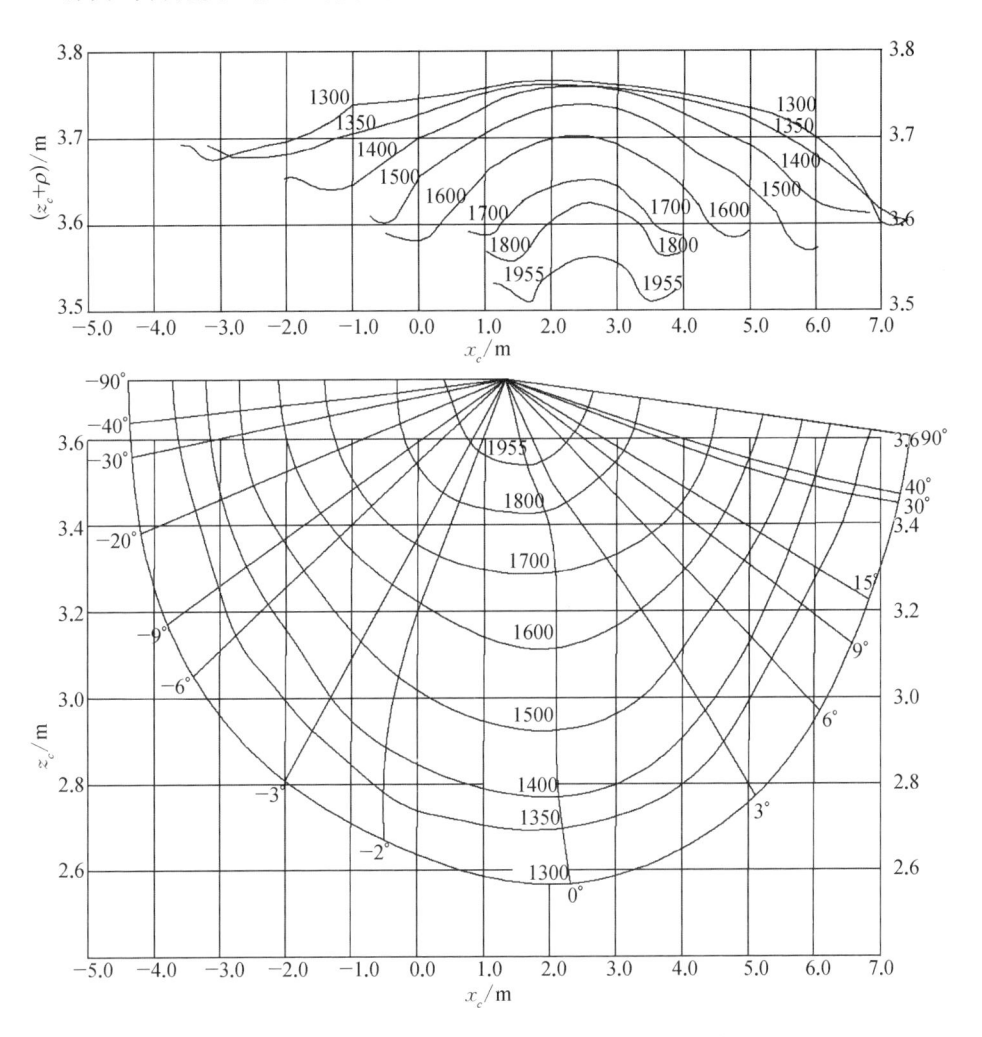

图4-7-1 浮力与初稳度万能图解(假想数据,仅供学习使用)

1) 下部分曲线图

下部分曲线图表示潜艇从水上正常状态到全潜状态范围内,在各等排水量和各等纵倾角下(由0°到±90°,部分潜艇0°到±45°,)潜艇浮心位置坐标x_c、z_c的变化。

横轴表示浮心位置纵坐标x_c;纵轴表示浮心位置垂坐标z_c;图中任意一点,是对应一定排水量与纵倾角时的潜艇浮心位置坐标x_c、z_c。

下部分曲线图中有两组曲线,即等排水量曲线和等纵倾角曲线。

等排水量曲线表示潜艇处于由巡航状态至全潜过程中某一排水量时,浮心位置坐标x_c、z_c随纵倾角φ的变化规律,等排水量曲线呈弧形。沿着等排水量曲线移动,可以发现潜艇浮心位置坐标x_c、z_c的变化规律。当潜艇纵倾角φ较小时,浮心纵坐标x_c的变化比较大,而垂坐标z_c的变化较缓慢;当纵倾角φ较大时,浮心纵坐标x_c的变化较缓慢,而垂坐标z_c的变化比较大。同时随着排水量的增大,潜艇浮心位置纵坐标x_c的变化范围减小。

等纵倾角曲线表示潜艇纵倾角处于由-90°至90°(部分潜艇由-45°至45°)过程的某一纵倾角时,浮心位置坐标x_c、z_c随排水量V的变化规律,等纵倾角曲线呈辐射状。沿着等纵倾角曲线移动,可以发现浮心位置坐标x_c、z_c的变化规律。浮心位置纵坐标x_c的数值随着排水量V的增大而减小,而浮心位置垂坐标z_c的数值随着排水量V的增大而增大,到潜艇全潜时,浮心位置坐标x_c、z_c成为一定值。同时,当纵倾角φ较小时,潜艇浮心位置垂坐标z_c的变化比较剧烈,而浮心纵坐标x_c的变化比较平缓;当纵倾角φ较大时,潜艇浮心纵坐标x_c的变化比较剧烈,而浮心位置垂坐标z_c的变化减缓。当纵倾角φ大于30°时,浮心位置垂坐标z_c可近似为一常数。

2)上部分曲线图

上部分曲线图表示潜艇在各等排水量情况下,浮心位置纵坐标x_c和横稳定中心距基线的高度$z_m = z_c + \rho$的变化。

图中任一点对应一定排水量V和浮心位置纵坐标x_c时潜艇横稳定中心距基线的高度z_m;横轴表示浮心位置纵坐标x_c;纵轴表示横稳定中心距基线的高度$z_m = z_c + \rho$。图中只有一组等排水量曲线,它由巡航状态到全潜。

2. 用途与使用方法

1)用途

浮力与初稳度万能图解曲线图主要用于确定在一定排水量V和浮心位置(x_c、z_c)时,潜艇的纵倾角及横稳定中心距基线的高度。

2)使用方法

根据潜艇制造大纵倾达到平衡状态时的排水量V和浮心位置纵坐标x_c,在浮力与初稳度万能图解的下部分曲线图上确定一点,由该点可确定潜艇在平衡状态时的纵倾角和浮心位置垂坐标z_c。同理,根据此平衡状态的排水量V和浮心位置纵坐标x_c,在浮力与初稳度万能图解的上部分曲线图上确定一点,由该点可确定相应于该纵倾平衡状态时的横稳定中心距基线的高度$z_m = z_c + \rho$,然后,可确定潜艇纵倾状态的横稳定中心高h。

(二)两端部吃水标记处的吃水曲线图

两端部吃水标记处的吃水曲线图表示潜艇在各等纵倾角下(由0°至±15°),排

水量 V 与吃水标记处吃水（T_F 或 T_A）的变化。它是根据排水量 V、纵倾角 φ 与升起一端（艏或艉端）的吃水三者之间关系绘制而成的，见图 4-7-2。

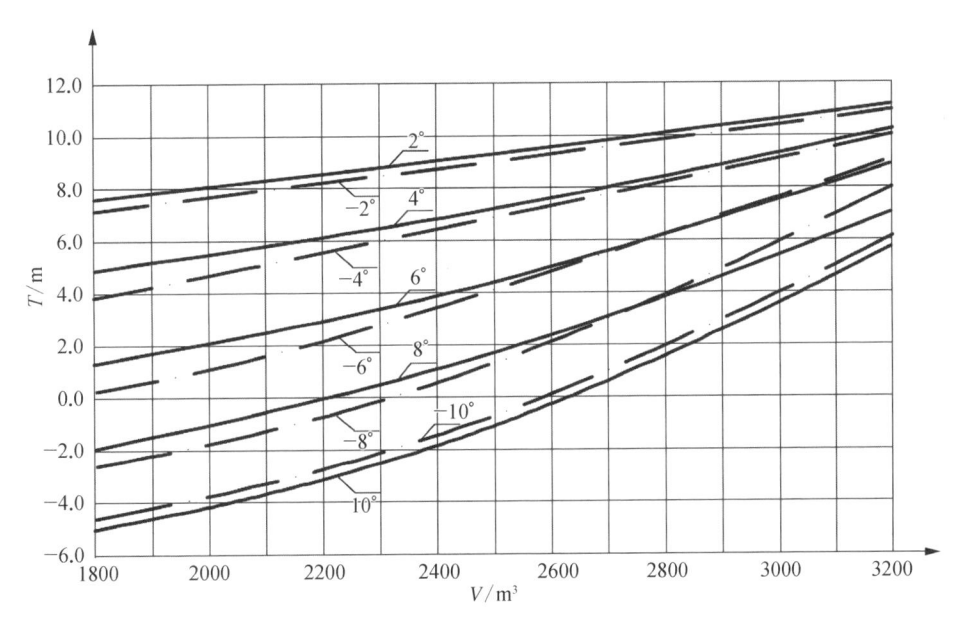

图 4-7-2 两端部吃水标记处的吃水曲线示意图

1. 组成

横轴表示潜艇排水量 V。

纵轴表示升起一端（艏或艉端）的吃水 T_F（或 T_A），是从基线算起的吃水。图中只有一组等纵倾角曲线，它表示某一纵倾角时，升起一端（艏或艉端）的吃水，T_F（或 T_A）随排水量 V 的变化规律，包括一组实线和一虚线。

实线是首纵倾时的等纵倾角曲线（$\varphi > 0$，艉端升起），它表示首纵倾不同角度时艉吃水 T_A 随排水量 V 的变化曲线，虚线是尾纵倾时的等纵倾角曲线（$\varphi < 0$，艏端升起），它表示尾纵倾不同角度时艏吃水 T_F 随排水量 V 的变化曲线，$T_F = f(V, \varphi < 0)$。

从曲线图可看出，对于一定的纵倾角 φ 而言，升起一端的吃水 T_F（或 T_A）随排水量 V 的增大而增加；而对于一定的排水量 V 而言，升起一端的吃水 T_F（或 T_A）随纵倾角 φ 的增大而减小。

2. 使用

根据潜艇纵倾平衡状态时的排水量 V、纵倾角 φ，在两端部吃水标记处的吃水曲线图上，可查得升起一端（艏或艉端）的吃水 T_F（或 T_A）。

当潜艇制造首纵倾（$\varphi > 0$）时，通过实线由排水量 V、纵倾角 φ 查得的是潜艇的

艉吃水 T_A；反之，当潜艇制造尾纵倾（$\varphi < 0$）时，则通过虚线查得的是潜艇的艏吃水 T_F。

已知升起一端（艏或艉端）的吃水 T_F（或 T_A），则另一端（入水一端）的吃水为

$$T_F = T_A + L \cdot \tan \varphi \text{（首纵倾情况）}$$

或

$$T_A = T_F + L \cdot \tan \varphi \text{（尾纵倾情况）}$$

式中，L 为潜艇艏艉吃水标记间的距离，m；φ 为潜艇的纵倾角（取绝对值）。$T_A = f(V, \varphi > 0)$。

（三）水上抗沉性图

有时，设计部门除了浮力与初稳度万能曲线图解，还对较小的纵倾情况提供水上抗沉性图和纵倾时横稳性曲线。

1. 水上抗沉性图

水上抗沉性示意图见图 4-7-3，其是在以纵倾力矩为横坐标，以排水体积为纵坐标的直角坐标系内，绘制的分别以平均吃水和纵倾角为参数的等值曲线。图上每一点给出在一定排水体积和纵倾力矩数值下艇的平均吃水和纵倾角。

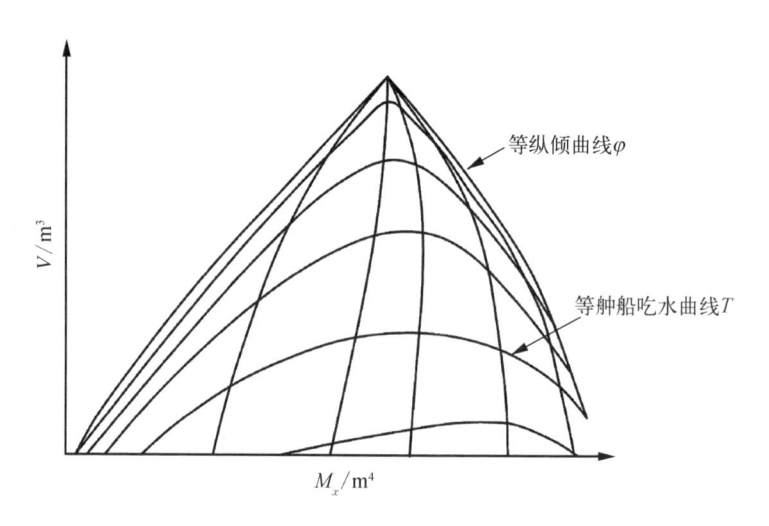

图 4-7-3 水上抗沉性示意图

利用水上抗沉性图可以确定受损潜艇的排水量和重心位置。在确定纵倾力矩后可以内插求得平均吃水和纵倾角。

2. 纵倾时横稳性曲线

纵倾时的横稳性曲线见图 4-7-4，其是以排水量为横坐标，以稳心高（距基

线)为纵坐标绘制的以纵倾角为参数的等值曲线组。已知纵倾角和排水量可以求得稳心距基线高。

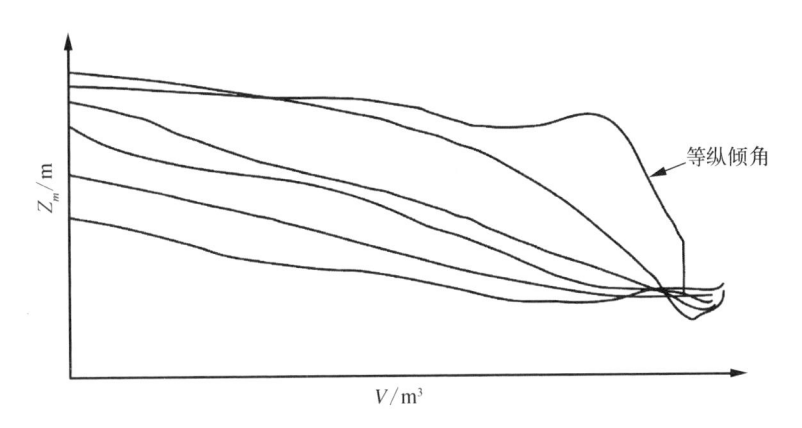

图 4-7-4 纵倾时横稳性曲线示意图

三、大纵倾计算

(一) 重量、重心位置的计算

潜艇在相应主压载水舱及其他液舱注排水后,可根据本章第一、二节的有关方法计算潜艇新的重量、重心位置。

重量:
$$D_1 = D + \sum_{i=1}^{n} \gamma \cdot v_i \qquad (4-7-1)$$

重心位置:
$$\begin{cases} x_{g1} = \dfrac{D \cdot x_g \pm \sum_{i=1}^{n} \gamma \cdot v_i \cdot x_{vi}}{D_1} \\ y_{g1} = \dfrac{D \cdot x_g \pm \sum_{i=1}^{n} \gamma \cdot v_i \cdot y_{vi}}{D_1} \\ z_{g1} = \dfrac{Dy_g \pm \sum_{i=1}^{n} \gamma \cdot v_i \cdot z_{vi}}{D_1} \end{cases} \qquad (4-7-2)$$

式中,D、(x_g, y_g, z_g) 分别为潜艇制造大纵倾前的重量与重心位置坐标;v_i、(x_{vi}, y_{vi}, z_{vi}) 分别是主压载水舱或液舱的注排水量及容积中心坐标。

（二）浮性计算

利用浮力与初稳度万能图解可以确定 φ_1 与 z_{m1}，但首先应确定潜艇此时的排水量 V_1 和浮心位置纵坐标 x_{c1}。如何确定 V_1 和 x_{c1} 呢？这时可利用纵倾状态下的平衡方程来确定 V_1 和 x_{c1}。

潜艇在纵倾状态时的平衡方程为

$$\begin{cases} D_1 = \gamma \cdot V_1 \\ x_{g1} - x_{c1} = (z_{c1} - z_{g1}) \cdot \tan\varphi_1 \\ y_{g1} = y_{c1} = 0 \end{cases} \quad (4-7-3)$$

1. 纵倾角 $-9° \leqslant \varphi_1 \leqslant 9°$ 情况

如果 $-9° \leqslant \varphi_1 \leqslant 9°$ 时，$\tan\varphi_1 \approx 0$，潜艇的平衡方程可简化为

$$\begin{cases} D_1 = \gamma \cdot V_1 \\ x_{g1} = x_{c1} \end{cases} \quad (4-7-4)$$

则有 $V_1 = D_1/\gamma$ 和 $x_{g1} = x_{c1}$，根据此时的排水量 V_1 和浮心位置纵坐标 x_{c1}，在浮力与初稳度万能图解的下部分曲线图上，确定潜艇的纵倾角 φ_1 和浮心位置垂坐标 z_{c1}；同理，根据排水量 V_1 和浮心位置纵坐标 x_{c1}，在浮力与初稳度万能图解的上部分曲线图上，确定潜艇的横稳定中心距基线的高度 $z_{m1} = (z_c + \rho)_1$。

2. 纵倾角 $\varphi_1 > 9°$ 或 $\varphi_1 < -9°$ 情况

如果 $\varphi_1 > 9°$ 或 $\varphi_1 < -9°$，$\tan\varphi_1 \neq 0$。潜艇的平衡方程可改写为

$$\begin{cases} V_1 = D_1/\gamma \\ x_{g1} = x_{c1} + (z_{c1} - z_{g1}) \cdot \tan\varphi_1 \end{cases} \quad (4-7-5)$$

式中，潜艇重量 D_1，重心位置坐标 x_{g1}、z_{g1} 以及排水量 V_1 是已知的。从而在下部分曲线图的等排水量曲线上确定潜艇的平衡位置，在此位置的纵倾角 φ_1、浮心位置坐标 x_{c1}、z_{c1} 一定满足平衡方程式 $x_{g1} = x_{c1} + (z_{c1} - z_{g1}) \cdot \tan\varphi_1$。

在一定的排水量 V_1 时，对应于任一纵倾角 φ，就有相应的浮心位置 $(x_c, 0, z_c)$，即浮心位置坐标 x_{c1}、z_{c1} 随着 φ 角的变化而变化，即 $x_c + (z_c - z_{g1}) \cdot \tan\varphi$ 是 φ 的函数，称为浮心曲线。可以表示为 $x = x_c + (z_c - z_{g1}) \cdot \tan\varphi = f(\varphi)$。

为此可用图解法来确定平衡纵倾角 φ_1，将平衡方程的第二式改写成两个方程式：

$$\begin{cases} x = x_{g1} \\ x = x_{c1} + (z_{c1} - z_{g1}) \cdot \tan\varphi_1 \end{cases} \quad (4-7-6)$$

1) 确定纵倾角 φ_1

根据已知的排水量 V_1,在下部分曲线图的等排水量曲线上,在预计平衡位置的纵倾角 φ_1 附近取 3~5 个纵倾角 φ_1(如取 φ_1 为 6°、9°、15°、30°等),然后由 V_1 和 φ_1 在下部分曲线图上查得一系列相应的浮心位置坐标 x_{ci}、z_{ci}。将这些值代入浮心曲线中,得到一系列的 $x_i = x_{ci} + (z_{ci} - z_{g1}) \cdot \tan\varphi_i$,从而通过这些点可以绘制出 $x = f(\varphi)$ 曲线。

在潜艇的纵倾平衡位置有 $x = x_{g1}$,因此,根据此条件在 $x = f(\varphi)$ 曲线上就可以确定 φ_1,如图 4-7-5 所示。

2) 确定 x_{c1} 和 z_{m1}

根据排水量 V_1 和纵倾角 φ_1 可在下部分曲线图上查得浮心位置坐标 x_{c1}、z_{c1}。对应于排水量 V_1 和浮心位置纵坐标 x_{c1},在上部分曲线图上,可确定潜艇的横稳定中心距基线的高度 $z_{m1} = (z_c + \rho)_1$。

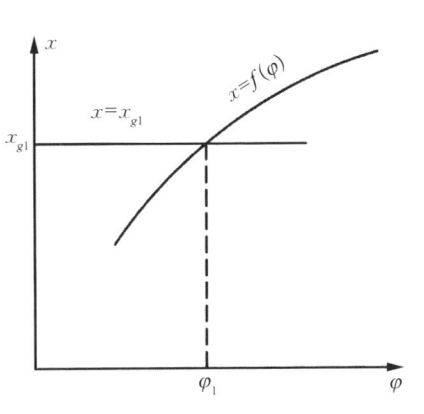

图 4-7-5 确定纵倾角 φ_1 的辅助曲线

(三) 初稳度的计算

潜艇大纵倾时,其浮心及水线面面积均有很大的变化,它的横稳定中心 m 点也发生了变化,不再是原来正浮状态时的稳定中心了,而是 m_1 位置,如图 4-7-6 所示。

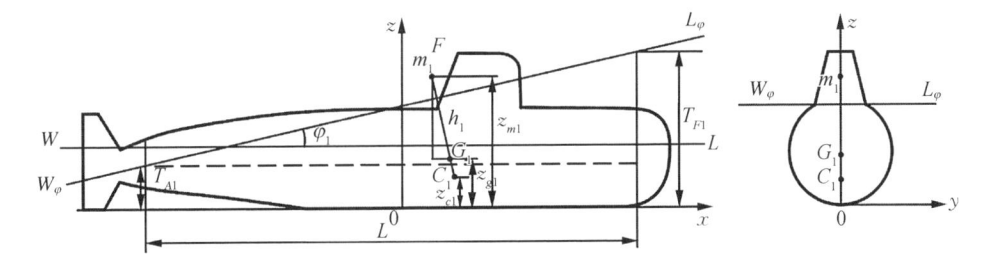

图 4-7-6 大纵倾时的横稳定中心高及艏艉端吃水

根据初稳度的定义,考虑各液舱自由液面对横初稳度的修正值,潜艇纵倾状态下的横稳定中心高应为

$$h = \frac{z_{m1} - z_{g1}}{\cos\varphi_1} + \Delta\rho_{x1} + \Delta\rho_{x2} \quad (4-7-7)$$

式中,z_{m1} 为纵倾状态下横稳定中心距基线的高度,m;z_{g1} 为纵倾状态下重心位置垂坐标,m。当纵倾角 $-9° \leq \varphi_1 \leq 9°$ 时,$\cos\varphi_1 \approx 1$,$h_1 = z_{m1} - z_{g1} + \Delta\rho_{x1} + \Delta\rho_{x2}$。

同理,潜艇纵倾状态下的纵稳定中心高 H_1 也有很大减小。但由于水面纵倾状态的 $H_1 \gg h_1$,所以当 h_1 有保证时,纵稳性也必有保证,因此,对纵稳性问题不予讨论。

(四) 浮态的计算

1. 纵倾角

潜艇纵倾状态时的纵倾角 φ_1 可以由前面的方法得到。

2. 艏艉端吃水

由排水量 V_1 和纵倾角 φ_1,在吃水曲线上可以查到升起一端(或吃水较小一端)的吃水。

当潜艇首纵倾 ($\varphi > 0$) 时,通过实线查得潜艇的艉吃水 T_{A1};反之当潜艇尾纵倾 ($\varphi < 0$) 时,则通过虚线查得潜艇的艏吃水 T_{F1}。

已知升起一端(艏或艉端)的吃水 T_{F1}(或 T_{A1}),则另一端(入水一端)的吃水为

$$T_{F1} = T_{A1} + L \cdot \tan \varphi_1 (首纵倾情况)$$

或

$$T_{A1} = T_{F1} + L \cdot \tan \varphi_1 (尾纵倾情况)$$

式中,L 为潜艇艏艉吃水标记间的距离,m;φ_1 为潜艇的纵倾角(取绝对值)。

潜艇艏艉端的标志吃水为

$$\begin{cases} T_{Fbz1} = T_{F1} + t \\ T_{Abz1} = T_{A1} + t \end{cases} \quad (4-7-8)$$

(五) 估算装置是否露出水面

潜艇制造大纵倾的目的是使部分水下装置露出水面,以便修理或装载。因此,需要估算装置是否露出水面。

设大纵倾时潜艇平衡在 $W_\varphi L_\varphi$ 水线,装置 A 距基线的高度为 Z_A,到艉部吃水标记的距离为 Δx,如图 4-7-7 所示。

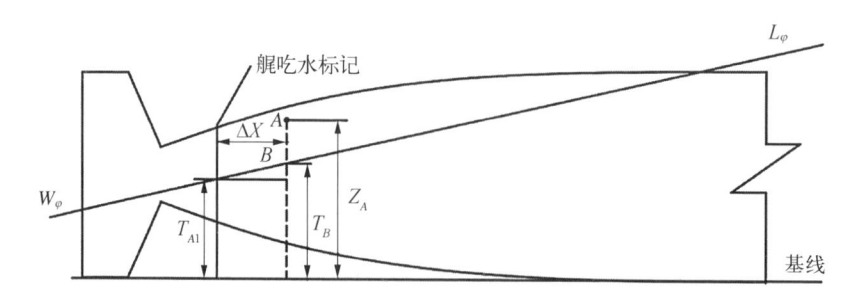

图 4-7-7 露出点吃水检查

现从装置 A 向基线作垂线与 $W_\varphi L_\varphi$ 水线交于 B 点,B 点处的吃水为

$$T_B = T_{A1} + \Delta x \cdot \tan \varphi_1 \qquad (4-7-9)$$

因此:

(1) 若装置 A 在艉部,应制造首纵倾,B 点处的吃水为

$$T_B = T_{A1} + \Delta x \cdot \tan \varphi_1 \qquad (4-7-10)$$

(2) 同理,若装置 A 在艏部,应制造尾纵倾,B 点处的吃水为

$$T_B = T_{F1} + \Delta x \cdot \tan \varphi_1 \qquad (4-7-11)$$

这里规定:装置 A 在艏艉吃水标记之间,Δx 取正,反之则取负,而且 φ_1 取绝对值。如果 $Z_A > T_B$ 时,表明装置 A 已露出水面。

(六) 计算海区的最小水深

为保证潜艇制造大纵倾的安全,防止潜艇端部触底,制造大纵倾的海区应有足够的水深,为此事先必须计算出纵倾所要求的水深值。

设潜艇端部距艏吃水标记的距离为 Δl,如图 4-7-8 所示。潜艇入水一端端部离水面的距离 H 为

$$H = \overline{ab} + \overline{bd} = T_{Fbz1} \cdot \cos \varphi_1 + \Delta l \cdot \sin \varphi_1 \qquad (4-7-12)$$

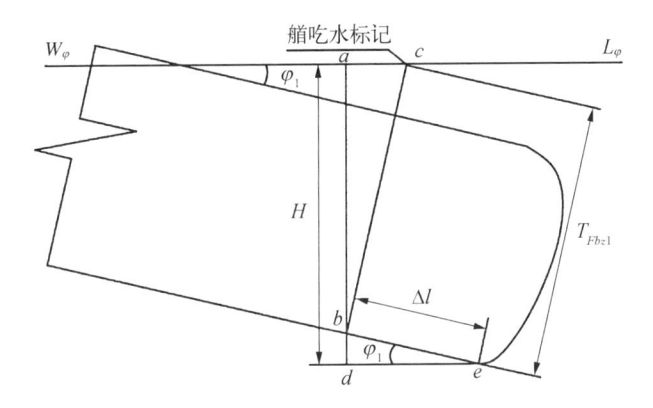

图 4-7-8 确定最小水深

潜艇制造大纵倾的海区水深必须大于入水一端端部离水面的距离 H,为此可考虑额外的安全深度余量 ε,因此,潜艇制造大纵倾时所需要的海区最小水深如下。

当制造首大纵倾时,要求海区最小水深为

$$H_{\min} = T_{Fbz1} \cdot \cos \varphi_1 + \Delta l \cdot \sin \varphi_1 + \varepsilon$$

当制造尾大纵倾时,要求海区最小水深为

$$H_{\min} = T_{Abz1} \cdot \cos \varphi_1 + \Delta l \cdot \sin \varphi_1 + \varepsilon$$

式中,Δl 为艏(艉)端部距艏(艉)吃水标记的距离;ε 为额外的安全深度余量,$\varepsilon = 5\ m$;φ_1 为潜艇所产生的纵倾角,取绝对值。

对于单轴单桨潜艇来说,当纵倾角较大时,为防止潜艇的螺旋桨桨盘面碰触海底,此时制造大纵倾海区的最小水深为

$$H_{\min} = (T_{A1} - z_j) \cdot \cos \varphi_1 + \Delta l \cdot \sin \varphi_1 + \varepsilon \qquad (4-7-13)$$

式中,z_j 为螺旋桨桨盘面距基线的高度;Δl 为螺旋桨桨盘面距艉吃水标记的距离。

四、制造大纵倾的步骤

(一) 大纵倾综合表

根据潜艇大纵倾计算,列出潜艇制造大纵倾综合表,该表的内容包括:

(1) 为露出某一突出部分,需注水的主压载水舱和辅助压载水舱,以及需卸载液体的液舱;

(2) 大纵倾状态下潜艇的浮态和稳性各要素;

(3) 露出体的坐标。

(二) 操作要求

制造大纵倾时,潜艇应进行以下操作:

(1) 选择在具有足够水深的海域制造潜艇大纵倾,此时使潜艇处于准备下潜和上浮的状态,并放出浮标,检查与潜艇进行电话联系的良好性;

(2) 制造大纵倾时,应注意液舱的注、疏水情况,不允许在几个液舱内(均衡水舱除外)同时产生自由液面;

(3) 潜艇制造大纵倾的综合表中所列的结果,是正常状态时潜艇的变动载荷均未消耗的情况下计算得到的,如果潜艇的变动载荷消耗很大时,应重新进行计算;

(4) 潜艇制造大纵倾后,实际测得的纵倾角和艏艉吃水标记处的吃水如与综合表中所列的数据有少许差别时,可在相应的端部液舱中增注或排出一些水。

(三) 操作内容

当潜艇的变动载荷与正常状态的载荷相一致时,为了露出有关部位、装置和设备等,应按规定的操作内容进行(例如露出上方向舵轴承座):

(1) 选择水深不小最低水深要求的区域来制造大纵倾;

(2) 按顺序注满相应的水舱,最后一个水舱可以作为控制水舱使用;

(3) 关闭已注满水的压载水舱的通气阀;

(4) 测量纵倾角和艉吃水标记处的吃水,并与出厂完工文件中相关规定相对比。

(四) 制造大纵倾时的防沉要点

制造大纵倾前,人们必须先查阅相关技术文件,并按相关规定执行;若所制造的大纵倾在相关技术文件中没有说明,则应先制定制造大纵倾方案,并确保潜艇的初稳度在规定的安全范围内,然后才能实施。

制造大纵倾前,人们应准备充足电能和高压气,并备便好损管与防救器材。制造大纵倾时,潜艇必须处于备潜状态,特别应严格按规定管理使用防水门和升降口。

潜艇制造大纵倾海区的水深,不应低于方案中的计算结果,以防止潜艇入水端触底而失稳。

五、例题运用

(一) 露出上方向舵轴承座

假想潜艇需露出上方向舵轴承座,则要采取向水舱注水的方法来实现。

1. 重量、重心位置的计算

该潜艇注水后情况如表 4-7-1 所示。

表 4-7-1 重量、重心位置计算表

序号	载荷名称		重量/t	垂向(距基线)		纵向(距舯船面)	
				力臂/m	力矩/(t·m)	力臂/m	力矩/(t·m)
1	水上正常状态		1 700.0	3.00	5 100.0	1.50	2 550.0
2	注水	NO.1 主压载水舱	100.0	4.00	400.0	25.00	2 500.0
3		NO.2 主压载水舱	50.0	4.50	225.0	20.00	665.0
4		NO.3 主压载水舱	50.0	4.06	78.0	1.22	61.0
	合计		1 900.0	3.12	5 928	3.04	5 776

潜艇新的重量为 1 900.0 t,新的重心位置为 $G_1(3.04, 0, 3.12)$ m。

2. 浮性计算

海水密度取 1.0 t/m³,当 φ_1 不超过 9°时,根据纵倾平衡方程,潜艇新排水量为 $V_1 = 1 900$ m³,其浮心位置纵坐标为 $x_{C1} = x_{G1} = 3.04$;但通过查阅浮力与初稳度万能图解,得知潜艇纵倾角 φ_1 超过 9°,因此 $x_{C1} \neq x_{G1}$。因此,要取一系列 φ_i 值,利用 $x_i = x_{ci} + (z_{ci} - z_{gl}) \cdot \tan \varphi_i$ 曲线,得纵倾角。

表 4-7-2　重量、重心位置计算表

序号	$\varphi_i/(°)$	$\tan\varphi_i$	x_{ci}/m	z_{ci}/m	x_i/m
1	6.0	0.105	2.50	3.55	2.545
2	9.0	0.158	2.70	3.58	2.773
3	15.0	0.291	2.80	3.62	2.946

由表 4-7-2 可绘制曲线图 4-7-9。由 $x_{G1} = 3.04$，插值得到 $\varphi_1 = 17°$，$x_{C1} = 2.83$。

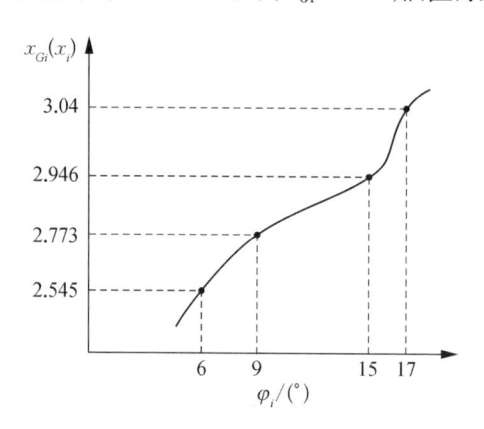

图 4-7-9　φ_i 与 x_i 之间的关系

为了求出横稳定中心距基线的高度 z_{m1}，在浮力与初稳度万能图解的上部分曲线图中，利用插值法作出曲线 $V_1 = 1\,900\ \mathrm{m}^3$，根据该曲线与 $x_{C1} = 2.83$ 的交点，求得横稳定中心距基线高度为 $z_{m1} = (z_c + \rho)_1 = 3.57\ \mathrm{m}$。

3. 初稳度的计算

假设潜艇各自由液面对其初稳度的影响为 $\Delta\rho = 0.01$，潜艇的横稳定中心高 h_1 为

$$h_1 = (z_c + \rho)_1 - z_{g1} + \Delta\rho = 3.57 - 3.12 - 0.01 = 0.44\ \mathrm{m} \quad (4-7-14)$$

4. 浮态的计算

1) 纵倾角

潜艇纵倾角 $\varphi_1 = 17°$。

2) 艏艉端吃水

在两端部吃水标记处的吃水曲线图上，首先作出排水量 $V_1 = 1\,900\ \mathrm{m}^3$ 的直线，求得纵倾角 φ 为 9°、15°、30° 时的艉吃水，借助于图插法由 $\varphi_1 = 17°$，可确定潜艇的艉吃水 $T_{A1} = 3.5\ \mathrm{m}$（这艘假想潜艇艏艉吃水标记的距离为 60 m，标志吃水与理论吃水的差值 t 为 0.2）。

潜艇艏吃水标记处的吃水 T_{F1} 为

$$T_{F1} = T_{A1} + L \cdot \tan \varphi_1 = 3.50 + 60 \cdot \tan 17° = 21.84 \text{ m} \quad (4-7-15)$$

艏标志吃水为

$$T_{Fbz1} = T_{F1} + t = 21.84 + 0.2 = 22.04 \text{ m} \quad (4-7-16)$$

5. 估算上方向舵是否露出水面

假设上方向舵轴承座的垂向坐标 $z_A = 4.00$ m，其轴线的纵向坐标为 $x_A = -31.00$。上方向舵轴线处的吃水 T_B 为

$$T_{B1} = T_{A1} + \Delta x \cdot \tan \varphi_1 = 3.5 + (30.0 - 31.0) \cdot \tan 17° = 3.19 \text{ m}$$
$$(4-7-17)$$

由于 $Z_{A1} = 3.5 > T_{B1} = 3.19$，因此，上方向舵轴承座能露出当前纵倾水线。

6. 计算海区的最小水深

假设艇艏端距艏吃水标记的距离为 $\Delta l = 2$ m，余量 $\varepsilon = 2$ m，制造大纵倾海域的最小水深应为

$$H_{\min} = T_{Fbz1} \cdot \cos \varphi_1 + \Delta l \cdot \sin \varphi_1 + \varepsilon = 22.04 \times \cos 17° + 2 \times \sin 17° + 2 = 23.66 \text{ m}$$
$$(4-7-18)$$

第八节 潜艇抗风浪计算

海浪波幅随着水深的增加会很快减小，一般来说，潜艇遇到大风浪，只要下潜到水下航行就可以避风浪的影响。如果潜艇由于各种原因无法下潜时，就要考虑其在水面的抗风浪能力了。要确定潜艇能在多大风浪条件下能够安全航行而不致倾覆，这是一个相当困难的问题。因为海上风浪变化极其复杂，要准确地掌握风浪的特性和对潜艇作用力的大小，目前尚无统一的计算方法。对于潜艇水上抗风浪计算，可以参照水面舰艇生命力的相关算法进行。

由于对风浪特性的研究主要是依靠对某海区的观察和统计，因此，各国在稳性规范中对舰船抗风浪性的计算方法也略有区别。但与水面舰艇相似，潜艇抗风浪性计算需要解决两个方面问题：其一是求出在风压作用下的倾侧力矩，也就是作用于潜艇上的外加倾斜力矩；其二是求出在涌浪作用下潜艇处于摇摆情况时所能承受的最大动倾力矩，或称为最小倾覆力矩，也就是潜艇本身所具有的动稳度特性。下面分别就这两个方面进行讨论。

一、风压倾侧力矩

（一）风速、风级与风压

根据风速的大小，一般将风分成 12 级。各级风的名称、风速和风压列于

表4-8-1中。此表为蒲氏风级表,该表是在1926年维也纳国际气象会议上所推荐使用的。

表4-8-1 蒲氏风级表

风级	风级的名称	速度/(m/s) 平均的	速度/(m/s) 突然的	压力/(kg/m²) 平均的	压力/(kg/m²) 突然的
0	无 风	0~0.5	1.0	0	0.1
1	软 风	0.6~1.7	3.2	0.2	0.8
2	轻 风	1.8~3.3	6.2	0.9	3.1
3	微 风	3.4~5.2	9.6	2.2	7.5
4	和 风	5.3~7.4	13.6	4.5	15.0
5	清 风	7.5~9.8	17.8	7.8	25.7
6	强 风	9.9~12.4	22.2	12.5	40.0
7	疾 风	12.5~15.2	26.8	18.8	58.4
8	大 风	15.3~18.2	31.6	27.0	81.3
9	烈 风	18.3~21.5	36.7	37.5	109.7
10	狂 风	21.6~25.1	42.	51.1	143.5
11	暴 风	25.2~29.0	47.5	68.4	183.5
12	飓 风	>29.0	53.0	89.5	299.0

表中的风速和风压分为"平均的"和"突然的"。"平均的"是指风长期作用,风压相当于持续存在的静力作用;"突然的"是指风突然作用,要考虑风压的加载过程。相当于动力作用。同一级风,在风压长期作用的同时,间或出现突然发生的突风作用。

风压与风速的关系,按式(4-8-1)计算:

$$p = C_y \cdot \frac{\rho}{2} \cdot v^2 \qquad (4-8-1)$$

式中,p 为风压,kg/m²;v 为风速,m/s;ρ 为空气密度,取 $\rho = 0.125$ kg/m³;C_y 为压力系数,由实验求得,表中取 $C_y = 1.3$。

将 ρ 与 C_y 值代入式(4-8-1),可得

$$p = \frac{1.3v^2}{16} \qquad (4-8-2)$$

表中平均风压是取平均风速中的上限,按式(4-8-2)计算求得。

离海平面越高处风速越大。表中的值是按离海平面6 m高处的风速而确定的,其他高度上的风速按式(4-8-3)确定:

$$v_z = v_6 \frac{\ln \dfrac{Z_f}{Z_0}}{\ln \dfrac{Z_6}{Z_0}} \quad (4-8-3)$$

式中，Z_f 为距海平面高度，m；v_z 为距海平面 Z 处的风速，m/s；$Z_6 = 6\,\text{m}$；$Z_0 = 0.002\,\text{m}$。

将风速 v_z 按式（4-8-2）换算成风压 p_z，以 Z_f 为纵坐标，p_z/p_6 的比值为横坐标，作成图线，如图 4-8-1 所示。因此，实际计算风压时，可根据风级，由蒲氏风级表查得 p_6，再根据受风面积中心距海平面的高度 Z_f，由图 4-8-1 查得 p_z/p_6，从而求得 p_z。

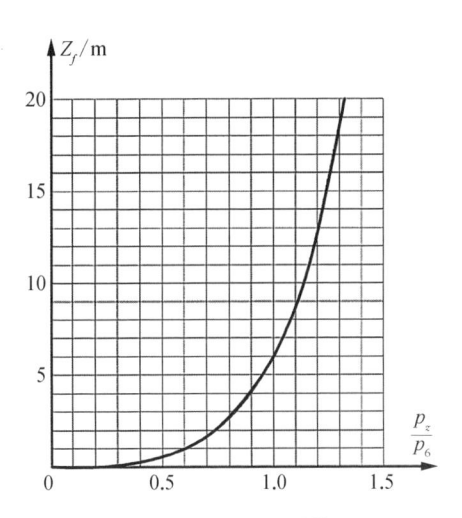

图 4-8-1 风压计算图

（二）风压倾侧力矩的计算

当风力长期正横作用于潜艇时（静作用），如图 4-8-2 所示。潜艇产生横向的匀速移动，艇体水下部分侧面积上作用着水的阻力 R，作用中心竖坐标近似可看成为 $T/2$，潜艇水上部分侧面积上作用着风的静压力 F_{ST}，作用中心的竖坐标为 Z_n。R 与 F_{ST} 大小相等，方向相反，它们组成的倾侧力矩 M_{WST} 为

$$M_{WST} = \frac{1}{1\,000} F_{ST}\left(Z_n - \frac{T}{2}\right) \quad (\text{t}\cdot\text{m}) \quad (4-8-4)$$

如果潜艇水上部分受风侧面积为 A，风压强度为 p_{ST}，则

$$F_{ST} = p_{ST} \cdot A$$

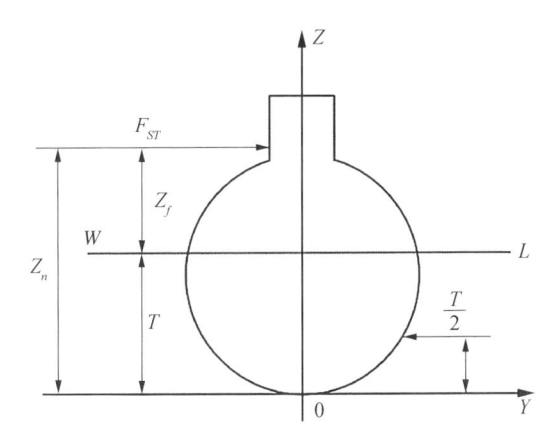

图 4-8-2 潜艇正横作用舰船示意图

静风压倾侧力矩为

$$M_{WST} = \frac{1}{1\,000} p_{ST} \cdot A \cdot \left(Z_n - \frac{T}{2}\right) \ (\text{t} \cdot \text{m}) \qquad (4-8-5)$$

当风力突然作用时,由于惯性,潜艇还来不及产生横移速度,水对潜艇的阻力可以忽略不计,但潜艇产生了横向加速度,形成作用于潜艇重心处的惯性力 U,如图 4-8-3 所示,则突风压力与惯性力所产生的倾侧力为

$$M_{WD} = \frac{1}{1\,000} p_D \cdot A \cdot (Z_n - Z_g) \ (\text{t} \cdot \text{m}) \qquad (4-8-6)$$

式中,M_{WD} 为突风倾侧力矩,t·m;p_D 为突风压强,kg/m²。

为简便起见,计算时可取 $Z_g = T$,则有

$$M_{WD} = \frac{1}{1\,000} p_D \cdot A \cdot (Z_n - T) \ (\text{t} \cdot \text{m}) \qquad (4-8-7)$$

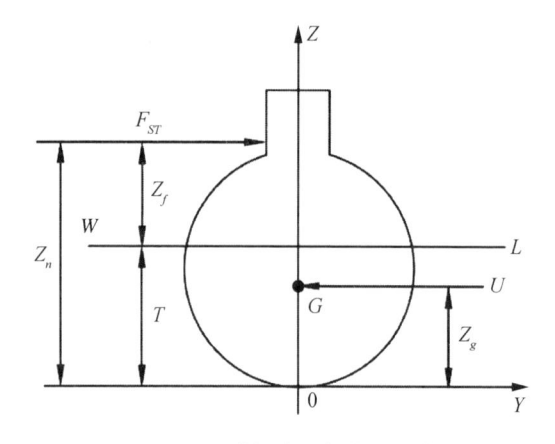

图 4-8-3 潜艇产生惯性力示意图

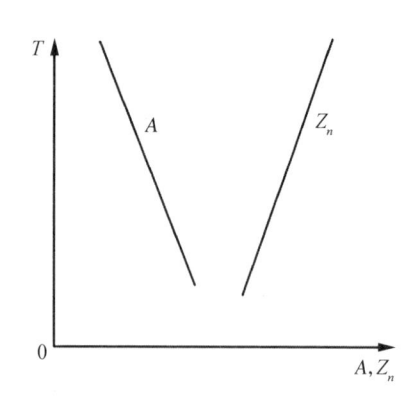

图 4-8-4 受风面积和风压中心高关系图

受风面积 A 与风压中心高 Z_n,在水面舰艇的抗沉文件中均做成随吃水而改变的曲线,如图 4-8-4 所示。不过潜艇的随艇文件一般不提供这两个参数,但是可以根据潜艇的尺度数据,结合吃水估算受风面积 A 与风压中心高 Z_n。

二、风浪联合作用下潜艇的安全

潜艇在某一级风的平均风压力矩 M_{WST} 静力作用下,如图 4-8-5 所示,静平衡角为 θ_{ST},在涌浪作用下,潜艇将围绕 $\theta = \theta_{ST}$ 在 θ_0 与 θ_0' 之间摇摆,当涌浪作用的周

期与潜艇自有周期相一致时,潜艇出现共振现象,此时的摆幅最大,称为共振摆幅,通常共振角 $\theta_{共}$ 取 20°~25°。如果当潜艇共振摇摆到上风位置的最大摆幅时,出现突然压力矩 M_{WD} 的作用,这是最危险的情况。潜艇抗风浪能力计算,主要考虑该种力矩作用下两个方面内容:

(1) 在已知风浪作用下,求潜艇的动倾角;
(2) 潜艇在某个排水量时,最大能承受几级风而不致倾覆。

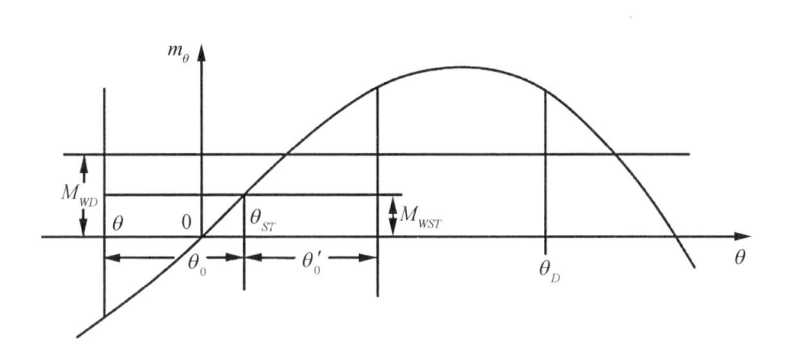

图 4-8-5 风压力矩与静平衡角关系图

(一) 在已知风级作用下,求潜艇的动力倾斜角

在大角稳性的内容里已说明这类问题的基本原理。

【例题 2】假想潜艇的动稳度曲线,如图 4-8-6 所示,出航时水面排水量 $D = 2\,300$ t,吃水 $T = 3.63$ m,受风面积 $A = 750$ m²,面积中心在水线以上的高度为 $Z_f = 3.40$ m。设共振角 $\theta_{共} = 20°$,遇 10 级风,求该艇在这种状态下所产生的动力倾斜角。

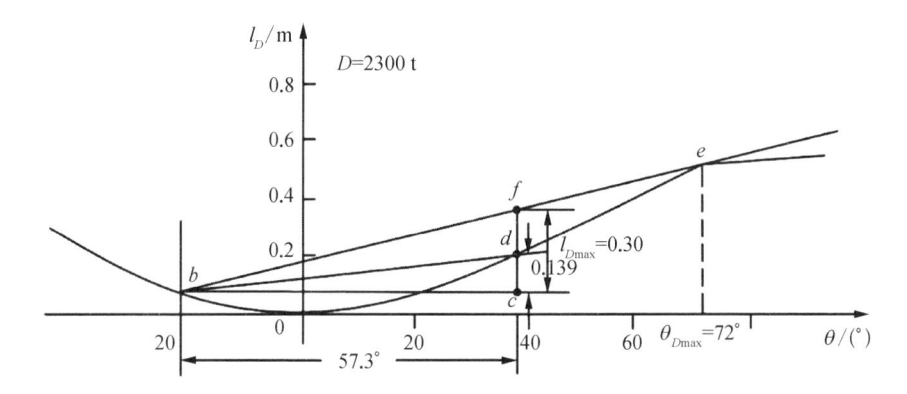

图 4-8-6 潜艇动稳度曲线图

解:

1) 求风的压强

查蒲氏风级表,得距海平面 6 m 高度处 10 级风的压强为 $p_6 = 143.5 \ \text{kg/m}^2$。由 $Z_f = 3.4 \ \text{m}$,查图 4-8-1,得 $p_z/p_6 = 0.87$,则可求得风压中心处的风压压强为

$$p_z = 0.87 \times p_6 = 0.87 \times 143.5 \approx 125 \ \text{kg/m}^2 \qquad (4-8-8)$$

2) 求风压倾侧力矩

$$M_{WD} = \frac{1}{1\ 000} p_D \cdot A \cdot (Z_n - T) = \frac{1}{1\ 000} \times 125 \times 750 \times 3.40 = 319 \ \text{t} \cdot \text{m}$$

风压倾侧力臂为

$$l_{WD} = \frac{M_{WD}}{D} = \frac{319}{2\ 300} = 0.139 \ \text{m}$$

3) 求动力倾斜角

在动稳度曲线图 4-8-6 上,自共振角处 b 点量取横坐标距离 57.3°得到 c 点,由 c 点垂直量取纵坐标距离 0.139 m 得到 d 点,连接 bd 直线,其与动稳度曲线的交点处的横坐标为 34°,即为所求。

(二) 潜艇在某个排水量时,最大能承受几级风

【例题 3】续例题 2,求该潜艇最大能承受几级风。

解:

1) 求最大能承受的动倾力矩

在该艇的动稳度曲线图 4-8-6 上,自 b 点作动稳度曲线的切线,切点为 e,直线 be 与直线 cd 相交于 f,cf 即为最大所能承受的动倾力臂,由图可量得 $l_{WD\max} = 0.30 \ \text{m}$,则最大所能承受的动倾力矩为

$$M_{WD\max} = D \cdot l_{WD\max} = 2\ 300 \times 0.30 = 690 \ \text{t} \cdot \text{m}$$

2) 求最大所能承受的突风压强

由动风压倾侧力矩公式可导出:

$$p_z = \frac{1\ 000 \times M_{WD}}{A(Z_n - T)} = \frac{1\ 000 \times 690}{750 \times 3.4} = 270 \ \text{kg/m}^2$$

3) 求最大能承受的风级

由 $Z_f = 3.40 \ \text{m}$,查图 4-8-1 可得

$$\frac{p_z}{p_6} = 0.87$$

$$p_6 = \frac{p_z}{0.87} = \frac{270}{0.87} = 310 \text{ kg/m}^2$$

查蒲氏风级表,可知该艇能承受 12 级的风力,而这时的最大动倾角 θ_{Dmax} = 72°。这种计算方法是近似的,方法简便,容易理解。但由于潜艇大多数时间都处于水下航行状态,其抗风一般不予考虑,仅在一些特殊情况下需要考虑,例如破损后浮出水面抗沉。

本 章 小 结

本章详细介绍了潜艇不沉性理论,并对潜艇平日几种典型情况下的防沉做了较为全面的介绍,包括液体载荷对潜艇浮性与稳性的影响、进出坞防沉、下潜与上浮时的防沉、正确处置潜艇负初稳度、制造大纵倾时的防沉和抗风浪计算等内容。

思考题

1. 潜艇水上和水下平衡的条件是什么?
2. 潜艇漂浮状态分为哪几种?
3. 潜艇平衡稳定的条件是什么?
4. 浮力与静稳度曲线的物理特性有哪些?
5. 增载法与失浮法计算出的潜艇初横稳心高之间有什么关系?
6. 简述载荷移动方式对潜艇稳性的影响。
7. 潜艇加载时,载荷加在什么部位对稳性有利?
8. 潜艇水下稳性有什么特点?
9. 潜艇稳性的"颈区"是什么?
10. 潜艇制造大纵倾时不沉性校核如何进行?

第五章　潜艇破损抗沉

在海上作战,潜艇随时可能发生战斗损伤,有时甚至损伤很严重,而潜艇抗沉的成败,将直接关系到潜艇和全体艇员的安危存亡。潜艇的抗沉能力强,一方面能迅速限制损害的扩展,另一方面能使受损的潜艇保持不沉没、不倾覆,保持继续作战。做好潜艇抗沉工作,不断提高潜艇抗沉能力,是保障潜艇战斗力和生命力的一项极为重要的任务。

抵抗潜艇破损进水,保障破损潜艇不因丧失储备浮力而沉没,不因丧失稳度而倾覆以及能从海底自力浮出水面,是潜艇破损进水时进行抗沉的三项任务,也是保证潜艇航行、作战和生存最基本的条件。潜艇的抗沉主要研究讨论潜艇在破损进水等情况下的浮性与稳性问题,以及讨论为保持和提高潜艇在破损情况下的浮性与稳性所应采取的抗沉措施。

第一节　潜艇不沉性

潜艇在海上可以分为水上和水下两种状态,半潜状态可视为一种过渡状态。当潜艇处于这两种不同状态时,即使遭到同样性质的破损,所产生的影响也是不一样的。因此,研究潜艇的不沉性问题,必须从两种不同状态出发,分别研究潜艇的水上不沉性和水下可浮性的保障问题。因为潜艇在海上的主要战斗活动场所是在水下,所以以研究水下可浮性为主。

一、水上不沉性

水上不沉性是指潜艇在水上状态,艇体破损部分舱室被淹的情况下,仍能漂浮于水面而不沉没和不倾覆的性能。它是保持潜艇航行、潜浮与作战能力的最基本条件。

当潜艇在水上状态发生破损进水后,潜艇的漂浮状态(吃水、储备浮力、横倾、纵倾等)和稳性(初稳性、大角稳性)都将发生一系列的变化,严重时会因潜艇损失储备浮力,浮态急剧恶化,导致潜艇沉没,或者稳度(初稳度、大角稳度)降低致使潜艇倾覆。

保障潜艇水上不沉性的关键是保障储备浮力和稳度。在保障潜艇储备浮力的基础上,保障潜艇的稳度在安全范围内,再平衡潜艇,改善潜艇的浮态。

二、水下不沉性

水下不沉性又称为水下可浮性,水下可浮性是指潜艇在水下状态,艇体破损部分舱室被淹的情况下,仍能保持潜艇在水下继续航行,以及依靠自身力量浮出水面的性能。

潜艇在水下正常航行时,浮力差和纵向力矩差均应接近于零,满足水下平衡条件:

$$\begin{cases} D = \gamma \cdot V \\ M_F = M_A \end{cases} \quad (5-1-1)$$

式中,M_F 和 M_A 分别是潜艇首纵倾力矩和尾纵倾力矩。

当潜艇的任意一个舱室发生水下破损进水时,潜艇就会产生负浮力和纵倾力矩,从而不同程度地破坏其平衡条件。如果不及时采取有效的抗沉措施,在负浮力和纵倾力矩的作用下,破损潜艇就会产生以下后果。

1. 被迫坐沉海底或沉没

由于潜艇在水下状态时储备浮力为零,潜艇在负浮力的作用下,被迫坐沉海底,甚至掉深到极限深度以下而沉没。

2. 大纵倾碰撞海底

由于潜艇水下状态时的纵稳度在有效水线面消失后要比水上状态时小约两个数量级,潜艇在纵倾力矩作用下,会产生危险的大纵倾从而碰撞海底。

3. 翻艇

若破损潜艇存在大面积的自由液面,会使潜艇稳度大大降低,甚至出现负初稳度而导致翻艇。

因此,负浮力和纵倾力矩是威胁潜艇水下可浮性的两个主要因素。保障潜艇水下可浮性的关键是:当潜艇在水下一旦发生破损进水后,迅速及时地建立起一定的正浮力和扶正力矩,以消除负浮力和纵倾力矩对潜艇造成的危害。在潜艇静力抗沉过程中,主要是通过用高压空气吹除主压载水舱内压载水的方法来抵消负浮力和建立扶正力矩。

三、潜艇抗沉基本要求与原则

潜艇不沉性是潜艇本身所固有的性能。对于潜艇艇员来说,在潜艇现有保障水上不沉性和水下可浮性的物质条件基础上,发挥全体艇员的主观能动作用,一方面最大限度地预防潜艇因破损进水或丧失稳度而沉没或倾覆;另一方面,在潜艇发生破损进水后,能迅速果断地限制和消除破损进水及其造成的影响,保障潜艇在水上不沉没、不倾覆,在水下能自力浮出水面的能力,这是综合评定一艘潜艇抗沉能力强弱的根本依据。

无论是在水上或水下发生破损进水,潜艇的漂浮状态和稳性都会发生变化,都会不同程度地削弱潜艇的不沉性,妨碍武器的正常使用、机械装置的正常运行和艇员战斗活动力的发挥,影响潜艇的攻击力、机动性等各种性能。如果海水在艇内蔓延,潜艇的不沉性将会进一步恶化,使潜艇处于危险状态,甚至倾覆或沉没。

(一)潜艇抗沉基本要求

为保障潜艇的战斗力和生存能力,对潜艇破损进水后的抗沉提出以下基本要求。

(1)潜艇水上状态发生破损时,应当全力保持潜艇的储备浮力和横稳度不减小到危险程度,确保潜艇具备继续航行和潜浮的能力。

(2)潜艇水下状态发生破损时,应当全力保持潜艇具备水下继续航行或者浮出水面的能力,防止超过极限深度或者带大纵倾碰撞海底。

(3)潜艇被迫潜坐海底后,能自力浮出水面。

(二)潜艇抗沉基本原则

潜艇水下和水上抗沉的基本原则是:

(1)限制进水在艇内蔓延;

(2)平衡潜艇;

(3)正确使用高压气。

四、潜艇不沉性指标

(一)潜艇不沉性指标与破舱制

潜艇在设计建造过程中对潜艇不沉性的基本要求是通过不沉性指标来保证的。

不沉性指标是通过允许破损进水的舱室及相邻一舷主压载水舱的数目来表示的。因此,不沉性指标又可称为"破舱制"。

1) 对大中型潜艇所规定的不沉性指标

潜艇在水上、水下正常装载条件下,当艇内任意一个舱室及其相邻一舷的两个主压载水舱破损进水后,潜艇仍能保持水上不沉性和水下可浮性的性能。

2) 对小型潜艇所规定的不沉性指标

潜艇在水上、水下正常装载条件下,当艇内任意一个舱室及其相邻一舷的一个主压载水舱破损进水后,潜艇仍能保持水上不沉性和水下可浮性的性能。

潜艇不沉性指标是确定破损潜艇"水上抗沉方案"和"由海底上浮方案"的前提和基础。

潜艇不沉性指标的表示方法如下：I_2 破舱制是以一个舱室及与之相邻一舷的两个主压载水舱破损为前提；I_1 破舱制是以一个舱室及与之相邻一舷的一个主压载水舱破损为前提；I_0 破舱制是以一个舱室单独破损为前提；O_1 破舱制是以一个主压载水舱单独破损为前提；其余类推。

（二）潜艇不沉性设计

世界各海军强国越来越认识到潜艇在未来海战中的地位，尤其是在战略、战术使用上的重要性，研制的新型潜艇，都力求改进和提高潜艇的战术技术性能，特别是在增强潜艇攻击力、机动性、隐蔽性，提高潜艇的水下航速、下潜深度和降低噪声等方面不断地应用新材料、新工艺等高新技术研究成果。潜艇的各种战术技术性能之间，有些是互相制约的，有时为了强调提高潜艇的某种性能，就不得不用降低其他性能作代价，因此，在潜艇总体设计中，对不沉性的保障出现了两种不同的设计观点。

1. 大分舱小储备浮力

其立足点是在舱室大量进水情况下，采取"弃艇救人"的单一救生观点。

它不受不沉性指标的限制，而是从提高潜艇快速性和总体布置的需要出发，用轻型舱壁将耐压艇体内的空间，分隔成较大长度和容积的隔舱。

耐压艇体内的隔舱数目，通常取 2~5 个，储备浮力 $W<20\%V_↑$。

由于这种观点的核心，是用牺牲潜艇的不沉性来换取潜艇的水下快速性，因而它的特点如下。

（1）由于储备浮力较小，可以减少主压载水舱的数目及容积，从而得到一个良好的艇体线型，有利于提高潜艇的水下快速性，缩短潜艇的下潜时间。

（2）采用大分舱后有利于潜艇进行合理的总体布置，便于改善艇员的居住性。

（3）由于采用大分舱小储备浮力，可以相应地简化潜艇系统，减少艇体的重量，以及舱壁、管路阀件和高压空气瓶等数量，不仅有利于潜艇内布置，节省电能的消耗，同时还可将节省下的重量，用于增加武备和自控系统等装备，有利于提高潜艇攻击力和机动性。

（4）由于采用大分舱小储备浮力，造成潜艇的生命力和不沉性下降，潜艇无论在战时或平时，一旦艇体发生破损进水容易沉没。

（5）由于潜艇在水上状态时的吃水较深，使潜艇航行阻力增大，对潜艇的适航性不利。

2. 小分舱大储备浮力

其立足点是在舱室大量进水情况下，采取"救人救艇"的"抗沉救生"观点。

它是在"有限不沉性"观点及其所规定的"破舱制"和总体布置相对合理的前提下，用数个不同耐压强度的舱壁将耐压艇体内的空间，分隔成能基本满足不沉性要求、长度较短、容积较小的隔舱。

耐压艇体内的隔舱数目,通常大、中型潜艇为7~8个,小型潜艇为6个,储备浮力 $W \geq 20\%V_\uparrow$。

由于这种观点的核心,是维护"有限的不沉性观点"及其规定的"破损舱制",因而它的特点如下:

(1) 容易满足潜艇不沉性的要求,有利于提高潜艇的生命力和不沉性;
(2) 有利于提高潜艇的水上适航性;
(3) 限制了提高潜艇的水下快速性和缩短潜艇的下潜时间;
(4) 不利于潜艇进行合理的总体布置和改善艇员的居住性。

五、保障潜艇不沉性的基本措施

保障潜艇不沉性的工作,贯穿于潜艇的设计建造、试航验收及服役使用的全过程,它由物质保障措施、组织技术保障措施和艇员抗沉斗争活动三个方面综合组成。

(一) 物质保障措施

在潜艇的设计建造中,应为艇员进行防沉抗沉提供相应的物质保障,主要包括:

(1) 潜艇耐压艇体的坚固性与密封性;
(2) 舱室的合理划分,符合不沉性的要求及有利于艇员工作生活;
(3) 主压载水舱的数目及纵向分布,应有利于抗沉和操作;
(4) 具有适当的储备浮力;
(5) 具有足够的横稳度、纵稳度;
(6) 对于主压载水舱采用多种应急吹除系统,且工作可靠合理简便;
(7) 具有良好的操纵性;
(8) 提高排水系统的排水能力;
(9) 设置进水警报装置及气体压力指示表;
(10) 除主操纵站外,在还应设置高压气、应急吹除、液压等重要系统的备用操纵站;
(11) 配备损管、防救器材及各种修理工具;
(12) 提供完善的不沉性文件等其他措施。

(二) 组织技术保障措施

除了有良好的物质保障条件外,还必须具有完善的组织技术措施作保障,预防各种影响潜艇不沉性的事故发生,保持艇体和各种水密装置的坚固性和密封性,保持各种技术装备、装置系统的正常运行。这些组织技术保障措施,主要通过各种条令、条例、规程、使用保养规则等文件予以规定,其主要工作有:

(1) 完善潜艇损害管制部署,明确各级人员的损管职责和损管分工;

（2）编写必要的条令、条例等文件；
（3）编写并认真执行装备的使用保养规则；
（4）制定针对艇体、系统装置等的定期检修制度和质量检验标准；
（5）建立各级考核制度，提高艇员的综合技术素质。

（三）艇员抗沉行动

良好的物质条件和完善的组织技术措施是保障潜艇不沉性必不可少条件，同时一旦潜艇破损进水后，抗沉成效还是取决于艇员抗沉行动的能力和水平。因此，加强和提高艇员的抗沉组织指挥能力和损管技能非常重要。

潜艇发生破损进水时，艇员的抗沉损管行动主要包括阻止艇内破损进水、限制进水蔓延、平衡破损潜艇和正确使用高压气等四个方面。艇员可以采取的抗沉措施包括：堵塞艇体破口（堵漏）、封闭舱室与支顶舱壁（封舱支顶）、排除舱内积水（排水）和平衡破损潜艇（平衡），即"堵、支、排、平"。

当潜艇在水下状态发生艇体破损进水时，应立即使潜艇上浮，若战场态势不允许浮到水面，则应上浮到安全深度。保护损害舱隔舱舱壁的坚固性和水密性，防止海水蔓延到邻舱。控制潜艇的纵倾在允许范围内，防止保证潜艇机动和控制潜艇的设备与机械失灵。

当潜艇在水面状态发生艇体破损进水时，保障潜艇的储备浮力和稳度，使潜艇具有足够的储备浮力和稳度。采取一切措施消除损害并恢复潜艇下潜的能力。

当潜艇舱室破损进水时，进水压力较高，水流呈喷射状，产生大量水雾将削弱舱室能见度，增加艇员行动及在舱室内保持通信的难度。由于潜艇舱室内部安装设备管路较多，破损部位有可能无法达到，堵漏行动无法开展。海水渗入到通电的电气设备会引起短路导致舱室内起火。潜艇舱室在水下破损时由于较高的静水压破口一般很难堵住，这时减少舱内进水率的唯一方法就是在损害舱内建立反压力。由于舱室增压的结果可能导致设备及舱内人员损伤，如果破损部位在舱室上部施放高压气也无法在舱内建立足够的反压力，反而会造成高压气的大量损失，因此一般不建议采用舱室增压的方法堵漏。

在海水进入耐压艇体情况下，用高压空气吹除中组压载水舱和受损端的主压载水舱来抵抗进水负浮力并建立扶正力矩，禁止采取倒车的方法来降低潜艇的下沉速度。只有当潜艇处于水面状态或上浮到安全深度才考虑用高压气支顶隔舱舱壁。

在采取保持潜艇水下不沉性的行动中，艇员的损管行动必须迅速准确，力争在较短时间内完成升降舵角到位、潜艇加速并吹除中组压载水舱和破损端水舱等工作。

为避免损害舱室内电气设备短路，艇员必须切断已被淹没或即将被淹没的电气设备的电源。若电气设备不允许断电应采取一定的措施，例如在电气设备上盖上临时性的材料以防被水直射或溅上。

如果损害舱的邻舱由于舱壁破损产生渗水,艇员可通过堵漏行动来减少或消除渗水。

潜艇水上状态发生破损时,应当全力保持潜艇的储备浮力和横稳度不减小到危险程度,力争具备继续航行和潜浮的能力。

保障潜艇水上不沉性的措施为:封闭所有的潜艇舱室,吹除全部未完全吹除的主压载水舱,准备吹除充满燃油的燃油压载水舱。打开排水装置进行破损舱排水,关闭已吹除主压载水舱的通海阀。

第二节　潜艇水下抗沉

潜艇在水下破损进水,其后果是迅速产生负浮力和纵倾力矩,使破损潜艇碰撞海底或超越极限深度而沉没;如果艇内还存在大面积自由液面,则可能会使破损潜艇因丧失稳度而倾覆。为此,潜艇水下抗沉的主要措施是:迅速进行堵漏、封舱和支顶、排水和平衡潜艇四项损管活动,以阻止艇内进水,限制潜艇水在艇内漫延,消除负浮力和纵倾力矩,恢复潜艇的战斗力和生命力,这就是"潜艇水下的静力抗沉"。本小节将分别对这四项抗沉措施进行介绍。

一、堵漏

(一) 破口处水的作用和流量

堵塞艇体破口,阻止海水进入舱内,对潜艇抗沉来说,是一项比较彻底的措施,但不是都能实现的。这是因为如果破口太大,灌水速度过快,艇员没有来得及堵塞,舱室即被灌注到一定高度,破口被淹没,艇员无法进行堵漏;或者是水的压力过大,也无法实现堵漏。因此,破口堵漏除了取决于艇员的主观能动外,还与破口处于水的作用力和流量相关。

破口处水的作用力,包括流体静作用力和流体冲击力两种形式。流体冲击力通常是静水压的两倍左右。

当艇员进行堵漏时,需要克服的是流体冲击力。通常单人在短时间内,可以支持 700~800 N 的力。如果在堵漏时,几个人协同配合,再借助器材,这种支持力是可以大大提高。假设潜艇在水下 50 m 深度失事,某舱室发生一个面积为 100 cm² (或直径为 11.3 cm) 的破口,根据计算,可知 F_c 约为 10^4 N。显然,这样大的流体冲击力,要完全靠人体的力量来克服是无法做到的,解决的有效办法是,迅速向舱内供高压空气,减小压力差,艇员再使用适当的堵漏器材将破口堵好。实践表明,当舱内建立的反压力达到潜艇失事深度的 75%~80% 时,进行堵漏就比较方便,且堵漏的效果也比较显著。

由于向舱室供高压气在损害舱破损情况不明时容易造成高压气的损失,故一般不建议采用向舱室供气的方法堵漏。

1. 破口处水的作用力

破口处水的作用力,包括流体静作用力和流体冲击力两种形式。由流体力学可知,流体静作用和流体冲击力是不相同的,通常冲击力是静作用的两倍左右,具体情况说明如下。

流体静作用力 F_j 是指破口堵好后,海水作用在堵漏板上面的力,其大小可按下列公式进行估算:

$$F_j = \gamma \cdot S_{pk} \cdot H_{pk} \text{ (t)} \tag{5-2-1}$$

式中,γ 为水的密度,t/m³;S_{pk} 为破口的面积,m²;H_{pk} 为破口中心至海平面的深度,m。

为了计算简便,通常近似取破口上边缘至海平面的深度(图5-2-1)。

流体冲击力 F_c,是指用堵漏板堵漏时,海水作用在堵漏板上面的力,其大小可按下列公式进行估算:

$$F_c = 2 \cdot \varphi \cdot r \cdot S_{pk} \cdot H_{pk} \text{ (t)} \tag{5-2-2}$$

式中,φ 为阻力系数(通常取 $\varphi = 0.92 \sim 0.98$)。

若将 F_c 和 F_j 进行比较,取 $\varphi = 0.98$ 时,则

$$\frac{F_c}{F_j} = \frac{2 \cdot \varphi \cdot r \cdot S_{pk} \cdot H_{pk}}{r \cdot S_{pk} \cdot H_{pk}} \approx 1.96 \tag{5-2-3}$$

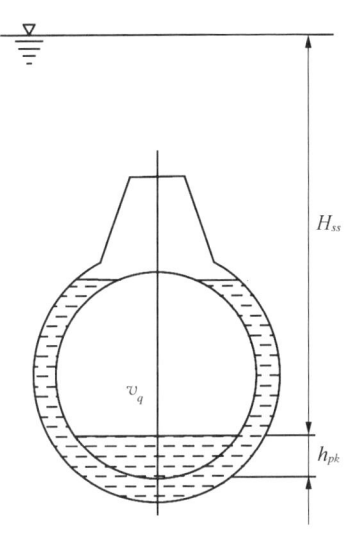

图5-2-1 破口处的流体静作用力

由公式可知,F_c 差不多是 F_j 的两倍,均取决于破口的面积(S_{pk})和破口至海平面的深度(H_{pk})。

2. 破口处水的流量和舱室被灌注的时间

潜艇在水下发生破损进水后,若能知道单位时间内从破口处进入舱室内的水量(即破口处的流量)以及舱室灌注到某一水位和舱室被灌满时所需的时间,这就为各级损管指挥员争取有限的时间,组织抗沉斗争提供了依据。

从流体学中可知,破口处流量(Q)的大小,主要取决于破口面积(S_{pk})和流体作用力(即破口所处的深度)的大小。而舱室被灌注的时间(t),主要取决于舱室净容积和破口处流量的大小,可按下列公式进行估算。

1) 破口处水的流量估算(Q)

$$Q = \mu \cdot S_{pk} \sqrt{2 \cdot g \cdot H_{pk} \cdot 60} \text{ (m}^3\text{/min)} \tag{5-2-4}$$

或

$$Q = 0.75 \cdot d_{pk}^2 \sqrt{H_{pk}} \ (\text{m}^3/\text{h}) \quad (5-2-5)$$

2）舱室被灌注时间的估算（t）

设舱室进水时，舱内气体未被压缩，也未产生反压力，此时舱室被灌注的时间可按下列公式进行估算：

$$t = \frac{v_3}{Q} = \frac{v_3}{\mu \cdot S_{pk} \sqrt{2 \cdot g \cdot H_{pk}} \cdot 60} \ (\text{min}) \quad (5-2-6)$$

式中，μ 为流量系数，包括破口处的收缩系数和阻力系数，通常取 $\mu = 0.6$；S_{pk} 为破口的面积，m^2；d_{pk} 为破口的直径，m；g 为重力加速度，取 $g = 9.8 \text{ m/s}^2$；H_{pk} 为破口中心至海平面的深度，m；v_3 为舱室被灌注的容积，m^3。

3. 破损舱不放高压时可以保存气垫的容积和高度

根据压力平衡原理，当破损舱内气垫压力和艇外水压力相平衡时，舱室内就会停止灌注。因此，只要不是顶部破口，舱室破口以上的气体容积（v_0）将被压缩，当气体压缩容积 v_1 中的压力与艇外水压力相平衡时，舱室内就会停止灌注，即使不放高压气，舱室也不可能被灌满（图 5-2-2）。

艇员应掌握破损舱在不放高压气的情况下，舱室可以保存的气垫容积（v_1）和气垫高度（h_q），这对艇员在危急情况下保护生命安全具有重要意义。由常识可知，舱室气体压缩容积（即气垫容积）v_1 的大小，主要取决于舱室破口上边缘以上的气体容积（v_0）和潜艇的失事深度（H_u）。在已知舱室破口高度（h_{pk}）条件下，计算气垫容积的公式，可根据伯努利方程，并按等温压缩过程推导如下：

$$p_0 \cdot v_0 = p_1 \cdot v_1$$
$$p_0 = 0.098 \text{ MPa} \quad (5-2-7)$$

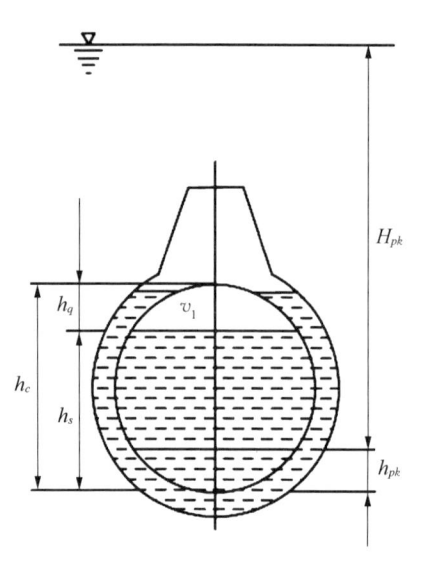

图 5-2-2 破损舱内气垫的容积和高度

则

$$v_1 = \frac{v_0}{p_1} = \frac{v_0}{1 + \dfrac{H_{pk}}{10}} \ (\text{m}^3) \quad (5-2-8)$$

式中，v_0 为破损舱破口上边缘以上气体未被压缩时的容积，m^3；p_1 为破口处的海水压力，MPa；H_{pk} 为破口中心至海平面的深度，m。

破损舱内气垫高度的估算：由图 5-2-2 中可知，破损舱内气垫的高度（h_q）为

$$h_q = h_c - h_s \qquad (5-2-9)$$

式中，h_c 为破损舱的高度，m；h_s 为破损舱内不放高压气时的进水高度，m，其数值可从抗沉高压气算图中查得。

当潜艇在水下一旦发生破损进水后，为了方便，省去艇员对破损舱室的 Q、t、v_1 和 h_q 等数据的烦琐计算，设计部门有时会根据上述公式绘制成舱室灌注算图和抗沉高压气算图。下面分别介绍一下这两个算图的组成、用途及其使用方法。

（二）舱室灌注算图的组成和使用

1. 组成与用途

图 5-2-3 为假想潜艇舱室灌注算图示意图，图中曲线是各舱室进水容积曲线，即 $v_s = f(h_{pk})$；纵坐标是舱室的破口高度 h_k，其刻度是等分的；横坐标是不同参数数值，刻度均采用常用对数标尺。

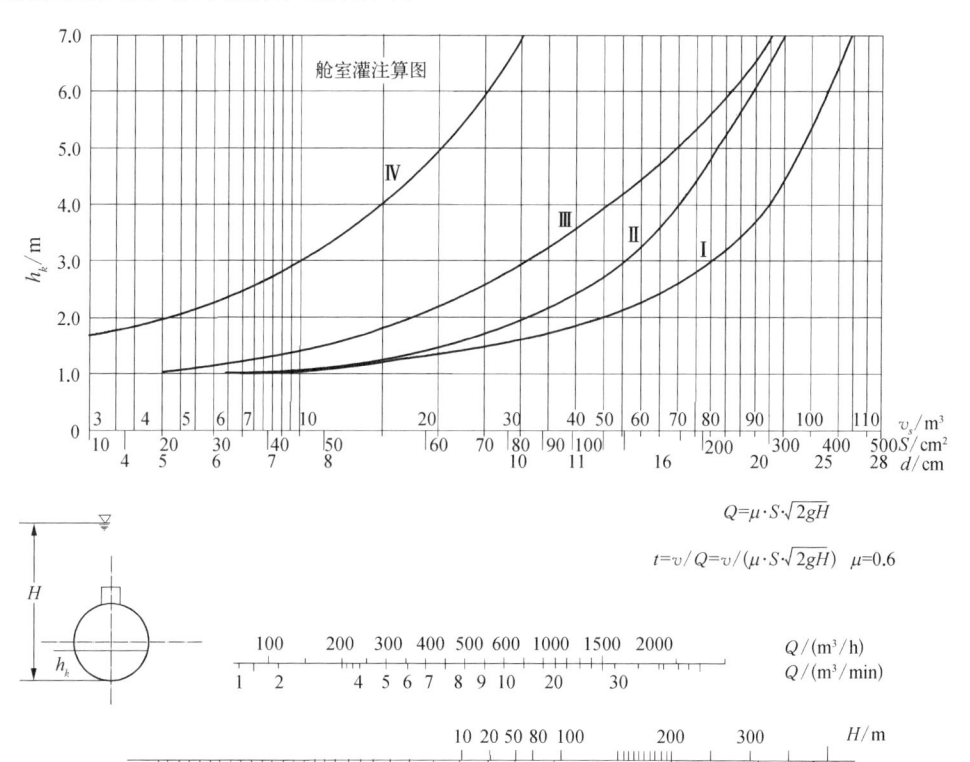

图 5-2-3　假想潜艇舱室灌注算图示意图

利用舱室灌注算图可以解决以下 3 个方面的问题：

(1) 根据舱室破口高度(h_k)，可以查出破损舱海水淹没破口上边缘时舱内进水量(v_s)；

(2) 根据舱室破口的面积(S)或直径(d)，以及潜艇的失事深度(H_{ss})，可以查出海水从破口处进入舱室内的流量(Q)；

(3) 根据 v_s 和 Q，可以查出海水淹没破口上边缘的时间(t)。

2. 使用方法

1) 求破损舱的进水量(v_s)

根据已知舱室的破口高度 h_k 在纵轴上找到所在位置，由此作横轴的平行线，并与该破损舱的进水容积曲线相交于一点；从交点作横轴 v_s 标尺的垂线，所得交点之读数，即为在此 h_k 条件下，海水淹没破口上边缘时破损舱内的进水量(v_s)。

【例题 1】假想潜艇处于水下状态，Ⅰ 舱破损进水，h_k = 2.0 m，求舱内的进水量(v_s)。

解：

根据 Ⅰ 舱破损 h_k = 2.0 m，由舱室灌注算图中查得 v_s = 50 m³。

2) 求破损舱的流量(Q)

根据破口面积(S)或破口直径(d)和潜艇失事深度(H_{ss})，分别在横轴 S(或 d)标尺和 H 标尺上找到所在位置；连接 S 和 H_{ss} 两点作直线，当直线通过 Q 标尺时交点的读数，即为潜艇在此情况下，海水从破口进入舱内的流量(Q)。

【例题 2】续例题 1，S = 100 cm²，H_{ss} = 80 m，求海水从破口处进入舱内流量(Q)。

解：

由舱室灌注算图查得

$$Q = 18.0 \text{ m}^3/\text{min} = 1\,080.0 \text{ m}^3/\text{h} \qquad (5-2-10)$$

3) 求破损舱海水淹没破口上边缘的时间(t_k)

根据已知破损的进水量(v_s)和破口处的海水流量(Q)，分别在横轴 v_s 标尺和 Q 标尺上找到所在位置；连接 v_s 和 Q 两点作一直线，并将此直线延长至 t 标尺上，在 t 标尺上所得交点的读数，即为潜艇在此情况下，海水淹没破损舱破口上边缘所需的时间(t)。

【例题 3】续例题 1 和 2，v_s = 50.0 m³，Q = 18.0 m³/min，求破损舱海水淹没破口上边缘所需的时间 t。

解：

根据 Ⅰ 舱破损 v_s = 50.0 m³，Q = 18.0 m³/min，由舱室灌注算图中查得 t = 4.0 min。

【例题4】 续例题1、2和3,潜艇Ⅰ舱全部进满水时间多少?

解:

由舱室灌注算图中查得

$$v_s = 105.0 \text{ m}^3（\text{Ⅰ舱全部进水}）$$
$$Q = 18.0 \text{ m}^3/\text{min}$$
$$t = 11.0 \text{ min}$$

需要注意,海水灌注时间是根据破损舱未放高压气的情况下估算的。

(三) 抗沉高压气算图的组成和使用

1. 组成与用途

抗沉高压气算图是用来快速计算潜艇抗沉所需的高压气量的工具之一,见图5-2-4。图中曲线是各舱室的净容积曲线(或气体容积曲线),即 $v = f(h_k)$。纵

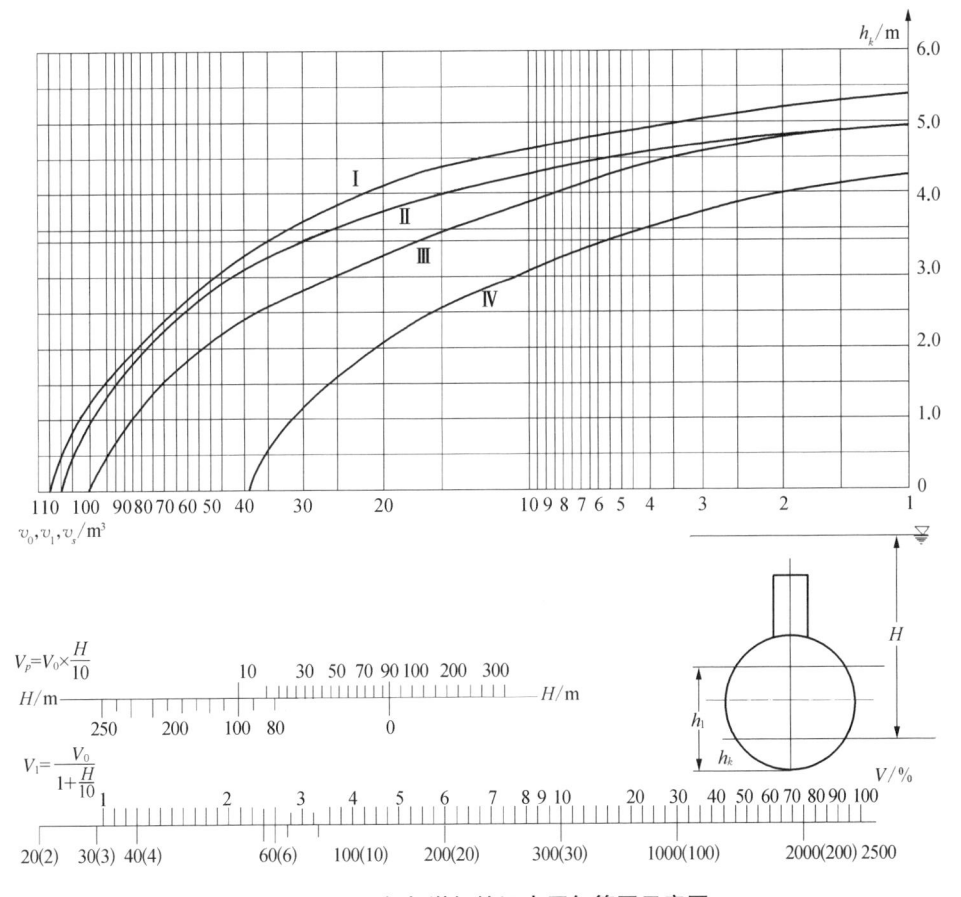

图5-2-4 假想潜艇抗沉高压气算图示意图

坐标是舱室的破口高度h_k,其刻度是等分的;横坐标是不同的参数,其刻度均采用对数标尺。

利用抗沉高压气算图可以解决以下三个方面的问题:

(1) 根据舱室的破口高度(h_k),可以查出破损舱内海水淹没破口上边缘时,舱内剩余的气体容积(v_0);

(2) 根据舱内剩余气体容积(v_0)和潜艇下潜深度(H_{xa}),可以查出破损舱不放高压气时,舱内气垫的容积(v_1)和高度(h_q);

(3) 根据舱的气体容积(v_0)、净容积(v)、进水容积(v_s)和潜艇下潜深度(H_{xa}),可以查出潜艇抗沉时的高压气需要量。

2. 使用方法

1) 求破损舱内剩余的气体容积(v_0)

已知舱室的破口高度h_k在纵轴上找到所在位置,由此作横轴的平行线,并与该破损舱的气体容积曲线相交于一点;从交点作横轴v_0标尺的垂线,所得交点的读数,即为在此h_k情况下,海水淹没破口上边缘时,破损舱内剩余的气体容积(v_0)。

【例题5】假想水下状态潜艇Ⅰ舱破损,h_k = 2.0 m,求破损舱内剩余的气体容积v_0。

解:

由抗沉高压气算图中查得

$$v_0 = 80 \text{ m}^3$$

2) 求破损舱不放高压气时气垫的容积(v_1)和高度(h_q)

根据已知舱内剩余气体容积(v_0)和潜艇失事深度(H_{ss}),分别在横轴v_0标尺和H标尺上找到所在位置;连接v_0和H_{ss}两点作一直线,并延长至图中底部的v_1标尺,所得交点的读数,即为在此情况下,破损舱内剩余气体容积经压缩后,所得的气垫容积(v_1);在曲线图横轴v_1的标尺上,找到已知v_1的位置,由此作横轴垂线,并与该舱气体容积曲线相交于一点;从交点作横轴的平行线,与纵轴相交于一点,所得交点向下至舱底的距离,为破损舱内的进水高度(h_s),交点向上至舱顶的距离,即为破损舱内气垫的高度(h_q)。

【例题6】求破损舱不放高压气时气垫的容积(v_1)和高度(h_q)。

解:

根据v_0 = 80 m³,H_{ss} = 80 m,由抗沉高压气算图中查得

$$v_1 = 4.0 \text{ m}^3$$

再由v_1 = 4.0 m³,由抗沉高压气算图中查得

$$h_s = 4.95 \text{ m}$$

则

$$h_q = h_c - h_s = 5.40 - 4.95 = 0.45 \text{ m}$$

上述气垫的容积和高度,也是根据破损舱未放高压气的情况下估算。

(四)堵漏的基本原则和基本要求

堵漏的基本原则是:在同一时间内,要使从破口进入艇内的水量最少。为此,在进行堵漏时有以下几点要求。

1)分秒必争,最大限度减少进水量

当艇员一旦发现舱内发生破口进水时,应即使用身边一切可以利用的器材、物品,先堵住主要水流,而后逐步加固裂缝。对于潜艇处于水上状态时发生的破口,先尽量采取措施阻止大量进水,即使不能完全阻止进水,也要最大限度地减少进水量,延长舱室和机械设备被淹没的时间,为抗沉创造有利条件。

2)协同配合好

从破口处进入舱内海水的压力往往都比较大,要想堵住较大水压下的破口,个人的力量难以克服,还必须靠数人间的协同配合,才能战胜水的压力。为此,平时应加强堵漏操练,明确分工,练好协同配合。

3)正确地使用高压气

当潜艇在水下状态发生破损进水时,对于舱室中部以下的破口,借高压气之助进行堵漏,是行之有效的。此外,对于舱室顶部破口,虽然放高压气能起到一定的作用,但造成高压气的大量泄漏损耗,往往会影响其他抗沉活动所必需的高压气。大量高压气漏出艇外,还会暴露潜艇在水下的位置,破坏潜艇的隐蔽性。因此,舱室顶部发生破口,在决定是否要向舱室放气时,必须遵循局部服从全局的基本原则,进行慎重处理。

4)根据需要和可能,不同破口不同对待

当舱内同时发生几处破口时,堵漏可灵活地采取:水下状态时应先堵上后堵下,水上状态时应先堵水线以下后堵水线以上的破口,以及先易后难等的次序进行。

5)根据破口特点,选用适当的堵漏器材

(1)使用堵漏器材时,应从侧面接近破口,以减小流水的冲击力。

(2)当艇体发生裂缝、裂口或比较平整的破口时,应在木板上垫上堵漏或橡皮,再用支柱等冲顶。

(3)当艇体发生比较规则的圆形或矩形破洞时,应用木塞、木楔堵住后用支柱加固,再用麻屑沾红铅油在木塞、木楔的周围捻缝。如果细缝、破洞边缘翻卷妨碍堵塞时,应将翻卷的边缘打平后再堵。

6)堵漏作业完成后的要求

破口堵好后,如条件允许,应尽可能在水面航行,必须在水下航行时,要使堵漏的质量能保持潜艇在安全深度内航行。

二、封舱和支顶

封舱和支顶是潜艇水下抗沉的重要手段之一,是限制进水在艇内蔓延的主要措施,是关系到破损潜艇安危与存亡的全局性问题;是潜艇指挥员指挥抗沉的主要任务之一。在潜艇设计阶段,为了提高潜艇的不沉性和生命力,各种类型潜艇都规定有一定的不沉性指标。在不沉性指标范围内的破损,只要能限制住海水的蔓延,潜艇是可以成功挽回的。

无数海损事实证明,潜艇在舱室破损进水后沉没的主要原因,并不是个别舱内的破口未能堵住,或者是个别舱内的进水未能排除,而是进水在艇内蔓延未能被制止,导致多舱被灌注而沉没。潜艇无论在水下还是在水上发生破损进水,指挥员除了进行必要的抗沉指挥外,必须组织全体艇员,尽一切努力限制进水在艇内蔓延,避免更严重的后果出现。

(一) 海水在艇内蔓延的原因

海水在艇内蔓延的原因,主要有以下四个方面:

(1) 潜艇在建造或修理过程中,对舱壁、防水门、舱口盖等的坚固性和密封性,没有达到质量指标的要求,特别是管路、电缆通过舱壁处的水密封性,未能保证质量;

(2) 平时对舱壁及其防水门和各种水密装置维护保养不周,使其失去原有的坚固性和密封性;

(3) 未严格按规定封闭好舱室,尤其潜艇航行、潜浮过程以及码头停泊等状态下,未能使各个防水门和舱口盖处于规定位置,这是海水在艇内蔓延的最主要原因,必须认真吸取过去多次发生的沉痛教训;

(4) 武器爆炸产生的冲击震动,或者是破损舱内的水压、气压过大,使舱壁、防水门、舱口盖等变形受损,失去原有的坚固性和密封性。

(二) 预防海水蔓延的措施

针对海水在艇内可能蔓延的原因,可采取以下措施进行预防:

(1) 凡新造潜艇和坞修完毕出厂的潜艇,在验收试航阶段,一定要按照潜艇设计任务书中的规定,对舱壁、防水门以及舱口盖等的坚固性和密封性进行试验检查,要求确保质量;

(2) 加强对舱壁、防水门、舱口盖以及各种水密装置的维护保养,保持经常处于良好状态,力争做到不带故障出海;

(3) 严格按照规定,正确地使用防水门、舱口盖和其他各种水密装置,确保处于规定状态;

(4) 当舱室发生破损进水,邻舱舱壁承受压力超过本身的耐压强度后,应根据具体情况,对舱壁和防水门采取适当的支顶加强措施。根据舱室的功能定位不同,潜艇舱壁主要分为垂直舱壁和曲面舱壁,舱壁的耐压强度决定着潜艇舱室失事进水的允许深度和高压气支顶的方案。通常情况下,不同潜艇、不同舱室,其舱壁的耐压强度是不相同的。

支顶加强舱壁的方法,可使用高压气体和支柱,但潜艇常常以高压气为主。

(三) 舱壁的贮备强度

潜艇舱壁贮备强度是指在应急情况下,舱壁短时期内所能承受的最大耐压强度,用符号 p_{cbmax} 表示。通常情况下,潜艇舱壁所能承受的最大耐压强度可用式(5-2-11)表示:

$$p_{cbmax} = \varepsilon_p \times p_{cb} \ (kgf/cm^2) \quad (5-2-11)$$

式中,ε_p 为舱壁耐压强度的贮备系数,通常取 $\varepsilon_p = 1.25$。

三、排水

排干破损舱内的海水,能最彻底地消除进水对潜艇不沉性带来的不良影响,是抗沉的一项重要措施。由于破口处的进水量与艇上排水设备的排水能力之间存在着比较大的差距,排水作用比较局限,不过,人们仍需发挥排水在潜艇抗沉中的作用。

(一) 排水在抗沉中的具体作用

(1) 主要用于排除破口基本堵好舱的积水,以及进入邻舱的渗水。

(2) 在破口未能堵好的情况下,排水可以延长舱室被灌注的时间,有利于艇员进行其他抗沉活动。

至于排除较大面积破口的进水,艇上的排水设备是无能为力的,因此,排水比较有效的办法仍旧是向破损舱内适时放高压气,把海水从破口处压出艇外,使舱内进水的水位保持在破口的上边缘。

(二) 破口进水流量

当潜艇在水下发生破损时,由于水的压力比较大,进水速度很快。破口处的进水量(即流量),可利用舱室灌注算图查得或利用下列公式进行估算:

$$Q = \mu \cdot s_{pk} \sqrt{2 \cdot g \cdot H_{pk}} \cdot 60 \ (m^3/min) \quad (5-2-12)$$

一般潜艇在水下 80 m 深度失事进水时,如果舱室破口面积 $s_{pk} = 100 \ cm^2$(或破口直径 $d_{pk} = 11.3 \ cm$),则破口处的流量(Q)为

$$Q = 14.3 \ m^3/min \ 或 \ Q = 858 \ m^3/h \quad (5-2-13)$$

(三) 排水注意事项

潜艇艇员不仅需要熟悉本艇排水系统的布置、使用、功效,还必须注意以下几

个问题。

1. 防止破坏潜艇的隐蔽性

当潜艇在水下排水时,如果舱底存有废油、脏物等,排水容易在海面留下痕迹,暴露潜艇在水下的位置。因此,潜艇艇员必须注意经常保持舱底清洁。如果在战时需要进行排水时,一般应选择在夜间或白天海面视距不良的情况下进行,排水完毕后,立即转移。

2. 防止破坏潜艇的平衡状态

当潜艇已均衡完毕,排水会引起潜艇产生的新浮力差和力矩差。因此,排水工作应与操纵、均衡潜艇等方法协同进行。

3. 防止水泵抽空

当潜艇存在大纵倾时,为了保障排水的效果,用水泵排水应注意泵的吸水高度,防止水泵抽空,必要时,舱内可放高压气建立适当压力。

4. 防止引起艇员得减压病

当舱室已建立反压力,且破口已经堵好,排水应按相关减压程序进行,防止出现减压病。如果破口未堵好,当艇浮出水面排水完毕后,应立即将破损舱内的艇员送进加压舱,进行减压治疗;当无加压舱设备时,也可把艇员送进潜艇的耐压舱内,进行减压。

四、平衡

平衡是潜艇水下抗沉的另一重要措施,其目的是当破损潜艇已经出现负浮力 Q_f 和纵倾力矩 M_{kp} 而失去平衡的情况下,及时产生足够的正浮力 Q 和扶正力矩 M_φ,使潜艇获得新的平衡,恢复潜艇的战斗力和生命力。

潜艇水下航行时,其浮力差和纵向力矩差均接近于零,依靠操纵车舵产生的动水力使潜艇进行潜浮机动。当舱室发生破损进水后,会使破损潜艇迅速产生负浮力和纵倾力矩,在各种力和力矩综合作用下,极有可能使破损艇发生大纵倾碰撞海底,或者沉到极限深度以下而沉没。因此,平衡破损潜艇是一项十分复杂和艰巨的任务,这项任务完成的好坏,直接关系破损潜艇的生死存亡。

(一)平衡潜艇的基本方法

目前水下平衡潜艇的方法如下。

1. 利用车、舵操纵潜艇产生动水力

此种方法操作迅速、简便,见效快,但能力有限,尤其当需承载舱室大量进水后所产生的负浮力和纵倾力矩,几乎是不可能的。因此,水下动力抗沉时,对平衡潜艇起辅助性作用。

2. 利用高压气吹除主压载水舱载水

这种方法一直以来是各国潜艇平衡所采用的主要方法。潜艇主压载水舱应急吹除系统的布置形式,过去均采用长管路吹除系统,这种形式的特点是:艇内各组高压气瓶内的气体,均必须先集中到指挥舱内的高压气操纵站和应急吹除操纵站,然后再吹除有关主压载水舱内的压载水,气体在管内流动时间长,损耗大,效果欠佳。为了改进长管路吹除系统的缺点,目前,一些新型潜艇已经采用短管路吹除系统。其特点是:各主压载水舱应急吹除时所需的高压气,由最靠近的高压气瓶组供应,大大减少了气体在管内流动的时间和损耗,提高对主压载水舱应急吹除的效果。

3. 抛出应急可弃压载

有些潜艇底部固定着一定数量的可弃固体压载或可弃龙骨,以便在潜艇处于危急情况下,通过自控方法将其抛离,迅速增加破损潜艇的正浮力和抬艏扶正力矩,但这种方法效果有限。

4. 其他方法

(1) 排出或转移辅助水舱、油舱的水和油。

(2) 抛出某些固体载荷(如鱼雷、水雷等)。

(3) 不得已时,向破损舱相反一端的舱室注水,以消除过大的纵倾力矩。

综上所述,各国潜艇水下平衡方法,均以高压气吹除主压载水舱为主要措施,而用车、舵、浮力调整水舱和纵倾均衡水舱注排水和调水为辅助措施。

(二) 平衡潜艇的基本原则

当潜艇在水下一旦发生破损后,随着舱内进水量不断增加,潜艇将产生负浮力和纵倾力矩,两者都会直接威胁潜艇安全。由于潜艇失事深度、破损舱位置以及失事海区的深度等条件不同,负浮力和纵倾力矩对潜艇安全威胁的严重程度也不一样。为此,开展潜艇平衡工作时,应遵循以下原则。

(1) 选择平衡舱(主要指压载水舱)应尽可能做到同时消除纵倾力矩和负浮力。

(2) 当纵倾力矩和负浮力不能同时消除时,应根据具体情况进行处理。如果海区水深超过潜艇下潜的极限深度,为避免失事潜艇带着大纵倾下沉碰撞海底,应以消除纵倾力矩为主选择平衡舱。

(3) 用作平衡的主压载水舱及其他液舱内的水,一般应尽可能排除干净,以减少或消除自由液面,保持艇的稳度。

(4) 当主压载水舱一舷破损后,一般不得将其另一舷吹除用作平衡舱,以避免失事潜艇在上浮过程中产生危险的固定横倾。

(三) 平衡潜艇的计算方法

1. 艇的负浮力 Q

若艇体无海底吸附力 p_{xf} 时:

$$Q_f = \sum_{i=1}^{m} v_s \ (\mathrm{m}^3) \qquad (5-2-14)$$

式中，v_s 为破损舱的进水容积，m^3。

若艇体有海底吸附力 p_{xf} 时：

$$Q_f = \sum_{i=1}^{m} v_s + \frac{p_{xf}}{\gamma} \ (m^3) \qquad (5-2-15)$$

海底对艇体的吸附力 p_{xf} 为

$$p_{xf} = N_{xi} \cdot \sum_{i=1}^{m} \gamma v_s \ (t) \qquad (5-2-16)$$

式中，N_{xi} 为海底底质的吸力系数，见表 5-2-1。

2. 艇的纵倾力矩 M_{kp}

$$M_{kp} = \sum_{i=1}^{m} M_c = \sum_{i=1}^{m} v_s \cdot x_c \ (m^4) \qquad (5-2-17)$$

式中，M_c 为破损舱进水后产生的纵倾力矩，m^4。

3. 艇的正浮力 Q

（1）艇安装有可弃压载时：

$$Q = \sum_{j=1}^{m} v_x + \frac{p}{\gamma} \ (m^3) \qquad (5-2-18)$$

（2）艇未安装可弃压载时：

$$Q = \sum_{j=1}^{n} v_x \ (m^3) \qquad (5-2-19)$$

4. 艇的纵向扶正力矩（M_φ）

（1）艇安装有可弃压载时：

$$M_\varphi = \sum_{j=1}^{n} M_x + \frac{p}{\gamma} \cdot x_p = \sum_{j=1}^{n} v_x \cdot x_x + \frac{p}{\gamma} \cdot x_p \ (m^4) \qquad (5-2-20)$$

（2）艇未安装可弃压载时：

$$M_\varphi = \sum_{j=1}^{n} M_x = \sum_{j=1}^{n} v_x \cdot x_x \ (m^4) \qquad (5-2-21)$$

5. 艇的浮力差（ΔQ）

$$\Delta Q = Q - Q_f \ (m^3) \qquad (5-2-22)$$

（1）当 $Q > Q_f$ 时，$\Delta Q > 0$，艇有正浮力，艇可以从海底自力浮起。

(2) 当 $Q<Q_f$ 时，$\Delta Q<0$，艇有负浮力，艇不能从海底自力浮起。

(3) 当 $Q = Q_f$ 时，$\Delta Q = 0$，艇为零浮力，艇亦不能从海底自力浮起。

6. 艇的纵向力矩差（ΔM_x）

$$\Delta M = \sum M_\varphi + \sum M_{kp} \ (\mathrm{m}^4) \quad (5-2-23)$$

当 $\Delta M_x = 0$ 时，艇的纵倾角 $\varphi = 0$，艇由海底正直浮起。

当 $\Delta M_x \neq 0$ 时，艇的纵倾角 $\varphi \neq 0$，艇带着纵倾由海底上浮。

这里需注意，首纵倾时，M_c 为正值；尾纵倾时，M_c 为负值；v_x 为主压载荷舱被吹除压载水的容积，m^3；M_x 为主压载水舱压载水被吹除后产生的扶正力矩，m^4。M_x 的符号规定同 M_c。

表 5-2-1　各种海底底质的吸力系数

序 号	海 底 底 质	吸 力 系 数
1	带砾石和沙粒的岩礁	0~0.05
2	粗沙底	0.05~0.10
3	砾石和细沙底	0.10~0.15
4	细沙底	0.15~0.20
5	淤泥层并在其下有软黏土	0.15~0.20
6	淤泥并带稠和黏的土	0.20~0.25
7	稠和黏的土并带有沙粒或贝壳	0.25~0.45

（四）气排主压载水舱水量的估算及平衡方案的制订

当指挥平衡潜艇时，究竟需要排除多少压载水？需要选择哪几个主压载水舱和辅助水舱为平衡舱？对于这些问题，如果没有一个大致的数量界限，而一切都是胸中无数的话，结果不仅不能取得良好的平衡效果，反而可能造成潜艇产生相反的纵倾，稳度降低，以及浪费高压气等不良后果。下面将研究气排主压载水舱水量的估算，以及制定平衡潜艇方案。

1. 估算破损舱室的进水量 v_s

可根据破口高度（h_k），从舱室诸元曲线图或舱室灌注算图中查得。

2. 计算破损潜艇产生的负浮力 Q_f 和纵倾力矩 M_{kp}

(1) 负浮力 Q_f：

$$Q_f = v_s \ (\mathrm{m}^3) \quad (5-2-24)$$

(2) 纵倾力矩 M_{kp} 可以根据舱室破口高度（h_k）从舱室诸元曲线图中查出，亦可以利用下列公式估算出：

$$M_{kp} = v_s \times x_{vc} \ (\text{m}^4) \qquad (5-2-25)$$

式中，x_{vc} 为舱室进水容积中心至潜艇舯船面的距离，m。

3. 选择平衡舱，估算排除水量

选择平衡舱，估算排除的水量，是根据 Q_f 和 M_{kp} 的大小以及平衡原则进行的。

(1) 根据要同时满足消除 Q_f 和 M_{kp} 的原则，应选破损舱两舷的主压载水舱为平衡舱。气排主压载舱的水量为

$$v_x = Q_f = v_s \ (\text{m}^3) \qquad (5-2-26)$$

(2) 如果破损舱两舷的主压载水舱同时破损，不能用作平衡舱时，根据消除 M_{kp} 为主原则，应选择比破损舱离潜艇舯船面稍远的主压载水舱为平衡舱，气排主压载水舱的水量为

$$v_z = \frac{M_{kp}}{x_{vz}} \ (\text{m}^3) \qquad (5-2-27)$$

式中，x_{vz} 为主压载水舱排水容积中心至潜艇舯船面的距离，m。

(3) 如果以消除 Q_f 为主时，应选择靠近潜艇舯船面的主压载水舱为平衡舱，气排主压载水舱的水量为

$$v_z = Q_f = v_s \ (\text{m}^3) \qquad (5-2-28)$$

4. 再次进行平衡时可采用的方法

当潜艇在水下破损进水被迫坐沉海底后，为了保证破损艇能安全地自浮出水面，通常均采用"主压载水舱逐个吹除法"使艇浮起。如果破损舱进水量较多。破损艇产生的 Q_f 和 M_{kp} 较大，有时需要吹除数个主压载水舱内的压载水，才能使潜艇自力浮出水面。因此当前一次吹除主压载水舱平衡后，再次平衡潜艇时，可灵活地采用以下的方法进行：

(1) 如果剩余的负浮力和纵倾力矩比较大时，可按上述第 3 步的办法，再次选平衡舱，进行气排主压载水舱消除；

(2) 如果剩余的负浮力和纵倾矩比较小时，可使用浮力调整水舱注排水和纵倾均衡水舱调水进行消除；

(3) 如果剩余的负浮力和纵倾力矩很小时，可用车、舵消除。

5. 几点说明

1) 对使用符号的规定

首纵倾为(+)，尾纵倾为(-)；注水为(+)，排水为(-)。

2) 对平衡结果的要求

剩余浮力：

$$Q \leqslant \pm 5\%V \quad (5-2-29)$$

剩余纵倾角：

$$\varphi \leqslant \pm 9° \quad (5-2-30)$$

3）对浮力调整水舱和纵倾均衡水舱内水量保持的要求

浮力调整水舱量：

$$v_s = \left(\frac{1}{3} \sim \frac{3}{4}\right)v \quad (5-2-31)$$

纵倾均衡水舱水量：

$$v_s = \left(\frac{1}{3} \sim \frac{2}{3}\right)v \quad (5-2-32)$$

（五）舱室诸元曲线图的组成和使用

1. 组成与用途

图 5-2-5 为假想潜艇 I 舱室舱室诸元曲线图示意图。图中的各曲线均按舱室破口高度（h_k）的函数绘制而成，主要包括：

（1）舱室总容积曲线 $v_{zg} = f(h_k)$，即舱室内在没有安装机械设备时的全部空间；

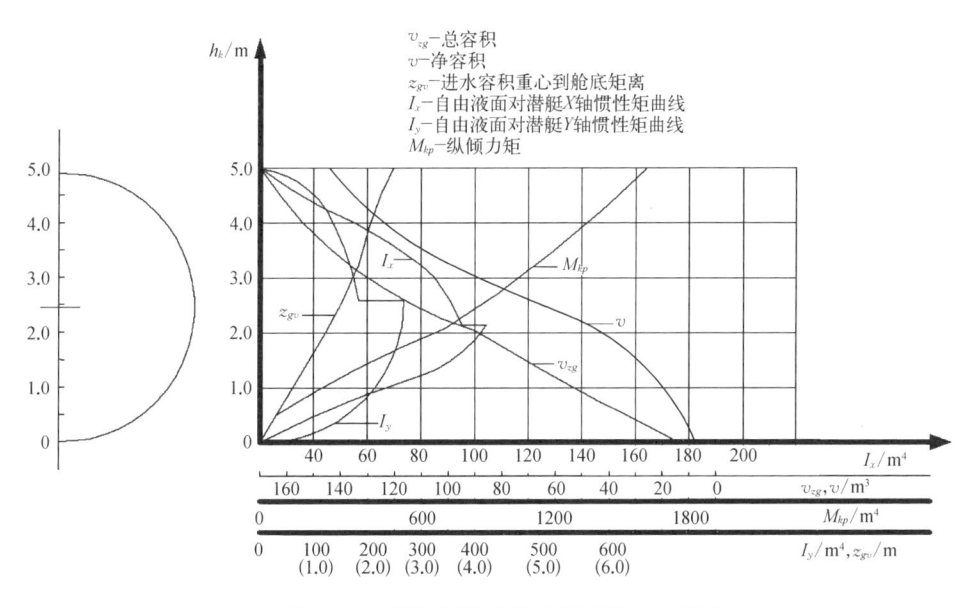

图 5-2-5 假想潜艇 I 舱室舱室诸元曲线图

(2) 舱室净容积曲线 $v=f(h_k)$，即扣除舱室内各种机械设备所占容积，剩下的其余空间，也就是舱室破损进水后，海水所能占据的容积；

(3) 纵倾力矩曲线 $M_{kp}=f(h_k)$，即舱室进水后，海水对潜艇所造成的纵倾力矩；

(4) 进水容积重心距离舱底高度曲线 $z_{gv}=f(h_k)$；

(5) 自由液面对潜艇 X 轴惯性矩曲线 $I_x=f(h_k)$；

(6) 自由液面对本舱室 Y 轴惯性矩曲线 $I_y=f(h_k)$。

图中横坐标、纵坐标采用直角坐标系，其刻度均是等分的。

利用舱室诸元曲线图可以解决以下两个方面的问题：

(1) 根据舱室破口的不同高度，可以查出破损舱的进水量和纵倾力矩的数值，为平衡潜艇、消除负浮力和纵倾力矩提供依据；

(2) 根据室破口的不同高度，还可以查出破损舱的进水容积重心高、自由液面对 Y 轴的惯性矩和自由液面对 Y 轴的惯性矩，为验算潜艇破损进水后的初稳度变化提供依据。

2. 使用方法

(1) 求破损的进水量 (v_s) 和纵倾力矩 (M_{kp})，如图 5-2-6 所示。

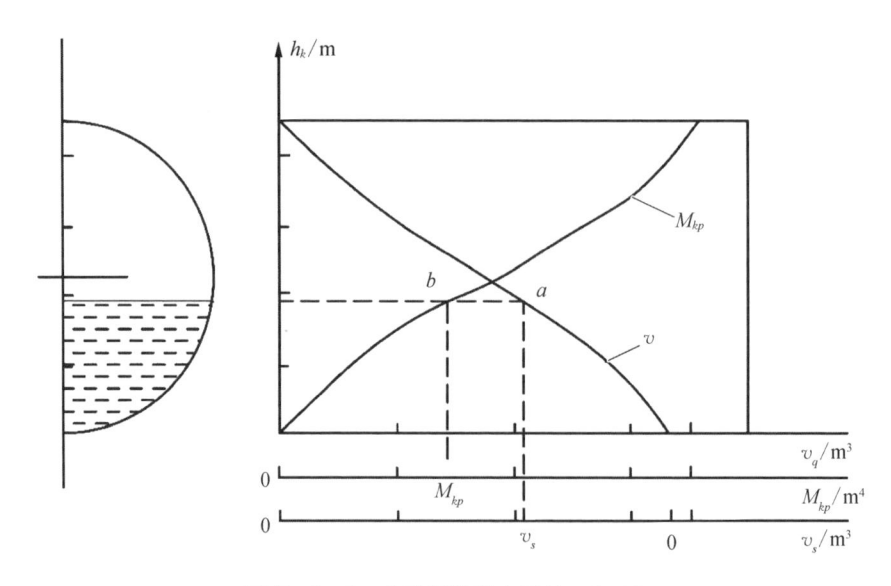

图 5-2-6 求破损舱进水后的 v_s 和 M_{kp}

根据破口高度 (h_k)，在该舱的舱室诸元曲线图纵轴上找到所在位置，并由此作横轴的平行线，分别与 v 曲线和 M_{kp} 曲线相交于 a 点和 b 点；分别从 a 点和 b 点作横轴的垂线,并与 v_s 和 M_{kp} 的标尺相交,所得交点的读数,即为在此 h_k 情况下,舱室的进水量 v_s 和产生的纵倾力矩 M_{kp}。

(2)求破损舱进水后的 z_{gv}、I_x 和 I_y 的方法步骤同上。

【例题 7】接例题 1,假想潜艇在水下 Ⅰ 舱右舷某肋骨处破损进水,破口高度 h_k = 2.0 m,对侧 3 号主压载水舱已同时破损不能用作平衡舱,海区水深为 100 m,各调整水舱的水量参数见表 5-2-2。

表 5-2-2 破损前各调整水舱的水量

名 称	浮 力 调 整 水 舱			纵 倾 均 衡 水 舱	
	1 号	2 号	3 号	艏部	艉部
水量/m³	12.00	5.00	6.00	4.00	4.00

解:

估算 Ⅰ 舱破损进水后产生的负浮力(Q_f)和纵倾力矩(M_{kp}):从舱室诸元曲线图中可以查得以下数据,当 h_k = 2.0 m 时,舱室进水量 v_s = 50.0 m³,则负浮力为

$$Q_f = v_s = 50.0 \text{ m}^3$$

纵倾力矩:

$$M_{kp} = 750.0 \text{ m}^4$$

选择平衡舱,估算排除的水量:如果要同时消除 Q_f 和 M_{kp},应首先选择破损舱对侧的主压载水舱为平衡舱。但是,该舱同时遭到破损,所以不能用作平衡舱;当同时消除 Q_f 和 M_{kp} 不能实现时,根据平衡原则的第二个要求,由于海底水深较浅,此时应以消除 M_{kp} 为主选择平衡舱。为此:首先排净 Ⅰ 舱附近的 2 号主压载水舱压载水;再排除 Ⅰ 舱附近 4 号主压载水舱部分压载水;最后用纵倾均衡水舱调水消除剩余的纵倾力矩。具体平衡方案综合列表见表 5-2-3。均衡水舱的调量:

$$q_{F \to A} = \frac{M_{kp}}{l} = \frac{30}{45} = 0.67 \text{ m}^3$$

式中,l 为首尾纵倾均衡水舱之间的距离,m。

表 5-2-3　平 衡 方 案

序 号	平衡舱名称	注排水量/m³	纵向力矩/m⁴
第 1 次平衡	一舱破损进水	50.0	750.0
	排净 2 号主压载水	−25.0	−600.0
	平衡结果	25.0	150.0
第 2 次平衡	排除 4 号主压载水舱部分压载水	−25.0	−120.0
	平衡结果	0.0	30.0
第 3 次平衡	艏均衡水舱排水	−0.67	−15.0
	艉均衡水舱注水	0.67	−15.0
	平衡结果	0.0	0.0

平衡前后浮力调整水舱和纵倾均衡水舱内的水量见表 5-2-4。

表 5-2-4　辅助水舱水量

名　称	浮力调整水舱			纵倾均衡水舱	
	1号	2号	3号	艏部	艉部
水量/m³	12.00	5.00	6.00	3.33	4.67

以上对于在潜艇水下抗沉中,堵漏、封舱和支顶、排水、平衡潜艇四项抗沉措施的研究是逐个进行的,但实际情况是,当潜艇在水下一旦发生破损进水后,这些措施是分别在不同的舱室和不同的战位上同时进行的。但是,对于指挥员来说,必须要统筹全局,根据潜艇当时的情况,分清主次和轻重缓急,进行抗沉的组织指挥。

第三节　高压气在抗沉中的使用

高压气抗沉,是潜艇水下抗沉的另一重要措施。

高压气是潜艇水下抗沉极为重要的物质基础,当潜艇在水下一旦发生艇体破损进水后,如果没有一定数量的高压气保证,破损潜艇将难以避免遭到沉没的结局。因为潜艇在水下进行抗沉时,堵漏、支顶舱壁、排水和平衡潜艇,都需要使用高压气,随着潜艇失事深度的增大,对高压气的需要量会急剧地增加。但是,各国潜艇上高压气的贮存量总是有限的,远远不能满足潜艇在较大深度下抗沉斗争的需要,抗沉斗争的需要与艇上可供给之间存在着尖锐的矛盾。因此,任何时候,高压气的使用都应该十分慎重,必须利用有限的高压气发挥出最大效能。本节重点介绍高压气在抗沉中的使用。

一、高压气的使用原则和使用方法

为了在抗沉斗争中,能正确地使用高压气,除必须注意掌握基本的数量界限,避免因胸中无数发生错误外,还必须明确根据高压气使用的基本原则和方法,来确定哪些地方该用气,哪些地方该少用或不用;哪些地方该优先保证供气,哪些地方该缓用气,以便更好地发挥人的主观能动作用,将有限的高压气贮量发挥出最大效能。

(一)高压气使用原则

为了使潜艇发生破损进水时,能有尽可能多的高压气,满足抗沉需要,以利于保持和恢复潜艇的战斗力和生命力,必须遵守以下高压气的使用基本原则:

(1)保障贮备,节约使用;

(2)分析矛盾,抓住全局;

(3)集中力量,先克关键;

(4)平衡潜艇,自力上浮。

(二)高压气的使用方法

在遵循高压气使用原则同时,潜艇在水下使用高压气抗沉应注意根据实际情况处理。

(1)如果决定潜艇立即浮出水面进行损管时,高压气主要应用于排除主压载水舱的压载水,使艇迅速上浮。

(2)如果决定潜艇在水下继续航行机动,抗沉的主要目的是迅速制止急剧增加的负浮力、纵倾力矩和下沉惯性,保持和恢复艇的定深航行。高压气除用于排除主压载水舱的压载水外,还应及时地向破损舱供气,将进水限制在破口的上边缘,减少由此产生的负浮力和纵倾力矩。

(3)如果决定潜艇坐沉海底进行损管,除破损堵漏、邻舱支顶舱壁和排除主压载水舱用气外,其他方面的用气,必须根据方案来执行,切记要保持破损潜艇自力上浮所需要的高压气。

(4)切实掌握各项抗沉措施的供气时机,例如向主压载水舱供气排水的时机,一般应在使用车、舵已有不能保持潜艇深航行的趋势时,立即进行。

(5)无论海上或停靠码头期间,艇员必须认真执行有关规定,确保本艇的高压气贮量达到规定指标,并力争尽可能多的贮存量。此外,在抗沉过程中,艇员还要严格掌握对高压气的控制使用。

(6)在水下破损进水后,艇员还应根据当时艇上的高压气贮存量,估算出破损潜艇可以上浮(或下潜)的最大深度,做到胸中有数。

(7) 当舱室的破口已堵好并加固,如果要解除进水舱的气压时,可用空气压缩机进行舱室降压,以增加高压气的贮存量。但是,无论解除进水舱的气压,还是解除邻舱的气压,都必须严格按照相关规定进行,防止艇员得减压病。

二、高压气贮存量的计算

潜艇高压气量的估算,是按高压气总贮量的百分比来表示的。在高压气瓶数量一定的情况下,高压气总贮量的百分比可以通过各组气瓶的压力来判断。

(一) 高压气贮存量的计算

估算高压气贮存量的目的,是掌握潜艇贮存高压气的数量,便于潜艇上浮下潜、抗沉使用。这个数据很重要,它是制定抗沉时高压气使用方案,以及确定破损潜艇可以上浮最大深度的基本依据。

高压气最大贮存量可按下列公式计算:

$$V_q = n \cdot v \cdot p \tag{5-3-1}$$

式中,n 为气瓶数目;v 为单个气瓶容积;p 为气瓶工作压力,该数值由具体潜艇而定。

当气瓶贮气量为 1% 时,气体的体积为

$$\alpha = 1\% \times V_q \tag{5-3-2}$$

其余情况下的贮气量,可按理类推。

目前各国潜艇上高压气的贮存量和消耗量大多通过压力表上的指示压力估算出来。但是在实际使用过程中,高压气贮存量和需要量表示方法,既不用气体的体积来表示,也不用气体的压力来表示,因为两种方法不易说明量的多少。

通常情况下,根据气瓶的平均压力(p_m)换算成高压气体积的百分数来表示高压气的贮存量。气体平均压力与高压气体积百分数的对应关系是,当所有气瓶的平均压力为最大工作压力 P_M 时,确定此时高压气体积百分数为 100%。平均压力每组差 $0.01P_M$ 时,对应于高压气体积百分数就相差 1%,若平均压力相差 $0.05P_M$ 时,对应高压力气体积百分数就相差 5%。这种表示方法使用简便,也能较明确地说明量的多少。

1. 按每组气瓶数目的精确计算法

设潜艇高压气瓶组数目为 N,则高压气贮存量的平均压力(p_m)为

$$p_{m1} = \frac{\sum_{i=1}^{N} n_i p_i}{\sum_{i=1}^{N} n_i} \tag{5-3-3}$$

潜艇的高压气贮存量(A_0)为

$$A_0 = \frac{p_m}{0.01 P_M} = \frac{p_m}{\alpha} \qquad (5-3-4)$$

式中，N 为气瓶组的数目；n_i 为第 i 组气瓶内气瓶的数目；p_i 为第 i 个气瓶的气体压力；P_M 为气瓶的最大工作压力。

2. 按气瓶组数目的近似估算法

高压气贮存量的平均压力 (p_m) 为

$$p_m = \frac{\sum_{i=1}^{N} P_i}{N} \qquad (5-3-5)$$

高压气贮存量 (A_0) 为

$$A_0 = \frac{p_m}{0.01 P_M} = \frac{p_m}{\alpha} \qquad (5-3-6)$$

式中，P_i 为第 i 组气瓶的平均气体压力。

精确计算和近似估算方法的主要区别是，前者按照各组气瓶的数目进行计算，比较精确；后者不考虑气瓶的数目，只按照气瓶组的数目进行计算，存在一定误差。在日常海上执勤和战备训练等情况下，潜艇一般都采用近似估算法。这种方法，运算简便，结果基本可靠。只有在一些特殊情况下，如破损潜艇坐沉海底后在制订由海底自浮方案等情况下，才有必要使用精确计算法。

（二）抗沉时高压气需要量的计算

1. 抗沉时高压气的主要用途

同潜艇水下破损进水作斗争时，使用高压气主要解决以下三个方面的问题：

（1）向破损舱供气堵漏，将进水限制在破口的上边缘；

（2）向相邻舱室供气支顶舱壁，防止进水在艇内蔓延；

（3）向主压载水舱供气排水，平衡潜艇，消除负浮力和纵倾力矩。

2. 抗沉时高压气需要量的计算法

当潜艇在水下发生破损进水后，已知需要供气舱室的容积和潜艇所处的失事深度 H_{ss}，则抗沉时高压气需要量 A 的计算公式，推导如下。

在容积为 v 舱室内建立 $1\ \text{kgf/cm}^2$ 的反压力，需要的高压气量为 $v \cdot 1 = v$，根据失事深度 H_{ss}，建立相应的 P_H 的反压力，需要的高压气量为

$$A = v \cdot P_H / \alpha \ [(\text{m}^3 \cdot \text{kgf})/\text{cm}^2] \qquad (5-3-7)$$

式中，v 舱室的气体容积或排除主压载水容积，m^3；P_H 所处失事深度相对应的水压力 [$P_H = (H_{ss}/10)\ \text{kgf/cm}^2$，10 m 深为 $1\ \text{kgf/cm}^2$]；α 为占艇内全部高压气贮存量 1% 时的高压气体积，是常数。

潜艇破损状态下,堵漏、支顶、平衡需用的高压气分步说明如下。

(1) 求向破损舱供气堵塞破口的高压气需要量(A_{dl}):

$$A_{dl} = \frac{v - v_s}{\alpha} \cdot P_H \,(\%) \qquad (5-3-8)$$

或

$$A_{dl} = \frac{v_q}{\alpha} \cdot P_H \,(\%) \qquad (5-3-9)$$

(2) 求向邻舱供气支顶舱壁的高压气需要量(A_{zd}):

$$A_{zd} = \frac{v}{\alpha} \cdot (P_H - P_{cb}) \,(\%) \qquad (5-3-10)$$

(3) 求向主压载水舱供气平衡潜艇的高压气需要量(A_{ph}):

$$A_{ph} = \frac{v_z}{\alpha} \cdot (P_H + 1) \,(\%) \qquad (5-3-11)$$

或

$$A_{ph} = \frac{v_s}{\alpha} \cdot (P_H + 1) \,(\%) \qquad (5-3-12)$$

(4) 求抗沉高压气总需要量(A_{zh}):

$$A_{zh} = A_{dl} + \sum_{i=1}^{n} A_{zd} + A_{ph} \,(\%) \qquad (5-3-13)$$

式中,P_{cb}为舱壁的耐压强度,kgf/cm^2;1为海面上的空气压力,即1 kgf/cm^2。

特别注意的是,当运用上述基本公式计算不同抗沉措施的高压气需要量时,一定要具体情况具体分析,否则就会发生差错。

现将抗沉时高压气需要量的计算公式综合列表见表5-3-1。

表5-3-1 计算抗沉时高压气需要量公式的综合表

基 本 公 式	$A = \frac{1}{\alpha} \cdot v \cdot P_H$
具体运用　向破损舱供气堵塞破口	$A_{dl} = \frac{v - v_s}{\alpha} \cdot P_H$ 或 $A_{dl} = \frac{v_q}{\alpha} \cdot P_H$

续 表

基 本 公 式	$A = \dfrac{1}{\alpha} \cdot v \cdot P_H$
具体运用　向邻舱供气支顶舱壁	$A_{zd} = \dfrac{v}{\alpha} \cdot (P_H - P_{cb})$
向主压载水舱供气平衡潜艇	$A_{ph} = \dfrac{v_z}{\alpha} \cdot (P_H + 1)$ 或 $A_{ph} = \dfrac{v_s}{\alpha} \cdot (P_H + 1)$
抗沉总需要的高压气量	$A_{zh} = A_{dl} + \sum\limits_{i=1}^{n} A_{zd} + A_{ph}$

【例题 8】试用计算法估算破损潜艇可以采取几种潜浮状态下(80 m 定深机动力、坐标 100 m 深海底、上浮到 50 m 机动)抗沉高压气需要量。假设潜艇舱壁承压为 $5.0\ \text{kg/cm}^2$，高压气储量为 85%，Ⅰ舱破口上方空间容积 $v_q = 80\ \text{m}^3$，Ⅱ舱容积 $v = 80\ \text{m}^3$，需排水的主压在水舱 $v_s = 50\ \text{m}^3$。

解：

为了便于计算和对比使用，通常采用列表法进行估算，如表 5-3-2 所示。

表 5-3-2　列表法例题表格

	定深机动(H_{ss} = 80 m)	坐沉海底(H_{ss} = 100 m)	上浮到 50 m 机动(H_{ss} = 50 m)
向Ⅰ舱供气堵塞破口	$A_\text{Ⅰ} = \dfrac{v_q}{\alpha} \times P_H$ $= \dfrac{80.0}{25.0} \times 8.0 = 25.6\%$	$A_\text{Ⅰ} = \dfrac{80.0}{25.0} \times 10.0$ $= 32.0\%$	$A_\text{Ⅰ} = \dfrac{80.0}{25.0} \times 5.0$ $= 16.0\%$
向Ⅱ舱供气支顶舱壁	$A_\text{Ⅱ} = \dfrac{v}{\alpha} \times (P_H - P_{cb})$ $= \dfrac{95.0}{25.0} \times (8.0 - 5.0)$ $= 11.4\%$	$A_\text{Ⅱ} = \dfrac{95.0}{25.0} \times (10.0 - 5.0)$ $= 19.0\%$	$A_\text{Ⅱ} = 0$
向有关主压载水舱供气平衡潜艇	$A_{ph} = \dfrac{v_s}{\alpha} \times (P_H + 1)$ $= \dfrac{50.0}{25.0} \times (8.0 + 1.0)$ $= 18.0\%$	$A_{ph} = \dfrac{50.0}{25.0} \times (10.0 + 1.0)$ $= 22.0\%$	$A_{ph} = \dfrac{50}{31} \times (5 + 15)$ $= 10.2\%$
抗沉时总共需要的高压气量	$A_{zh} = A_\text{Ⅰ} + A_\text{Ⅱ} + A_{ph} = 55.0\%$	$A_{zh} = A_\text{Ⅰ} + A_\text{Ⅱ} + A_{ph} = 73.0\%$	$A_{zh} = A_\text{Ⅰ} + A_{ph} = 26.3\%$
结论	可以采用	可以采用	可以采用

3. 抗沉时高压气需要量的查图法

为了减少抗沉高压气计算量,有关部门特绘制了抗沉高压气算图(图 5-2-4)和舱室抗沉高压气需要量曲线图供抗沉使用。

1) 利用抗沉高压气算图求抗沉时的高压气需求量

利用"抗沉高压气算图"求抗沉时高压气需要量的基本方法是,首先从算图中分别求出堵塞破口、支顶舱壁和平衡潜艇各项抗沉措施所需的高压气量,然后将它们相加,即得抗沉时总共需要的高压气量,分步说明如下。

(1) 求向破损舱供气堵塞破口的高压气需要量(A_{dl})。

首先,根据破口高度(h_k)在纵轴上找到所在位置,由此作横轴的平行线,与该舱的净容积曲线相交于一点,再由交点作横 v_0 标尺的垂线,所得交点的读数,即为在此 h_k 情况下,海水淹没到破口上边缘时,舱内保存的空气容积(v_q)。

然后,再作 v_q 和潜艇失事深度(H_{ss})之间的连线,并延长与横轴 V 标尺相交于一点,该交点的读数,即为在此破损情况下,向破损舱供气堵塞破口,把进水的水位限制在破口上边缘时,所需的高压气量(A_{dl})。

这里注意,潜艇下潜艇深度 H 的数据,要选用 H 标尺上面的刻度。

(2) 求向邻舱供气支顶舱壁的高压气需要量(A_{zd})。

具体方法同上,但要注意以下两点:

其一,将 v_q 改为用舱室净容积(v)的数值来算图;

其二,将 H_{ss} 改为用($H_{ss} - 10 \times P_{cb}$)的差值来算图。

(3) 求向主压载水舱供气平衡潜艇的高压气需要量(A_{ph})。

具体方法仍同上,但也要注意以下两点:

其一,将 v_q 改为用气排主压载水舱压载水的容积 v_z(或破损舱的进水容积 v_s)的数值来查算图;

其二,将 H_{ss} 改为用($H+10$)的数值来查算图。

(4) 求抗沉时总共需要的高压气量(A_{zh})。

$$A_{zh} = A_{dl} + \sum_{i=1}^{n} A_{zd} + A_{ph} \qquad (5-3-14)$$

2) 利用舱室抗沉高压需要量曲线图求抗沉时的高压气需要量

舱室抗沉高压气需要量曲线图是根据下列两个基本公式计算绘制成的。即

$$A_{zh} = \frac{1}{\alpha} \cdot v \cdot P_H$$

$$A_{sh} = A_{dl} + \sum_{i=1}^{n} A_{xd} + A_{ph} \qquad (5-3-15)$$

该曲线图为潜艇艇员在平时或实战中进行抗沉指挥提供了极为方便的条件。图 5-3-1 为假想潜艇第 I 舱的抗沉高压气需要量曲线图。

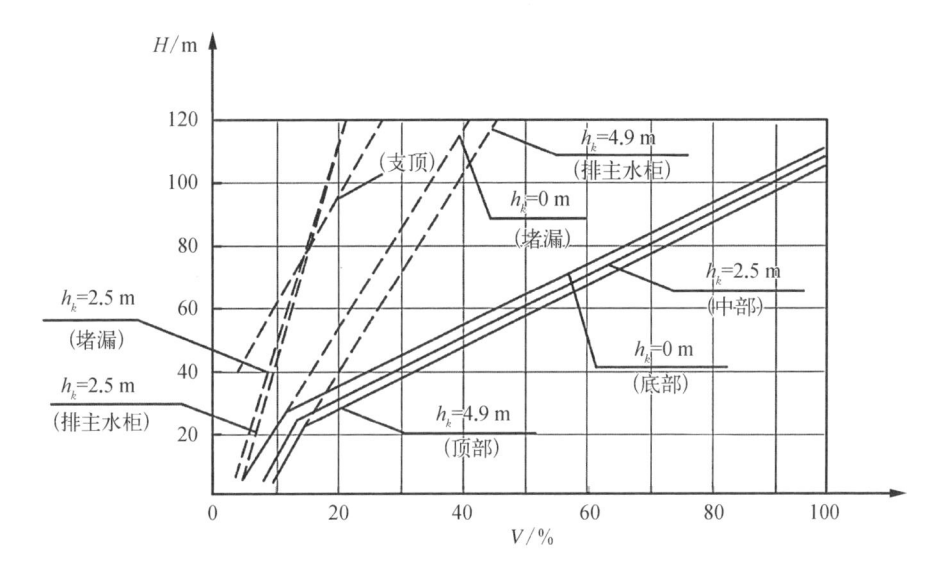

图 5-3-1　假想潜艇第 I 舱的抗沉高压气需要量曲线图

图中实线：舱室在发生三种不同破口位置(即底部、中部和顶部)，抗沉总共需要的高压气量 A_{zh}(即破损舱堵漏、邻舱支顶舱壁和气排主压载舱平衡潜艇三个方面总共需要的高压气量)。

图中的虚线：上述三种不同破口位置，破损舱堵漏、邻舱支顶舱壁和气排主压载水舱平衡潜艇各单项抗沉措施所需的高压气量(即 A_{dl}、A_{zd}、A_{ph})。

图中的横坐标、纵坐标采用直角坐标系，刻度是等分的。

利用舱室抗沉高压气需要量曲线图可以非常迅速方便地解决以下两个重要问题。

(1) 根据舱室不同的破口高度(v_s)和潜艇的下潜深度，可以查出抗沉时总共需要的高压气量(A_{zh})。

(2) 根据舱室不同的破口高度(h_k)和潜艇破损时艇内的高压气贮存量 A_0(应急组包括在内)，可以查出潜艇单舱破损进水后，允许上浮(或下潜)的最大深度($H_{\max}$)。

使用曲线图求抗沉时总共需要高压气量(A_{zh})的方法步骤如下：

首先，根据潜艇下潜深度 H 的数值，在纵轴 H 标尺上找到所在位置，由此作横轴的平行线，与破口高度 h_k 的实线相交于 a 点；

然后，从交点 a 作横轴 V 标尺的垂线，并相交于 A_1 点，所得交点的读数，即为在此破损情况下潜艇抗沉总共需要的高压气量(A_{zh})。

4. 尚未考虑的耗气因素及其修正方法
1) 尚未考虑的耗气因素

在上述两种估算抗沉高压气需要量的方法中,仅仅考虑了潜艇在水下抗沉斗争时,高压气的主要用途,即破损舱供气堵漏、邻舱供气支顶壁以及气排主压载水舱平衡潜艇三个方面,没有包括其他方面可能还需要消耗的高压气量,因此仍不够完善。这里未考虑的耗气因素主要包括以下几种。

(1) 破损舱可能发生的高压气泄漏损耗。

前面研究向破损舱供气阻止破口进水时,是基于这样的假设,舱室发生破口进水后,艇员立即向舱内放高压气,将进水限制在破口上边缘,但未考虑进水未淹没破口之前,高压气可能从破口处泄漏到舷外的问题。实际情况下,进水和放气都是有速度的,基本不会出现如上述那样巧合,必然有一个变化过程,才能达到最终的舱内气水平衡状态。

进水速度快慢,取决于破口大小、下潜深度,以及舱内反压力增长速度。在既定破损状态下,舱内反压力建立快慢是关键。反压力建立愈快,进水量就愈少,反之进水量就愈多,对潜艇安全威胁也就愈大。

舱内建立反压力的速度,称为增压率,其大小主要取决于高压气的压力。压力愈高,流速就愈快,增压率也愈高。从抗沉出发,应当尽量提高破损舱的增压率,但考虑艇员身体适应能力,一般取破损舱的增压率不宜过大,即可以保持潜艇在 40 m 深度失事时,在 1 min 内就能阻止破口进水。

总之,受破损舱进水速度与放气速度影响,当水下潜艇的舷部或顶部发生破口时,艇员向舱内放气堵漏,高压气的泄漏损耗是难以避免的。这种泄漏耗气量的多少,是难以用数学的方法估算出来的。

(2) 克服潜艇下沉惯性需要的耗气量。

当潜艇在水下航行期间发生破损进水时,在负浮力、纵倾力矩和艇体流体动力三者作用下,潜艇一般会以一定速度下沉。如果不采取措施,潜艇一开始就以一定的加速度下沉,最后由于受到水的阻力作用,而接近等速下沉,直至沉没海底。如果负浮力和纵倾力矩得到迅速消除,潜艇下沉速度减慢,但由于惯性作用,其下沉深度仍将超过到达理论平衡位置时的深度,直至下沉的惯性力被正浮力和水的阻力完全抵消时,才能制止潜艇下沉。因此,为了克服潜艇下沉的惯性力,必须适当地多排除一部分主动压载水舱的压载水,而气排主压载水舱的水量增多,必然要增加高压气的需要量。至于克服潜艇下沉惯性,多消耗的高压气量,也是难以用数学的方法估算出来。

(3) 气排主压水舱使艇自力上浮需要的高压量。

无论正常状态或者是失事进水后,当潜艇从深度上浮到半潜状态时,都需要采用气排主动压载水舱的压载水来实现。对于这一部分的耗气量,一般可以考虑是一个常数。

(4) 气瓶内高压气本身最后对抗沉失效的部分。

气瓶内高压气本身最后对抗沉失效的部分,包括以下两个方面。

其一,潜艇在水下抗沉斗争中,需要放出的高压气,能够在最短时间内,迅速建立起所需要的反压力,因此要求高压气本身出气猛,速度快。如果气瓶内高压气的贮存量已经不多,而艇外的水压或舱内的反压力又比较大,此时高压气可能已不能按抗沉要求放出,或者是即使能缓慢地放出,但对抗沉斗争作用已经不大。对于这部分气体,称为对潜艇抗沉斗争来说,是气瓶内高压气的失效气部分。

其二,当气瓶内高压气的压力,已经与艇外水压或舱内反压力相平衡,此时瓶内的高压气不能再放出,这也是气瓶内高压气本身最后的失效部分。

因此,在计算抗沉高压气需求量时,应该从潜艇破损时艇内高压气贮存量中,将这部分失效气体扣除掉。

2) 修正的方法

为了弥补估算抗沉高压气需要量时存在的上述问题,从保证破损艇的安全出发,在制定抗沉高压气使用方案,以及确定潜艇水下破损进水后可以上浮(或下潜)最大深度时,不应将潜艇失事当时艇内贮存的全部高压气量,都用来制定方案和确定最大深度,而应留有一安全贮存量(ε_q),用以修正在上述估算法中存在的不足之处。因此,在制定抗沉高压气使用方案和确定破损潜艇可以上浮(或下潜)的最大深度时,应扣除 ε_q 的高压气贮存量,以修正在上述理论计算中,未能包括到的因素。

修正后求抗沉高压气需要量总的计算公式如下:

$$A_{zh} = A_{dl} + \sum_{i=1}^{n} A_{zd} + A_{ph} + \varepsilon_q \qquad (5-3-16)$$

要求:

$$A_{zh} \leq A_0 \qquad (5-3-17)$$

三、水下破损潜艇可以上浮(或下潜)最大深度的确定

破损潜艇可以上浮(或下潜)的最大深度,是指在潜艇的不沉性指标范围内,根据舱室破口高度,及其潜艇失事后艇内的高压气实际贮存量,允许破损潜艇从海底可以自力浮起或水下继续航行的最大潜水深度,用符号 $H_{\max}$ 表示。

为了确定潜艇水下破损进水后可以上浮(或下潜)的最大深度,各国潜艇大多使用计算法、查图法两种方法来进行。

(一) 计算法

计算潜艇水下破损进水后可以上浮(或下潜)最大深度($H_{\max}$)公式的依据,是

求抗沉时高压气需要量的公式,推导出 H_{max} 的公式,公式本身无新的物理意义。由于潜艇舱壁的样式及其耐压强度种类繁多,因此,当不同的舱室在水下破损进水后,求 H_{max} 的公式也就不完全相同,下面结合例题展开介绍。

【例题 9】 假想潜艇在水下 100 m 深度失事,Ⅰ舱破损进水,当时艇内高压气贮存量为 A_o(应急组包括在内),试推导出计算 H_{sfmax} 的公式。

解:

1. 抗沉时高压气需要量 A_{zh}

$$A_{zh} = A_{dl} + A_{zd} + A_{ph}$$

$$= \frac{v_{1q}}{\alpha} \cdot P_H + \frac{v_2}{\alpha} \cdot (P_H - p_{1A}) + \frac{v_z}{\alpha} \cdot (P_H + 1) \quad (5-3-18)$$

$$A_{zh} = \frac{1}{\alpha}[v_{1q} \cdot P_H + v_2 \cdot (P_H - p_{1A}) + v_z \cdot (P_H + 1)] \quad (5-3-19)$$

$$A_{zh} = \frac{1}{\alpha}[P_H(v_{1q} + v_2 + v_z) - (v_2 \cdot p_{1A} - v_z)] \quad (5-3-20)$$

$$P_H(v_{1q} + v_2 + v_z) = \alpha \cdot A_{zh} + (v_2 \cdot p_{1A} - v_z) \quad (5-3-21)$$

$$P_H = \frac{\alpha \cdot A_{zh} + v_2 \cdot p_{1A} - v_z}{v_{1q} + v_2 + v_z} \; (\text{kgf/cm}^2) \quad (5-3-22)$$

那么

$$H_{sfmax} = P_H \times 10 = \frac{\alpha \cdot A_0 + v_2 \cdot p_{1A} - v_z}{v_{1q} + v_2 + v_z} \times 10 \; (\text{m}) \quad (5-3-23)$$

式中,P_{1A} 为舱艇尾方向舱壁的耐压强度,kgf/cm²;v_2 为Ⅱ舱的净容积,m³;其余符号意义同前。

2. 公式使用范围的讨论

(1) 要求 $H_{ss} < 60$ m

若 $H_{ss} < 60$ m,图 5-3-2 中Ⅱ舱就不需要供气支顶舱壁,式(5-3-23)分子和分母的第 2 项均为 0,则整个公式就要发生变化。

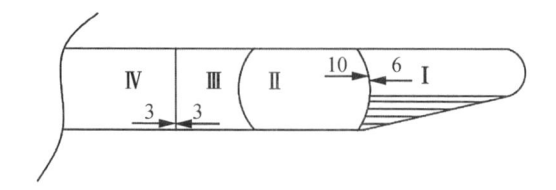

图 5-3-2 用高压气支顶舱壁示意图(单位: kgf/cm²)

(2) 要求 $H_{ss} \geq 160$ m

若 $H_{ss} \geq 160$ m，图 5-4-1 中的Ⅲ舱也要供气支顶舱壁，式(5-3-23)的分子和分母均应由三项式增加为四项式，则整个公式也要发生变化。

(3) 上述公式的使用范围是

$$60 \text{ m} \leq H_{ss} < 160 \text{ m} \qquad (5-3-24)$$

3. 公式的使用的几点说明

(1) 公式中 α、v_1 和 P_{1A} 均为常数，其意义和数值同前。

(2) 当潜艇在水下舱室破损进水后，若破口高度(v_s)已知，则 v_{1q} 和 v_z 的数值也就确定。v_{1q} 和 v_z 的意义和确定方法也同前。

(3) 若已知潜艇失事时的下潜深度，$H_{ss} = 10 \times P_H (\text{m})$，就可以从上述公式求出潜艇抗沉时总共需要的高压气量 A_{zh}。

(4) 若已知潜艇失事时高压气贮量 A_0（应急组包括在内），也可以从上述公式中求出潜艇水下破损进水后可以上浮（或下潜）的最大深度 H_{sfmax}。

(5) A_0 数值的确定，一定要扣除 $\varepsilon = 20\% \sim 25\%$ 的安全贮量后，再代入上述公式中进行计算。

4. H_{sfmax} 公式的一般表达式

$$H_{sfmax} = \frac{\alpha \cdot A_0 + \sum_{i=1}^{m}\left(v_i \cdot \sum_{j=1}^{n} p_{cb}\right) - v_z}{v_q + \sum_{i=1}^{n} v_i + v_z} \qquad (5-3-25)$$

式中，i 为需要供气支顶舱壁的舱室数目；j 为需要供气支顶的舱壁数目。

【例题 10】假想潜艇在水下Ⅰ舱右舷破损进水，$h_k = 2.0$ m，$v_{1q} = 80.0$ m^3，$v_z = v_{1s} = 50.0$ m^3，$v_{\text{Ⅱ}} = 95.0$ m^3，$H_{ss} = 80$ m，$H_{hd} = 100$ m，$A_0 = 85\%$，$\varepsilon = 20\%$。

请用计算法求破损艇的 H_{sfmax}。

解：

取 $A_0 = 85 - 20 = 65\%$，则

$$\begin{aligned}
H_{sfmax} &= \frac{\alpha \cdot A_0 + v_1 \cdot p_{1A} - v_z}{v_{1q} + v_1 + v_z} \times 10 \\
&= \frac{25.0 \times 65 + 95.0 \times 6.0 - 50.0}{80.0 + 95.0 + 50.0} \times 10 \\
&= 9.533 \times 10 = 95.33 \text{ m}
\end{aligned} \qquad (5-3-26)$$

(二) 查图法

利用舱室抗沉高压气需要量曲线图能迅速简便地确定潜艇水下破损进水后，

可以上浮(或下潜)的最大深度($H_{sf\max}$)。具体方法步骤如下：

(1) 查明破损所在的舱室号码与破口高度(h_k)，并找到相应的曲线图；

(2) 根据潜艇失事当时的高压气贮量(A_0)，先扣除 20%~25%，再在横轴 V 标尺上找到所在位置，并由此作垂线与 h_k 的实线相交于 a 点；

(3) 从 a 点作纵轴 H 标尺的垂线，并相交于 b 点，所得交点的读数，即为在此情况下，破损潜艇可以上浮(或下潜)的最大深度($H_{sf\max}$)，如图 5-3-3 所示。

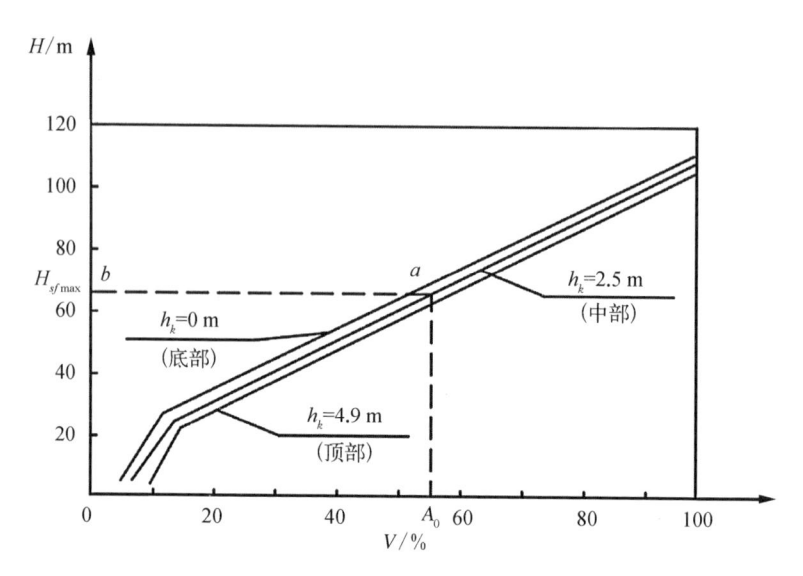

图 5-3-3 假想潜艇 I 舱的抗沉高压气需要量曲线图

【例题 11】假想的潜艇在水下 I 舱右舷破损进水，h_k = 2.0 m，A_0 = 85%。试用查图法求破损艇的 $H_{sf\max}$。

解：

根据图 5-3-3，查出破损艇的 $H_{sf\max}$ 结果如表 5-3-3 所示。

表 5-3-3 破损艇的 $H_{sf\max}$ 结果

高压气贮存量 A_0/%	取 A_0 = (85-20)/% = 65%	取 A_0 = (85-25)/% = 60%
$H_{sf\max}$/m	76	70

此外，还可以利用潜艇单舱破损进水后可以上浮(或下潜)的最大深度表，更迅速简便地查出破损艇的 $H_{sf\max}$ 数值。使用时，只要知道破损舱室的号码、破口的高度，以及艇上所贮存的高压气量(包括应急组在内)，就可以从表中查出潜艇单舱破损进水后可以上浮(或下潜)的最大深度($H_{sf\max}$)。

第四节　破损潜艇从海底自浮

正常潜艇可以从海底自力浮起但是潜艇在水下发生破损进水后,情况是比较复杂的,有时虽经艇员奋力抢救,仍无法使潜艇保持水下平衡状态,或者是由于海面有敌情,也不允许潜艇迅速浮出水面,而是被迫坐沉海底进行抗沉。此时,可能出现两种情况:一种是经过艇员努力,破口被堵住,进入破损舱的水也被排出,此时潜艇从海底实施自浮是比较容易处理和实现的;另一种是破口未能堵住,但进水被限制在破损舱内,此时潜艇从海底实施自浮是比较复杂和困难的。

一旦发生破损,潜艇被迫坐沉海底进行抗沉时,艇内高压气贮存量一般不会很多。因此,艇员必须细致地制定由海底自浮方案,力争一次起浮成功。

一、破损潜艇水下自浮基本条件与准备工作

(一) 基本条件

破损潜艇发生舱室进水后,需从海底实施自浮时,必须具备下列各项基本条件:

(1) 确保破损舱两端舱壁和防水门等的强度和密封性,严防进水在艇内蔓延;

(2) 能够建立起足够的正浮力,保证破损潜艇可以实施自力上浮。其中除了消除由于破损舱进水所产生的负浮力外,还必须要能克服海底对艇体的吸附力;

(3) 在建立正浮力的同时,还应具有消除失事纵倾的扶正力矩,不允许存在固定横倾,保证破损潜艇自浮时,尽可能正直浮起,横倾角基本没有,纵倾角也相对较小;

(4) 保持破损潜艇的水下稳度,不得小于该艇所规定的稳度最低值,为此,要尽力消除或减少艇内存在的自由液面;

(5) 具有自浮时所必需的高压气贮存量。

(二) 准备工作

潜艇海底自浮还需要做好下列准备工作:

(1) 掌握破损的状况,了解破损舱位置、破损部位、破口高度、影响范围及其修复的可能性等;

(2) 摸清抗沉器材设备现状,尤其掌握高压气贮量,以及车、舵和主要管路系统等的工作状况;

(3) 摸清艇内食品和救生器材的贮量;

(4) 摸清潜艇坐沉海底的状况,即了解海底的深度和海底的底质;

（5）掌握人员状态等其他准备工作。

二、破损潜艇从海底自浮的相关计算

潜艇从海底自浮需要考虑堵漏、支撑、排水和平衡等内容，还需要校核从海底自浮方案需要校核方案实施后的浮力、初稳性、横（纵）倾角是否在可接受的范围；高压气需求能否满足等。本节将对潜艇海底自浮的相关计算进行介绍。

（一）上浮力 Q 的计算

破损潜艇要想从海底实施自浮，必须首先满足第一个要求，即

$$Q > F_↓ \quad (5-4-1)$$

式中，$F_↓$ 是潜艇的下沉力（或坐底力），其大小由以下三部分组成，即

$$F_↓ = \gamma v_s + p_{xf} + \Delta Q \quad (5-4-2)$$

而 Q 是破损潜艇从海底实施自浮时所需要的上浮力，其分以下两种情况。

（1）当潜艇安装有可弃压载时：

$$Q = \gamma \cdot \varepsilon v_s - p \quad (5-4-3)$$

（2）当潜艇未安装有可弃压载时：

$$Q = \gamma \cdot \varepsilon v_s \quad (5-4-4)$$

潜艇能够实现海底自浮，必须满足 $Q > F_↓$，实际上就是气排主压载水舱的压载水量，具体应按下列两种情况来确定。

（1）当潜艇安装有可弃压载时：

$$\begin{aligned} \gamma \cdot \varepsilon v_z &> (\gamma v_s + p_{xf}) - p + \Delta Q \\ &= \gamma v_s (1 + N_{xl}) \end{aligned} \quad (5-4-5)$$

（2）当潜艇未安装有可弃压载时：

$$\begin{aligned} \gamma \cdot \varepsilon v_z &> \gamma v_s + p_{xf} + \Delta Q \\ &= \gamma v_s (1 + N_{xl}) \end{aligned} \quad (5-4-6)$$

式中，γv_s 为由破损舱进水所产生的负浮力，其数值可根据破口高度（h_x）从舱室诸元曲线图中查得，其方向永远向下；ΔQ 为破损前潜艇具有的剩余浮力(t)，其大小可正可负，由于此数值一般较小，故在计算中可省略不计；p_{xf} 为海底对艇体的吸附力，其大小可按下列公式估算 $p_{xf} = N_{xl} \cdot \gamma v_s$；$N_{xl}$ 为吸力系数，其数值由海底的底质来确定；p 为可弃压载重量(t)。

(二) 破损潜艇从海底上浮时的纵倾

破损潜艇如果要从海底实施安全自浮,必须满足第二个要求,即

$$M_\varphi = M_{kp} \tag{5-4-7}$$

这要求两者大小相等,方向相反,合力矩为 0,如图 5-4-1 所示。

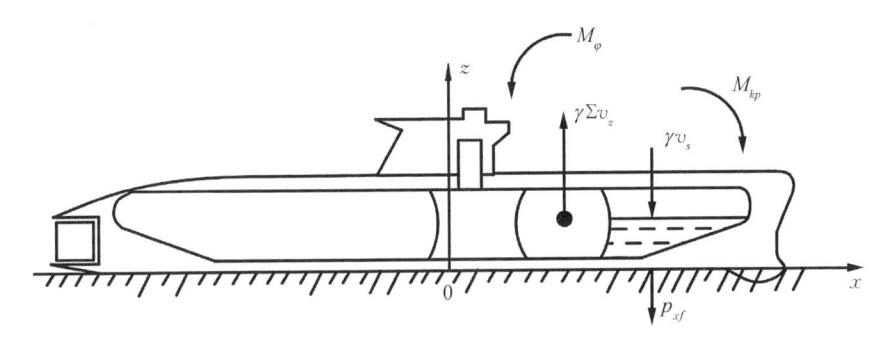

图 5-4-1 破损潜艇从海底上浮时的力和纵向力矩

1. 纵倾力矩

$$M_{kp} = \gamma v_{sc} \cdot x_c + p_{xf} \cdot x_{xf} \tag{5-4-8}$$

2. 扶正力矩

(1) 当潜艇安装有可弃压载时:

$$M_\varphi = \varepsilon(\gamma v_z \cdot x_{zc}) + p \cdot x_p \tag{5-4-9}$$

(2) 当潜艇未安装有可弃压载时:

$$M_\varphi = \varepsilon(\gamma v_z \cdot x_{zc}) \tag{5-4-10}$$

当破损潜艇离开海底后,要求:

$$\varepsilon(\gamma v_z \cdot x_{zc}) = \gamma v_s \cdot x_{sc} \tag{5-4-11}$$

因为当潜艇离开海底后,p_{xf} 和 $p_{xf} \cdot x_{xf}$ 均为 0,此外,由 p_{xf} 所产生的力矩,其合力作用点取决于海底的地形,实际是无法精确求得的。因此,在计算过程中不作考虑。其实际存在的吸附力力矩,可根据当时具体情况,采用纵倾均衡水舱调水来消除,当艇离开海底后,可按原水量调回。

综上所述,破损潜艇如果要从海底实施安全自浮,必须具备以下两个条件。即

$$\begin{cases} Q > F \downarrow \\ M_\varphi = M_{kp} \end{cases} \tag{5-4-12}$$

通常情况下,该计算过程列表进行,见表 5-4-1。

表 5-4-1　潜艇自浮计算列表

名　称	注、排水量 /m³	纵向(距舯面) 力臂/m	纵向(距舯面) 力矩/m⁴	垂向(距基线) 力臂/m	垂向(距基线) 力矩/m⁴	自由液面对潜艇 x 轴惯性矩/m⁴
×舱破损进水	v_s	x_s	M_{xc}	z_c	M_{zc}	i_{xc}
排除×号主压载水舱	$-v_z$	$-x_z$	M_{xc}	z_c	M_{zc}	i_{xz}
排除×号主压载水舱	$-v_z$	$-x_z$	M_{xc}	z_c	M_{zc}	i_{xz}
⋮	⋮	⋮	⋮	⋮	⋮	⋮
结果	ΔQ	—	ΔM_x	—	ΔM_z	ε_{1x}

对计算结果的分析如下：

(1) $\Delta Q<0$，若为负值，表明艇轻，有正浮力，用以克服海底时艇体的吸附力(M_{kp})，要求 $\Delta Q<M_{kp}$，但两者之间的差值不宜过大，能保证破损潜艇离开海底即可；

(2) $\Delta M_x \approx 0$，保证破损潜艇尽可能做到正直上浮，若存在小量的 ΔM_x 时，可采用纵倾均衡水舱调水消除；

(3) 当破损潜艇从海底自浮的方案选择好后，还要确定艇起浮时，主、辅水舱的排水次序表，根据表中各水舱计算应排除的水量，依次排除，操纵潜艇从海底自力浮起。

制定主、辅水舱排水次序表的基本依据如下：

(1) 先排破损舱一端有关主、辅水舱的水，以减少海底对艇体的吸附力，有利于破损艇离底浮起；

(2) 先排可控制主、辅水舱的水，最后排不可控制主、辅水舱的水。

（三）其他计算参数的校核

1. 上浮时高压气需要量的校核

当破损潜艇从海底自浮的方案确定后，为了检查方案的可行性，首先必须对上浮时的高压气需要量进行校核，并检查艇内当时所贮存的高压气量能否满足。关于对高压气需要量的校核方法，与第三节介绍方法基本相同，但要注意以下几点。

(1) 确定向主压载水舱供气排除压载水的高压气需要量，应按照从海底自浮方案中实际需排除的水量进行计算，而不应仅根据破损舱的进水量进行计算。

(2) 确定向邻舱供气支顶舱壁的高压气需要量，在邻舱内需要建立多大的反压力，应根据当时的实际情况慎重确定。

(3) 为了克服海底对艇体的吸附力(M_{kp})及其吸附力矩，使破损潜艇能顺利地离底浮起。一般应采用浮力调整水舱排水和纵倾均衡水舱调水消除。这样既有利于节省高压气的需要量,而且当 M_{kp} 及其力矩一旦消失后,能方便地恢复原状。

(4) 上浮时总共需要的高压气量为

$$A_{zh} = A_{dl} + \sum_{i=1}^{n} A_{zd} + A_{ph} + \varepsilon_q \ (\%) \qquad (5-4-13)$$

(5) 上浮时对艇内高压气贮存量的要求:

$$A_0 \geqslant A_{zh} \ (\%) \qquad (5-4-14)$$

2. 上浮时水下横稳度的校核

如果在确定破损潜艇从海底自浮方案时,需要排除耐压艇体内较多的辅助水舱内的水,使艇的重心有明显升高;或者是艇内多处存在大面积的自由液面时,为保证破损潜艇起浮过程的安全,严防艇一旦离开海底起浮后,发生倾覆的危险,为此还必须对所确定的自浮方案进行横稳度校核计算,要求横稳度不能小于各型潜艇所规定稳度的最低值。具体计算方法,可按下列公式进行:

$$h_\downarrow = Z_{c\downarrow} - Z_{c\downarrow 1} + \Delta p_{x2} + \varepsilon \Delta p \qquad (5-4-15)$$

$$Z_{g\downarrow 1} = \frac{D_\downarrow \cdot Z_{g\downarrow} + \Delta M_z}{D_\downarrow + \Delta Q} \ (\text{m}) \qquad (5-4-16)$$

$$\varepsilon \Delta p = -\frac{\varepsilon I_x}{(D_\downarrow + \Delta Q)/\gamma} \ (\text{m}) \qquad (5-4-17)$$

式中,$Z_{c\downarrow}$ 为潜艇水下排水容积中心的垂向坐标,m,其数值可从浮力与初稳度曲线图中查得;$Z_{g\downarrow}$ 为破损艇从海底自浮方案确定后的重心垂向坐标,m;$D_\downarrow$ 为潜艇正常装载时的水下重量排水量,t;$Z_{g\downarrow 1}$ 为 $D_\downarrow$ 的重心垂向坐标,m;Δp_{x2} 为耐压艇体内各液舱自由液面对横稳度的修正值;γ 为水的密度,通常 $\gamma = 1.0 \text{ t/m}^3$,$\varepsilon \Delta p$ 为破损艇舱室和主压载舱内实际存在的自由液面对横稳度的修正值;ΔQ、ΔM、εI_x 均为上述从海底自浮方案表中的计算结果。

3. 上浮时最大纵倾角($\varphi_{\max}$)的校核和消除

为了保证破损潜艇在上浮过程中的安全,防止因上浮时的纵倾角过大造成意外的事故。为此,当破损潜艇从海底自浮方案确定后,还必须对潜艇可能产生的纵倾角进行计算。根据潜艇在某一个平衡位置时纵倾力矩和扶正力矩相等的原理,即可计算出上浮时的最大纵倾角($\varphi_{\max}$)。

破损潜艇的纵向扶正力矩:

$$M_\varphi = \gamma V_\downarrow \cdot \sin \varphi \approx \gamma V_\downarrow \cdot H_\downarrow \cdot \varphi \qquad (5-4-18)$$

破损潜艇的纵倾力矩：

$$M_{kp} = \Delta M_x (\Delta M_x \text{ 的数值已从平衡自浮方案表中计算出})$$

根据 $M_\varphi = M_{kp}$ 的原理，即

$$\gamma V_\downarrow \cdot H_\downarrow \cdot \varphi = \Delta M_x \quad (5-4-19)$$

可得

$$\varphi_{\max} = \frac{\Delta M_x}{\gamma V_\downarrow \cdot H_\downarrow} \times 57.3 \quad (5-4-20)$$

如果 $\varphi_{\max}$ 值过大，应在起浮前做好均衡计算，以便在艇离开海底自浮后均衡。若采用均衡柜调水，还不能消除过大的纵倾角，不得已时，可采用向艇艏部或艉部舱室注满海水，或者抛出艇内的某些固体载荷来消除，但不应使破损潜艇处境更恶劣，或者导致失去动力。

（四）例题计算

【例题 12】假想水下潜艇的一舱右舷破损进水，给定 $h_k = 2.0$ m，$v_{1q} = 80.0$ m³，$v_{1s} = 50.0$ m³，$v_1 = 95.0$ m³，$H_{ss} = 80$ m，$H_{hd} = 100$ m，海底底质为鹅卵石带细泥底，$A_0 = 95\%$。请校核假想破损潜艇从 100 m 海底实施自浮的相关计算。

解：

1. 计算所需上浮力（或正浮力）

1) 估算海底对艇体的吸附力（p_{xf}）

已知：海底底质为鹅卵石带细沙底，取海底吸力系数 $N_{xl} = 0.15$，海水密度 $\gamma = 1$ t/m³，破损前艇的剩余浮力 $\Delta Q \approx 0$，则

$$p_{xf} = N_{xl} \cdot \gamma \cdot v_{1s} = 0.15 \times 50.0 = 7.5 \quad (5-4-21)$$

式（5-4-21）表示海底的吸附力约为 7.5 m³ 的海水重力。

2) 计算艇从海底自浮时所需的上浮力（Q）

$$Q = v_{1s} + \frac{p_{xf}}{\gamma} = 50.0 + 7.5 = 57.5 \quad (5-4-22)$$

式（5-4-22）说明潜艇要实现海底上浮应向上提供 57.5 m³ 的海水浮力。

2. 制定破损艇平衡上浮方案并确定排水次序表

1) 制定平衡上浮方案

制定平衡上浮方案时通常列表计算，如表 5-4-2 所示。

表 5-4-2 平衡上浮方案

平衡舱名称		注、排水量/m³	纵向（距舯船面）	
			力臂/m	力矩/m⁴
	一舱破损进水	50.0	15	750.0
	排净 1 号主压载水舱压载水	−25.0	—	−600.0
	排净 2 号主压载水舱压载水	−25.0	—	−120.0
	排除 1 号浮力调整水舱部分水	−7.5	—	−38.0
从艇艉向艇艏调水	艏均衡舱注水	0.18	45	4.0
	艉均衡水舱排水	0.18	45	4.0
	平衡结果	−7.5	—	0

（1）求剩余纵向力矩 ΔM_x：

$$\begin{aligned} \Delta M_x &= M_{kp} + M_{\varphi} \\ &= 750.0 - (600.0 + 120.0 + 38.0) \\ &= -8.0 \end{aligned} \quad (5-4-23)$$

计算结果，ΔM_x 为负值，说明艇艏轻，破损艇存在尾纵倾，故应从艉均衡水舱向艏均衡水舱调水。

（2）假设两个调水舱距离为 45 m，求调水量 q：

$$q_{A-F} = \frac{\Delta M_x}{l} = \frac{8.0}{45.0} = 0.18 \text{ m}^3 \quad (5-4-24)$$

（3）$\Delta Q = -7.5 \text{ m}^3$。说明艇浮起时轻了 7.5 t，即有 7.5 t 的上浮力用来克服海底对艇体的吸附力。实际操纵破损艇离底时，所需的上浮力必须大于 7.5 t，才有可能使艇离底浮起。

（4）$\Delta M_x = 0$。说明破损潜艇可以在无纵倾情况下，从海底实施自力浮起。

2）确定浮起时的排水方案

（1）首先排净 1 号和 2 号主压载水舱的压载水，分别为 25 t；

（2）定量排除 1 号浮力调整水舱的 7.5 t 水；

（3）定量从艏均衡水舱向艉均衡水舱调 0.18 t 水。

3. 校核潜艇上浮时的高压气需要量

利用本章第三节的计算法或查图法，分别计算堵漏用气 A_{dl}、支顶用气 A_{zd}、平衡用气 A_{ph}，这里利用查图法分别查到 $A_{dl} = 32.0\%$、$A_{zd} = 19.0\%$、$A_{ph} = 22.0\%$。取高压气安全贮备系数 $\varepsilon_q = 20\%$，则破损潜艇自力上浮需要的高压气量（A_{zh}）：

$$A_{zh} = A_{dl} + A_{zd} + A_{ph} + \varepsilon_q$$
$$= 32.0 + 19.0 + 22.0 + 20$$
$$= 93\% \qquad (5-4-25)$$

破损潜艇在起浮前的高压气贮存量为

$$A_0 = 95\% \qquad (5-4-26)$$

由于 $A_0 > A_{zh}$，故抗沉高压气使用方案是可行的。

4. 验算艇上浮时的横稳度

$$h_\downarrow = Z_{c\downarrow} - Z_{g\downarrow 1} + \Delta\rho_1 + \Delta\rho_2 \qquad (5-4-27)$$

从浮力与初稳度曲线图中查得 $Z_{c\downarrow} = 3.20 \text{ m}$；$\Delta\rho_x = -0.015 \text{ m}$ 是常数；$Z_{g\downarrow 1}$ 通过表 5-4-3 计算如下。

表 5-4-3　破损潜艇均衡计算

名　称	排水体积/m³	垂向(距基线) 力臂/m	垂向(距基线) 力矩/m⁴	自由液面对潜艇 X 轴惯性矩/m⁴
水下状态	1 700.0	3.00	5 100.0	—
一舱破损进水	50.0	2.50	125.0	60.0
排净 1 号主压载水舱	−25.0	2.80	−70.0	—
排除 2 号主压载水舱	−25.0	4.22	−105.5	70.0
总计	1 700.0	2.97	5 049.5	130.0

注：因 1 号浮力调整水舱排 7.5 t 水后，在潜艇离开海底后，会重新注水 7.5 t，故本表计算不考虑。

由 $Z_{g\downarrow 1} = 2.970 \text{ m}$（不考虑浮力调整水舱的影响）得

$$h_\downarrow = Z_{c\downarrow} - Z_{g\downarrow 1} + \Delta\rho_x$$
$$= 3.20 - 2.97 - 0.015$$
$$= 0.215 \text{ m} \qquad (5-4-28)$$

结论：艇在上浮过程中，该横稳度能够保证潜艇安全。

三、破损潜艇上浮分析

（一）上浮过程中力和力矩的变化情况

当破损潜艇按照事先制订好的由海底自浮方案，依次排除有关主压载水舱内水时，艇在上浮过程中力和力矩的变化情况大致如下：

（1）主压载水舱排水开始时，负浮力 $F_\downarrow$ 及其倾斜力矩 M_{kp} 具有最大值，并且在排水和上浮过程中保持不变；

(2) 当艇离开海底后,海底吸附力 p_{xf} 及其力矩 M_{xf} 均为 0,它们对艇不再起作用;

(3) 主压载水舱排水开始前,正浮力 Q 及其力矩 M_φ 均为 0,随着排除水量的增加而增加,到排水结束时,达到最大值。

(二) 上浮过程中力和力矩可能出现的几种情况

(1) 随着主压载水舱的排水,当同时达到 $Q = F\downarrow$、$M_\varphi = M_{kp}$ 时,此时破损潜艇在 $\varphi \approx 0$ 的情况下上浮,这是最佳的理想情况,但在实践中可能性较少。

(2) 随着主压载水舱的排水,当 $Q = F\downarrow$、$M_\varphi \neq M_{kp}$ 时,此时无论 M_φ 和 M_{kp} 哪一个更大,破损艇都在 $\varphi \neq 0$ 的情况下浮,φ 的大小取决于两个力矩综合的结果,方向与纵向力矩大的一端相同。

(3) 随着主压载水舱的排水,当 $Q < F\downarrow$、$M_\varphi \neq M_{kp}$ 时,此时要求继续排水,直到 $Q = F\downarrow$、$M_\varphi > M_{kp}$ 时,艇在 $\varphi \neq 0$ 的情况下上浮,φ 的大小取决于力矩综合的结果,方向和 M_φ 一致。

上述三种情况下,第一种情况是最佳的,应该要力争做到,但不易办到。而第二、第三种情况,是一般情况,必然会遇到。如果当纵向力矩差 $\Delta M_x = M_\varphi - M_{kp}$ 过大时,潜艇在上浮过程中将会出现危险纵倾,此时即使主压载水舱排除干净,也将不可能消除危险纵倾。因此,在制定破损潜艇从海底自浮方案时,必须进行详细的力矩平衡,尽可能使 $\Delta M_x \approx 0$,为操纵破损潜艇自浮创造良好条件。

(三) 潜艇具有大纵倾状态下主压载水舱的排水情况

当潜艇具有大纵倾状态下,主压载水舱内压载水要完全吹除干净是不可能的。排除水量的多少,在既定的纵倾角条件下,取决于通海阀或排水孔的布置位置。

从图 5-4-2 可知,当潜艇在水下破损后,为了尽可能将主压载水舱排除干净,以利于破损艇平衡上浮。通海阀或海水孔的合理布置如下。

(1) 如果布置在水舱中间,当 $\varphi \neq 0$ 排水时,艏艉排水机会均等;

(2) 如果布置在水舱两端,艏部水舱应布置在水舱首部,艇首纵倾时,排水比较干净,艉部水舱应布置在水舱尾部,艇尾纵倾时,排水比较干净。

此外,潜艇如发生大的失事纵倾时,若用气排主压载水舱压载水的方法来挽回失事纵倾,也会有类似情况出现。为了既节省高压气的损耗,又取得良好的平衡效果,供气排除主压载水舱不要一次性排除,而应随着纵倾角不断减小,分多次将主压载水舱排除干净。

当破损潜艇出现大纵倾时,在舱室破口未能堵好的情况下,由于大纵倾的存在,会使破损舱内的液面变动,部分气体会从破口处跑出艇外,从而会增加破损舱内的进水量,艇员操纵破损潜艇平衡上浮时,不应忽视此问题。

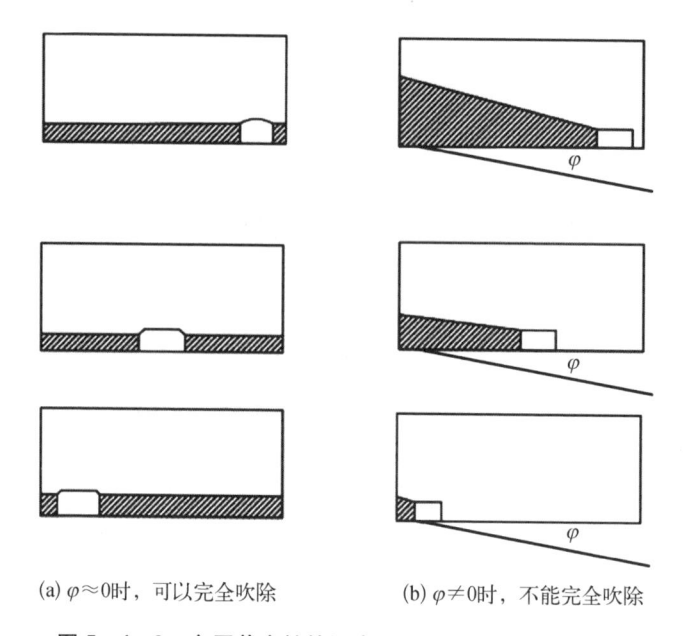

(a) $\varphi \approx 0$ 时，可以完全吹除 (b) $\varphi \neq 0$ 时，不能完全吹除

图 5-4-2　主压载水舱的通海阀或排水孔的布置与排水

（四）大横倾对破损潜艇自浮的影响

当破损潜艇离开海底上浮过程中，若出现有大横倾时，会产生以下不良的后果。

（1）在舱室破口未能堵好的情况下，若出艇存在大的横倾，同样会使破损舱内的液面变动，部分气体从破口处跑出艇外，增加破损舱的进水量，对破损潜艇平衡上浮不利。

（2）艇在上浮过程中，若存在大的横倾，上浮时水流会冲击艇的一舷，形成一个横倾力矩。

（3）当上浮的速度较大时，此横倾力矩可能会使潜艇翻倒，或者随着横倾角的不断增大，从舱室破口处跑出的气体愈来愈多，舱内的进水量也将愈来愈多，甚至使破损潜艇再次坐沉海底，如图 5-4-3 所示。因此，在制定破损潜艇从海底自浮方案时，要避免破损艇存在固定的横倾。

综上所述，当破损潜艇从海底自浮时，必须对艇进行认真平衡，尽量做到使横倾和纵倾都为零。

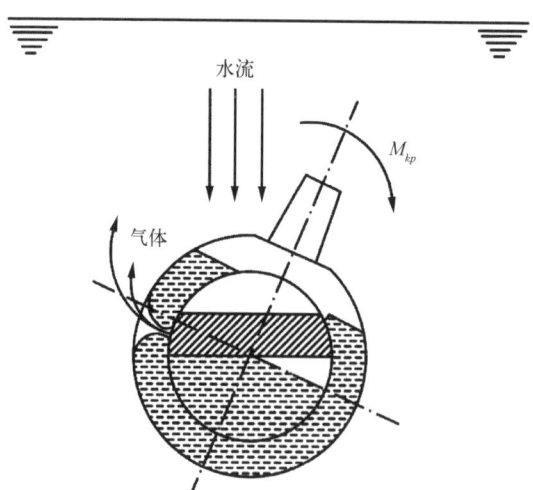

图 5-4-3　潜艇上浮过程中高压气溢出示意图

否则盲目气排主压载水舱压载水,损耗了宝贵的高压气,水下又无法补偿,甚至使破损潜艇彻底失去自力上浮的可能性。

(五)浮起后严防再次坐沉海底

(1)上浮过程中出现大纵倾时,可先用车、舵控制,当车、舵无法控制时,应再视具体情况,气排相应主压载水舱压载水消除纵倾,严防破损艇因纵倾过大被迫再次坐沉海底;

(2)艇离底浮起时,严防出现横倾,其办法主要依靠在制定破损潜艇由海底自浮方案时,应杜绝横倾的出现。

(3)艇浮出水面后应竭力保持漂浮不沉:① 艇上浮接近水面时,要加速排除方案中应排出水舱的水,提高破损潜艇的上浮力;② 艇浮出水面后,要立即采取措施,提高破损艇的储备浮力,可按相关规定排除剩余各主压载水舱的水。

(4)解除舱室的压力时,必须切实按照相关规定进行,防止艇员发生减压病。

(5)制定上浮方案时,尽量选择多个主压载水舱平衡负浮力;非紧急情况不得选择同时吹除所有主压载水舱作为上浮方案。

(六)潜艇处于危急情况下应采取的措施

当潜艇在水下破损进水后,若发现潜艇所处的失事深度,已超过破损潜艇可以上浮的最大深度时,可采取下列应急措施。

(1)立即采取一切有效措施,例如吹除主压载水舱、使用车舵等,使潜艇迅速上浮到允许破损艇可以上浮的最大深度内,进行航行机动。

(2)如果潜艇已经被迫坐沉在超过可以上浮最大深度的海底时,此时必须:

a. 严格控制高压气使用,特别慎重处理用高压气支顶加强舱壁的问题,不到万不得已时,不要轻率地向破损舱的邻舱大量供气,以确保潜艇从海底自力上浮时有尽可能多高压气;

b. 确保各舱室的水密性和气密性,切实做到勤检查,尽最大努力将失事进水限制在破损舱内,防止在艇内蔓延;

c. 破损舱的艇员应尽一切努力,堵塞好艇体破口,并排除舱内的进水,为破损潜艇从海底自浮创造有利条件。

第五节　潜艇的水上抗沉

与水下抗沉相比,潜艇水上抗沉措施基本相同,本节仅讨论潜艇水上抗沉的基本原则、方法等内容。

一、潜艇水上破损进水时平衡的基本原则和基本方法

当潜艇在水上状态发生破损进水时,如果破损情况严重,再处置不当,尤其限制进水在艇内蔓延这一关键性措施未及时做好,可能造成两种情况:一是艇内进水量过多,损耗了艇的全部储备浮力,使破损潜艇因丧失储备浮力而沉没;二是艇内大量进水,使艇的重心升高,如果同时存在多处大面积的自由液面,破损潜艇可能因丧失稳度而倾覆。

为了严防潜艇水上破损进水后的沉没或倾覆,必须首先切实做好限制进水在艇内的蔓延,这是潜艇水上抗沉的最关键性措施。此外,为了消除过大的横倾和纵倾,艇员还应对破损潜艇进行平衡。

(一)平衡潜艇的基本原则

在对破损潜艇进行平衡时,应遵循以下基本原则。

(1)节约储备浮力的损耗,尽量恢复横稳度,必要时用牺牲稳度换取储备浮力。

储备浮力和稳度,都是保持潜艇正直稳定地漂浮水面、不沉没与不倾覆的必要因素。因此,在对破损潜艇进行平衡过程中,必须尽量节约储备浮力的损耗,以保持潜艇不沉没;同时还必须注意保持与恢复艇的横稳度,以保持潜艇不倾覆。如果潜艇破损进水后,艇的吃水已经很深,干舷很浅,艇有沉没的危险时,则应竭力从艇内排出一切可能的液体载荷与固体载荷,甚至不惜用牺牲稳度的方法,提供储备浮力,使破损潜艇在水面漂浮而不沉。无数实践证明,如果一艘处于水上状态的破损潜艇,沉没与倾覆两者必居其一,此时宁愿让破损艇倾覆在水面,也不要使其沉没到海底。

(2)尽量减少或消除艇内的自由液面。

(3)尽力保持艇的储备浮力不得小于相当于中间组主压载水舱的净容积;艇的横稳度不小于各型潜艇所规定的横稳度最低值。

(二)平衡潜艇的基本方法

目前各种类型潜艇在水上状态发生破损进水时,所采用平衡潜艇的基本方法如下:

(1)向破损的舱室和主压载水舱相对一端以及相对一舷的主压载水舱注水,以消除横倾和纵倾,扶正潜艇;

(2)用浮力调整水舱注排水和均衡水舱调水,以消除剩余的横倾和纵倾;

(3)不得已时,可抛出艇内某些液体或固体载荷进行扶正。

二、制定破损潜艇水上抗沉方案

制定破损潜艇的水上抗沉方案,通常应分两步进行:

(1)首先,为了消除大的横倾和纵倾,应确定平衡潜艇方案;

(2)其次,根据已经确定的平衡潜艇方案,验算破损艇的横稳度和漂浮状态,并检查是否有沉没或倾覆的危险。

(一) 选择平衡舱的依据

(1) 在保持潜艇有足够的储备浮力和稳性前提下,所选择平衡舱注水后,应使 $M_{\varphi\uparrow} = M_{kp\uparrow}$,两者大小相等,方向相反。

(2) 平衡舱一般采用主压水舱和辅助液舱,不得已时,也可采用向舱室注水扶正。

(3) 向水舱注排水时,尽量减少自由液面。

(二) 水上平衡方案的选择和计算

可利用列表的方式开展计算,如表 5-5-1 所示。

表 5-5-1 水上平衡方案样表

名 称	注排水量 /m³	纵向(距舯船面) 力臂/m	纵向(距舯船面) 力矩/m⁴	垂向(距基线) 力臂/m	垂向(距基线) 力矩/m⁴	自由液面对潜艇 X 轴惯性矩/m⁴
×舱破损进水	v_s	x_c	M_{xc}	z_c	M_{zc}	i_{xc}
×号水舱破损进水	v_z	x_z	M_{xz}	z_z	M_{z}	i_{xz}
第一次平衡	v_z	x_z	M_{xz}	z_z	M_{z}	i_{xz}
第二次平衡	v_z	x_z	M_{xz}	z_z	M_{z}	i_{xz}
共计	Δp	Δx	ΔM_x	Δz	ΔM_z	ΣI_x

注: Δp 为艇上载荷的变化量;$(\Delta x, 0, \Delta z)$ 为载荷变化量的合重心坐标。

(三) 破损潜艇水上横稳度和漂浮状态的校核计算

破损潜艇水上横稳度和漂浮状态的校核计算,是在已经确定的水上平衡方案基础上进行。

1. 求破损艇水上状态的重量和重心坐标

水上重量:

$$D_{\uparrow ps} = D_{\uparrow} + \Delta P \ (\text{t}) \quad (5-5-1)$$

水上重心坐标:

$$\begin{cases} X_{gps} = \dfrac{D_{\uparrow} \cdot X_{g\uparrow} + \Delta M_x}{D_{\uparrow} + \Delta P} \ (\text{m}) \\ Z_{gps} = \dfrac{D_{\uparrow} \cdot X_{g\uparrow} + \Delta M_z}{D_{\uparrow} + \Delta P} \ (\text{m}) \end{cases} \quad (5-5-2)$$

2. 求破损艇的水上横稳度 ($h_{\uparrow ps}$)

(1) 根据 $D_{\uparrow ps}$ 求破损艇的容积排水量 ($V_{\uparrow ps}$):

$$V_{\uparrow ps} = \dfrac{D_{\uparrow ps}}{\gamma} \ (\text{m}^3) \quad (5-5-3)$$

式中,γ 为水的密度,一般取 $\gamma = 1.0 \ \text{t/m}^3$。

(2) 根据 $V_{\uparrow ps}$ 查浮力与初稳度曲线图,可得下列各要素的数值:潜艇平均吃水(基线)T_{M1};横稳心在基线以上的高度 $(Z_c + p)_1$;浮心至潜艇舯船面的距离 X_{c1};纵稳定中心半径 R_1。

(3) 求 Δp_{x1}、Δp_{x2} 和 $\Sigma \Delta p$。

其中,Δp_{x1}、Δp_{x2} 分别为主压载水舱和耐压艇体内液舱自由面对横稳度的修正值;$\Sigma \Delta p$ 为进水的舱室和主压载水舱内自由液面对横稳度的修正值,可按下列公式求得:

$$\Sigma \Delta p = \frac{\Sigma I_x}{V_{\uparrow ps}} \text{ (m)} \tag{5-5-4}$$

(4) 求破损艇的水上横稳度 ($h_{\uparrow ps}$):

$$h_{\uparrow ps} = (Z_c + \rho)_1 - Z_{gps} + \Delta p_{x1} + \Delta p_{x2} + \Sigma \Delta p \text{ (m)} \tag{5-5-5}$$

3. 求破损艇的水上漂浮状态

(1) 求纵倾角 φ:

$$\varphi = \frac{X_{gps} - X_{c1}}{R_1} \times 57.3 \text{ (°)} \tag{5-5-6}$$

(2) 求横倾角 θ。

在选择水上平衡方案时,通常都将破损主压载水舱的另一舷亦注满水,从而使 θ 为 0。

(3) 求吃水的变化量。

当 $L_F = L_A$ 时:

$$\Delta T = \frac{L}{2} \tan \varphi \text{ (m)} \tag{5-5-7}$$

当 $L_F \neq L_A$ 时:

$$\begin{cases} \Delta T_F = \dfrac{L_F}{2} \tan \varphi \text{ (m)} \\ \Delta T_A = \dfrac{L_A}{2} \tan \varphi \text{ (m)} \end{cases} \tag{5-5-8}$$

式中,L_F 为舯船面处吃水标志线至艏吃水标志线之间的距离;L_A 为舯船面处吃水标志线至艉吃水标志线之间的距离;L 为艏艉吃水标志线之间的距离。

(4) 求破损艇的艏艉实际吃水(即标志吃水)。

当 $L_F = L_A$ 时:

艏吃水 $\quad T_{F1} = T_{M1} + \Delta T + t$ (m)

艉吃水 $\quad T_{A1} = T_{M1} - \Delta T + t$ (m) $\tag{5-5-9}$

当 $L_F \neq L_A$ 时：

艏吃水　　$T_{F1} = T_{M1} + \Delta T_F + t$ （m）

艉吃水　　$T_{A1} = T_{M1} - \Delta T_A + t$ （m）　　　　（5-5-10）

（5）求破损艇的储备浮力（W_{ps}）。

$$W_{ps} = W - \Delta P \text{ （m}^3\text{）} \quad (5-5-11)$$

式中，W 为潜艇水上正常装载时的储备浮力（m³）。

三、计算运用

假想潜艇的排水量和进水舱室的信息见表 5-5-2，试确定破损潜艇水上平衡方案，并验算艇的横稳度和漂浮状态。

表 5-5-2　假想潜艇的初始条件

名　称	注排水量 /m³	纵向（距舯船面） 力臂/m	纵向（距舯船面） 力矩/m⁴	垂向（距基线） 力臂/m	垂向（距基线） 力矩/m⁴	自由液面对 X 轴惯性矩/m⁴
水上正常装载	1 400.00	0.80	1 120.00	3.00	4 200.00	—
艏部舱室进水	40.00	25	1 000.00	2.50	100.00	77

（一）确定潜艇水平衡方案

（1）采取的水上平衡方案如下。

依次向艉部 3 个主压载水舱注水，以消除纵倾。

表 5-5-3　假想潜艇的平衡方案

名　称	注排水量 /m³	纵向（距舯船面） 力臂/m	纵向（距舯船面） 力矩/m⁴	垂向（距基线） 力臂/m	垂向（距基线） 力矩/m⁴	自由液面对 X 轴惯性矩/m⁴
水上正常装载	1 400.00	0.80	1 120.00	3.00	4 200.00	—
艏部舱室进水	65.00	23.00	1 495	2.6	169.00	77
艉部#号水舱注水	18.00	−30.00	−540.00	4.80	86.40	—
艉部#+1 号水舱注水	18.00	−25.00	−450.00	4.90	88.20	—
艉部#+2 号水舱注水	30.00	−15.00	−450.00	4.00	120.00	—
共计	1 531.00	0.77	1 175.00	3.04	4 663.60	77

（2）对水上平衡方案列表计算

重量：

$$D_{\uparrow pt} = 1\ 531.00 \text{ t} \quad (5-5-12)$$

重心坐标：

$$\begin{cases} X_{gpt} = 0.77 \text{ m} \\ Y_{gpt} = 0 \\ Z_{gpt} = 3.04 \text{ m} \end{cases} \quad (5-5-13)$$

（二）验算潜艇的横稳度

(1) 根据 $D_{\uparrow pt}$，查浮力与初稳度曲线图得到下列各要素数值：

$$T_{M1} = 4.90 \text{ m（基线）}$$
$$(Z_c + \rho)_1 = 3.27 \text{ m}$$
$$X_{c1} = 1.25 \text{ m}$$
$$R_1 = 65 \text{ m}$$
$$x_{F1} = -0.5 \text{ m} \quad (5-5-14)$$

(2) 求横稳度：

已知 $\Delta\rho_{x1} = -0.01$ m, $\Delta\rho_{x2} = -0.01$ m, $\Delta\rho_{x3} = -0.046$ m, 则 $h_{\uparrow ps}$ 为

$$\begin{aligned} h_{\uparrow ps} &= (Z_c + \rho)_1 - Z_{gpt} + \Delta p_{x1} + \Delta p_{x2} + \Delta p_{ps} \\ &= 3.27 - 3.04 - 0.01 - 0.01 - 0.046 \\ &= 0.164 \text{ m} \end{aligned} \quad (5-5-15)$$

（三）计算潜艇漂浮状态

(1) 求纵倾角 φ：

$$\varphi = \frac{X_{gps} - X_{c1}}{R_1} \times 57.3 = \frac{0.77 - 1.25}{65} \times 57.3 = -0.42° \quad (5-5-16)$$

(2) 求吃水变化量 ΔT。

已知艇长 $L = 60.0$ m, ΔT 为

$$\Delta T = \frac{L}{2} \times \tan\phi = \frac{60.0}{2} \times \tan(-0.42°) = -0.21 \text{ m} \quad (5-5-17)$$

(3) 求破损艇的艏艉标志吃水（T_{Fbz} 和 T_{Abx}）：已知 $t = 0.2$ m。

艏吃水：

$$\begin{aligned} T_{Fbz} &= T_{M1} + \left(\frac{L}{2} - x_{F1}\right) \cdot \tan\varphi + t \\ &= 4.9 + (30 + 0.5) \cdot \tan(-0.42°) + 0.2 \\ &= 4.876\ 5 \text{ m} \end{aligned} \quad (5-5-18)$$

艉吃水：

$$T_{Abz} = T_{M1} - \left(\frac{L}{2} - x_{F1}\right) \cdot \tan\varphi + t$$
$$= 4.9 - (30 - 0.5) \cdot \tan(-0.42°) + 0.2$$
$$= 5.316\ 1\ \text{m} \qquad (5-5-19)$$

（4）求破损艇的储备浮力（W_{ps}）。

已知正常状态下储备浮力 $W = 300\ \text{m}^3$，则 W_{ps} 为

$$W_{ps} = W - \Delta p = 300.0 - 131.0 = 169.0\ \text{m}^3 \qquad (5-5-20)$$

（四）结论

破损潜艇浮出水面经水上平衡后的情况如下：
（1）储备浮力 $W_{ps} = 169.0\ \text{m}^3$，能保证破损艇不会沉没；
（2）横稳度 $h_{\uparrow ps} = 0.164\ \text{m}$，因为大于 $0.15\ \text{m}$，能保证破损艇不会倾覆；
（3）漂浮状态 $\varphi = -0.42°$，$F_{Fbz} = 4.90\ \text{m}$，$T_{Abz} = 5.32\ \text{m}$，符合艇的安全要求。

本 章 小 结

本章介绍了潜艇不沉性基本概念和潜艇抗沉基本要求，讲解了潜艇不沉性指标的表述方法和破舱制的概念，以及保障潜艇不沉性的基本措施，并在此基础之上，介绍了潜艇水上和水下破损进水时的抗沉方法、计算校核流程与算法，以及制定抗沉方法的步骤，尤其重点介绍了潜艇抗沉中的高压气使用与计算校核方法。

思考题

1. 潜艇不沉性定义是什么？
2. 什么是破舱制？
3. 保障潜艇不沉性基本措施是什么？
4. 潜艇抗沉的基本原则是什么？
5. 潜艇水上抗性方案如何制定？
6. 潜艇水上抗沉计算流程是什么？
7. 抗沉高压气量如何估算？
8. 潜艇破损后可以上浮的最大深度如何确定？

第六章　潜艇水下动力抗沉

第五章讨论的潜艇破损抗沉是只利用高压气进行的静力抗沉。通常情况下，在水下航行过程中，潜艇一旦出现破损等险情时，一般是通过车、舵、气的联合使用来挽回的。尤其是险情刚出现的时候，采用车、舵等操纵方法来挽回潜艇状态是比较常见的情况。本章讨论潜艇在水下遇到特殊情况时的操纵问题，并讨论了潜艇严重进水情况下，采用车、舵、气联合挽回潜艇状态的方法，即潜艇水下动力抗沉的问题。

潜艇在水下机动中，由于操纵错误、机械系统故障及战斗破损等原因，会使潜艇出现危险纵倾、损失浮力和舵故障等紧急情况，此时需要迅速、正确地采取有效措施，保持潜艇的生命力。

本章主要研究潜艇出现危险纵倾、升降舵被卡、损失浮力时的操纵与挽回方法。

第一节　坐标系和主要参数

一、坐标系

为了研究潜艇操纵运动的规律，确定运动潜艇的位置和姿态，并考虑到计算潜艇所受外力的方便性，如图 6-1-1 所示，采用固定坐标系和运动坐标系。

（一）固定坐标系（E-$\xi\eta\zeta$）

固定坐标系固定于地球，简称"静系"或"定系"，原点 E 可选地球上某一定点，如海平面或海中任意一点；$E\xi$ 轴位于水平面，指向潜艇的主运动（或考察点的初始运动）方向为正；$E\zeta$ 轴铅直向下，指向地心为正；$E\eta$ 轴与 $E\xi$ 轴位于同一水平面且该面垂直于 $\xi E\zeta$ 平面，按右手法则将 $E\xi$

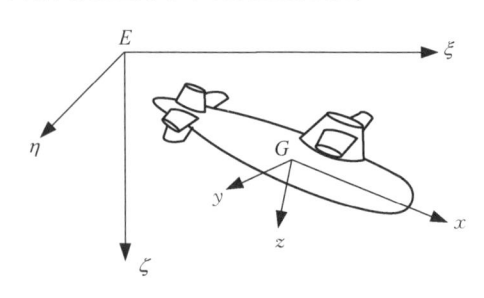

图 6-1-1　固定坐标系和运动坐标系

轴顺时针旋转 90°即为 $E\eta$ 轴。

因为潜艇的运动除了有相对地心的运动外,还有其自身各部件(如舵相对艇体)的相对运动,这样,在潜艇运动过程中,研究各部件的运动和受力时,其表述是相当复杂的,为了使研究的问题表述清楚,引入了运动坐标系。

(二) 运动坐标系($G-xyz$)

运动坐标系 $G-xyz$ 与潜艇固定,随潜艇一起运动,简称"动系"或体坐标系,动系坐标原点 G 可以取在艇体上任意一点(通常取在潜艇重心处,或取在舯船面、水线面与纵剖面的交点处)。Gx 轴垂直于舯船面,以指向艇首为正;Gz 轴与舯船面平行,以指向潜艇的平龙骨为正;Gy 轴与 Gx 轴共面且垂直于 xGz 平面,指向艇的右舷为正;这样又构成一组右旋直角坐标系。一般的坐标原点取在潜艇重心 G 上,且认为坐标轴 Gx、Gy 和 Gz 轴是潜艇的惯性主轴,图 6-1-1 所示为固定坐标系和运动坐标系的相互关系。

在一般情况下,潜艇的运动是一种具有六自由度的海洋空间运动,艇重心处的速度 V,在动系上的三个投影分量称为纵向速度 u、横向速度 v、垂向速度 w;潜艇绕原点 G 旋转的角速度 Ω,它在动系上的三个投影分量称为纵向角速度 p、横向角速度 q、垂向角速度 r;作用在潜艇上的外力 F 在动系上的三个投影分量称为纵向力 X、横向力 Y、垂向力 Z;外力 F 对动系原点 G 的力矩 M 在动系三个坐标轴上的投影分量称为横倾力矩 K、纵倾力矩 M、偏航力矩 N;其中,速度和力的分量以指向动坐标系的正向为正,角速度和力矩的正负号遵从右手系的规定。各符号见表 6-1-1。

表 6-1-1　速度 V、角速度 Ω、作用力 F 和力矩 M 在动系上的投影

矢　量	坐　标　轴		
	x 轴	y 轴	z 轴
速度 V	u	v	w
角速度 Ω	p	q	r
作用力 F	X	Y	Z
力矩 M	K	M	N

二、平面运动假设

潜艇在水中的操纵运动,在一般情况下可看作刚体在流体中的空间运动,如潜艇在下潜时,由于两舷注水不均匀,风、浪、流等的影响,潜艇不仅前进、变深,还将产生横倾和潜浮现象。有时根据战术的要求,需要同时改变潜艇的航向和深度,进行空间机动。因此与刚体的一般空间运动一样,潜艇的操纵运动也可以

分解成沿通过潜艇重心的三根垂直相交轴方向的移动和绕各轴的转动,即六自由度运动,对于潜艇运动的速度、角速度与运动坐标系的关系描述如表6-1-2所示。

表6-1-2 潜艇运动的速度、角速度与运动坐标系的关系

	x 轴	y 轴	z 轴
移动	进退(纵荡)	横移(横荡)	升沉(垂荡)
转动	横倾(横摇)	纵倾(纵摇)	回转(艏摇)

对空间运动物体的分析是相当复杂的,且实际上潜艇在水中运动时,各自由度的大小有很大的差别。从潜艇实际的航行来看,保持或改变航向与保持或改变深度是潜艇最基本的运动方式。并可认为改变航向时,潜艇的重心在同一水平面内运动;改变深度时,其重心在同一铅垂面内运动,所以,为了简化问题的研究,引入平面运动假设:潜艇在水中的空间运动,可分为互不相关的两个平面运动,即水平面运动和铅垂面运动。

潜艇在水平面($\xi E\eta$)内的运动,简称水平运动,这时潜艇与水面舰艇的运动规律一样。研究的重点是保持航向和改变航向,此时不考虑深度的变化。

潜艇在铅垂面($\xi E\zeta$)内的运动,简称俯仰运动,研究的重点是保持或改变纵倾和保持或改变深度,此时不考虑航向的变化。

三、潜艇运动的主要参数

(一)潜艇俯仰运动时的主要参数

图6-1-2为垂直面坐标系及主要参数。

1. 位置参数

(1)ξ_G、ζ_G 为潜艇重心 G 处的坐标;

(2)θ 为 $E\xi$ 轴和 Gx 之间在纵中剖面的夹角,称为纵倾角。规定自 $E\xi \to Gx$ 向尾倾为正,反之为负。

2. 运动参数

表示操纵运动的参数,除航速 V(潜艇俯仰时重心轨迹曲线的切线方向)及其分量 u、w 外,还包括以下几个参数。

(1)α 为冲角(水动力角),即动系原点速度矢量 V 在纵中剖面的投影 V 与 Gx 轴的夹角,自 $V \to Gx$ 遵循右手法则。

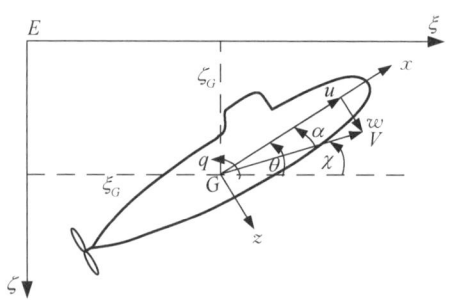

图6-1-2 垂直面坐标系及主要参数

(2) q 为潜艇绕 Gy 轴(纵倾)转动的角速度,遵循右手法则。

(3) χ 为潜浮角。动系原点速度矢量 V 在纵中剖面的投影 V 与 $E\xi$ 轴(即水平面 $\xi E\eta$)的夹角。规定自 $E\xi \to V$ 遵循右手法则,即当 $\chi>0$ 时表示上浮,反之为下潜。

3. 操纵参数

(1) δ_b 为首升降舵角,表示首舵舵叶与 Gx 轴的夹角,符合右手法则,即舵力向上为正,反之为负。

(2) δ_s 为尾升降舵角,方向定义同首升降舵角。

4. 参数之间的关系

由上可知,表示潜艇在垂直面运动的参数如下。

位置参数: ξ_G、ζ_G、θ。

运动参数: u、w、α、q、χ。

操纵参数: δ_b、δ_s。

且潜艇在垂直面运动时各参数有如下关系:

$$\dot{\xi}_G = V_\xi, \quad \dot{\zeta}_G = V_\zeta, \quad V_\xi = V\cos\chi, \quad V_\zeta = -V\sin\chi$$
$$u = V\cos\alpha, \quad w = V\sin\alpha, \quad \dot{\theta} = q, \quad \chi = \theta - \alpha$$

(二)潜艇在水平面运动时的主要参数

图 6-1-3 为水平面坐标系及主要参数。

1. 位置参数

(1) ξ_G、η_G 为潜艇重心 G 处的坐标;

(2) ψ 为 $E\xi$ 轴和 Gx 轴之间在水平面的夹角,称为首向角。自 $E\xi \to Gx$ 遵循右手法则。

2. 运动参数

运动参数表示操纵运动的参数除航速 V 及其分量 u、v 外,还包括以下几个参数。

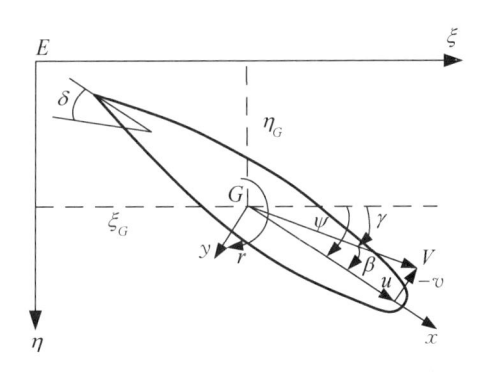

图 6-1-3 水平面坐标系及主要参数

(1) β 为漂角(水动力角),即动系原点速度矢量 V 在水平面的投影 V 与 Gx 轴的夹角,自 $V \to Gx$ 遵循右手法则。

(2) r 为绕 Gz 轴转动的角速度,方向遵循右手法则。

(3) γ 为航迹角。动系原点速度矢量 V 在定系水平面上的投影(航速 V)与 $E\xi$ 轴之间的夹角,规定 $E\xi \to V$ 遵循右手法则。

3. 操纵参数

δ 为方向舵舵角,流体在舵叶上产生向左的冲击力时为正,反之为负。即右舵为正,左舵为负。

4. 参数之间的关系

由上可知,表示潜艇在水平面运动的参数如下。

位置参数:ξ_G、η_G、ψ。

运动参数:u、v、β、r、γ、δ。

且潜艇在水平面运动时各参数有如下关系:

$$\dot{\xi}_G = V_\xi, \quad \dot{\eta}_G = V_\eta, \quad V_\xi = V\cos\gamma, \quad V_\eta = V\sin\gamma$$
$$u = V\cos\beta, \quad v = -V\sin\beta, \quad \dot{\psi} = \gamma, \quad \gamma = \psi - \beta$$

轨迹角 γ、潜浮角 χ 表示潜艇在平面中的运动方向。水动力角 β、α 表示速度矢量 V 与艇体相对位置,反映水动力特性;在动系中 V 和 β、α 角的空间位置如图 6-1-4 所示,V 与潜艇纵中剖面之间的夹角(或 V 在纵中剖面上的投影 V 与速度矢量 V 本身的夹角)为漂角 β;V 与潜艇水平面之间的夹角(或 V 在纵中剖面上的投影 V 与 Gx 轴之间的夹角)为冲角 α。

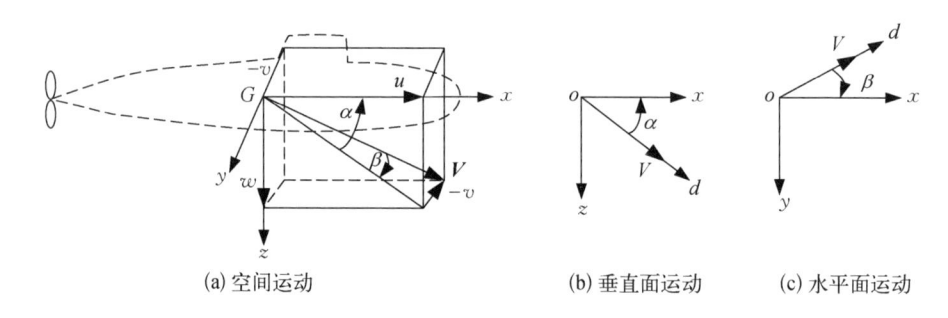

(a) 空间运动　　　　(b) 垂直面运动　　(c) 水平面运动

图 6-1-4　潜艇的水动力角

第二节　潜艇六自由度运动下的抗沉

一、潜艇空间操纵运动方程

潜艇在水中的空间运动,一般情况下可看作刚体在流体中的运动,由流体力学、运动学及动力学等相关知识,即可推导出潜艇空间六自由度运动方程。世界上所使用的潜艇运动模型有多种形式,包括美国的埃德加方程和葛特勒方程、瑞典的诺尔宾方程,以及日本、俄罗斯等国学者提出的模型,这些方程均能反映潜艇水下运动的本质和操艇的基本规律,各种形式的方程之间(包括方程系数)并无本质区别,只是在数学描述和处理方法上,各自成体系。

目前潜艇操纵运动数学模型以美国葛特勒方程最具权威性,被国际拖曳水池会议(International Towing Tank Conference, ITTC)所采纳。葛特勒方程是美国泰勒海军舰船研究与发展中心(Davidw Taylor Naval Ship Research and Development Center, DTNSRDC)为了规范潜艇的设计与研究,于1967年发布的用于潜艇模拟研究的标准运动方程,目前我国潜艇操纵性研究也以此为标准。根据DTNSRDC 1967年发布的用于潜艇模拟研究的标准运动方程的报告,该标准运动方程可以用于模拟潜艇在六个自由度内实施各种标准机动及极限机动(应急机动),其核心是如何求取方程中各种水动力及其他附加力。

1979年DTNSRDC又发表了修正的潜艇标准运动方程,此方程与1967年发布的潜艇操纵运动方程相比,考虑了潜艇在高速大舵角回转运动中横向流的影响及水平面运动过程中的水动力非线性,运动过程中水动力产生的历程效应,并且对原方程中的水动力系数进行了很大的调整。

潜艇在水下运动复杂多变,受各种因素的影响,要研究潜艇水下运动规律和描述潜艇水下姿态变化特征,需要建立准确的潜艇六自由度空间运动模型。当潜艇发生舱室进水类事故时,操纵人员需要采取一系列挽回措施对潜艇事故进行挽回,如操纵升降舵和方向舵、改变潜艇航速以及吹除潜艇压载水舱等。

(一)潜艇操纵运动基本方程

潜艇的应急上浮运动大多采用潜艇六自由度运动方程,本节以1967年泰勒海军舰船研究与发展中心(DTNSRDC)发表的潜艇六自由度空间运动方程作为潜艇操纵运动的基本数学模型,其基本运动方程如下。

(1)轴向力方程:

$$m[\dot{u} - vr + wq] = \frac{1}{2}\rho L^4 [X'_{qq}q^2 + X'_{rr}r^2 + X'_{rp}rp] + \frac{1}{2}\rho L^3 [X'_{\dot{u}}\dot{u} + X'_{vr}vr + X'_{wq}wq]$$

$$+ \frac{1}{2}\rho L^2 [X'_{uu}u^2 + X'_{vv}v^2 + X'_{ww}w^2 + X^2_{w|w|}w|w|]$$

$$+ \frac{1}{2}\rho L^2 u^2 [X'_{\delta_r\delta_r}\delta_r^2 + X'_{\delta_b\delta_b}\delta_b^2 + X'_{\delta_s\delta_s}\delta_s^2]$$

$$- (W - B)\sin\theta + X_P \qquad (6-2-1)$$

(2)侧向力方程:

$$m[\dot{v} - wp + ur] = \frac{1}{2}\rho L^4 [Y'_r\dot{r} + Y'_p\dot{p} + Y'_{p|p|}p|p| + Y'_{pq}pq + Y'_{qr}qr + Y'_{r|r|}r|r|]$$

$$+ \frac{1}{2}\rho L^3 [Y'_{\dot{v}}\dot{v} + Y'_{vq}vq + Y'_{wp}wp + Y'_{wr}wr]$$

$$+ \frac{1}{2}\rho L^3 \left[Y'_r ur + Y'_p up + Y'_{|r|\delta_r} u|r|\delta_r + Y'_{v|r|} \frac{v}{|v|}(v^2+w^2)^{\frac{1}{2}}|r|\right]$$

$$+ \frac{1}{2}\rho L^2 [Y'_0 u^2 + Y'_v uv + Y'_{v|v|} v | (v^2 + w^2)^{\frac{1}{2}} |]$$

$$+ \frac{1}{2}\rho L^2 [Y'_{vw} vw + Y'_{\delta_r} u^2 \delta_r] + (W - B)\cos\theta\sin\varphi \qquad (6-2-2)$$

(3) 垂向力方程：

$$m[\dot{w} - uq + vp] = \frac{1}{2}\rho L^4 [Z'_{\dot{q}}\dot{q} + Z'_{pp}p^2 + Z'_{rr}r^2 + Z'_{rp}rp + Z'_{q|q|}q|q|]$$

$$+ \frac{1}{2}\rho L^3 [Z'_{\dot{w}}\dot{w} + Z'_{vr}vr + Z'_{vp}vp]$$

$$+ \frac{1}{2}\rho L^3 \left[Z'_q uq + Z'_{|q|\delta_s} u|q|\delta_s + Z'_{w|q|} \frac{w}{|w|} | (v^2 + w^2)^{\frac{1}{2}} ||q|\right]$$

$$+ \frac{1}{2}\rho L^2 [Z'_0 u^2 + Z'_w uw + Z'_{w|w|} w | (v^2 + w^2)^{\frac{1}{2}} |]$$

$$+ \frac{1}{2}\rho L^2 [Z'_{|w|} u|w| + Z'_{ww} | w(v^2 + w^2)^{\frac{1}{2}} |]$$

$$+ \frac{1}{2}\rho L^2 [Z'_{vv} v^2 + Z'_{\delta_b} u^2 \delta_b + Z'_{\delta_s} u^2 \delta_s] + (W - B)\cos\theta\cos\varphi$$

$$(6-2-3)$$

(4) 横摇力矩方程：

$$I_x \dot{p} + (I_z - I_y)qr = \frac{1}{2}\rho L^5 [K'_{\dot{p}}\dot{p} + K'_{\dot{r}}\dot{r} + K'_{qr}qr + K'_{pq}pq + K'_{p|p|}p|p|]$$

$$+ \frac{1}{2}\rho L^4 [K'_p up + K'_r ur + K'_{\dot{v}}\dot{v}] + \frac{1}{2}\rho L^4 [K'_{vq} vq + K'_{wp} wp + K'_{wr} wr]$$

$$+ \frac{1}{2}\rho L^3 [K'_0 u^2 + K'_v uv + K'_{v|v|} v | (v^2 + w^2)^{\frac{1}{2}} |]$$

$$+ \frac{1}{2}\rho L^3 [K'_{vw} vw + K'_{\delta_r} u^2 \delta_r] + Wh\cos\theta\sin\varphi \qquad (6-2-4)$$

(5) 纵倾力矩方程：

$$I_y \dot{q} + (I_x - I_z)rp = \frac{1}{2}\rho L^5 [M'_{\dot{q}}\dot{q} + M'_{pp}p^2 + M'_{rr}r^2 + M'_{rp}rp + M'_{q|q|}q|q|]$$

$$+ \frac{1}{2}\rho L^4 [M'_{\dot{w}}\dot{w} + M'_{vr}vr + M'_{vp}vp]$$

$$+ \frac{1}{2}\rho L^4 [M'_q uq + M'_{|q|\delta_s} u|q|\delta_s + M'_{|w|q} | (v^2 + w^2)^{\frac{1}{2}} |q]$$

$$+ \frac{1}{2}\rho L^3 \left[M'_0 u^2 + M'_w uw + M'_{w|w|} w |(v^2 + w^2)^{\frac{1}{2}}| \right]$$

$$+ \frac{1}{2}\rho L^3 \left[M'_{|w|} u |w| + M'_{ww} |w(v^2 + w^2)^{\frac{1}{2}}| \right]$$

$$+ \frac{1}{2}\rho L^3 \left[M'_{vv} v^2 + M'_{\delta_b} u^2 \delta_b + M'_{\delta_s} u^2 \delta_s \right] - Wh\sin\theta \quad (6-2-5)$$

（6）偏航力矩方程：

$$I_z \dot{r} + (I_y - I_x)pq = \frac{1}{2}\rho L^5 \left[N'_{\dot{r}} \dot{r} + N'_{\dot{p}} \dot{p} + N'_{pq} pq + N'_{qr} qr + N'_{r|r|} r|r| + N'_{p|p|} p|p| \right]$$

$$+ \frac{1}{2}\rho L^4 \left[N'_{\dot{v}} \dot{v} + N'_{wr} wr + N'_{wp} wp + N'_{vq} vq \right]$$

$$+ \frac{1}{2}\rho L^4 \left[N'_p up + N'_r ur + N'_{|r|\delta_r} u|r|\delta_r + N'_{|v|r} |(v^2 + w^2)^{\frac{1}{2}}|r \right]$$

$$+ \frac{1}{2}\rho L^3 \left[N'_0 u^2 + N'_v uv + N'_{v|v|} v |(v^2 + w^2)^{\frac{1}{2}}| \right]$$

$$+ \frac{1}{2}\rho L^3 \left[N'_{vw} vw + N'_{\delta_r} u^2 \delta_r \right] \quad (6-2-6)$$

（7）辅助方程为运动关系式：

$$\begin{cases} \dot{\varphi} = p + q\tan\theta\sin\varphi + r\tan\theta\cos\varphi \\ \dot{\theta} = q\cos\varphi - r\sin\varphi \\ \dot{\psi} = (q\sin\varphi + r\cos\varphi)/\cos\theta \end{cases} \quad (6-2-7)$$

$$\begin{cases} \dot{\xi}_G = \dot{\xi}_0 = u\cos\psi\cos\theta + v(\cos\psi\sin\theta\sin\varphi - \sin\psi\cos\varphi) \\ \qquad + w(\cos\psi\sin\theta\cos\varphi + \sin\psi\sin\varphi) \\ \dot{\eta}_G = \dot{\eta}_0 = u\sin\psi\cos\theta + v(\sin\psi\sin\theta\sin\varphi + \cos\psi\cos\varphi) \\ \qquad + w(\sin\psi\sin\theta\cos\varphi - \sin\psi\sin\varphi) \\ \dot{\zeta}_G = \dot{\zeta}_0 = -u\sin\theta + v\cos\theta\sin\varphi + w\cos\theta\cos\varphi \end{cases} \quad (6-2-8)$$

（8）螺旋桨推力。

依据螺旋桨理论可知，螺旋桨推力可按式（6-2-9）确定：

$$X_P = (1-t)\rho n^2 D^4 K_T \quad (6-2-9)$$

若潜艇航速为 u_c，螺旋桨的转速为 n_c，则进速比系数 λ 可由式（6-2-10）表示：

$$\lambda = \frac{(1-w)u_c}{n_c D} \quad (6-2-10)$$

若潜艇在操舵机动过程中螺旋桨转速不变：

$$n = n_c = \frac{(1-w)u_c}{\lambda D} \quad (6-2-11)$$

螺旋桨无因次推力系数是进速比系数的函数，可以表示如下：

$$K_T = k_0 + k_1 \lambda + k_2 \lambda^2 \quad (6-2-12)$$

将式(6-2-11)和式(6-2-12)代入式(6-2-9)，整理得

$$X_P = \frac{1}{2}\rho L^2 [(a_T + \Delta x)u^2 + b_T c u u_c + c_T c u_c^2] \quad (6-2-13)$$

本书取 $\Delta x = 0$，即不考虑缩尺模型相对于实艇的修正，而作为 Δx 函数的 c 取值1。螺旋桨负荷系数 $\eta = u_c/u$，其中 u_c 为指令航速，则

$$X_P = \frac{1}{2}\rho L^2 [a_T u^2 + b_T u u_c + c_T u_c^2] \quad (6-2-14)$$

假设式中无因次系数 a_T、b_T、c_T 分别为

$$a_T = \mu k_2, \quad b_T = \mu k_1/\lambda, \quad c_T = \mu k_0/\lambda^2 \quad (6-2-15)$$

式中，$\mu = 2(1-t)(1-w)^2 D^2/L^2$。

当 $u = u_c$ 时，螺旋桨推力和阻力平衡，则

$$\frac{1}{2}\rho L^2 u^2 (a_T + b_T + c_T) + \frac{1}{2}\rho L^2 u^2 X'_{uu} = 0 \quad (6-2-16)$$

$$a_T + b_T + c_T = -X'_{uu} \quad (6-2-17)$$

式中，D 为螺旋桨直径；n 为螺旋桨转速；λ 为螺旋桨进速比系数；ω 为伴流系数；t 为推力减额；K_T 为无因次推力系数。

（二）潜艇应急操纵运动方程

潜艇发生舵卡和舱室进水等事故后，操艇人员通常会采取适当的措施，如增速、停车减速、倒车和吹除潜艇主压载水舱等措施挽回潜艇，此时潜艇空间运动方程不能准确反映潜艇挽回运动过程。潜艇舱室破损进水后的应急挽回过程是一个强机动的空间运动过程，表现出很强的非线性，潜艇水平面运动和垂直面运动之间的耦合影响非常突出，常常出现很大的纵倾角和横倾角。假设潜艇运动过程中受重力 W、浮力 B、水动力 F_H、附加力 F_C 和螺旋桨推力 F_P 等作用，其中水动力包括：惯性类水动力 F_{UH}；潜艇运动过程中由于螺旋桨负荷变化，螺旋桨负荷系数与艇体垂直面和水平面运动参数耦合产生的水动力 F_{TH}；潜艇应急操纵过程中大攻角运动产生的附加水动力 F_{AH} 三部分。

$$F_H(t, y) = F_{UH}(t, y) + F_{TH}(t, y) + F_{AH}(t, y) \qquad (6-2-18)$$

则潜艇应急操纵运动的六自由度基本方程可以按式(6-2-19)~式(6-2-24)表示：

(1) 轴向力方程：

$$m[\dot{u} - vr + wq - x_G(q^2 + r^2) + y_G(pq - \dot{r}) + z_G(pr + \dot{q})]$$
$$= X_H(t, y) - (W - B)\sin\theta + X_C(t, y) + X_P(t, y) \qquad (6-2-19)$$

(2) 侧向力方程：

$$m[\dot{v} - wp + ur - y_G(r^2 + p^2) + z_G(qr - \dot{p}) + x_G(pq + \dot{r})]$$
$$= Y_H(t, y) - (W - B)\cos\theta\sin\varphi + Y_C(t, y) \qquad (6-2-20)$$

(3) 垂向力方程：

$$m[\dot{w} - uq + vp - z_G(p^2 + q^2) + x_G(rp - \dot{q}) + y_G(rq + \dot{p})]$$
$$= Z_H(t, y) + (W - B)\cos\theta\cos\varphi + Z_C(t, y) \qquad (6-2-21)$$

(4) 横摇力矩方程：

$$I_x\dot{p} + (I_z - I_y)qr - (\dot{r} + pq)J_{xz} + (r^2 - q^2)J_{yz} + (pr - \dot{q})J_{xy}$$
$$+ m[y_G(\dot{w} - uq + vp) - z_G(\dot{v} - wp + ur)]$$
$$= K_H(t, y) + (y_GW - y_BB)\cos\theta\cos\varphi - (z_GW - z_BB)\cos\theta\sin\varphi + K_P(t, y)$$
$$(6-2-22)$$

(5) 纵倾力矩方程：

$$I_y\dot{q} + (I_x - I_z)rp - (\dot{p} + qr)J_{xy} + (p^2 - r^2)J_{zx} + (qp - \dot{r})J_{yz}$$
$$+ m[z_G(\dot{u} - vr + wp) - x_G(\dot{w} - uq + vp)]$$
$$= M_H(t, y) + (x_GW - x_BB)\cos\theta\cos\varphi - (z_GW - z_BB)\sin\theta + M_C(t, y)$$
$$(6-2-23)$$

(6) 偏航力矩方程：

$$I_z\dot{r} + (I_y - I_x)pq - (\dot{q} + rp)J_{yz} + (q^2 - p^2)J_{xy} + (rp - \dot{p})J_{zx}$$
$$+ m[x_G(\dot{v} - wp + ur) - y_G(\dot{u} - vr + wq)]$$
$$= N_H(t, y) + (x_GW - x_BB)\cos\theta\sin\varphi - (y_GW - y_BB)\sin\theta + N_C(t, y)$$
$$(6-2-24)$$

将上述潜艇六自由度运动方程写成微分形式：

$$\dot{y} = f(t, y) \qquad (6-2-25)$$

则上述潜艇基本运动方程微分形式为

$$\begin{bmatrix} m & 0 & 0 & 0 & mz_G & -my_G \\ 0 & m & 0 & -mz_G & 0 & mx_G \\ 0 & 0 & m & my_G & -mx_G & 0 \\ 0 & -mz_G & my_G & I_x & -I_{xy} & -I_{zx} \\ mz_G & 0 & -mx_G & -I_{xy} & I_y & -I_{yz} \\ -my_G & mx_G & 0 & -I_{zx} & -I_{yz} & I_z \end{bmatrix} \begin{bmatrix} \dot{u} \\ \dot{v} \\ \dot{w} \\ \dot{p} \\ \dot{q} \\ \dot{r} \end{bmatrix} = \begin{pmatrix} f_X(t,y) \\ f_Y(t,y) \\ f_Z(t,y) \\ f_K(t,y) \\ f_M(t,y) \\ f_N(t,y) \end{pmatrix}$$

$$(6-2-26)$$

流动理论实验证明流体流动附加质量水动力系数与简单的振荡实验结果一致，依据文献的加速度实验系数，惯性水动力的具体形式可以表述如式(6-2-27)所示，式中矩阵为附加质量系数矩阵。

$$F_{UH} = \begin{bmatrix} X_{\dot{u}} & X_{\dot{v}} & X_{\dot{w}} & X_{\dot{p}} & X_{\dot{q}} & X_{\dot{r}} \\ Y_{\dot{u}} & Y_{\dot{v}} & Y_{\dot{w}} & Y_{\dot{p}} & Y_{\dot{q}} & Y_{\dot{r}} \\ Z_{\dot{u}} & Z_{\dot{v}} & Z_{\dot{w}} & Z_{\dot{p}} & Z_{\dot{q}} & Z_{\dot{r}} \\ K_{\dot{u}} & K_{\dot{v}} & K_{\dot{w}} & K_{\dot{p}} & K_{\dot{q}} & K_{\dot{r}} \\ M_{\dot{u}} & M_{\dot{v}} & M_{\dot{w}} & M_{\dot{p}} & M_{\dot{q}} & M_{\dot{r}} \\ N_{\dot{u}} & N_{\dot{v}} & N_{\dot{w}} & N_{\dot{p}} & N_{\dot{q}} & N_{\dot{r}} \end{bmatrix} \begin{bmatrix} \dot{u} \\ \dot{v} \\ \dot{w} \\ \dot{p} \\ \dot{q} \\ \dot{r} \end{bmatrix} \quad (6-2-27)$$

由于潜艇在垂直面(纵中剖面)OXZ对称，因此

$$X_{\dot{v}}, X_{\dot{p}}, X_{\dot{r}}, Y_{\dot{u}}, Y_{\dot{w}}, Y_{\dot{q}}, Z_{\dot{v}}, Z_{\dot{p}}, Z_{\dot{r}}, K_{\dot{u}}, K_{\dot{w}}, K_{\dot{q}}, M_{\dot{v}}, M_{\dot{p}}, M_{\dot{r}}, N_{\dot{u}}, N_{\dot{w}}, N_{\dot{q}} = 0$$

$$(6-2-28)$$

将上述惯性水动力 F_{UH} 代入潜艇运动方程中，则

$$\begin{bmatrix} m-X_{\dot{u}} & 0 & -X_{\dot{w}} & 0 & mz_G-X_{\dot{q}} & -my_G \\ 0 & m-Y_{\dot{v}} & 0 & -mz_G-Y_{\dot{p}} & 0 & mx_G-Y_{\dot{r}} \\ -Z_{\dot{u}} & 0 & m-Z_{\dot{w}} & my_G & -mx_G-Z_{\dot{q}} & 0 \\ 0 & -mz_G-K_{\dot{v}} & my_G & I_x-K_{\dot{p}} & -I_{xy} & -I_{zx}-K_{\dot{r}} \\ mz_G-M_{\dot{u}} & 0 & -mx_G-M_{\dot{w}} & -I_{xy} & I_y-M_{\dot{q}} & -I_{yz} \\ -my_G & mx_G-N_{\dot{v}} & 0 & -I_{zx}-N_{\dot{p}} & -I_{yz} & I_z-N_{\dot{r}} \end{bmatrix} \begin{bmatrix} \dot{u} \\ \dot{v} \\ \dot{w} \\ \dot{p} \\ \dot{q} \\ \dot{r} \end{bmatrix}$$

$$= \begin{pmatrix} f_X(t,y)-X_{UH} \\ f_Y(t,y)-Y_{UH} \\ f_Z(t,y)-Z_{UH} \\ f_K(t,y)-K_{UH} \\ f_M(t,y)-M_{UH} \\ f_N(t,y)-N_{UH} \end{pmatrix} = \begin{bmatrix} g_X(t,y) \\ g_Y(t,y) \\ g_Z(t,y) \\ g_K(t,y) \\ g_M(t,y) \\ g_N(t,y) \end{bmatrix} \quad (6-2-29)$$

将上述方程代入潜艇六自由度基本运动方程式(6-2-19)~式(6-2-24)中,则

$$g_X(t, y) = m[vr - wq + x_G(q^2 + r^2) - y_G pq - z_G pr] + X_{uq}uq + X_{vr}vr + X_{wp}wp$$
$$+ X_{wq}wq + X_{pp}p^2 + X_{rr}r^2 + X_{q|q|}q|q| + \frac{1}{2}\rho U^2 L^2 X'_{uvw}(\Theta, \Phi)$$
$$- (W - B)\sin\theta + X_{TH}(t, y) + X_{AH}(t, y) + X_C(t, y) + X_P(t, y)$$
$$(6-2-30)$$

$$g_Y(t, y) = m[wp - ur + y_G(r^2 + p^2) - z_G qr - x_G qp] + Y_{up}up + Y_{ur}ur + Y_{wp}wp$$
$$+ Y_{wr}wr + Y_{pq}pq + Y_{qr}qr + Y_{p|p|}p|p| + Y_{r|r|}r|r| + \frac{1}{2}\rho U^2 L^2 Y'_{uvw}(\Theta, \Phi)$$
$$+ Y_{TH}(t, y) + Y_{AH}(t, y) + Y_C(t, y) + (W - B)\cos\theta\sin\varphi \quad (6-2-31)$$

$$g_Z(t, y) = m[uq - vp + z_G(p^2 + q^2) - x_G rp - y_G rq] + Z_{uq}uq + Z_{vp}vp + Z_{wp}wp + Z_{wq}wq$$
$$+ Z_{pp}p^2 + Z_{rp}rp + Z_{qq}q^2 + Z_{rr}r^2 + Z_{q|q|}q|q| + \frac{1}{2}\rho U^2 L^2 Z'_{uvw}(\Theta, \Phi)$$
$$+ Z_{TH}(t, y) + Z_C(t, y) + (W - B)\cos\theta\sin\varphi \quad (6-2-32)$$

$$g_K(t, y) = (I_y - I_z)qr + pqI_{xz} - (r^2 - q^2)I_{yz} - prI_{xy} + m[y_G(uq - vp) - z_G(wp - ur)]$$
$$+ K_{up}up + K_{ur}ur + K_{vq}vq + K_{wp}wp + K_{wr}wr + K_{pq}pq + K_{qr}qr + K_{p|p|}p|p|$$
$$+ K_{r|r|}r|r| + \frac{1}{2}\rho U^2 L^3 K'_{uvw}(\Theta, \Phi) + K_{TH}(t, y) + K_{AH}(t, y) + K_C(t, y)$$
$$+ K_P(t, y) + (y_G W - y_B B)\cos\theta\cos\varphi - (z_G W - z_B B)\cos\theta\sin\varphi$$
$$(6-2-33)$$

$$g_M(t, y) = (I_z - I_x)rp + qrI_{xy} - (p^2 - r^2)I_{zx} - qpI_{yz} + m[z_G(vr - wp) - x_G(uq - vp)]$$
$$+ M_{uq}uq + M_{vp}vp + M_{vr}vr + M_{wp}wp + M_{wq}wq + M_{pp}p^2 + M_{pr}pr + M_{qq}q^2$$
$$+ M_{rr}r^2 + M_{q|q|}q|q| + \frac{1}{2}\rho U^2 L^3 M'_{uvw}(\Theta, \Phi) + M_{TH}(t, y) + M_{AH}(t, y)$$
$$+ M_C(t, y) - (x_G W - x_B B)\cos\theta\cos\varphi - (z_G W - z_B B)\sin\theta \quad (6-2-34)$$

$$g_N(t, y) = (I_x - I_y)pq + rpI_{yz} - (q^2 - p^2)I_{xy} - rqI_{zx} + m[x_G(wp - ur) - y_G(vr - wq)]$$
$$+ N_{up}up + N_{ur}ur + N_{vq}vq + N_{wp}wp + N_{pq}pq + N_{qr}qr + N_{p|p|}p|p| + N_{r|r|}r|r|$$
$$+ \frac{1}{2}\rho U^2 L^3 N'_{uvw}(\Theta, \Phi) + N_{TH}(t, y) + N_C(t, y)$$
$$+ (x_G W - x_B B)\cos\theta\sin\varphi + (y_G W - y_B B)\sin\theta \quad (6-2-35)$$

式中,$F'_{uvw}(\Theta, \Phi)$表示潜艇各个运动方向速度耦合以及各运动方向上速度与侧面

运动速度($\sqrt{v^2+w^2}$)耦合的水动力。

潜艇应急运动产生的附加力(矩)包括操纵舵引起的力(矩)、潜艇进排水产生的力(矩)和高压气吹除主压载水舱产生的浮力(矩)。其中操纵舵引起的力(矩)主要是由首升降舵(围壳舵)、尾升降舵和方向舵的操纵而引起的。潜艇舱室进水产生的重力(矩)和吹除潜艇主压载水舱获得的浮力(矩)通过舱室进水模型和高压气吹除主压载水舱模型计算后以重力(矩)和浮力(矩)的形式进行考虑,由操纵舵产生的水动力(矩)用无因次系数表述形式见式(6-2-36)~式(6-2-41):

$$X_C(t, y) = \frac{1}{2}\rho L^2 (X'_{\delta_r\delta_r}\delta_r^2 + X'_{\delta_b\delta_b}\delta_b^2 + X'_{\delta_s\delta_s}\delta_s^2) u^2 \quad (6-2-36)$$

$$Y_C(t, y) = \frac{1}{2}\rho L^2 Y'_{\delta_r}\delta_r u^2 \quad (6-2-37)$$

$$Z_C(t, y) = \frac{1}{2}\rho L^2 [Z'_{\delta_b}\delta_b + Z'_{\delta_s}\delta_s] u^2 \quad (6-2-38)$$

$$K_C(t, y) = \frac{1}{2}\rho L^3 K'_{\delta_r}\delta_r u^2 \quad (6-2-39)$$

$$M_C(t, y) = \frac{1}{2}\rho L^3 [M'_{\delta_b}\delta_b + M'_{\delta_s}\delta_s] u^2 \quad (6-2-40)$$

$$N_C(t, y) = \frac{1}{2}\rho L^3 N'_{\delta_r}\delta_r u^2 \quad (6-2-41)$$

潜艇机动过程中,由于螺旋桨负荷变化流体会对潜艇产生水动力,通过潜艇螺旋桨变负荷操纵性水动力影响模型试验研究得到螺旋桨负荷变化而产生水动力(矩)的无因次形式在六自由度方向上的表述如式(6-2-42)~式(6-2-47)所示。本节中的螺旋桨变负荷产生的水动力考虑了螺旋桨负荷系数与艇体运动参数的耦合,既有水平面运动参数与螺旋桨负荷系数的耦合,又有垂直面运动参数与螺旋桨负荷系数的耦合,可以反映潜艇在六自由度运动时由于螺旋桨负荷的变化对潜艇操纵运动的影响。

$$X_{TH}(t, y) = \left\{\rho L^2 (X'_{vv\eta}v^2 + X'_{ww\eta}w^2) + \frac{1}{2}\rho \frac{L^4}{u^2}(X'_{rr\eta}r^2 + X'_{qq\eta}q^2)\right\}(\eta-1) \quad (6-2-42)$$

$$Y_{TH}(t, y) = \left\{\frac{1}{2}\rho L^2 [Y'_{v\eta}uv + Y'_{v|v|\eta}v|(v^2+w^2)^{\frac{1}{2}}|] + \frac{1}{2}\rho L^3 Y'_{r\eta}ur\right\}(\eta-1) \quad (6-2-43)$$

$$Z_{TH}(t, y) = \left\{ \frac{1}{2}\rho L^2 [Z'_{w\eta}uw + Z'_{w|w|\eta}w|(v^2+w^2)^{\frac{1}{2}}|] \right.$$
$$\left. + \frac{1}{2}\rho \frac{L^4}{u^2}(Z'_{rr\eta}r^2 + Z'_{q|q|\eta}q|q|) + \frac{1}{2}\rho L^3 Z'_{q\eta}uq \right\}(\eta-1) \tag{6-2-44}$$

$$K_{TH}(t, y) = \left\{ \frac{1}{2}\rho L^3 K'_{*\eta}u^2 + \frac{1}{2}\rho L^4 K'_{r\eta}ur + \frac{1}{2}\rho L^5 K'_{r|r|\eta}r|r| \right\}(\eta-1) \tag{6-2-45}$$

$$M_{TH}(t, y) = \left\{ \frac{1}{2}\rho L^3 [M'_{w\eta}uw + M'_{w|w|\eta}w(v^2+w^2)^{\frac{1}{2}}] + \frac{1}{2}\rho L^4 M'_{q\eta}uq \right.$$
$$\left. + \frac{1}{2}\rho L^5 M'_{q|q|\eta}q|q| + \frac{1}{2}\rho L^5 M'_{rr\eta}r^2 \right\}(\eta-1) \tag{6-2-46}$$

$$N_{TH}(t, y) = \frac{1}{2}\rho L^3 [N'_{vw}vw + N'_{\delta_r}u^2\delta_r] + \left\{ \frac{1}{2}\rho L^3 [N'_{v\eta}uv + N'_{v|v|\eta}v(v^2+w^2)^{\frac{1}{2}}] \right.$$
$$\left. + \frac{1}{2}\rho L^4 N'_{r\eta}ur + \frac{1}{2}\rho L^5 N'_{r|r|\eta}r|r| \right\}(\eta-1) \tag{6-2-47}$$

通过对潜艇大攻角和螺旋桨变负荷水动力试验研究拘束船模试验的数据进行分析,得出潜艇大攻角机动对潜艇应急操纵运动方程的影响,主要表现在潜艇六个力和力矩方向上由于大攻角运动产生的水动力系数项,这些水动力系数项主要表现为潜艇在处于大攻角机动状态产生的不可忽略的流体惯性阻力的影响,进一步揭示了潜艇处于大攻角机动时产生非线性的原因。本节采取泰勒级数展开的、与标准运动方程相类似的表达形式分段描述水动力变化规律,相对于1967年的标准运动方程,根据各方向的水动力在不同攻角范围内的变化特点,增加相应的水动力导数项。该方法与弱机动状态下水动力描述方法一脉相承,能较好地实现大机动与弱机动间数学模型的衔接,按照攻角变化的变化范围分段进行非线性拟合,得到潜艇大攻角运动时产生的附加水动力系数项,如式(6-2-48)~式(6-2-51)所示。

$$X_{AH}(t, y) = \frac{1}{2}\rho L^2/u^2 \cdot X'_{wwww}w^4 + \frac{1}{2}\rho L^3/u \cdot X'_{wwq}w^2 q \tag{6-2-48}$$

$$Y_{AH}(t, y) = \frac{1}{2}\rho L^2/u \cdot Y'_{v|v|w}v|(v^2+w^2)^{\frac{1}{2}}|w \tag{6-2-49}$$

$$K_{AH}(t, y) = \frac{1}{2}\rho L^3/u \cdot K'_{v|v|w}v|(v^2+w^2)^{\frac{1}{2}}|w \tag{6-2-50}$$

$$M_{AH}(t, y) = \frac{1}{2}\rho L^3/u \cdot M'_{www} w^3 \qquad (6-2-51)$$

将潜艇运动产生的水动力、车舵产生的附加力以及螺旋桨推力(矩)代入潜艇基本方程运动式,并通过式(6-2-52)进行无因次处理,得到用于研究潜艇应急操纵挽回运动的六自由度方程,如式(6-2-53)~式(6-2-59)所示。

$$X' = \frac{X}{\frac{1}{2}\rho L^2 U^2}, \quad Z' = \frac{Z}{\frac{1}{2}\rho L^2 U^2}, \quad M' = \frac{M}{\frac{1}{2}\rho L^3 U^2}$$

$$Y' = \frac{Y}{\frac{1}{2}\rho L^2 U^2}, \quad K' = \frac{K}{\frac{1}{2}\rho L^3 U^2}, \quad N' = \frac{N}{\frac{1}{2}\rho L^3 U^2} \qquad (6-2-52)$$

(1) 轴向力方程:

$$m[\dot{u} - vr + wq - x_G(q^2 + r^2) + y_G(pq - \dot{r}) + z_G(pr + \dot{q})]$$

$$= \frac{1}{2}\rho L^4 [X'_{qq}q^2 + X'_{rr}r^2 + X'_{rp}rp] + \frac{1}{2}\rho L^3 [X'_{\dot{u}}\dot{u} + X'_{vr}vr + X'_{wq}wq]$$

$$+ \frac{1}{2}\rho L^2 [X'_{uu}u^2 + X'_{vv}v^2 + X'_{ww}w^2 + X'_{w|w|}w|w|]$$

$$+ \frac{1}{2}\rho L^2 u^2 [X'_{\delta_r\delta_r}\delta_r^2 + X'_{\delta_b\delta_b}\delta_b^2 + X'_{\delta_s\delta_s}\delta_s^2]$$

$$+ \left\{\frac{1}{2}\rho L^2 (X'_{vv\eta}v^2 + X'_{ww\eta}w^2) + \frac{1}{2}\rho \frac{L^4}{u^2}(X'_{rr\eta}r^2 + X'_{qq\eta}q^2)\right\}(\eta - 1)$$

$$+ \left[\frac{1}{2}\rho L^2/u^2 \cdot X'_{wwww}w^4 + \frac{1}{2}\rho L^3/u \cdot X'_{wwq}w^2 q\right] - (W - B)\sin\theta + X_P(t, y)$$

$$(6-2-53)$$

(2) 侧向力方程:

$$m[\dot{v} - wp + ur - y_G(r^2 + p^2) + z_G(qr - \dot{p}) + x_G(pq + \dot{r})]$$

$$= \frac{1}{2}\rho L^4 [Y'_{\dot{r}}\dot{r} + Y'_{\dot{p}}\dot{p} + Y'_{p|p|}p|p| + Y'_{pq}pq + Y'_{qr}qr + Y'_{r|r|}r|r|]$$

$$+ \frac{1}{2}\rho L^3 [Y'_{\dot{v}}\dot{v} + Y'_{vq}vq + Y'_{wp}wp + Y'_{wr}wr]$$

$$+ \frac{1}{2}\rho L^3 \left[Y'_{r}ur + Y'_{p}up + Y'_{|r|\delta_r}u|r|\delta_r + Y'_{v|r|}\frac{v}{|v|}(v^2 + w^2)^{\frac{1}{2}}|r|\right]$$

$$+ \frac{1}{2}\rho L^2 \left[Y'_0 u^2 + Y'_v uv + Y'_{v|v|}v|(v^2 + w^2)^{\frac{1}{2}}|\right] + \frac{1}{2}\rho L^2 [Y'_{vw}vw + Y'_{\delta_r}u^2\delta_r]$$

$$+ \left\{ \frac{1}{2}\rho L^2 [Y'_{v\eta}uv + Y'_{v|v|\eta}v \mid (v^2 + w^2)^{\frac{1}{2}} \mid] + \frac{1}{2}\rho L^3 Y'_{r\eta}ur \right\}(\eta - 1)$$

$$+ \left[\frac{1}{2}\rho L^2/u \cdot Y'_{v|v|w}v \mid (v^2 + w^2)^{\frac{1}{2}} \mid w \right] + (W - B)\cos\theta\sin\varphi \quad (6-2-54)$$

（3）垂向力方程：

$$m[\dot{w} - uq + vp - z_G(p^2 + q^2) + x_G(rp - \dot{q}) + y_G(rq + \dot{p})]$$

$$= \frac{1}{2}\rho L^4 [Z'_{\dot{q}}\dot{q} + Z'_{pp}p^2 + Z'_{rr}r^2 + Z'_{rp}rp + Z'_{q|q|}q \mid q \mid] + \frac{1}{2}\rho L^3 [Z'_{\dot{w}}\dot{w} + Z'_{vr}vr + Z'_{vp}vp]$$

$$+ \frac{1}{2}\rho L^3 \left[Z'_q uq + Z'_{|q|\delta_s} u \mid q \mid \delta_s + Z'_{w|q|}\frac{w}{|w|} \mid (v^2 + w^2)^{\frac{1}{2}} \mid \mid q \mid \right]$$

$$+ \frac{1}{2}\rho L^2 [Z'_0 u^2 + Z'_w uw + Z'_{w|w|}w \mid (v^2 + w^2)^{\frac{1}{2}} \mid]$$

$$+ \frac{1}{2}\rho L^2 [Z'_{|w|}u \mid w \mid + Z'_{ww} \mid w \mid (v^2 + w^2)^{\frac{1}{2}} \mid] + \frac{1}{2}\rho L^2 [Z'_{vv}v^2 + Z'_{\delta_b}u^2\delta_b + Z'_{\delta_s}u^2\delta_s]$$

$$+ \left\{ \frac{1}{2}\rho L^2 [Z'_{w\eta}uw + Z'_{w|w|\eta}w \mid (v^2 + w^2)^{\frac{1}{2}} \mid] + \frac{1}{2}\rho \frac{L^4}{u^2}(Z'_{rr\eta}r^2 + Z'_{q|q|\eta}q \mid q \mid) \right.$$

$$\left. + \frac{1}{2}\rho L^3 Z'_{q\eta}uq \right\}(\eta - 1) + (W - B)\cos\theta\cos\varphi \quad (6-2-55)$$

（4）横摇力矩方程：

$$I_x\dot{p} + (I_z - I_y)qr - (\dot{r} + pq)I_{xz} + (r^2 - q^2)I_{yz} + (pr - \dot{q})I_{xy}$$

$$+ m[y_G(\dot{w} - uq + vp) - z_G(\dot{v} - wp + ur)]$$

$$= \frac{1}{2}\rho L^5 [K'_{\dot{p}}\dot{p} + K'_{\dot{r}}\dot{r} + K'_{qr}qr + K'_{pq}pq + K'_{p|p|}p \mid p \mid] + \frac{1}{2}\rho L^4 [K'_p up + K'_r ur + K'_{\dot{v}}\dot{v}]$$

$$+ \frac{1}{2}\rho L^3 [K'_{vw}vw + K'_{\delta_r}u^2\delta_r] - Wh\cos\theta\sin\varphi$$

$$+ \left\{ \frac{1}{2}\rho L^3 K'_{*\eta}u^2 + \frac{1}{2}\rho L^4 K'_{r\eta}ur + \frac{1}{2}\rho L^5 K'_{r|r|\eta}r \mid r \mid \right\}(\eta - 1)$$

$$+ \frac{1}{2}\rho L^4 [K'_{vq}vq + K'_{wp}wp + K'_{wr}wr] + \frac{1}{2}\rho L^3 [K'_0 u^2 + K'_v uv + K'_{v|v|}v \mid (v^2 + w^2)^{\frac{1}{2}} \mid]$$

$$+ (y_G W - y_B B)\cos\theta\cos\varphi - (z_G W - z_B B)\cos\theta\sin\varphi$$

$$+ \left[\frac{1}{2}\rho L^3/u \cdot K'_{v|v|w}v \mid (v^2 + w^2)^{\frac{1}{2}} \mid w \right] \quad (6-2-56)$$

（5）纵倾力矩方程：

$$I_y\dot{q} + (I_x - I_z)rp - (\dot{p} + qr)I_{xy} + (p^2 - r^2)I_{zx} + (qp - \dot{r})I_{yz}$$

$$+ m[z_G(\dot{u} - vr + wp) - x_G(\dot{w} - uq + vp)]$$

$$= \frac{1}{2}\rho L^5 [M'_{\dot{q}}\dot{q} + M'_{pp}p^2 + M'_{rr}r^2 + M'_{rp}rp + M'_{q|q|}q|q|] + \frac{1}{2}\rho L^4 [M'_{\dot{w}}\dot{w} + M'_{vr}vr + M'_{vp}vp]$$

$$+ \frac{1}{2}\rho L^4 [M'_q uq + M'_{|q|\delta_s} u|q|\delta_s + M'_{|w|q}(v^2 + w^2)^{\frac{1}{2}}|q|]$$

$$+ \frac{1}{2}\rho L^3 [M'_0 u^2 + M'_w uw + M'_{w|w|}w|(v^2 + w^2)^{\frac{1}{2}}|]$$

$$+ \frac{1}{2}\rho L^3 [M'_{|w|}u|w| + M'_{ww}|w(v^2 + w^2)^{\frac{1}{2}}|] + \frac{1}{2}\rho L^3 [M'_{vv}v^2 + M'_{\delta_b} u^2 \delta_b + M'_{\delta_s} u^2 \delta_s]$$

$$+ \left\{ \frac{1}{2}\rho L^3 [M'_{w\eta} uw + M'_{w|w|\eta} w(v^2 + w^2)^{\frac{1}{2}}] + \frac{1}{2}\rho L^4 M'_{q\eta} uq + \frac{1}{2}\rho L^5 M'_{q|q|\eta} q|q| \right.$$

$$\left. + \frac{1}{2}\rho L^5 M'_{rr\eta} r^2 \right\}(\eta - 1) - (x_G W - x_B B)\cos\theta\cos\varphi$$

$$- (z_G W - z_B B)\sin\theta - Wh\sin\theta + \left[\frac{1}{2}\rho L^3 / u \cdot M'_{www} w^3 \right] \qquad (6-2-57)$$

（6）偏航力矩方程：

$$I_z \dot{r} + (I_y - I_x)pq - (\dot{q} + rp)I_{yz} + (q^2 - p^2)I_{xy} + (rq - \dot{p})I_{zx} +$$
$$m[x_G(\dot{v} - wp + ur) - y_G(\dot{u} - vr + wq)]$$

$$= \frac{1}{2}\rho L^5 [N'_{\dot{r}}\dot{r} + N'_{\dot{p}}\dot{p} + N'_{pq}pq + N'_{qr}qr + N'_{r|r|}r|r| + N'_{p|p|}p|p|]$$

$$+ \frac{1}{2}\rho L^4 [N'_{\dot{v}}\dot{v} + N'_{wr}wr + N'_{wp}wp + N'_{vq}vq]$$

$$+ \frac{1}{2}\rho L^4 [N'_p up + N'_r ur + N'_{|r|\delta_r} u|r|\delta_r + N'_{|v|r}(v^2 + w^2)^{\frac{1}{2}}|r|]$$

$$+ \frac{1}{2}\rho L^3 [N'_0 u^2 + N'_v uv + N'_{v|v|}v|(v^2 + w^2)^{\frac{1}{2}}|] + (x_G W - x_B B)\cos\theta\sin\varphi$$

$$+ (y_G W - y_B B)\sin\theta + \frac{1}{2}\rho L^3 [N'_{vw}vw + N'_{\delta_r} u^2 \delta_r]$$

$$+ \left\{ \frac{1}{2}\rho L^3 [N'_{v\eta} uv + N'_{v|v|\eta} v(v^2 + w^2)^{\frac{1}{2}}] + \frac{1}{2}\rho L^4 N'_{r\eta} ur + \frac{1}{2}\rho L^5 N'_{r|r|\eta} r|r| \right\}(\eta - 1)$$

$$(6-2-58)$$

（7）辅助方程——运动关系式

$$\begin{cases} \dot{\varphi} = p + q\tan\theta\sin\varphi + r\tan\theta\cos\varphi \\ \dot{\theta} = q\cos\varphi - r\sin\varphi \\ \dot{\psi} = (q\sin\varphi + r\cos\varphi)/\cos\theta \end{cases} \qquad (6-2-59)$$

$$\begin{cases} \dot{\xi}_G = \dot{\xi}_0 = u\cos\psi\cos\theta + v(\cos\psi\sin\theta\sin\varphi - \sin\psi\cos\varphi) \\ \qquad\quad + w(\cos\psi\sin\theta\cos\varphi + \sin\psi\sin\varphi) \\ \dot{\eta}_G = \dot{\eta}_0 = u\sin\psi\cos\theta + v(\sin\psi\sin\theta\sin\varphi + \cos\psi\cos\varphi) \quad (6-2-60) \\ \qquad\quad + w(\sin\psi\sin\theta\cos\varphi - \sin\psi\sin\varphi) \\ \dot{\zeta}_G = \dot{\zeta}_0 = -u\sin\theta + v\cos\theta\sin\varphi + w\cos\theta\cos\varphi \end{cases}$$

方程(6-2-53)~方程(6-2-60)构成了潜艇应急操纵运动方程,结合潜艇应急挽回运动模型便可进行潜艇应急挽回运动仿真研究和应急浮起操纵运动特性研究。

二、附加力模型

(一)潜艇舱室进水模型

潜艇事故统计表明潜艇舱室进水主要原因为潜艇通海管路破损进水或潜艇搁浅、碰撞引起的耐压舱室破损进水。经验和仿真结果表明无论何种进水事故,发生潜艇进水事故后采取挽回措施到潜艇浮到水面或确定挽回失败时的进水量都远小于耐压舱室容量,因此潜艇舱室进水时进水量的计算可以利用自由进水公式。

(1) 若潜艇舱室破口在舱室顶部或较高位置时,不用考虑舱室内残留空气对舱室进水量的影响。根据伯努利公式推导,舱室进水量可用式(6-2-61)表示:

$$W(t) = \int_0^t Q(t)\mathrm{d}t = C_n \cdot S \cdot \gamma \cdot g \cdot \sqrt{2g} \cdot \int_0^t \sqrt{h(t)}\,\mathrm{d}t \quad (6-2-61)$$

式中,$Q(t)$ 为舱室进水量随时间变化率,N/s;γ 为海水密度,kg/m³;g 为重力加速度,m/s²;S 为进水孔面积,m²;C_n 为流量系数,C_n 取 0.5;$h(t)$ 为进水孔的瞬时深度,m;h_0 为潜艇重心处的海水深度,m。

(2) 若潜艇舱室破口在舱室底部或较低位置时,随着舱室进水量的不断变化,潜艇舱室内残留空气会形成空气垫,此时破损舱室内外压头差改变。假设破损舱室内空气作等温压缩,则舱室进水量等于舱室内空气压缩量。

(二)车舵模型

1. 不改变车令时螺旋桨推力

在不改变车令时,螺旋桨推力 T 的变化在计算中不予考虑,即推力保持初始直航状态与阻力平衡的值(简称"推阻平衡")。

加拿大国防研究发展委员会 Watt 通过螺旋桨不同角度的推力和转矩测量试验,并考虑了螺旋桨高速运动对测量结果的影响,利用多项式插值函数处理数据得到螺旋桨推力和转矩系数与进速比系数之间的关系。

2. 改变车令时螺旋桨推力

在改变车令后，螺旋桨转速变化按照一阶惯性环节来模拟，表达式为

$$n_p = n_0 \cdot e^{-t/\tau} + n_d \cdot (1 - e^{-t/\tau}) \quad (6-2-62)$$

式中，τ 为推力变化时间，s；n_0 为螺旋桨初始转速，r/s；n_d 为螺旋桨目标转速，r/s。

（三）抛弃可弃压载模型

某些类型的潜艇紧急上浮的最好办法，是抛弃沉重的压载龙骨、铅或钢制的锚链节，或扔掉安置在外部的蓄电池箱。但通常抛弃可弃压载物仅限于由于潜艇下潜深度太大，高压气吹除主压载水舱排水系统失效时。

可弃压载装置是在潜艇出现紧急情况时，可以用以实现抛弃艏部或艉部的固体压载物，其目的是使潜艇获得应急浮力和浮力矩。可弃压载的作用是在瞬间实现的，而且是不可逆的。在出现故障的前期，及时抛弃可弃压载能有效地控制纵倾角的发展，为采取其他动力抗沉措施争取宝贵的时间。

国外某些潜艇上装有应急可弃压载，例如，法国的"女神"号潜艇上有 8 t，"阿戈斯塔"级潜艇上有 2×7 t，CA 级潜艇上有 10 t，美国"海豚"号潜艇上有 20 t。潜艇如果装有可弃压载，可以在适当的时机通过抛弃可弃压载来获得相应的上浮力。抛弃可弃压载的模型为

$$W = P_T \quad t > t_0 \quad (6-2-63)$$

式中，P_T 为可弃压载的重量；t_0 为抛弃可弃压载的时刻。

三、潜艇高压气吹除主压载水舱模型

目前，潜艇的操纵手段主要包括车、舵、高压气吹除压载水舱、抛弃可弃压载物和浮力调整水舱调水进行均衡等。其中车舵是潜艇正常机动时的操纵手段，而当潜艇在水下较高航速发生尾大下潜舵卡、潜艇舱室通海管路破损进水以及耐压舱室破损进水等重大险情事故时，在现有的应急操纵技术条件下，只能利用高压气吹除主压载水舱获取正浮力和校正力矩实施应急起浮使潜艇上浮至水面。因此，潜艇高压气吹除主压载水舱模型建立的准确与否严重影响潜艇事故时挽回成功与否，影响潜艇应急挽回操纵运动特性研究，有必要开展潜艇高压气吹除主压载水舱的理论研究、仿真研究和物理模型实验研究，通过不同研究手段获取高压气吹除主压载水舱的研究模型。

（一）工作原理

潜艇高压气吹除主压载水舱系统由高压气瓶、管路、阀件以及压载水舱四部分组成。系统模型由高压气瓶流量模型、高压气管路流动压降模型、压载水舱气体膨胀模型、压载水舱排水模型和解除气压模型五部分组成。

潜艇潜浮系统是潜艇操纵控制系统的重要组成部分,而高压气吹除主压载水舱系统是潜艇潜浮系统的主要组成部分,其主要功能是使潜艇从水下状态上浮至水面状态,具有正常吹除、应急吹除和短路吹除三种工作模式。正常吹除是潜艇正常上浮时利用高压气吹除压载水舱使潜艇由水下上浮至潜势状态,然后再利用低压吹除系统使潜艇上浮至水面巡航状态;应急吹除是直接利用高压气吹除主压载水舱使潜艇从水下上浮至水面巡航状态;短路吹除是应急情况下的大流量吹除,设置专门的高压空气短路吹除系统,专用的高压气瓶不经过高压阀,直接将高压气吹入首部主压载水舱,可大大提高高压气吹除率。

潜艇高压气应急吹除压载水舱系统的工作过程中,高压气从高压气瓶快速喷入潜艇主压载水舱,压载水舱中的海水流场的背压将会限制高压气在压载水舱中迅速蔓延扩散,大量流入压载水舱中的高压气迅速形成气泡,在海水中快速膨胀,并与海水混合在一起进行热交换,此时压载水舱中高压气、气液混合物组成的混合气体形成高压区,克服压载水舱中海水的背压推动海水流动,使海水从压载水舱通海阀排出。

(二) 高压气瓶释放流量模型

为了研究方便,将潜艇上用于吹除的气瓶等效为一个高压空气分路箱,用于控制高压气吹入各主压载水舱。将潜艇上用于吹除的气瓶分为两部分,一部分气瓶高压气直接吹入主压载水舱,可大大提高高压气的吹除率,即短路吹除;另一部分气瓶高压气需经过高压气控制装置后再吹入压载水舱,即常规吹除。

当短路吹除主压载水舱时,高压气直接流入管道后便流入压载水舱,由于短路吹除时管路长度相比常规吹除短得多,故可不考虑管路的摩擦和压降。拉瓦尔喷管即先缩后放的缩放喷管,可以使气流从亚声速加速到超声速,因此可将高压气从高压气瓶流经高压管道流向压载水舱的流动模拟为拉瓦尔(Laval)喷管中的气体流动。

(1) 当 $\dfrac{P_B}{P_F} \leqslant \left(\dfrac{2}{k+1}\right)^{\frac{k}{k-1}}$,流经拉瓦尔喷口最小截面处(喉部)的速度为声速,流量最大。

$$\dot{m}_F = \rho \cdot A \cdot c = A \cdot \frac{P_F}{RT_F} \cdot \left(\frac{2}{k+1}\right)^{\frac{1}{k-1}} \cdot \sqrt{2\frac{k}{k+1}RT_F} = \frac{AP_F}{\sqrt{RT_F}} \cdot \sqrt{k\left(\frac{2}{k+1}\right)^{\frac{k+1}{k-1}}}$$

(6-2-64)

考虑流量限制阀因素 $C_t = A/A_t$,则

$$\dot{m}_F = \frac{C_t A_t P_F}{\sqrt{RT_F}} \cdot \sqrt{k\left(\frac{2}{k+1}\right)^{\frac{k+1}{k-1}}} \qquad (6-2-65)$$

(2) 当 $1 > \dfrac{P_B}{P_F} > \left(\dfrac{2}{k+1}\right)^{\frac{k}{k-1}}$ 时,流经拉瓦尔喷口最小截面处(喉部)的速度低于声速。

$$\dot{m}_F = \dfrac{P_1}{RT_1} \cdot A \cdot \sqrt{2\dfrac{kR}{k-1}T_F\left[1-\left(\dfrac{P_1}{P_F}\right)^{\frac{k-1}{k}}\right]}$$

$$= A_t C_t \dfrac{P_F}{\sqrt{RT_F}} \cdot \sqrt{2\dfrac{k}{k-1}\cdot\left(\dfrac{P_1}{P_F}\right)^{\frac{2}{k}}\left[1-\left(\dfrac{P_1}{P_F}\right)^{\frac{k-1}{k}}\right]} \quad (6-2-66)$$

(3) 当 $\dfrac{P_B}{P_F}=1$ 时,此时气瓶压力和压载舱的压力相等,吹除停止,流量为0。

(4) 当 $\dfrac{P_B}{P_F}>1$ 时,此时压载舱的压力大于气瓶压力,高压气体由压载舱流向气瓶,需关闭高压气瓶或解除压载舱中气体的气压。

式(6-2-64)~式(6-2-66)中,c 为高压气流动速度;P_1、T_1 和 v_1 分别为气瓶喷嘴截面处压力、温度和比容;$\dot{m}_F$ 为高压气流量;A_t 为喷嘴的喷口面积;C_t 为阀流量系数 $(0 \leq C_t \leq 1)$;k 为等熵常数,取 $k=1.4$;R 为气体常数287.1 J/(kg·K);P_F、T_F 分别表示高压气瓶组中气体压力和温度;P_B、T_B 分别表示压载水舱中气体压力和温度。

(三) 高压气吹除主压载水舱排水模型

将高压气瓶吹入到压载水舱的高压气作为研究对象,此研究对象是一个变能量、变质量的热力系统,在建立高压气吹除模型时作出以下基本假设:

(1) 进入压载水舱的高压气与海水瞬时完成质量和能量的交换,将吹除过程按时间划分为若干个均匀的时间计算点,并且将每个计算时间步长内的气体状态变化看作准静态过程;

(2) 不考虑压载水舱内气液两相的混合流动过程,假设压载水舱中高压气和海水具有水平的气液分界面;

(3) 高压气吹入压载水舱过程中由于高压气吹除系统吸收和高压气与海水之间热传递的能量损失,用能量损失系数考虑,并且在高压气吹除主压载水舱整个过程中是一个常数。

1. 压载水舱内气体参数

高压气系统吹除过程中高压气进入压载水舱速度非常快,根据质量守恒定律,流出高压气系统和进入压载水舱高压气量相等,得

$$\dfrac{\mathrm{d}m_F}{\mathrm{d}t} = -\dfrac{\mathrm{d}m_B}{\mathrm{d}t} \quad (6-2-67)$$

每一静态时间计算点(单位时间步长)进入压载水舱的高压气总能量为

$$Q_0 = \frac{R_g}{k-1} T_F m_B \tag{6-2-68}$$

式中，R_g 为高压气的气体常数；m_F 为流出高压气瓶的高压气质量；m_B 为进入压载水舱高压气的质量。

在吹除过程中，进入压载水舱的高压气的能量包括压载水舱中高压气的内能和高压气排水做功两部分：

$$dQ = dU + dA \tag{6-2-69}$$

式中，dU 为高压气的内能；dA 为高压气排水所做的功。

$$dU = \frac{R_g}{k-1} d(m_B T_B) = \frac{R_g}{k-1} \times \frac{1}{R_g} d(P_B V_B) = \frac{1}{k-1} d(P_B V_B) \tag{6-2-70}$$

$$dA = P_B dV_B \tag{6-2-71}$$

将式(6-2-70)和式(6-2-71)代入式(6-2-69)，得

$$dQ = \frac{k}{k-1} P_B dV_B + \frac{1}{k-1} V_B dP_B \tag{6-2-72}$$

高压气在吹除压载水舱过程中，压载水舱中瞬时的高压气能量等于总能量与各种能量损失的差，假设用系数 ζ 表示能量损失。

$$Q = Q_0 - \sum_i Q_i = (1-\zeta) Q_0 \tag{6-2-73}$$

$$dQ = \frac{1-\zeta}{k-1} R_g T_F \dot{m}_B = -\frac{1-\zeta}{k-1} R_g T_F \dot{m}_F \tag{6-2-74}$$

将式(6-2-74)代入式(6-2-72)，得

$$\frac{k}{k-1} P_B dV_B + \frac{1}{k-1} V_B dP_B = -\frac{1-\zeta}{k-1} R_g T_F \dot{m}_F \tag{6-2-75}$$

$$P_B dV_B = \frac{1}{k} [-(1-\zeta) R_g T_F \dot{m}_F - V_B dP_B] \tag{6-2-76}$$

定义 $f_0 = R_g T_F \dot{m}_F$ 为高压气的吹除特征参数，则根据高压气的特征参数表示的高压气的吹除效率为

$$\eta = \frac{1-\zeta}{k} + \frac{V_B dP_B}{k f_0} \tag{6-2-77}$$

由于高压气在吹除压载水舱过程中,压载水舱中的气体压力基本等于外界环境压力,假设 $dP_B = 0$,此时高压气的吹除效率为

$$\eta = \frac{1-\zeta}{k} \quad (6-2-78)$$

高压气进入压载水舱排水的速度快于由于热传递而引起压载水舱海水温度升高的速度,可假设压载水舱中气体温度保持不变,试验也证明压载水舱中气体温度可近似为恒温。

$$P_{Bi}V_{Bi} = m_{Bi}R_g T_B \quad (6-2-79)$$

对式(6-2-79)两边求导,得

$$\frac{dP_{Bi}}{dt} = \frac{\frac{dm_{Bi}}{dt}R_g T_B - P_{Bi}q_{Bi}}{V_{Bi}} \quad (6-2-80)$$

$$q_{Bi} = \frac{dV_{Bi}}{dt} \quad (6-2-81)$$

由于压载水舱中的气体质量等于高压气瓶释放到各个压载水舱空气质量的和,得

$$\frac{dm_B}{dt} = \sum_{i=1}^{N} \frac{dm_{Bi}}{dt} = \dot{m}_F = -\frac{dm_F}{dt} \quad (6-2-82)$$

假设高压气吹入压载水舱的质量与压载水舱容积成正比,当吹除多个或全部主压载水舱时:

$$m_{Bi} = \frac{m_B V_{Ti}}{V_T} \quad (6-2-83)$$

$$\frac{dm_{Bi}}{dt} = -\frac{dm_F}{dt} \times \frac{V_{Ti}}{V_T} \quad (6-2-84)$$

式中,m_{Bi}、m_B 为各压载水舱空气质量和吹入压载水舱的总质量;V_{Ti}、V_T 为各压载水舱容积和吹除压载水舱的总容积;P_{Bi}、V_{Bi} 为各压载水舱中气体压力和体积;q_{Bi} 为压载水舱的排水速率;T_B 为海水温度,与压载水舱中气体温度相等。

2. 高压气吹除压载水舱排水模型

高压气经吹除系统进入压载水舱后,在压载水舱内快速膨胀,此时压载水舱内气体压力高于潜艇外部环境压力,驱使压载水舱中海水排出艇外,使潜艇获得正浮力而快速上浮。单位时间内压载水舱的排水量主要取决于高压气吹除速率和潜艇

所在深度。根据流体流动定律,可通过体积变化法和伯努利公式计算法来计算压载水舱的排水量。

1) 体积变化法

压载水舱排水量等于压载水舱初始水量与剩余水量的差值,即压载水舱中海水的体积变化量。由于压载水舱中海水体积的变化是由于吹入压载水舱中气体的膨胀引起,体积变化量与压载水舱内气体膨胀的体积相等,因此只需以压载水舱中气体为研究对象,单位时间内压载水舱内气体体积的变化即单位时间压载水舱的排水量。经过分析推导可得

$$P_{Bi} = P_{hi} = P_a + \rho g[z_0 - x_{Bi}\sin\theta - 0.45d\cos\theta(1 - 2V_{Bi}/V_{Ti})] \quad (6-2-85)$$

$$V_{Bi} = \frac{m_{Bi}}{\rho_{Bi}} = \int_0^t \left(-\frac{\mathrm{d}m_F}{\mathrm{d}t}\right)\mathrm{d}t \times \frac{V_{Ti}}{V_T} \bigg/ \frac{P_{Bi}}{RT_{Bi}} \quad (6-2-86)$$

将式(6-2-86)代入式(6-2-84),得到 V_{Bi} 与 V_{Ti} 的二次方程式:

$$\frac{V_{Bi}}{V_{Ti}} = S_1 + \sqrt{S_1^2 + S_2} \quad (6-2-87)$$

$$S_1 = \frac{-P_{at} - \rho g(z_0 - x_{Ti}\sin\theta - 0.45d\cos\theta)}{1.8\rho g d\cos\theta}, \quad S_2 = \frac{\int_0^t \left(-\frac{\mathrm{d}m_F}{\mathrm{d}t}\right)\mathrm{d}t \times RT_B}{0.9\rho g dV_T\cos\theta}$$

$$(6-2-88)$$

$$\mathrm{Buoy} = V_B = \sum_{i=1}^N V_{Bi} \quad (6-2-89)$$

2) 伯努利公式计算法

由于潜艇压载水舱内液面的面积比压载水舱排水孔的面积大很多,假设压载水舱在排水过程中海水的流动在单位时间步长内是稳定流动过程。压载水舱排水的速度和流量取决于压载水舱内外的压力差,根据伯努利公式计算方法,经过推导分析可得

$$P_{hi} = P_a + \rho g(z_0 - x_{Bi}\sin\theta) \quad (6-2-90)$$

$$P_{Bi} + gh_i - P_{hi} = 0.5\rho_w V_{hi}^2 \quad (6-2-91)$$

$$V_{hi} = \sqrt{\frac{2(P_{Bi} - P_{hi})}{\rho_w} + 2gh_i} \quad (6-2-92)$$

$$q_{Bi} = C_h \cdot V_{hi} \cdot A_{hi} \quad (6-2-93)$$

$$V_B = \sum_{i=1}^N V_{Bi} = \sum_{i=1}^N \int_0^t q_B(t)\mathrm{d}t = \sum_{i=1}^N \int_0^t C_h A_{hi} V_{hi}(t)\mathrm{d}t \quad (6-2-94)$$

$$\text{Buoy} = V_B - V_{B0} \qquad (6-2-95)$$

利用四阶龙格库塔微分方程数值求解方法对高压气吹除主压载水舱进行数值计算时,发现计算过程中时间步长选取对计算结果影响很大,原因是时间步长不同,压载水舱瞬时排水量不同,若计算步长过大会导致压载水舱排水后的瞬间压力低于外界环境压力,排水量的计算不准确。为了保证计算结果的准确性,压载水舱中的瞬间压力不能低于通海阀处的背压,需满足式(6-2-96):

$$P_{Bi} = \frac{m_{Bi} R T_B}{V_{Bi}} \geqslant P_{hi} \qquad (6-2-96)$$

式(6-2-85)~式(6-2-95)中,P_{hi} 为水舱外排水背压; P_a 为单位大气压; z_0 为潜深; x_{Bi} 为水舱中心纵坐标; θ 为纵倾角; d 为潜艇壳体直径; V_{hi} 为排水速率; ρ_w 为密度; A_h 为排水孔面积; h_i 为各压载水舱中液面高度; V_B、V_{B0} 分别为水舱气体容积和初始容积;Buoy 为压载水舱总排水量; C_h 为流量损耗系数(本教材中取 0.45)。

(四) 主压载水舱解除气压模型

当高压气吹除主压载水舱一段时间后停止供气,此时高压气瓶内的气体状态参数不变,高压气吹除主压载水舱系统气体流量为 0,随着潜艇的深度不断减少,主压载水舱的外界环境压力不断减小,压载水舱内气体与外界海水背压的压差逐渐增大,此时压载水舱内气体不断膨胀,推动海水从压载水舱排水孔排出舱外,压载水舱排水量进一步增加。

当潜艇上浮到一定深度后,主压载水舱内气体则继续膨胀,压载水舱的排水量继续增加,此时潜艇的姿态很难控制,如果不采取措施,潜艇将以很高的速度冲出水面,并且形成很大的横倾对潜艇构成很大的威胁。因此,在潜艇应急上浮过程中,应该选取合适的时机解除主压载水舱中的气压,若解除气压过早,潜艇可能会因为浮力不够再次下沉;若解除气压过晚,潜艇可能上浮速度过快而不能控制。解除气压过程中,一方面主压载水舱中的气体继续膨胀;另一方面主压载水舱中的气体通过通气阀排出。为了建立主压载水舱解除气压模型,进行下列假设:

(1) 主压载水舱中的气体是绝热膨胀;

(2) 气体从主压载水舱通过通气阀的流出过程为等熵流动,并且可以模拟为拉瓦尔喷管;

(3) 主压载水舱中的气体处于滞止状态;

(4) 通气阀出口处状态参数为 P_k、T_k、ρ_k,出口处背压为 P_{k0},通气阀出口面积为 A_k,通气阀因素为 C_k。

当停止供气解除气压后,舱室中高压气一部分继续膨胀,一部分通过通气阀流出,根据拉瓦尔喷管模型,可以得到通气阀的出口流量 $\dot{m}_B$。

(1) 当 $\dfrac{P_{k0}}{P_B} \leqslant \left(\dfrac{2}{k+1}\right)^{\frac{k}{k-1}}$ 时，通气阀出口气流为声速，出口气体压力为临界压力。

$$\dot{m}_B = \dfrac{A_k C_k P_B}{\sqrt{RT_B}} \cdot \sqrt{k\left(\dfrac{2}{k+1}\right)^{\frac{k+1}{k-1}}} \qquad (6-2-97)$$

(2) 当 $\left(\dfrac{2}{k+1}\right)^{\frac{k}{k-1}} < \dfrac{P_{k0}}{P_B} < 1$ 时，通气阀出口气流为亚声速，则 $P_k = P_{k0}$。

$$\dot{m}_B = A_t C_t \dfrac{P_B}{\sqrt{RT_B}} \cdot \sqrt{2\dfrac{k}{k-1} \cdot \left(\dfrac{P_k}{P_B}\right)^{\frac{2}{k}}\left[1 - \left(\dfrac{P_k}{P_B}\right)^{\frac{k-1}{k}}\right]} \qquad (6-2-98)$$

(3) 当 $P_{k0} = P_B$ 时，通气阀出口气流为 0。

在上面的计算中，P_B、T_B、V_B 分别为压载水舱气体压力、温度、体积；k 为等熵常数，取 $k=1.4$；R 为气体常数 287.1 J/(kg·K)。

第三节 危险纵倾时的操纵

潜艇水下纵稳度很小，一般常规潜艇纵倾 1°的扶正力矩也相对较小。当潜艇在水下受到较大的外力矩作用时，容易产生大纵倾，可能使潜艇出现险情。动均衡的潜艇，当纵倾很大时，其潜浮速度很快，容易撞入海底或坠入极限深度以下，或者快速冲至危险深度或浮出水面，这样容易碰撞水面舰船或暴露目标，同时潜艇的动力装置也不允许在大纵倾下长期工作，此外纵倾很大还可能导致电池电解液溢出，造成电池短路。因此，潜艇在机动过程中应防止危险纵倾的出现，一旦出现危险纵倾，应及时正确处理。

一、产生危险纵倾的原因及预防措施

（1）均衡计算时所用的载荷值与实际载荷不符。所以每次潜水均衡以前，机电长应仔细检查均衡水舱与浮力调整水舱水量是否与均衡计算时相符。特别是厂修后初次潜水前，更应检查所有辅助压载水舱、油柜等的装载量，防止差错。

（2）均衡计算错误。这将使艇有较大的力矩差，潜水后出现大纵倾。因此，在进行均衡计算时应认真细致，做到正确无误，特别要注意正、负号和数量级。

（3）潜浮时潜浮系统故障。如某一端压载水舱的通气阀或失事挡板被卡住或冻结等原因未完全打开时会产生大纵倾。所以备潜时，机电长应认真检查潜浮系统各部分，使其处于良好状态。

（4）升降舵手操了反舵或长时间使用大舵角，也可能引起危险纵倾。因此，机

电长应注意观察舵手操舵的正确性,发现错误及时纠正。

(5) 均衡时注(排)水或调水方向搞错,所以机电长在均衡时应注意深度计和纵倾仪指示的变化情况,发现深度变化加快、纵倾增大,应及时采取措施,停止注(排)水或调水。

(6) 由于液压失灵,机械系统故障或升降舵被卡等都可以引起危险纵倾。

(7) 由于操作错误、战斗损害等原因造成舱室或辅助压载水舱进水也会引起危险纵倾。

本节主要研究潜艇在水下未严重损失浮力时出现危险纵倾的处理方法。当潜艇出现危险纵倾而浮力正常时,应判明造成危险纵倾的原因,同时迅速用车、舵或气造成相反的纵倾力矩挽回危险纵倾,然后消除危险纵倾产生的原因,即可恢复正常操纵。

二、潜艇出现危险首纵倾时的应急操纵

潜艇出现危险首纵倾时,深度会迅速增加,为防止潜艇触海底或坠入极限深度以下,可采用车、舵和气等方法挽回危险首纵倾,在实际操艇过程中,应根据具体情况选择合适方法。

(1) 潜艇出现首纵倾,情况不甚严重,可用相对浮起满舵挽回首纵倾,如图 6-3-1 所示。

为了迅速挽回首纵倾,水深允许的情况下可在增大舵角的同时,适当增加航速以提高舵效,但要注意增速的时机,一定要在操相对上浮舵以后才能增速,否则由于此时艇体向下的流体动力增加,在该力及其力矩作用下,会加大纵倾,导致更严重的后果。另外,潜艇首纵倾时增速,艇的深度会增加,因此,如果海区深度有限,则不宜采取增速措施,以防潜艇触及海底。

(2) 潜艇由于舵卡或操纵错误造成危险首纵倾时,应立即采取紧急倒车,一般用双车后退的方法挽回。如果是舵卡造成的首纵倾,则倒车后舵力矩与前进时方向相反,被卡舵力矩变为挽回纵倾的力矩,如图 6-3-2 所示。

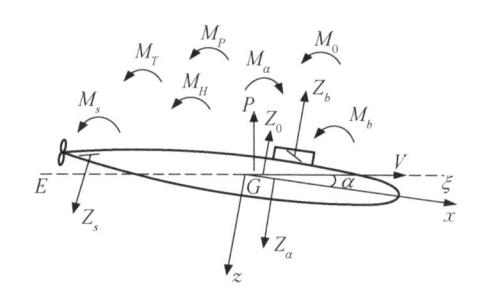

图 6-3-1 用相对上浮舵挽回首纵倾 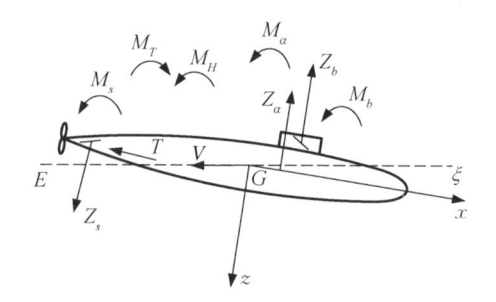　　图 6-3-2 水下倒车挽回首纵倾

潜艇倒车后,艇体所产生的动水升力及力矩使首纵倾恢复,同时避免使艇冲向深处,当纵倾恢复到较小角度时改用进车,并均衡潜艇,抵消舵力和舵力矩,使艇保持定深运动。

（3）潜艇产生首纵倾后,纵倾和深度都急剧增加,而且海区深度有限,在这种情况下应采取向艏组主压载水舱供气排水的方法挽回首纵倾。供气量的多少,须视纵倾及深度变化快慢而定。用这种方法能较快地挽回首纵倾,但是须掌握好停止供气和解除气压的时机。在排水的同时,可根据情况降低航速或短暂停车以免潜艇以很大的首纵倾急速下潜。

当纵倾恢复正常后,用舵保持定深,尽快找出大纵倾的原因,并进行排除。

综上所述,当潜艇出现危险纵倾时,可分别使用车、舵和气的方法挽回,也可几种方法同时使用。但无论使用哪种方法,都应在挽回纵倾的同时,立即查明产生纵倾的原因,并迅速排除。用车舵挽回比较灵活,而且容易控制,但力矩较小,挽回速度较慢,深度变化较大;用气挽回速度快,深度变化较小,但较难控制纵倾,往往向相反方向变化,同时隐蔽性也差,所以在一般情况下,多使用车舵挽回,只有在情况十分紧急时才用供气方法挽回。

三、潜艇出现危险尾纵倾时的应急操纵

（1）潜艇出现危险尾纵倾,如果不是由舵卡引起的,则可操相对下潜满舵挽回尾倾,潜艇航行深度允许,不会使艇浮至危险深度以上,应及时增速以增大舵效,待尾倾恢复接近零度时回舵,保持定深航行,消除产生危险纵倾的原因,并进行均衡。

（2）如果海面情况允许潜艇浮起,此时为了减小尾纵倾,可向艏组主压载水舱适量供气排水,但必须适时解除气压,防止形成相反的纵倾。

（3）如果海面有敌情或浮起有碰撞水面船只的危险不允许浮起时,可立即停车,同时向浮力调整水舱注水,必要时向速潜水舱注水,增加向下的剩余静载力和首纵倾力矩,控制艇的尾纵倾与上浮。然后根据情况适时用车航行和排浮力调整水舱或速潜水舱的水,用舵保持深度,并进行补充均衡。

四、正常训练危险纵倾应急操纵的安全措施

（1）训练前要充足高压气和液压,保证水下用气和液压机正常工作。

（2）失事排水总站和分站应做好排水准备工作。

（3）舱室内部活动物品要固定好,防止纵倾过大时滑动,碰伤艇员。

（4）艇长指挥口令要清楚正确,车钟、车、舵操纵岗位要准确执行命令。为防止车钟失灵,注意保持各舱联系。

（5）训练前要观察海面情况,测量龙骨以下水深,了解海底情况,尽量在较好条件下操练。

第四节　升降舵故障时的操纵

　　升降舵是操纵潜艇在水下垂直面内机动的主要工具,保持与改变深度都是依靠升降舵来实现。升降舵位于艇体外部,是用液压或电力为动力通过传动装置来操纵的。因此升降舵故障可分为两种情况:第一种情况是液压系统故障,升降舵不能用液压传动;第二种情况是由于碰撞、机械故障或水中武器爆炸等原因,使升降舵的传动装置受损,舵被卡在某一角度不能转动。当升降舵发生故障后,如果艇还以某一航速航行,便会有舵力和舵力矩作用在艇上,从而使艇的运动失去平衡,产生大的纵倾角,深度也会发生变化,给操艇带来困难,甚至给潜艇带来险情。为此,有必要研究升降舵故障时如何操纵潜艇进行水下机动。

一、液压系统故障时的操纵

　　液压系统故障时,升降舵失去转动的动力,但其传动装置仍能正常工作,这种情况下应迅速采取以下措施:
　　(1)发现液压失灵时,应立即将升降舵转为电力操纵或手操,以保证继续用舵操纵潜艇;
　　(2)将通气阀、通海阀及有关挡板的液压机械转手操,保证其正常工作;
　　(3)为了便于用电力(或人力)操舵保证艇的安全,一般应降低航速;
　　(4)液压失灵时,若升降舵正置于大舵角,可能使艇产生危险纵倾,此时应按前述处理危险纵倾的方法进行处理。

二、升降舵被卡住时的操纵

　　升降舵被卡有三种情况:首(围壳)舵单独被卡、尾舵单独被卡、首(围壳)尾舵同时被卡,但通常首(围壳)尾舵不会同时发生故障。舵卡造成的后果同舵角大小和航速有关。航速高时摆舵角要小,这样舵卡后采取减速是有效措施,艇还会具有可操性。绝不应在高速航行时乱用大舵角。如果在规定的纵倾角范围内不摆大舵角,即使发生了舵卡,艇也还会有可操性。
　　指挥人员应教育部属对专业知识精益求精,不断总结操舵经验,对升降舵的使用应提出要求,并督促检查。
　　为研究首(围壳)、尾舵被卡后的可操性和可操范围,下面进一步比较首(围壳)尾舵的工作效率。

(一)不同航速首(围壳)尾舵所产生的纵倾角

　　根据定常运动方程可得,分别单操首(围壳)、尾舵后动均衡潜艇产生纵倾角的公式。

单操尾舵：

$$\theta = \frac{M_\alpha^\circ \dfrac{Z_s^\circ}{Z_\alpha^\circ} - M_s^\circ}{M_\theta^\circ} \cdot \delta_s \qquad (6-4-1)$$

单操首（围壳）舵：

$$\theta = \frac{M_\alpha^\circ \dfrac{Z_b^\circ}{Z_\alpha^\circ} - M_b^\circ}{M_\theta^\circ} \cdot \delta_b \qquad (6-4-2)$$

通过计算可以看出，潜艇单操围壳舵时不会产生大的纵倾；而单操尾舵，即使在低航速满舵角时也会产生较大的纵倾，说明尾舵舵效比围壳舵大很多。

（二）首（围壳）升降舵被卡时的应急操纵

对潜艇而言，在相同条件下，尾升降舵的舵力矩比围壳升降舵高很多，所以无论围壳舵被卡在多大舵角上，对原动均衡的潜艇，均可用尾舵操纵，不但可以使艇保持定深航行，而且还可以使艇改变深度。围壳舵被卡时的处理方法如下（图6-4-1）。

（1）当围壳舵被卡时，若航速较高，应立即减速。

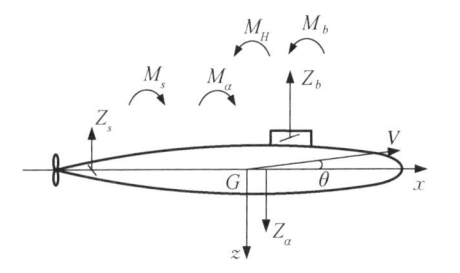

图6-4-1 上浮舵角时潜艇首（围壳）舵卡的操纵

（2）潜艇围壳舵被卡时若要保持定深航行，须立即用尾舵以相反的舵角压回纵倾，此时形成平行舵，为了使力达到平衡，应根据围壳舵角被卡的方向保持一定纵倾角进行定深航行。当围壳舵被卡在上浮舵角时，应将尾舵摆下潜舵角造成首纵倾。当围壳舵卡在下潜舵角时，应用尾舵摆上浮舵角造成尾纵倾，使作用在艇体上的力和力矩保持平衡，潜艇便可保持定深航行。

潜艇围壳舵被卡需改变深度时，只需用尾舵操纵潜艇便可实现。

（3）当围壳舵被卡在大舵角时，应先用尾舵保持定深航行，为消除纵倾，抵消舵力和舵力矩的作用，减少艇的阻力，提高潜艇机动性，必须迅速均衡。

均衡的方法：

（1）围壳舵卡上浮舵时，舵力向上，舵力矩是尾倾力矩，为抵消舵力应向浮力调整水舱注水，为抵消舵力矩应从尾均衡水舱向首均衡水舱调水；

（2）围壳舵卡下潜舵时，应排水，从首均衡水舱向尾均衡水舱调水。

舵卡时的注（排）水量、调水量和正常潜水均衡时相同，只是方向相反。

(三) 尾升降舵被卡时的应急操纵

从前面围壳舵、尾舵舵效比较中可知，在同一航速下，同样大小舵角，单操尾舵造成的纵倾是单操围壳舵的一百多倍，这样尾舵被卡在较大舵角时，用围壳舵来控制纵倾和保持定深就比较困难，甚至难以操纵。一般来说，只有尾舵卡在某个比较小的角度时才可用围壳舵控制纵倾，保持深度和改变深度。尾舵卡角度比较大时，用围壳满舵只能挽回纵倾的一部分，但不能利用围壳舵来保持定深，改变深度也只能在纵倾方向进行。

尾舵被卡后用围壳满舵保持定深航行，随着航速增高允许的卡舵角越来越小。潜艇高速航行时，尾舵被卡后会产生较大纵倾，用围壳满舵不但不能保持定深航行，而且也难以挽回纵倾，因此高速航行时严禁使用大舵角，一旦尾舵在高航速区被卡，应立即减速或采取瞬时紧急倒车消除前进余力，降低舵效，然后慢速航行，进行舵卡处理。

1. 尾舵被卡在小舵角时的操纵方法

当尾舵被卡在小舵角时不论航速多高，只需减速到较低航速，便可用围壳舵操纵保持潜艇定深航行。

如果尾舵卡上浮舵，围壳舵应摆下潜舵使尾倾减小，同时保持一定尾倾，如图6-4-2(a)所示。如果尾舵卡下潜舵，围壳舵就摆上浮舵并保持首倾，如图6-4-2(b)所示。

当作用在艇体上的力和力矩取得平衡时，即

$$\begin{cases} Z_\alpha^\circ \alpha + Z_b^\circ \delta_b + Z_s^\circ \delta_s = 0 \\ M_\alpha^\circ \alpha + M_\theta^\circ \theta + M_b^\circ \delta_b + M_s^\circ \delta_s = 0 \end{cases} \quad (6-4-3)$$

潜艇便可保持定深航行。

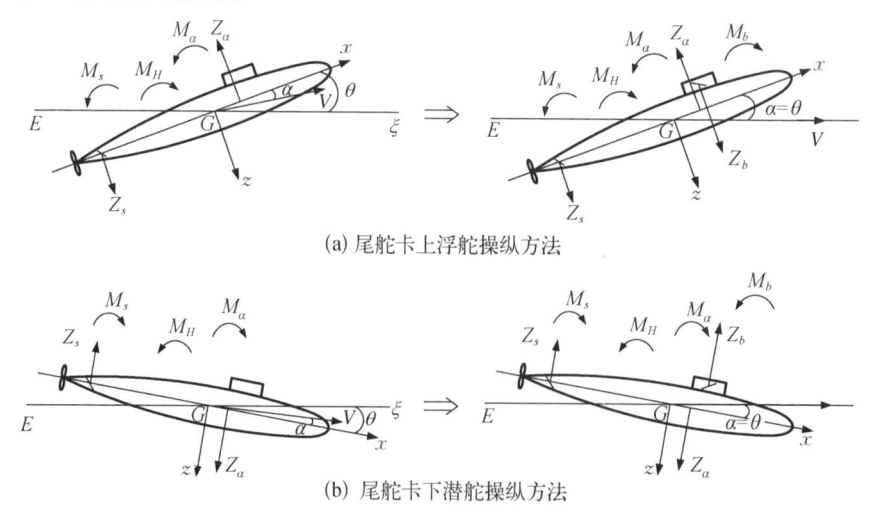

(a) 尾舵卡上浮舵操纵方法

(b) 尾舵卡下潜舵操纵方法

图6-4-2 尾舵被卡时用首(围壳)舵保持定深航行

2. 尾舵被卡在大舵角时的操纵方法

（1）当尾舵被卡在大舵角时，若此时航速较低，应立即采取下列措施。

a. 用首（围壳）舵限制纵倾的增大，并使艇保持一定的纵倾角，即尾舵被卡在上浮舵角时应操首（围壳）下潜舵并保持尾纵倾，反之应操首（围壳）上浮舵并保持首纵倾。

b. 在操首（围壳）舵控制纵倾的同时，调整水量来平衡被卡舵所产生的力与力矩，而后用首（围壳）舵保持潜艇无纵倾定深航行。

尾舵卡上浮舵时应从浮力调整水舱排水，从尾均衡水舱向首均衡水舱调水，尾舵卡下潜舵均衡时与卡上浮舵时相反。

（2）若潜艇尾舵被卡在大舵角，而且此时航速又较高，那么潜艇的纵倾会迅速增大，深度变化也很快，对这种情况应视舵卡的状态来讨论其操纵方法。

a. 尾舵被卡在下潜舵时的操纵。

尾舵被卡在下潜舵角，而且航速较高时，应立即停车或倒车，首（围壳）舵摆上浮满舵，使艇产生尾倾力矩，采用倒车时当艇已开始后退，首（围壳）舵摆下潜满舵与尾舵形成相对下潜舵角，有利于恢复首倾，艇在扶正力矩和舵力矩作用下逐渐恢复首倾。

当纵倾逐渐恢复到较小首倾时，停止倒车，然后以低速航行并进行补充均衡，为了抵消舵力和舵力矩，应注水，并从首向尾调水，用首（围壳）舵操纵潜艇保持定深航行。

如果尾舵被卡后潜艇首倾急剧增大或下潜速度很快，有碰撞海底的危险时，也可向首组压载水舱少量供气挽回首纵倾，控制潜艇下潜（注意适时解除气压），同时降低航速并补充均衡，而后用首（围壳）舵保持定深航行或改变深度。

b. 尾舵被卡在上浮舵时的操纵。

尾舵被卡在上浮舵角，而且舵角较大，航速较高时，首（围壳）舵应迅速操下潜舵减缓尾倾的速度，如海面情况允许，可以上浮。若海面有敌情或上浮有碰撞危险时，应立即停车或采取瞬时倒车，消除前进惯性，降低舵效，减小尾倾。必要时还可向速潜水舱或浮力调整水舱注水，以限制潜艇上浮，但要注意适时排除速潜水舱或浮力调整水舱所注水量。然后以低速航行，并补充均衡，尾舵被卡在上浮舵时应从浮力调整水舱排水，并从尾均衡水舱向首均衡水舱调水，用首（围壳）舵操纵潜艇保持或改变深度。

此外，无论是首（围壳）舵或尾舵被卡在下潜舵角时，为制止潜艇的首纵倾，除采取上述各种措施外，必要时也可操纵方向舵满舵旋回。由第四章第二节可知，无论是左满舵或右满舵旋回，都会使艇产生尾倾力矩，使艇首抬起并由此而获得艇体动水升力，这些都有利于潜艇保持定深。

第五节　损失浮力时的操纵

潜艇水下航行时,由于战斗破损或艇员操纵错误等造成舱室进水以及舷外海水比重急剧变小等原因,都可能给潜艇造成很大的向下的剩余静载力,习惯称为"潜艇损失浮力"。如果端部舱室进水,还可能在损失浮力的同时出现危险纵倾。这种情况下,如果海面有敌情不允许潜艇上浮,指挥员必须采取正确有效的措施,挽回纵倾,保持一定深度定深航行,以争取时间进行损害管制,恢复潜艇的正常操纵和战斗力,否则有可能使潜艇坠入极限深度以下或撞到海底。

潜艇损失浮力后深度要急剧变化,艏艉部舱室进水还会产生危险纵倾,潜艇本身的应急处理手段除了全体艇员与破损进行积极顽强的损管斗争外,主要措施就是指挥员如何利用车、舵、气这三项手段来挽回艇损失的浮力和纵倾。

本节主要讨论潜艇三种破损情况,即艏部舱室、舯部舱室和艉部舱室破损进水时如何用车、舵、气操纵潜艇保持定深航行的基本方法,以及潜艇损失浮力时承载力计算,以便采取有效措施保持潜艇的可操性。

一、舯部舱室进水时的应急操纵

潜艇舯部舱室进水或因海水比重显著变小等原因使潜艇损失浮力,由于力臂较小,产生的力矩亦较小,为简化讨论,忽略它的力矩影响。

当潜艇损失浮力时,可以采取不同的航速,依靠舵力(矩)作用、使艇被控制在不同的尾纵倾来承载向下的剩余静载力和力矩。

在均衡航速下的动均衡潜艇损失浮力时,用车、舵保持潜艇在某一航速下定深航行,潜艇所能承受最大的向下的剩余静载力称为潜艇在该航速下的承载力。

为了在操纵时使指挥员心中有数,下面分别计算某潜艇不同航速无纵倾和有尾倾时承载力的大小。

1. 某潜艇无纵倾定深航行时的承载力计算

潜艇保持无纵倾定深航行的条件如下。

(1) 作用在艇体上的作用力之和等于零,即

$$P + Z_0 + Z_b^\circ \delta_b + Z_s^\circ \delta_s + \Delta P = 0 \qquad (6-5-1)$$

(2) 作用在艇体上的力矩之和等于零,即

$$M_P + M_T + M_0 + M_b^\circ \delta_b + M_s^\circ \delta_s + \Delta M_P = 0 \qquad (6-5-2)$$

式中，ΔP 为潜艇的承载力；$\Delta M_P = -\Delta P \cdot x_P$，$x_P$ 为承载力作用力臂。

为了平衡向下的剩余静载力，首（围壳）、尾升降舵要使用平行浮起舵，首（围壳）舵摆上浮满舵。通过计算可以发现，潜艇损失浮力在艇的舯部，力臂为零时，航速愈高，承载向下的剩余静载力愈大。

2. 潜艇有纵倾定深航行时的承载力计算

潜艇有纵倾定深航行的承载力计算公式：

$$\begin{cases} P + Z_0 + Z_\alpha^\circ \alpha + Z_b^\circ \delta_b + Z_s^\circ \delta_s + \Delta P = 0 \\ M_P + M_T + M_0 + M_\theta^\circ \theta + M_\alpha^\circ \alpha + M_b^\circ \delta_b + M_s^\circ \delta_s + \Delta M_P = 0 \end{cases} \quad (6-5-3)$$

可以看出，潜艇舯部进水用首（围壳）上浮满舵造成尾倾的承载力比保持无纵倾定深航行的承载力大很多，因此当舯部舱室进水可用这种方法保持深度或上浮减少艇的深度。

实际潜艇有尾倾定深航行时，阻力增大，航速要下降，艇体水动力和舵力均将减小，承载力要下降。实际上，当潜艇的纵倾角增大时，会使艇的航行阻力增加，致使实际航速有所降低。

3. 中部舱室进水时的应急操纵

上述讨论是用车、舵操纵保持潜艇无纵倾和有纵倾定深航行时的承载力，不同航速其承载力是不同的，而且航速越高，潜艇的承载力越大。因此，当潜艇舯部（即重心附近）进水或因海水比重显著变小等原因使艇损失浮力而纵倾力矩不大时，应增加航速，首（围壳）升降舵操浮起舵，用尾升降舵控制艇的尾倾在所需的角度上保持深度，利用艇体和舵的流体动力平衡潜艇向下的剩余静载力，如图 6-5-1 所示。所取航速的高低和尾倾的大小，应根据艇的剩余静载力和下沉速度的大小而定，但纵倾角不宜过大，否则由于海水流线恶化、航速降低使艇体液体动力减小。在保持深度的同时，应迅速进行损管，将进入舱内的海水排出，并均衡潜艇。

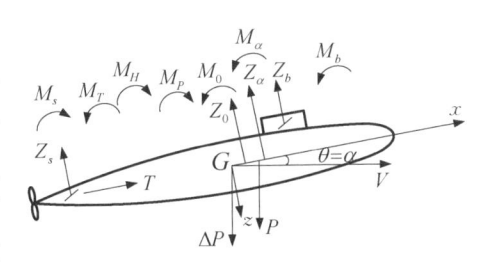

图 6-5-1 潜艇舯部舱室进水保持定深航行时的受力

当潜艇舯部舱室进水而损失浮力时，若水深有限或用车、舵难以保持潜艇定深航行，应向中间组主压载水舱供气排水，增加艇的浮力，如果损失浮力较大亦可在向中组主压载水舱供气的同时向艏、艉组主压载水舱供气排水，但排水不宜过多，并要适时部分解除气压。一般当深度增加缓慢或停止增加，主压载水舱就应停止供气，当艇开始上浮时，就应解除主压载水舱部分气压，以防潜艇迅速上浮而冲至危险深度甚至跃出水面。

二、艏部舱室进水时的应急操纵

1. 用车舵操纵

潜艇艏部舱室进水损失浮力后,艇的深度将增加,首倾急剧增大。

潜艇保持定深航行必须满足的条件:

$$\begin{cases} P + Z_0 + Z_\alpha^\circ \alpha + Z_b^\circ \delta_b + Z_s^\circ \delta_s + \Delta P = 0 \\ M_P + M_T + M_0 + M_\theta^\circ \theta + M_\alpha^\circ \alpha + M_b^\circ \delta_b + M_s^\circ \delta_s + \Delta M_P = 0 \end{cases} \quad (6-5-4)$$

根据上述两个平衡方程式便可计算艇在不同航速下保持定深航行,所能承载的向下的剩余静载力的大小。

由于航速越高,艇所承载的向下的剩余静载力越大。当潜艇遇有进水损失浮力时应立即增速,用舵造成尾倾,依靠艇体和舵的水动力、力矩平衡向下的剩余静载力及首倾力矩。使艇保持定深航行。具体操纵方法为:因为潜艇艏部进水,在损失浮力的同时,会产生危险首倾而且深度变化也快,所以在进行损害管制的同时,应操相对浮起舵,待首倾基本挽回后再增速,而后用尾舵控制潜艇以一定的尾纵倾保持定深航行,如图6-5-2所示。

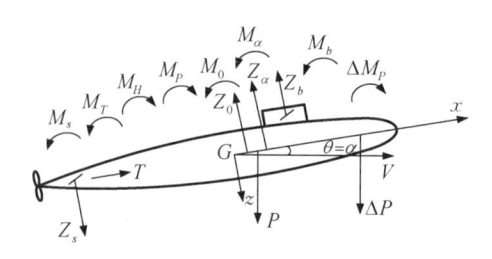

图6-5-2 潜艇艏部舱室进水时的操纵

在这种情况下,增速的时机必须恰当,不应在很大的首纵倾条件下增速,以免潜艇陷入极限深度以下或撞到海底。尤其潜艇在极限深度附近或海区深度有限的情况下,这种危险性更大。

2. 用气操纵

当潜艇一舱破损进水时,若用车、舵难以挽回首倾和保持潜艇定深航行,此时在用舵操纵的同时,应向艏组主压载水舱供气排水。如果在艏组主压载水舱供气排水后,艇的下潜惯性仍未消失,则应再向中间组主压载水舱供气排水,并视情逐步解除部分气压。解除气压的时机是,一般当纵倾停止增大,艏组主压载水舱就应停止供气。当纵倾有明显恢复时,即可解除艏组主压载水舱的部分气压,以防造成相反的大纵倾。当深度增加缓慢或停止增加,中间组主压载水舱就应停止供气。当艇开始上浮时,就应解除中间组压载水舱部分气压,以防潜艇迅速上浮而冲到危险深度甚至水面。

三、艉部舱室进水时的应急操纵

潜艇艉部舱室进水,进水重心距潜艇重心较远,会产生很大的尾倾力矩,使艇的尾倾迅速增大,由于舱室进水使艇产生向下的剩余静载力,则深度也会增加。如果应急措施不及时或操纵不当,艇会失去控制。潜艇艉部舱室进水时的操纵措施与艏部舱室进水时相似,进水后主要矛盾是如何平衡尾倾力矩的问题,因艇体水动力矩与尾端舱室进水产生的尾倾力矩方向一致。在操纵措施上只要能够控制住尾倾在比较小的范围以内,潜艇会具有可操性。挽回尾倾保持深度或改变深度,主要是用车、舵、气三种手段。

1. 用车、舵操纵

潜艇艉部进水,则在损失浮力的同时,产生危险尾倾。此时,应操相对下潜舵挽回危险尾倾,在尾倾不大的条件下增速,而后用首(围壳)舵控制潜艇以一定的尾纵倾保持定深航行,如图6-5-3所示。

在这种情况下,虽然尾纵倾对增大艇体流体动力而平衡潜艇向下的剩余静载力是有利的,但是由于艇体流体动力矩随

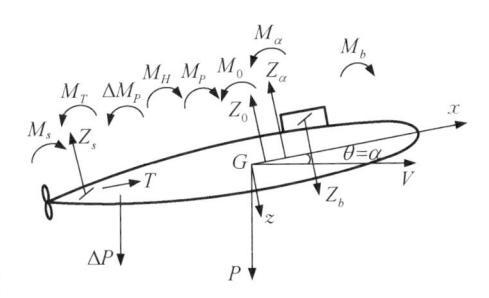

图6-5-3 潜艇艉部舱室进水时的操纵

纵倾角、航速的增大而增大,且与破损进水产生的力矩方向一致,容易出现危险尾倾,尤其在高航速下甚至达到用舵难以控制的程度。所以艉部破损进水,潜艇带向下的剩余静载力保持定深航行时,尾倾一般不宜过大。

潜艇艉部舱室进水的承载力按式(6-5-5)计算:

$$\begin{cases} P + Z_0 + Z_\alpha^\circ \alpha + Z_b^\circ \delta_b + Z_s^\circ \delta_s + \Delta P = 0 \\ M_P + M_T + M_0 + M_\theta^\circ \theta + M_\alpha^\circ \alpha + M_b^\circ \delta_b + M_s^\circ \delta_s + \Delta M_P = 0 \end{cases} \quad (6-5-5)$$

潜艇艉部进水后应立即增速,用相对下潜舵限制尾倾增大,使尾倾为零或较小角度,因艉部失事进水产生尾倾力矩,进水多了以后会产生较大的尾倾,此时增速会加大艇的尾倾,因为进水所产生的力矩与增速后产生的水动力矩方向一致,甚至用相对下潜满舵也难以挽回尾倾,对潜艇特别危险。

潜艇指挥员平时要教育部属,无论是由于操作错误还是其他原因,造成舱室进水均应立即报告指挥舱,以便及时果断地采取措施,否则会造成严重后果。

艉部舱室进水时,如果所处深度较大,舱室受到较大的压力,进水速度较快,不利于水下损管,应上浮到较浅深度,水面无敌情时可浮起堵漏排水,然后再潜入水下进行机动。如果水面有敌情,不允许浮起,在保持潜艇隐蔽的情况下,在较浅深度上保持尾倾小于3°定深航行。

2. 用气操纵

当艉部舱室进水后除了使用车舵操纵外,如果海区水深较浅,下沉速度很快,潜艇有触底危险时,应向艉组主压载水舱供气,挽回尾倾和控制潜艇下沉深度。艉

组主压载水舱供气时应注意纵倾仪的变化,当纵倾不再增大,下沉速度减慢,应停止供气。供气量主要根据纵倾仪和深度计指示来确定。当纵倾恢复到零,深度不再增加,在舱室进水未排掉前,不应解除主压载水舱气压。只有在舱室堵漏完毕,停止进水并已用大离心泵向舷外排水,才可根据纵倾仪和深度计变化情况,用速开速关艉组通气阀的办法慢速解除艉组主压载水舱气压,否则会出现尾倾及下潜深度增大情况。在排水和部分解除气压过程中,应用车、舵控制纵倾和深度。当下沉惯性较大时,在向艉组主压载水舱供气的同时,还应向中间组主压载水舱供气排水,当艇有上浮趋势时,视情逐步解除中组主压载水舱气压,之后保持定深航行。

四、损失浮力时的失事浮起或潜坐海底

以上讨论了潜艇艏、舯、艉部舱室进水时的应急操纵方法,主要是采用车、舵和主压载水舱部分排水的方法,若此时仍不能使潜艇保持定深航行,可根据海面情况决定失事浮起或潜坐海底。潜坐海底时,应力争潜坐在有自浮能力深度的海底上。失事浮起时,应注意供气不宜过多,使艇的上浮速度不至于过大,以免潜艇跃出水面,而上层建筑内的水来不及流出,从而使艇的重心上移,稳度降低,并考虑到横向风浪的作用,可能使艇产生危险横倾而倾覆。失事浮起时,还应注意舷外压载水舱的破损部位,失事破损的压载水舱不应供气,为了不使潜艇在浮起过程中产生大的纵倾和横倾,在潜艇另一端与破损压载水舱相对一舷所对应的压载水舱亦禁止供气,如前部压载水舱右舷破损,则后面压载水舱左舷不应供气排水。如果海区不宜潜坐海底,海面情况又不允许潜艇浮起,则应上浮到较浅深度进行损害管制,堵好漏洞。

五、注意事项

(1) 水下航行过程中,应随时注意潜艇纵倾和深度的变化及舱室水密情况,做到损失浮力时能及早发现迅速处理,以免造成大量进水或形成较大的下沉惯性。这样不仅在操纵潜艇保持深度方面有利,而且可以节省高压气的消耗,这对于保证潜艇的安全提高生命力都是极为重要的。

(2) 在采取操纵措施保持潜艇深度的同时,应迅速查明损失浮力的原因,立即进行损害管制并均衡潜艇。

(3) 若电池舱大量进水时,该舱电池组可能进水而不能使用。当用另一组电池供电时,用车、舵保持定深航行的速度不能太高。

本 章 小 结

本章主要介绍了潜艇水下运动应急操纵模型构建方法,潜艇在水下机动过程

中出现危险纵倾、升降舵故障和舵卡以及舱室进水损失浮力时的操纵与挽回方法，总结了各种应急情况操纵的处置要点，为潜艇指挥员制定应急操纵挽回决策提供理论基础。

思考题

1. 潜艇在宽阔水面航行而方向舵被卡时，为什么可用尾升降舵代替方向舵改变航向？操艇者应掌握什么方法？
2. 潜艇损失浮力时，除考虑潜艇的操纵性能以外，还应考虑哪些影响因素并消除它，才能真正做到保证潜艇的实际操纵？
3. 潜艇水下航行中当方向舵被卡时，应如何处理？
4. 如果潜艇处于非均衡状态而发生升降舵被卡现象，进行均衡时应如何处理？
5. 潜艇动力抗沉的主要措施是什么？如何制定动力抗沉应急挽回方案的主要策略？
6. 什么是潜艇应急挽回操纵？举例说明潜艇应急操纵的特点。
7. 潜艇耐压壳体破损进水时，分析说明采取应急挽回操纵的作用，应如何拟定应急挽回操纵预案？

第七章　潜艇防火防爆与灭火

　　火灾与爆炸是威胁潜艇生命力的主要灾害形式之一,潜艇防火防爆与灭火是保障潜艇生命力的重要任务。

　　由于战斗和工作需要,潜艇上经常存放有大量易燃易爆物品,战斗中遭受敌武器攻击或艇员平时不慎,都可能造成火灾或爆炸,与陆地建筑火灾和水面舰船火灾相比,潜艇火灾有着独有的特点:

　　(1) 可能同时产生不同种类的火灾,如一般物质的普通火、油火、电火及弹药火,还可能伴随着油气、氢气和弹药的爆炸;

　　(2) 易燃物多而集中,一旦发生火灾,火势猛烈,蔓延迅速;

　　(3) 着火舱内热量不易散发,又因为艇体的金属结构,温度上升很快;

　　(4) 通风差,火灾浓烟无法排出艇外,舱内能见度低,火情很难探明;

　　(5) 火灾的生成物大多为有害成分,对艇员的生命安全构成严重威胁,例如电缆燃烧,产生的有害气体会很短时间内让人无法忍受,甚至直接导致艇员死亡;

　　(6) 灭火设备、人力有限,机械设备密集,地方狭小,灭火行动不便,而且海上不易得到外援。

　　因此,为使潜艇具有良好的防火防爆性能,人们在设计、建造潜艇时,就为潜艇布置了可靠的防火防爆设施,装备了各种移动式消防器材以及个人消防防护装具,同时定期组织各类消防演练,开展针对性的灭火训练,不断提高处置潜艇火灾的能力,力争将可能遭遇将火灾损失降到最低,避免更大的人员伤亡和财产损失。

第一节　火灾基本概念

一、火灾种类

　　我国对火灾的分类采用了国际标准化组织(International Organization for Standardization, ISO)的分类方法。根据《GB/T4968—2008 火灾分类》规定,火灾按照物质燃烧特性划分如下。

（1）A类火灾：固体物质火灾。这种物质具有有机物性质，一般在燃烧时能产生灼热的余烬，潜艇上最常见的固体燃料是木材、橡胶、电缆、日用品、抹布和垫子等。

（2）B类火灾：液体或者可以溶化的固体物质火灾。潜艇上常见可燃与易燃液体通常是柴油、润滑油、液压油、鱼雷奥托燃料、食用油和油基涂料及其溶剂。

（3）C类火灾：气体火灾，潜艇涉及的主要燃烧气体是乙炔和氢气等，另外还需要格外注意一种特殊的气体，即液氧气化之后的高浓度氧气，虽然它不燃烧，但其支持燃烧。

（4）D类火灾：金属火灾。如钾、钠、镁、钛、铝镁合金等火灾，此类火灾在潜艇几乎不存在，但是当火灾温度达到极高温度时，潜艇上的钢制物品可能参与燃烧。

（5）E类火灾：带电火灾，即物体带电燃烧的火灾。如潜艇配电板、电气设备控制箱、电缆等通电工作时发生的火灾。

（6）F类火灾：烹饪器具内的烹饪物火灾。

二、燃烧条件、实质与阶段

燃烧的本质是氧化。氧化是一个物质与氧化物发生放热反应的过程。金属生锈、木材腐蚀都是缓慢氧化的例子。燃烧是散发光和热的快速氧化过程，火焰的温度可以超过1 500℃，伴随产生高温的燃烧产物，并散发可见和不可见的光辐射。燃烧有两种模式，即有焰燃烧和无焰燃烧(表面燃烧，也称阴燃、闷烧或暗火)。燃烧现象的发生需要满足哪些条件呢？

（一）燃烧条件

1. 燃烧三角形

任何物质的燃烧都离不开3个必不可少的基本条件，即可燃物、氧化剂和温度。人们曾用"燃烧三角形"来形象化表示燃烧的三个条件，三角形的每个边代表燃烧基本条件之一，见图7-1-1。去除燃烧三个基本条件之一，即去除三角形中某一成分时，燃烧即告熄灭。

图7-1-1 燃烧三角形

2. 燃烧四面体

燃烧三角形理论比较适用于描述无焰燃烧。无焰燃烧并不需要可燃物与氧化物产生自持的连锁反应。但是有焰燃烧则要求有不受抑制的链式(连锁)反应。燃烧链式反应的关键在于可燃物自由基的生成。燃烧反应过程是一系列复杂的链式反应，在反应过程中可燃物在接受能量(光、热、电等)不断生成 H^*、O^* 及 OH^* 自由基，火焰速度决定于上述自由基的浓度和反应的压力。因此，人们又提出了表示燃烧条件的四面体理论。四面体的四个面代表了燃烧的四个基本条件，即可燃物、氧化剂、温度和未受抑制的链式反应，见图7-1-2。

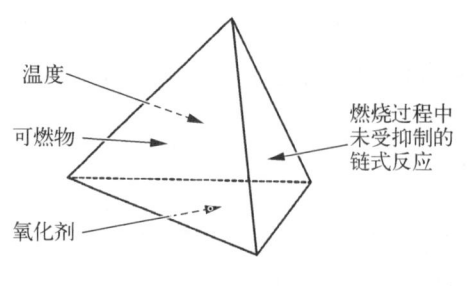

图 7-1-2 燃烧四面体

燃烧三角形的氧气涉及周围空气中的氧含量。通常情况下,空气中含 21% 的氧气、78% 的氮气和其他气体。有焰燃烧要求空气中氧气含量不低于 18%;而阴燃要求空气中氧含量范围为 15%~18%。

(二) 燃烧实质

固态物质的原子或者分子紧密地结合在一起,液态物质的原子或分子结合得相对松散。而气态物质的分子则完全不结合在一起,它们能自由地移动。为了使物质燃烧,其分子必须被氧气分子充分包围。然而固态和液态物质分子结合得太紧,无法与氧气分子充分混合,因此只有气态物质可以燃烧。当固体或液体被加热时,分子运动加快。如果加热充分,一些分子会从表面脱离在固体物质表面形成一层蒸汽,从而可以与氧气混合。如果热量能使蒸汽达到其发火温度,并且有足够的氧气,蒸汽就会被点燃。

燃烧是上百万蒸汽分子的快速氧化。可燃物分子分裂为游离态的原子再与氧原子重组为新分子,这就是氧化。在分子的分裂和重组过程中能量以光和热的形式释放,其中一部分能量就是辐射热,与太阳的辐射热形式相同,热量向各个方向辐射,其中一部分热量会辐射到火焰底部的可燃物固体或液体,即"辐射热反馈",见图 7-1-3。这些反馈的热量一部分使燃料释放出更多蒸汽,另一部分热量使蒸汽温度升高到发火温度。同时,空气被吸入火焰和蒸汽接触的区域,使新产生的可燃物蒸汽开始燃烧,从而使燃烧增强。

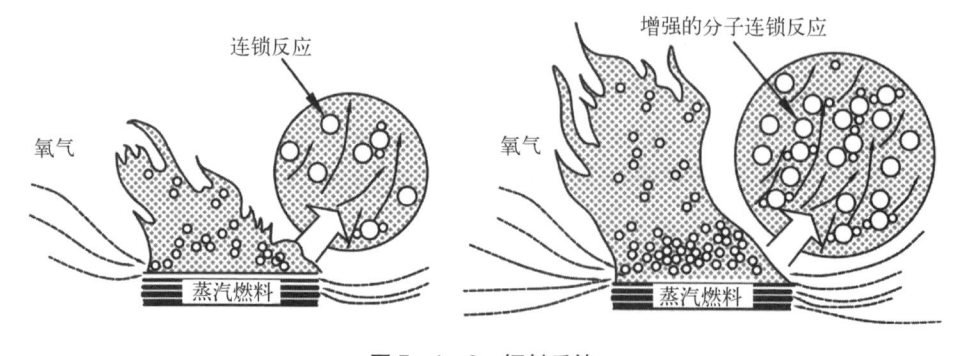

图 7-1-3 辐射反馈

(三) 燃烧发展阶段

任何燃烧过程都分为以下几个阶段:增长阶段、轰燃阶段、完全燃烧阶段和衰退阶段,见图 7-1-4。燃烧不同之处在于,每个阶段的持续时间会有明显区别。

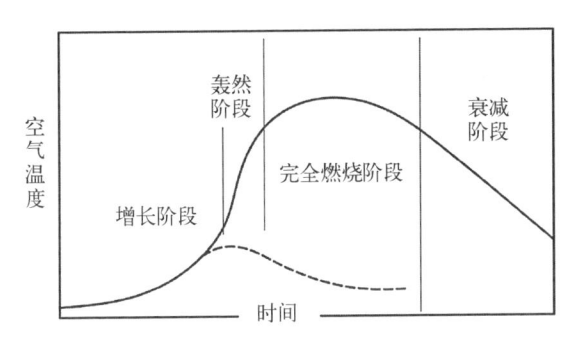

图 7-1-4　舱室火灾发展不同阶段

1. 增长阶段

在增长或轰燃前阶段平均舱内温度低且火灾局限在其源点附近。在燃烧材料内部和周围存在高的局部温度。火灾产生的烟气在舱室上部形成热烟气层,即卷焰,见图 7-1-5。

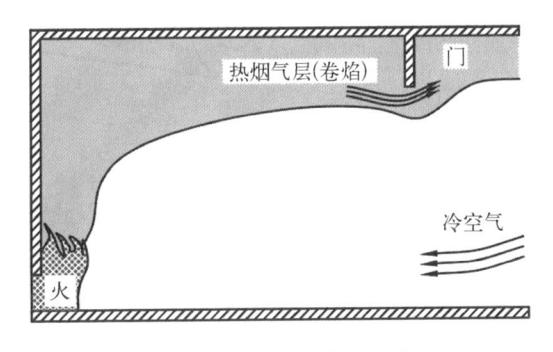

图 7-1-5　火灾卷吸现象

卷焰是燃烧气体在舱室顶部形成的火焰锋面。卷焰发生在舱室火灾的增长阶段,未燃烧的可燃气体与新鲜空气在顶部混合并在远离起火点的地方产生燃烧。卷焰不同于轰燃,因为只有可燃气体燃烧而不是舱室内所有的可燃物一起燃烧。

2. 轰燃阶段

轰燃是增长阶段向完全燃烧阶段转变的过渡阶段。轰燃发生时间很短,可以看成和起火一样的单一事件。通常上部烟层温度达到 600℃ 且甲板上辐射热通量达到 20 kW/m² 时可认为轰燃现象已发生。轰燃是舱室内热量不断蓄积的结果,其最明显的特征是火焰突然蔓延到火灾空间所有剩余的可燃物。当轰燃发生时未逃出舱室的人员不太可能幸存。

3. 完全燃烧阶段

在完全燃烧或后轰燃阶段,舱室内所有可燃物都达到了起火温度并开始燃烧。在这个阶段,舱室内燃烧率通常取决于空气中氧气含量。火焰会从舱室的各个开口冲出。烟气内的未燃烧燃料会因接触到邻近区域中的新鲜空气而燃烧。暴露的钢结构可能由于受高温影响而发生损坏。消防队员一般无法进入完全燃烧阶段的火场，因此无法进行直接灭火。如果是可燃液体起火，舱室火灾很快会达到完全燃烧阶段。

（4）衰退阶段。火灾最终消耗掉所有燃料和/或氧气，燃烧减慢（衰减），直至火灾熄灭。

三、可燃物燃烧

（一）燃烧特点

1. 固体燃烧特点

固体燃烧之前，必须转变为蒸汽状态，这个过程被认为是高温分解，一般定义为受热作用下的化学分解。高温分解使可燃物从固体形态转变为气体形态，见图7-1-6。如果可燃物气体充分与氧气混合并加热到足够高的温度，会导致燃烧。

固体燃料的燃烧率取决于其物理结构。粉末或者碎屑状的固体燃料会比大块材料烧得快。细碎可燃物有较大的表面积受热。因此，热量吸收得更快，燃料蒸发更迅速，会有更多蒸汽起火，燃烧更猛烈，燃料消耗更快。整块的可燃物的燃烧时间会比同等重量的细碎可燃物长。燃烧率用千瓦（kW）来衡量，一个小废纸篓起火，最高燃烧率可以达到约10 kW。

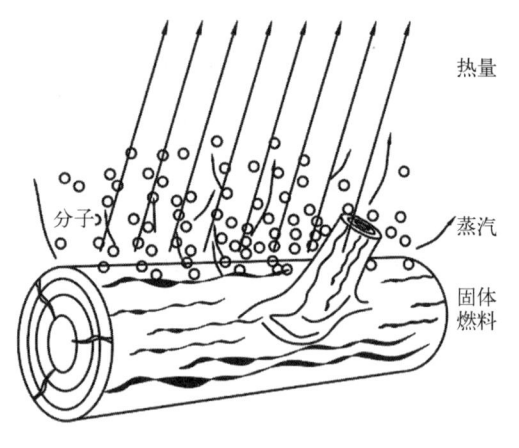

图7-1-6 固体高温分解

2. 液体燃料燃烧特点

易燃液体释放蒸汽的过程与固体可燃物大致相同。可燃液体释放蒸汽速度比固体快，因为液体分子间的结合更为松散。另外，可燃液体可以在很宽的温度范围内释放蒸汽，受热会增加可燃液体的汽化速度。可燃液体的汽化过程见图7-1-7。

闪点是液体放出足够蒸汽形成易燃混合物的最低温度。易燃混合物是能够用火源点燃的由可燃物蒸汽和空气组成的混合物。汽油的闪点为-43℃。这表明汽油在一般情况下都存在火灾危险，即使在室温下也会产生可燃气体。液体的闪点（温度）是由试验确定的。相等重量下，可燃/易燃液体的燃烧热量比木材高2.5倍。液体释放热量的速率比木材快3~10倍，这就是易燃液体蒸汽燃烧强度要比易燃固体高的原因。

柴油是潜艇上常见的液体可燃物，其在室温和常压下不会爆炸，其闪点约为60℃，燃点约为232℃，所以其很难点燃。但雾化的柴油接触到热表面（如主机排烟管）时会很容易燃烧，产生很浓的黑烟。因此，雾化燃料着火应该密切关注，柴油

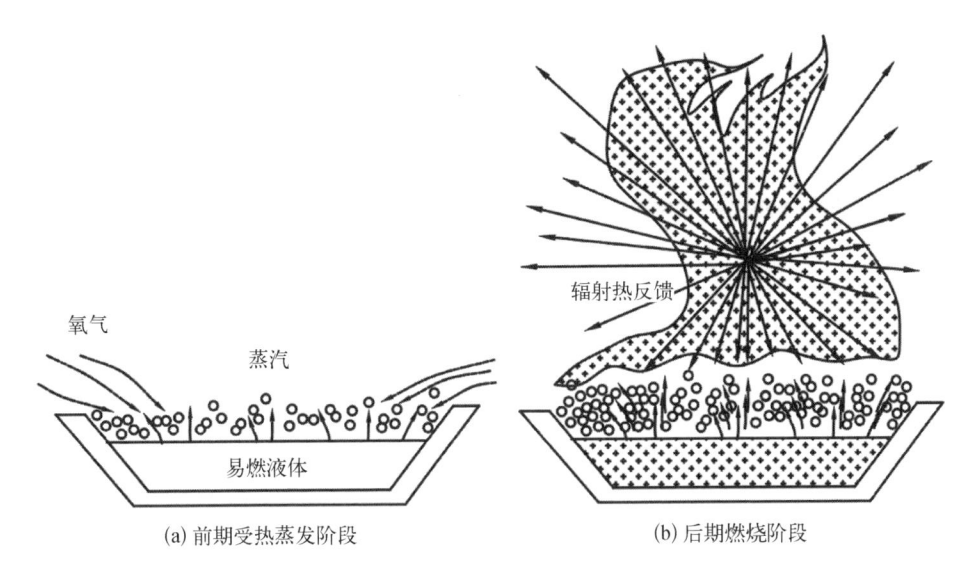

(a) 前期受热蒸发阶段　　　　(b) 后期燃烧阶段

图 7-1-7　液体汽化

(a) 燃料受热生成蒸汽,与空气混合并燃烧,产生的热量会加热燃料生成更多蒸汽,并吸入空气与燃料蒸汽混合燃烧;(b) 随着更多蒸汽燃烧,燃烧生成物增加,会产生更多热量,释放更多蒸汽,吸入更多空气参与燃烧,燃烧更多蒸汽

等油料燃烧释放的热量会很高,浓烟会迅速降低能见度,使火源难以发现。表 7-1-1 为典型未加绝缘保温层的热表面温度。

表 7-1-1　典型未加绝缘保温层的热表面温度

柴油机	1 000 ℉(538℃)
柴油排气口	700 ℉(371℃)
核动力蒸汽机	<500 ℉(260℃)

液压油、润滑油具有较高的闪点,在无压力时相对安全,一旦其承压泄漏,就可能产生火灾。例如在意外情况下液压油从液压系统中喷出,可能会雾化,在火花、明火或热表面的作用下被点燃。防止液压油火灾,要确保所有液压油管路的完好,并保证即使产生液压油泄漏或喷溅也可以立即受到控制,以免液压油及其蒸汽扩散。

3. 气体燃烧特点

潜艇上在充放电时释放的氢气、维修时使用的乙炔、油舱内容油料蒸汽都属于潜艇的常见的可燃气体。当它们与氧气以适当的比率混合,并有足够热量的情况下会被点燃。大多数可燃气体,像易燃液体一样,在燃烧时会产生可见的火焰。可燃气体不需要辐射热反馈提供蒸发能量,但是辐射热反馈对于气体燃烧过程仍然是必不可少的,这些热量可以为气体提供持续的点燃能量,从而保证气体的连续燃烧。

当可燃气体或者液体燃料的可燃蒸汽以适当比例与空气混合时,会产生可燃的空气、蒸汽混合物。可燃混合物中可燃气体(或蒸汽)与空气的最低允许百分比含量称为爆炸下限(lower explosion limited, LEL)。如果混合物中气体(或蒸汽)含量低于爆炸下限,则混合物中可燃成分太少不能燃烧。可燃混合物中气体(或蒸汽)的最大允许百分比含量称为爆炸上限(upper explosion limited, UEL)。如果混合物中气体(或蒸汽)高于爆炸上限,则其中可燃物太多而氧气含量太少,也不能燃烧。爆炸上限与爆炸下限之间的范围就是可燃气体(蒸汽)的爆炸范围。表7-1-2给出了部分材料的爆炸下限(LEL)、爆炸上限(UEL)和闪点。

表 7-1-2 挑选的易燃液体和气体的性质

材　料	闪　点	LEL	UEL	引燃温度
乙炔(C_2H_2)	气体①	2.5%	100%	581 ℉(305℃)
一氧化碳(CO)	气体①	12.5%	4.0%	1 128 ℉(609℃)
乙醇(C_2H_2OH)	55 ℉(13℃)	3.3%	19.0%	740~830 ℉ (393~443℃)
柴油,海军蒸馏物(F-76)	140 ℉(60℃)	—②	—②	450 ℉(232℃)
汽油(100 Oct)	-45 ℉(-43℃)	1.4%	7.6%	853 ℉(456℃)
液压油 MIL-H-17672	315 ℉(157℃)	—③	—③	—③
氢气(H_2)	气体①	4.0%	75.0%	932 ℉(500℃)
JP-5(MIL-T-5624)	140 ℉(60℃)	0.6%	4.6%	475 ℉(246℃)
润滑油:2190TEP④	140 ℉(60℃)	0.9%	7.0%	665 ℉(353℃)④

① 易燃气体没有列出闪点因为可在任何温度下点火。
② 燃料的爆炸极限,海军蒸馏物(F-76)类似于JP-5。
③ 无 LEL 和 UEL 数据。
④ 润滑油 2190TEP 也用作液压油。

可燃物蒸汽和空气混合物只有在特定的含量范围内才是可燃的,因此在使用易燃液体时尤其需要注意安全,防止出现燃烧和爆炸危险。

4. 推进剂及雷弹燃烧特点

推进剂和雷弹等爆炸物一般是由燃料和氧化剂混合成的高能材料。这些材料一旦点燃,很难熄灭,通常燃烧会持续直到材料耗尽。海水[(或 SSN 21 级上的空气泡沫(aqueous film forming foam, AFFF)]可以用来控制周围区域的燃烧并降温。从损管角度来说,最好将这类燃烧物抛弃或冲至舷外。在有易燃液体存在的情况下,燃烧的爆炸物或推进剂会是连续的点火源。

奥托燃料Ⅱ(主要成分是 1,2 丙二醇二硝酸酯,占 76%)是稳定的单组分液体推进剂,是美国海军 Mk 46、Mk 48、Mk 55、Mk 56 和 Mk 60 鱼雷的推进剂。奥托燃料Ⅱ由溶解有脱敏剂和稳定剂的硝酸酯组成。它是鲜红色,可自由流动,是比水重的油质流体,不溶于水。

奥托燃料Ⅱ是自身就含有氧化剂成分,最有效的方法就是通过用水或是空气泡沫(AFFF)冷却,将其温度控制在闪点 265 ℉(129 ℃)以下。水或是空气泡沫都比奥托燃料轻,可以在其表面吸收火焰的反馈热辐射。对于少量奥托燃料的火灾,用二氧化碳灭火器可以将火焰驱离燃料表面从而灭火。

奥托燃料Ⅱ液体和蒸汽毒性很大。吸入奥托燃料Ⅱ蒸汽,吸入燃烧产物,皮肤直接接触吸收,或者误食都会发生反应。奥托燃料中的硝酸酯会导致急性中毒反应,包括恶心、肿胀(膨胀)、血压变化、头痛和呼吸困难。人员不应暴露于奥托燃料Ⅱ蒸汽浓度超过 1.3 mg/m³ 的空间中,否则会导致人员受伤甚至死亡。需要尤其注意的是,奥托燃料燃烧时产生的蒸汽与奥托燃料烟雾具有同等的危险性和毒性。

对于奥托燃料Ⅱ火灾,人员没有佩戴呼吸器具不应进入烟雾区域。人员没有完整防护衣不应进入包含溢出或燃烧的奥托燃料Ⅱ的空间。救火队员应特别小心不要将皮肤表面暴露在外面。暴露于奥托燃料Ⅱ的火灾人员、衣服和设备在检查前应考虑到被污染的可能性。

鱼雷等弹药一旦发生火灾,将极有可能引发爆炸,因此应在其爆炸之前,迅速利用水雾冷却、喷淋灌注,最好将其抛弃处置。

5. 高浓度过氧化氢

俄罗斯海军常用高浓度过氧化氢作为氧化剂,该物质一旦泄漏,会在某些金属(如铜)的作用下发生强烈化学反应,分解成氢、氧和大量蒸汽;而其在接触热蒸汽后又会膨胀 5 000 倍;大量的氢和氧也会引起燃烧甚至爆炸,据分析这也可能是库尔斯克号的沉没原因之一。

(二)燃烧产物

燃烧产物包括火焰、热量、气体和烟,这些燃烧产物都能造成人员严重伤害或死亡。

1. 火焰

与火焰直接接触会导致皮肤整体或局部烧伤和呼吸道严重的伤害。为了在灭火时防止皮肤烧伤,艇员在没有防护装具充分保护的情况下应该保持与火的安全距离。扑灭较大火灾时应当穿防护服。要正确佩戴呼吸装具以防止呼吸道伤害。灭火人员必须记住呼吸面罩不能保护身体不受火灾热量损害。

2. 热量

火灾时,特别是当舱室发生轰燃后舱内温度会超过 2 000 ℉(1 093 ℃)。温度超过 150 ℉(66 ℃)就对人体有危害。研究表明皮肤表面温度在 160 ℉(71 ℃)时,如果接触时间超过 60 s 就会导致二级烧伤。热量会对人造成损伤,严重时甚至可能造成死亡。直接暴露到热空气会导致脱水,中暑衰竭,烧伤和呼吸道积液。热量还会引起心率增加。消防员暴露于热环境时间过长会引发高热症,危险的高发热会伤害神经中枢。表7-1-3为人体对热的忍受极限。

表7-1-3 人体对热的忍受极限

暴露于热空气		暴露于热辐射	
温 度	人 体 损 伤	热辐射强度	人 体 损 伤
200°F(93℃)	35 min 丧失能力,60 min 死亡	1 kW/m²	晴朗夏日海平面上正午太阳辐射
300°F(149℃)	5 min 丧失能力,30 min 死亡	5 kW/m²	暴露皮肤开始疼痛
400°F(204℃)	不可恢复的呼吸道损伤		
650°F(343℃)	死亡		

此外,热量也会对电子器材造成热效应,造成设备故障,甚至损毁。表7-1-4分别为电子器材的热效应现象。

表7-1-4 电子器材的热效应现象

温 度	电气设备热效应现象
120°F(49℃)	电脑发生故障
300°F(149℃)	电脑永久损害
480°F(249℃)	数据传送电缆失效

3. 烟气

烟气会引起呼吸问题。烟是由碳和其他未燃物质的悬浮粒子组成的。烟气中还有水蒸气、有毒或刺激性的酸和其他化学物。烟气会降低可见度,刺激眼睛、鼻子、喉咙和肺。无论是长时间在低浓度还是短时间在高浓度烟气环境中都会导致消防员强烈不适。在火灾中未戴呼吸器的消防员最终都必须撤离烟气影响空间中,否则可能因烟和毒气失去意识。火灾环境通常会缺氧。当空气中氧气含量从21%的正常水平降到16%时,人体对肌肉的控制会削弱。氧气浓度为10%~14%时,人员的判断力会减弱,开始疲劳。氧气含量低于10%,会意识不清。在剧烈运动,如灭火时,身体需要更多的氧气,这会导致在正常氧气水平下出现缺氧症状。

除了上述危害形式和物质外,火灾烟气中常常包含的毒性气体成分包括不完全燃烧产生的一氧化碳(CO)和完全燃烧产生的二氧化碳(CO_2)等有害气体。

(1) 一氧化碳(CO)是火场空气中的主要威胁。暴露于 CO 会导致大脑和身体缺氧,见表 7-1-5。暴露于 1.3%浓度的 CO 中,会在两三次呼吸后就导致意识不清,几分钟后会死亡。

表 7-1-5 一氧化碳(CO)人体容许剂量

CO 浓度/%	丧 失 能 力	死 亡
0.15	30 min	2 h
0.4	15 min	1 h
0.6	5 min	10 min
2	15~30 min	2 min
6	立即(一次呼吸)	<1 min

(2) 二氧化碳(CO_2)对人体的影响主要是呼吸系统。超过空气中正常 CO_2 浓度会减少吸入肺中的氧气量。人体反应就是呼吸加快和加深(表明呼吸系统没有吸收到充足氧气)。

(3) 火灾产生的一些其他气体同样应引起重视。燃料会产生有毒的烃蒸汽。聚氯乙烯(PVC)电缆外皮燃烧时产生氯化氢(HCl)。冷却水管隔热层燃烧时产生氰化氢(HCN)。碳氟化合物制冷剂,如 R-12、R-114 等,是非易燃易爆的,但是当暴露在火焰和热表面时会引起这些化合物产生氯化氢(酸性气体)、氟化氢(酸性气体)和其他有毒气体。

(三) 能量传递

火灾中能量传递主要三种途径:传导、辐射和对流。

1. 传导

传导是热量通过直接物理接触经由一个物体或从一个物体到另一个物体传递。例如火炉的热量就是通过锅传到内部食物。木材是热的不良导体,但是金属是优良导体。由于潜艇结构是金属,因此热传递是潜在危险。火灾可以通过热传导从一个空间蔓延到另一个空间,从一层甲板扩散到另一层甲板,从一个舱室发展到另一个舱室。

对于热传导,很多情况下可以通过谨慎使用消防水来应对。一般可以采用消防水喷雾的形式用水薄膜快速、持续覆盖热表面,可以延迟或中止热传递。采用水雾形式覆盖表面比水射流更有效,而且可以减少水流的漫溢和对潜艇浮态的影响。

2. 辐射

热辐射是指热量从源头不经由其他物体而穿过空间的传递。热和光一样,从火焰处直线向外传播。当接触到物体,可以被吸收、反射或者透射。吸收的热会增加吸收物体的温度。例如,辐射热被顶板吸收会增加顶板的温度,严重时可能会点燃顶板的油漆涂层。

热量在遇到阻碍物前会向所有方向辐射。辐射热量会在其路径上加热易燃物质,导致它们产生蒸汽并会使蒸汽点燃,从而使火势蔓延。辐射热通量用每单元面积辐射能量(热)流量来测量,单位为 kW/m^2。表 7-1-6 为常见的纸的辐射起火临界值。

表 7-1-6 纸的辐射起火临界值

辐射热通量/(kW/m^2)	引燃时间/s
20	25
25	14
35	8
50	3.5
75	2.5

在舱内,火灾辐射热量会升高附近易燃物的温度,根据潜艇舱室的设计和构造不同,影响的范围也不一样。艇上的火灾周边的舱壁和甲板受热产生严重热辐射时会引起火灾的蔓延。强烈的辐射热使消防人员难以接近火场。因此消防队员必须穿保护服。

3. 对流

对流是热通过循环气体或流体的运动进行传递。热可以通过火灾产生的烟气、热空气和其他受热气体的对流进行传递。

受限空间里的热量(如舱室内的火灾热量),对流热会按照一定的规律运动。火灾产物比空气轻,会上升到舱室的上部。比冷空气轻的受热空气也伴随上升。由于这些受热燃烧产物上升,冷空气会占据它们原来的位置;然后冷空气又会被加热升到能达到的最高点,如此反复,形成对流。

低层甲板火灾引起的热烟气会水平沿着通道传播,然后经肋骨排位、梯子和舱口上升,并沿着路径加热易燃材料,表 7-1-7 为不同可燃物 30 s 内起火的临界值。为了防止火灾蔓延,协助灭火,有必要通过潜艇舱口向艇外排出热量、烟气和其他气体。但需要注意,使用潜艇通风系统,高温烟气可能沿着通风管路引发次生火灾。

表 7-1-7 不同可燃物 30 s 内起火的临界值

材 料	热空气 (热对流/烘烤效果)	热金属接触 (热传导/煎锅效果)	辐射热通量
纸	450 ℉(232℃)	480 ℉(249℃)	20 kW/m^2
衣物	480 ℉(249℃)	570 ℉(299℃)	35 kW/m^2
木材	570 ℉(299℃)	660 ℉(349℃)	40 kW/m^2
电缆	700 ℉(371℃)	840 ℉(449℃)	60 kW/m^2

四、潜艇火灾特点与灭灯原理

潜艇环境的特殊性,影响火灾的发展及烟雾、热量的蔓延,决定了潜艇火灾有自身特点,也决定着如何有效扑灭潜艇火灾。

(一) 高温环境

潜艇封闭的环境,造成潜艇火灾的发展具有自身特点:

(1) 潜艇封闭环境中火灾会很快增大。隔热的艇体减少了火灾热量向环境中传递。这增加了潜艇内部火灾的热量。同样,火灾引起的压力增加也有助于火灾的快速增长。潜艇舱室内在没有通风的情况下,未穿戴防护服的艇员在一场中等程度火灾发生不到 1 min 的时间内就会由于高热无法在火场邻近区域活动。

(2) 在封闭环境中,火灾会由于氧气缺乏而熄灭。但是大型潜艇舱室有足够的氧气使火灾在消耗掉舱室中所有可用氧气前造成严重的、无法承受的后果。

(3) 增加氧气浓度会增加火灾的强度和增长速度。高于标准浓度的氧气会局部出现在供氧口,氧烛或者氧气系统泄漏处。此外,增加氧气浓度会降低材料的着火温度,引发一些通常认为是不可燃的材料燃烧。例如,氧烛火灾会引起支撑氧烛的钢制甲板燃烧。

(4) 减少氧气浓度会减少火灾的强度和增长率。美国核潜艇大气控制手册中规定最小氧气体积浓度降低为17%时,能有效降低潜艇上的火灾风险。

(二) 烟和热的扩散

潜艇中烟和热扩散的主要途径是肋骨位的开口(指耐压壳体内肋骨与舱室内壁或设备间形成的空隙)和平台间的梯道开口。其他开口,如门和舱壁上的通风口及舱室轻质隔壁顶部的开口结构也会提供烟和热扩散的途径。烟和热会从失火的下层很快扩散到上层,特别是有肋骨位这种烟可以通行的连续通路。

(1) 舱室下层火灾的热量会很快使上层舱室的艇员无法生存。紧急空气呼吸面罩不能保护人员不受火灾热量的影响。消防服可以提供一定的隔热防护。

(2) 上层舱室的火灾热量首先会在上层积聚,然后慢慢扩散到下层。下层可比上层维持更长时间。

(3) 火灾的烟会削弱可见度,降低艇员的行动效率,加大救火工作的难度,并影响舱室的安全疏散。火灾烟气会迅速在舱室上层聚集,会在 30 s 内完全失去能见度。

(4) 火灾舱室向艇外通风排烟有助于减少舱室中的热和烟。可以浮出水面打开升降口盖通风,或在通气管航行时运行通风系统排烟。打开升降口盖通风可能不会引起火灾明显增长。运行通风系统可能会增加火灾蔓延或是烟热通过通风系统扩散的风险。任何情况下,如果舱室通风能在一开始为灭火提供有利条件,则通风的好处就大于坏处。

(三) 火灾蔓延

潜艇火灾早期开始有效处置,可使其有效限制在其开始的区域。如果火灾未被及时发现,燃烧产生大量的热量,极易从失火区域扩散到任何有燃料和氧气的地方引燃新的火灾。

(1) 钢质舱壁、甲板及其他障碍物会延缓但是不能阻止热传递。

(2) 当无线电和声呐控制室这样的隔舱进入完全燃烧阶段,火灾会迅速通过门、通风管道、管路及电线通道等路径扩散到舱室内其他空间。火灾还会经舱壁的热传导扩散到邻近舱室。通常火灾垂直传播到上层舱室比水平方向的邻近舱室更快。

(3) 电缆线路火灾的蔓延。电缆线路上火灾的蔓延和消防用水会中断重要舱室和设备的动力、照明和通信。火灾实例表明,即使线路中的电缆具有铠装防护,也不能阻止电缆起火。金属编织物不够厚,不能作为隔热屏以降低电缆温度,密封性也不足以阻止绝缘物中散发出的分解产物的燃烧。如果火灾蔓延到成组的电缆,深层电缆的绝缘层会燃烧产生有毒浓密黑烟。美国军标规定新的艇用电缆是低烟的。电缆线路火灾会通过非密的隔板、舱壁和甲板上的涵孔蔓延。电缆火灾无法穿过水密舱壁上有隔离措施的填料函,但是舱壁附近的电缆火灾会通过热传导点燃隔壁舱室的易燃物。

(4) 电缆线路火的灭火难点。紧密的电缆捆组限制了消防员直接向火源喷水灭火,另外电缆火灾会产生大量的烟,使得搜寻起火点较为困难。

(四) 灭火原理

潜艇火灾具有自身特点,但各种灭火手段的灭火原理依然是以下 4 种。

1. 通过冷却(降温)作用灭火

将固体冷却到自燃点以下,液体冷却到闪点以下,它们就不能再产生足以维持燃烧的气体或蒸汽,燃烧反应就会终止。用水灭火,就是利用其冷却作用。因为水具有较大的热容量和汽化潜热,1 kg 20℃水升至 100℃蒸汽要吸收 2 593 kJ 的热量。

2. 通过窒息作用(隔绝氧、稀释氧)灭火

氧气在大气中浓度为 21%,足以维持绝大多数可燃物燃烧,一般碳氢化合物在氧浓度低于 15%时有焰燃烧不能进行,低于 8%时无焰燃烧不能进行。像泡沫、干粉等覆盖在燃烧物表面即起隔氧作用,CO_2、水雾灭火产生的水蒸气起稀释氧的作用。

3. 通过隔离作用(撤除可燃物)灭火

燃料为燃烧提供最基本的基料,如果把可燃物与火焰和氧化剂隔离开来,燃烧反应即会终止。例如,气体管路泄漏火灾,只要关闭气源阀门,油舱火灾可用油泵将油泵送到远离火场的空舱中,大面积森林火灾可打出一定宽度的防火隔离带。

4. 通过对燃烧的化学抑制作用(中断燃烧链式反应)灭火

如果能有效地抑制燃烧自由基的产生或者迅速降低火焰中 H^*、O^*、OH^* 自由基的浓度,中断燃烧的链式反应则燃烧即被终止。如化学泡沫、卤代烷、干粉灭火剂都能起到这个作用,卤代烷中的卤族元素(以溴为例)高温产生中断燃烧链式反应的溴自由基 Br^*,Br^* 与燃料发生反应生成 HBr。

$$Br^* + H^* \longrightarrow HBr$$

$$HBr + OH^* \longrightarrow H_2O + Br^*$$

$$2HBr + O^* \longrightarrow H_2O + 2Br^*$$

溴自由基 Br^* 反复反应不被消耗掉,反而大量地消耗了 H^*、O^* 及 OH^*。H^* 及 OH^* 浓度的迅速降低,从而导致火焰的熄灭。

四、常用灭火材料

(一) 水

在海上水是取之不尽、用之不竭的天然灭火剂,是舰船上最常用的灭火剂。通常水消防系统是通过水泵、管系、消火栓、水龙带和水枪将水输送到火场。水枪有直流水枪和喷雾水枪或者合二为一的直流喷雾(开花)水枪。直流水枪主要用来喷射柱状水流来进行灭火或冷却,这种水枪有效射程远(10~40 m)、流量大,适用于远距离扑救一般 A 类固体物质火灾。但应注意禁止用海水柱状水流灭带电设备火灾,以防人员触电。直流水枪使用的水源压力至少应在 0.2 MPa 以上。喷雾或开花水枪主要用水雾进行灭火。水雾中小水珠由于有极大的表面积,与火焰广泛接触吸热生成蒸汽,在冷却作用的同时水蒸气又能起到稀释氧的作用。故水雾不仅可灭 A 类火灾,还可用来灭 B 类、C 类火灾,目前国内外均有采用高压冷水雾灭带电设备火灾的研究和应用。同时,伞状开花射流能形成水幕隔离热辐射,可掩护艇员进入火场和接近火源。

(二) 泡沫

泡沫的比重轻(0.11~0.25),能浮于燃烧物表面,灭火时起到隔绝空气的作用,泡沫中分解的 CO_2 能起到稀释氧的作用。

泡沫灭火器可用于扑灭 A 类、B 类物质的初期火灾,但不能灭带电设备和轻金属火灾。

1. 化学泡沫

常用的手提式泡沫灭火器的筒体内装碳酸氢钠溶液,在瓶胆内装硫酸铝溶液,当灭火器倒置时两种溶液混合,其化学反应方程式为

$$6NaHCO_3 + Al_2(SO_4)_3 \longrightarrow 3Na_2SO_4 + 2Al(OH)_3 + 6CO_2 \uparrow \quad (7-1-1)$$

反应生成的 CO_2 在溶液中形成大量的细微泡沫,使瓶内压力急速上升,驱动泡沫喷出。反应生成的氢氧化铝呈胶状,使泡沫有一定的黏性,增强泡沫的热稳定性。

2. 物理泡沫

物理泡沫又称空气机械泡沫,它是一定比例量的泡沫液、水和空气经过机械作用混合而成。泡沫中主要成分是空气,其比重是 0.11~0.16。

泡沫液是由动物或植物蛋白类物质经水解制成。无论是化学泡沫或物理泡沫,鉴别其灭火性能好坏主要有以下三个标志:发泡倍数应在 6~10 倍以上;泡沫在常温下的持久性应在 60 分钟以上;泡沫在可燃液体表面上的流动性要好。常见的物理泡沫主要有低倍数空气泡沫和高倍数空气泡沫。通常,发泡倍数不大于 20 的空气泡沫,称为低倍数空气泡沫,它有如下几种。

(1) 蛋白型泡沫。

发泡时,根据泡沫液在泡沫溶液(水加泡沫液)中的浓度的不同,一般有 3%(YE3)和 6%(YE6)这两种类型。我国采用 6%型,发泡倍数为 6~10。若发泡倍数为 10 的泡沫,则其体积百分比组成是:空气 90%、泡沫溶液 10%(水 9.4%+泡沫液 0.6%)。这种泡沫的壁较厚,有良好的抗烧性和持久性。如果装成泡沫系统,对扑灭机炉舱底部火灾和油舱火灾效果较好,但对灭除机炉舱中上层的火灾较困难。

(2) 氟蛋白泡沫。

由于氟表面活性剂的存在,使得这种泡沫具有良好的耐热性和耐油性,灭火较快,并且与一般空气泡沫不同,不易由于化学干粉灭火剂的影响而破坏,因而可以和化学干粉一起使用。氟蛋白型泡沫的封闭性好,它封闭油面后时间比一般的空气泡沫长一倍。

由于氟蛋白泡沫具有疏油特性,不会被油"污染",因此可利用油舱原有管线,在油舱底部(油面以下)喷射通过油层而覆盖油面,以增强其灭火性能。

这种泡沫液在溶液中的浓度为 3%或 6%,发泡倍数约为 10。

(3) 抗溶性泡沫。

这种泡沫液是在水解蛋白中加入特种肥皂(我国采用锌皂)制成的。一般泡沫(包括化学泡沫)对水溶性易燃液体如醇、酮、醚类的火灾是难以扑灭的。这是因为泡沫与酒精等水溶性溶剂接触后,酒精很快把泡沫膜中的水分溶解导致泡沫的迅速破裂而消失,从而失去了覆盖灭火作用。而抗溶性泡沫正是针对这个问题研制而成的。但由于价格昂贵,一般只用于规定的重要场合。

这种泡沫液在溶液中的浓度为 6%~7%,发泡倍数为 10 左右。

(4) 轻水泡沫(水成膜泡沫)。

它具有泡沫抗烧时间长、泡沫自封能力强的特点,尤其是以在可燃液体表面扩散速度快而著称。所以灭火性能在泡沫类中名列前茅。这种水溶液薄膜,又称水成膜,能在比重仅 0.7 的油面上浮而抑制油料蒸发,因此称它为"轻水泡沫"。这种泡沫的发泡倍数为 8~10。

低倍数空气泡沫不能作为机器处所、机库、坦克舱等处所的一种独立灭火措施,而只能作为上述处所灭火装置的一种补充措施。

高倍数空气泡沫是一种发泡倍数很高的泡沫,可达几百倍甚至上千倍,故又称"轻泡沫",它有着较好的经济性和实用价值。国产"M-80"泡沫液,使用时其在溶液中的浓度为 4%~6%,发泡倍数为 400~500,泡沫稳定性在 60 min 以上,泡沫含水量不低于 0.4 kg/m^3。

高倍数空气泡沫可用于扑灭易燃液体、木材、纸张、橡胶及纤维等的火灾,特别适用于在舱室内及通道灭火。高倍数泡沫发射装置的泡沫发射量一般都很大,每分钟可达几十、几百甚至高达上千立方米,可在短时间内提供大量泡沫以包围燃烧物,或迅速可靠地充满舱室整个空间,包括一般灭火剂难以达到的各个角落。

高倍数空气泡沫灭火系统可作为机器处所、机库、坦克舱、通道以及补给油船的泵舱等处所的一种灭火措施。

(三) 气体灭火剂

1. 二氧化碳

二氧化碳灭火的主要作用:降低火灾空间的氧分压。CO_2 是无色、无味的不助燃气体,是空气重的 1.53 倍,1 kg CO_2 自由气体的体积为 0.56 m^3。

在封闭舱室内,对一般液体及固体可燃物质,当舱内放入 28.5% 体积浓度的 CO_2,就能使舱内氧浓度降至 15%,达到窒息一般可燃物质的火焰;对易燃液体及气体,需要放入 43.6% 体积浓度的 CO_2,使含氧量降至 11.8% 才能抑爆。充填量提高,灭火效果更好。对上甲板小火从上风接近就近扑灭有效,对上甲板大火无能为力。

CO_2 不导电,无腐蚀性,灭电火最合适,对有精密仪器的部位灭火很合适。也可以扑灭油火和普通火。但不能用于灭含镁的凝固汽油火,也不能扑灭不需要外界空气助燃的物质火,如弹药等。

对油舱、动力舱的大型火灾封舱灭火时,充入 CO_2 可增加灭火效果。

使用 CO_2 灭火,要注意复燃。室内 CO_2 含量达到 3%~6% 能引起头昏、恶心,若含量再增加,会导致窒息。因该灭火剂的剧毒性,已很少在舰船上装备 CO_2 灭火系统。非火灾舱大量放入或直接喷向人体,会引起冻伤。使用时,手不要捏在喇叭管和瓶头的金属部分,以防冻伤。

CO_2 的灭火剂的灭火性能 1 kg CO_2 剂量相当于 0.5B。

2. 卤化物(卤代烷)

卤化物剂灭火剂,国外称为 Halon(哈龙),它有许多种类,如 CF_2ClBr(二氟一氯一溴甲烷)、CF_2Br_2(二氟二溴甲烷)、CF_3Br(三氟一溴甲烷)和 $C_2F_4Br_2$(四氟二溴乙烷)为了方便,通常用它们的代号。代号是按它含的化学分子式中的各个元素的原子数按碳-氟-氯-溴顺序排列。例如:

CF_2ClBr 的代号为"1211"(一个碳、二个氟、一个氯和一个溴);

CF_2Br_2 代号为"1202";

CF_3Br 代号为"1301";

$C_2F_4Br_2$ 代号为"2402"。

四氯化碳(CCl_4)也属于卤化物这类型的灭火剂,它的代号为"1040"。但四氯化碳灭火剂毒性大、液体有腐蚀性,用它灭火虽比 CO_2 效果好,但由于上述缺点,使用受到一定限制。因此,人们经过不断探索和研究,就出现了灭火效果比 CO_2 和 CCl_4 好,而毒性较小的诸如上述"1121""1202""1301"和"2402"等灭火材料。

目前,卤化物"1211""1301"在我国已大量应用于舰船上,近年来下水的潜艇,倾向于使用"1301"。"2402"在俄罗斯等国主要应用于舰船灭火系统和抑爆系统。卤化物灭火剂为无色透明液体,对钢、铜等金属腐蚀率低,灭火时不会损坏仪器设备,对电绝缘性能好。其蒸汽比 CO_2 和 CCl_4 都重,因此灭火时卤化物气体能较稳定地沉积在被保护舱室的中下层,能有效地扑灭火灾和防止复燃。

卤化物灭火剂的灭火作用:化学作用。灭火剂本身参加了火焰的化学反应(自由基反应)——即去掉火焰中的活泼的自由基,使火熄灭。

综上所述,卤化物灭火剂灭油火、电火最好。其缺点和 CO_2 及 CCl_4 的共同点,是对普通火(木材、棉、麻等)的深层火灾,灭火剂浓度要大或灭火时间要长。对这类物品火灾,若用卤化物或 CO_2 灭火,最好辅以水柱,才能有效地扑灭这类火灾的深层隐火。

有关"1211""1202""1301""2402"的理化性能列于表 7 - 1 - 8。

表 7 - 1 - 8 卤化物的理化性能

分子式及理化性能	卤 化 物 代 号			
	"1211"	"1202"	"1301"	"2402"
分子式	CF_2ClBr	CF_2Br_2	CF_3Br	$C_2F_4Br_2$
凝固点/℃	-165.5	-80	-160.5	-110.5
沸点/℃	-4	24.5	-57.75	47.3
临界温度/℃	153.8	189.2	67	214.5
临界压力/kPa	4 100	4 080	3 960	3 400
20℃时液体密度/(g/cm³)	1.83	2.28	1.57	2.20
20℃时 1 m³ 自由气体液态重/kg	6.9	—	6.25	—

除 CCl_4 外,卤化物属于低毒高效灭火剂,它们与 CO_2 相比,由于能低压储存及灭火效率高,设备所占舱室容积及重量均小得多,温度变化时容器内压力变化不大,因而设备较可靠,灭火剂不易逃逸。由于卤化物灭火时间很短,在大型机舱内一般不超过 20 s,因而火灾损失可能降低到最低程度。另外,它们与 CO_2 一样,宜于长期储存,一般有效期为 10 年以上。它们都具有低的凝固点,因而在严寒天气和寒冷地区使用不存在冻结的危险。

由于卤化物在常温下的饱和压力不大,因此需要驱动气体才能保证卤化物灭火剂施放时有足够的速率。驱动气体通常为压缩氮气或压缩空气。

卤化物的灭火性能较高,1 kg"1211"灭火剂灭火能力为 2B,相当于 4 kg CO_2 或 4 L 化学泡沫液的灭火能力。

值得一提的是,国际公约规定 2000 年(发展中国家为 2010 年)前停止氯氟烃类化合物的生产和使用,因而研制舰用环保型灭火剂替代目前的卤化物灭火剂就显示得十分急迫。

3. 蒸汽及惰性气体

蒸汽可直接灭火,但主要用于机炉舱内和燃油舱内灭火。蒸汽灭火的原理是降低灭火舱室的氧浓度。封闭的舱室放入舱容的 25%~30% 以上的蒸汽,火即熄灭。蒸汽灭火系统用的是饱和蒸汽而非过热蒸汽,耗汽量应不小于 1.33 kg/(h·m³),工作压力 0.5~1.2 MPa。蒸汽可用来扑灭 A 类普通火、B 类油火和电气设备火灾。因灭火的安全性问题,蒸汽灭火方式已趋于淘汰。新造蒸汽舰船基本不采用蒸汽灭火方式,而用化学(卤化物)或泡沫灭火方式替代。

对于油船油舱防火要采用惰性气体。惰性气体的来源可以是主、辅锅炉排出的经洗涤(降温并除去烟气中固体颗粒和硫的燃烧产物)处理的烟气;也可以是惰性气体发生装置产生的气体或能达到等效安全标准的其他气体,但不应使用 CO_2 贮存系统。通过送风系统将惰性气体导入油舱顶部以降低油舱内的大气含氧量,使舱内氧浓度达不到支持燃烧的程度而使油舱惰性化,亦可驱除油舱内的碳氢气,使油舱内不致形成可燃气体。

此外,也有采用氮气作为油舱、油泵舱的防火保护气体。通过贮备的氮气系统向被保护舱室供给一定压力的氮气以置换该舱室内的空气,并通过封闭装置保持这一压力,可防止燃油氧化和防火防爆。

各类灭火剂适用的火灾种类见表 7-1-9。

(四) 干粉

化学干粉有碳酸氢钠($NaHCO_3$)、磷酸二氢铵[$(NH_3)H_2PO_4$]和碳酸氢钾($KHCO_3$,PKP)三种。这些可灭 A、B、C 类火灾的干粉灭火剂俗称 ABC 干粉。金属火灾用粉末灭火剂可以灭轻金属 D 类火灾,这也是金属 D 类火灾唯一的灭火剂。

表 7-1-9 各种灭火剂适用的火灾范围

灭火剂				A 类火灾	B 类火灾 非极性液体	B 类火灾 极性液体	C 类火灾	D 类火灾	E 类带电设备
液体	水		直流	√	×	×	○	×	△
			喷雾	√	○	○	○	×	○
	水添加剂	强化水	直流	√	×	×	○	×	×
			喷雾	√	○	○	○	×	○
		润湿水	直流	√	×	×	○	×	×
			喷雾	√	○	○	○	×	×
		增黏水		√	△	△	△	×	×
		酸碱		√	△	△	△	×	×
	泡沫	普通泡沫	化学泡沫	√	√	×	×	×	×
			蛋白泡沫	√	√	×	×	×	×
			氟蛋白泡沫	√	√	×	×	×	×
			水成膜泡沫	√	√	×	×	×	×
			合成泡沫	√	√	×	×	×	×
			高倍数泡沫	√	√	×	×	×	×
		抗溶泡沫	金属皂抗溶泡沫	√	√	√	×	×	×
			凝胶型抗溶泡沫	√	√	√	×	×	×
			多功能氟蛋白泡沫、化学泡沫	√	√	√	×	×	×
气体			7150 灭火剂	×	×	×	×	√	×
	卤代烷		三氟一溴甲烷(1301)	○	√	√	√	×	√
			二氟一氯一溴甲烷(1211)	○	√	√	√	×	√
			四氟二溴乙烷(2402)	○	√	√	√	×	√
			二氟二溴甲烷(1202)	○	√	√	√	×	√
	不燃气体		二氧化碳	○	√	√	△	×	√
			氮气	△	○	○	△	×	○
固体	干粉		钠盐、钾盐、氨基干粉	○	√	√	√	×	√
			磷酸铵干粉	√	√	√	√	○	√
			金属火灾用粉末灭剂	×	×	×	×	√	×
			烟雾灭火剂	×	○	○	×	×	×

注:"√"适用;"○"可用;"△"勉强可用;"×"禁用。非极性液体指非水溶性油脂类液体,如汽油、柴油等;极性液体指水溶性液体,如酒精等。

化学干粉的灭火作用：兼有物理灭火和化学灭火两种作用。物理灭火是由于干粉洒在火区吸热分解出二氧化碳、水蒸气及干粉雾对火焰辐射热的屏蔽作用，降低了燃料的蒸发速度并对燃烧进行窒息。化学灭火则是 OH*、H*、O* 等自由基在粉末粒子的表面销毁，而使燃烧的链式反应终止。

化学干粉可用于扑灭普通火、油火和电火，其灭火效率高于泡沫和二氧化碳。干粉末是无毒的，在一般情况下不溶化、不分解，所以没有腐蚀作用，又可长期储存使用。

干粉灭火的缺点是不能解决复燃问题。所以灭火时，必须注意不留后患，以防复燃。另外，用干粉灭火后留有残渣，可能损坏精密设备和电子仪器。

干粉灭火剂的喷出驱动是靠内置或外置的 CO_2 气瓶释放的 CO_2 气体来驱动。干粉灭火剂灭火性能与卤化物灭火剂相当，1 kg 干粉灭火剂灭火能力为 2B。

第二节　潜艇构造上的防火防爆

从保障潜艇生命力的"预防—限制—消除"各种破损灾害的观点出发，潜艇的防火防爆问题在设计建造时期就应充分考虑。这就需要从潜艇构造上使火灾爆炸的可能性最小，火灾蔓延范围最小，并使火灾能被迅速扑灭。主要采取以下措施：

（1）结构防火；
（2）限制使用可燃材料；
（3）配备可靠的消防装备。

在我国涉及潜艇建造的"规范"及国际海上人命安全的"公约"等文件中，对上述措施有详细的规定，潜艇建造中应按此办理，而且在潜艇服役中要注意维护保养，不致使其失效。

一、结构防火

结构防火主要是采取控制可燃物质、通风、热源、科学分舱以及限制使用可燃材料等方面的措施。

（一）控制可燃物质

燃油、液压油、雷弹是易燃易爆物质，潜艇火灾许多是由它们引起的。为了有效地控制燃油和弹药，必须在舰船建造时期遵循有关的"规范"及"公约"规定。

1. 远离热源

油料等易燃易爆品、雷弹等危险爆炸品应远离正在工作的主机、压缩机等热源设备，如实战无法远离，应采取相应的防护措施。

2. 弹药的控制

尽量减少弹药库被命中的可能性,设置弹药水喷淋系统、海水灌注系统和抑爆系统确保弹药安全。

3. 油料的控制

从燃油舱(柜)溢出或渗漏的燃油可能落于热表面而构成危险的处所,应有措施防止任何油从油泵、过滤器或加热器溢出而与热表面相接触,并在附近安置防火防爆装置。

(二) 控制通风

在火灾时除需迅速切断可燃物质外,另一重要措施是控制通风,这主要是解决阻止对流、切断空气供给及排除易燃易爆气体等问题。

1. 阻止对流

防止空气对流,实质是防止火焰流窜而引起火灾蔓延。

2. 切断空气供应

切断空气供应,实质是降低火灾空间的氧含量以达到使其窒息的目的。潜艇封舱灭火就是在切断空气供应的基础上,释放"1301"等灭火剂进行的灭火行动。

3. 排除易燃易爆气体

排除易燃易爆气体,主要是为了防止空气中易爆燃气体,潜艇上需要注意在清理油舱的过程中,防止易燃易爆气体燃烧或者爆炸,并防止人员中毒。

(三) 控制热源

关于热源,主要是指对热体和明火(火花)的控制。

1. 热体的控制

表压超过 0.18 MPa 的热油管路应尽可能外露,以便检视,并应有足够的照明。排气管及过热蒸汽管应严密包扎绝热层,其布置应尽量防止可燃液体落至这些表面上。一切封闭形式的暖水暖油装置,应设置防物理性爆炸的安全阀及压力表。

应注意一切照明灯具与舱室装饰板及可燃物之间的距离。

2. 明火(火花)的控制

潜艇舱室内应采用防爆型灯具,尤其蓄电池舱,应严格按照相关规定执行,防止发生氢气爆炸事故。

潜艇上严格控制电器设备,防止电火花的产生,避免火灾事故发生。

(四) 潜艇分舱及材料使用

1. 潜艇分舱

从生命力抗沉角度,潜艇设置了若干个相对独立的舱室,确保了单舱室进水后最大限度不蔓延到相邻舱室;从生命力防火防爆角度,这也保证潜艇消防安全,确保一个舱室起火,不会波及其相邻舱室。

在不同舱室间,设置了必要的水密门,确保舱室结构的密闭性,阻断了火灾的蔓延途径,同时通风管和电缆等通过的舱壁接口也进行了专门的处理,确保符合防火防爆要求。

2. 限制使用可燃材料

为减少火灾的可能性及火灾时能使火焰传播速度减慢,潜艇上严格限制使用可燃性材料。具体要求如下:

(1) 尽可能采用不燃材料或耐火材料,如木材应该采用经过耐火处理的;

(2) 各种家具,如桌、椅、柜、床等,尽可能采用轻金属(如铝合金)材料,至少应采用耐火型材料;

(3) 尽可能减少桌布等装饰品,对必须配备的应采用耐火型材料;

(4) 除冷藏室所用绝缘外,在走廊、梯道等处的一切衬板、地板、天花板、舱壁及隔热物应为不燃材料;

(5) 走廊及梯道环围内的所有外露表面,以及起居服务处所内隐蔽或不能到达处的表面,均应具有低传播火焰性;

(6) 不得使用以硝化纤维或其他易燃物为基料的油漆、清漆及类似的化合物,应尽量采用不易燃着的涂料;

(7) 用于外露的内部表面上的油漆、清漆及其他表面涂料,其性质应不会造成失火危险,并不致产生过量的烟或其他毒性、爆炸性气体。

按有关"规范"的规定,凡符合上述限制使用可燃材料要求的舱室,称为"设有限制失火危险的家具和设备的舱室"。

二、配置可靠的灭火系统

为了应对可能发生的各类火灾,潜艇上常常配置了不同的灭火系统,如气体灭火系统、泡沫灭火系统、水消防灭火系统以及细水雾灭火系统等。下面重点对这几类灭火系统进行简要介绍。

(一) 气体灭火系统

1. 用途及适用范围

卤代烷气体灭火系统可以扑灭潜艇舱内的各种火灾,但不能扑灭火药和弹药的火,其由布置在舱内的气体灭火站和及配套的管网管路组成。

卤代烷的代号是按其含的化学分子式中的各个元素的原子数依照碳-氟-氯-溴顺序排列,如 CF_2ClBr 的代号为"1211"(即一个碳、二个氟、一个氯和一个溴),而赫拉东的代号为"2402"(二个碳、四个氟和二个溴)。目前,潜艇上采用的卤代烷气体灭火系统多使用"1301"作为灭火剂,即 CF_3Br,也有采用"2402"作为灭火剂的。

艇用卤代烷气体灭火站的用途是储存灭火剂和压缩空气,在失火时通过压缩空气驱动,将灭火剂通过管路送入起火舱室灭火,或舱室内的特殊隔舱(如蓄电池舱)内。

压缩空气的用途是将高压压缩空气注入空气瓶,将贮罐式灭火器中的灭火剂排入灭火剂管路,并通过喷射器送入起火舱内。

卤代烷"1301"气体灭火系统是全艇性的固定管网消防系统,其用途是对各舱室中任何程度和发展到任何阶段的火灾进行全淹没灭火。该系统适于扑救可燃固体的表面火灾,气体、液体、电气设备及蓄电池组火灾,不能扑救火药和弹药等在燃烧中本身就能产生氧化剂的化学物品火灾,以及钠、钾、镁等活泼的金属和氢化锂等金属氢化物火灾。气体灭火系统的作用在于向失火舱室喷射灭火剂,该灭火剂喷入燃烧区后能够迅速气化、扩散淹没整个舱室,在空间形成均匀的浓度与火焰接触,通过抑制燃烧的化学反应过程而达到灭火的目的,当灭火剂浓度达到临界灭火值时,火灾将在极短的时间内被扑灭。

2. 工作原理

一般有机物如油类、木材等在燃烧过程中生成活性氢(H^*)、羟(OH^*)及氧(O^*)等自由基,同时自由基 O^* 与燃料中分解出的自由基 H^* 进行燃烧的链式反应,使燃烧不断扩大进行。

如果燃烧时喷入卤代烷灭火剂,它在火焰中热解产生溴自由基(Br^*),而溴自由基比氧自由基更活泼,它与火焰中的氢自由基结合或与碳氢化合物燃料作用生成溴化氢(HBr),继而溴化氢又与羟自由基和氧自由基反应生成水,并重新产生溴自由基。

$$Br^* + H^* \longrightarrow HBr$$

$$HBr + OH^* \longrightarrow H_2O + Br^*$$

$$2HBr + O^* \longrightarrow H_2O + 2Br^*$$

由于溴自由基反复反应而不被消耗掉,反而大量地消耗掉了燃烧生成的氢、羟和氧等自由基。从而有效地抑制燃烧自由基的产生,迅速降低火焰中 H^*、OH^* 和 O^* 等自由基的浓度,中断燃烧的链式反应,导致燃烧即被终止,使火焰熄灭。

因此,卤代烷气体灭火剂的灭火机理是化学作用。灭火剂本身参加了火焰的化学反应(自由基反应),即对燃烧的化学抑制作用,去掉火焰中的活泼的自由基,中断燃烧链式反应,从而使火熄灭。

卤代烷灭火的用原理在于用灭火剂蒸汽充满空间,依靠灭火剂对火源的物理化学作用扑灭火灾。一般气体灭火所需要的灭火剂浓度是比较低的,"1301"的灭火浓度约为舱室净容积的4.5%,而"2402"的灭火浓度为每立方米舱室净容积185~370 g。

3. 系统组成

气体灭火系统一般由灭火剂施放系统和火灾报警及气体灭火控制系统两部分

组成。灭火剂施放系统用于灭火剂的贮存及失火状态下灭火剂的施放,包括灭火剂贮液瓶、瓶头阀、压力信号发送器、舱室选择阀、专用阀件及引至各舱的灭火剂分配管网和喷头;火灾报警及控制系统用于对潜艇各舱室进行不间断的监控,一旦发现火情就发出火灾报警信号,并对灭火剂施放系统进行电动控制,该系统由探测器装置、火灾报警控制器、备用电源箱和灭火站控制器等设备组成。

灭火站由贮罐式灭火器、空气瓶组件(包括截止阀件、压力表和减压阀)、灭火器阀组、手动启动阀和空气控制器组等组成。

(二) 泡沫灭火系统

1. 用途和适用范围

空气泡沫灭火系统的用途是用空气机械泡沫以表面定向方式扑灭潜艇上的火灾,可扑灭液体和固体可燃物质,如木、纸、毛、石油产品、橡胶、塑性材料、油漆以及已切断电源的电气设备的火灾,但不能扑灭在燃的酒精、乙醚、火药和弹药的火灾。

灭火站生成空气机械泡沫并将其送入管路。压缩空气管路是将发泡剂从定量器压入贮罐,使它同水混合,并将其送入损害舱室内的卷筒架处。在压缩空气管路上装有各种阀件,包括减压阀,将定量的发泡剂压入贮罐的截止止回阀,用于混合空气机械泡沫并将其排出贮罐的截止止回阀,将空气送入总管的截止止回阀和安全报警阀。

空气泡沫管路的用途是将泡沫送向火源。在空气泡沫管路上设置有:用于均化泡沫气泡和清除其机械杂质的网式扩散器、将灭火站与总管切断的直角截止止回阀、用于将损坏的管段与总管切断的直角截止阀、用于将卷筒架与总管切断的直角截止阀、卷筒架(用于在潜艇各舱室内存放带扩散水枪的胶布软管)和用于将泡沫送向火源的截止阀。

淡水管路是将水送入贮罐。在淡水管路上装有用于切断淡水管路的直角截止阀、快速拆卸软管,以及用于将贮罐与淡水总管切断的直通截止止回阀。

2. 工作原理

空气泡沫灭火系统的工作原理是:溶液在空气压力作用下被排出贮罐。在经过用于使溶液饱和的空气送往的节流套管后,介质便到管线扩散器的叶片上而使带格栅的叶轮旋转。叶轮将气泡破碎,以免生成气沫塞、产生压力脉动现象而使系统工作中断。

介质通过网式扩散器时,便清除了机械杂质并在结构上定形。在卷筒架的注入螺纹接头上装有第二个管线扩散器,它使介质再作散射。在扩散水枪内,介质流向端头。富有气泡的中心流向侧壁移动,而较稀薄的分量则向中心移动。这样,介质流在排出之前便具有了均匀的密度,从水枪流出时便形成连续不断的稠密的筒状流。

泡沫能阻止燃烧物质的弹性蒸汽进入燃烧区内,并使燃烧物质表面冷却下来。

3. 系统组成

空气泡沫灭火系统通常设置在灭火站内,灭火站由储罐、定量器、网式扩散器、检测仪表、管路和附件组成。管路包括高压空气管路、中压空气管路、淡水管路、发泡剂管路、排放和通气管路、泡沫管道的吹洗和排泄管路。

(三)水消防系统

1. 用途与适用范围

通常情况下,潜艇上装备有水消防系统,主要用于保护潜艇生活服务处所和弹药等部位或者处所,选用在陆上已广泛应用的自动水喷淋系统,它具有工作性能稳定、造价便宜、维修方便和对固体可燃物灭火效能高的特点。

潜艇上艇员住舱、生活服务处所和弹药库等部位均可设置水喷淋灭火保护,其灭火流程如图 7-2-1 所示。

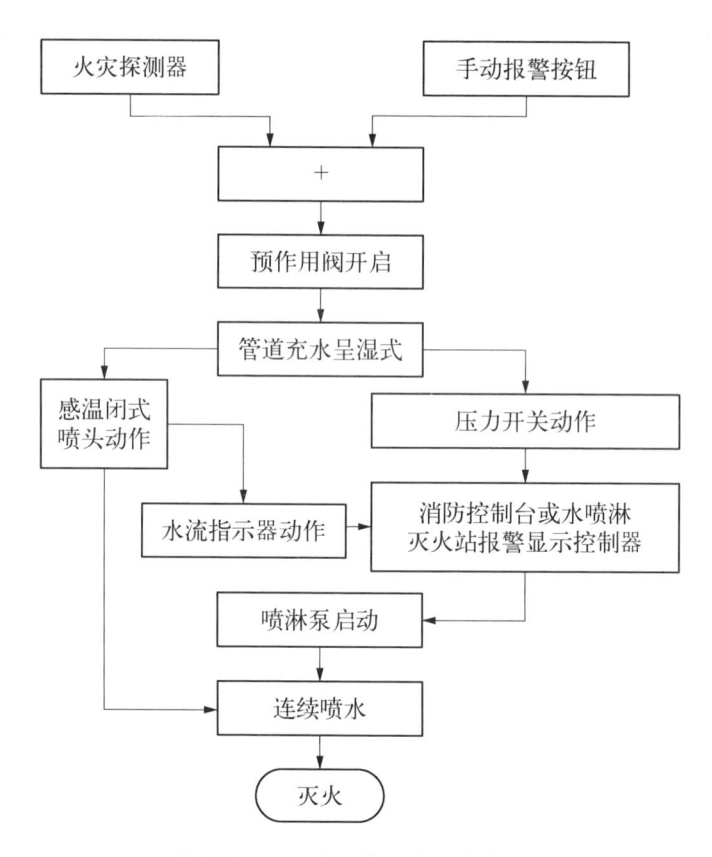

图 7-2-1 水喷淋灭火系统流程图

2. 工作原理

因水的汽化热非常大,当水接近可燃物的火焰、烟气时,会将燃烧物中的大部分热都吸收掉,降低燃烧物的温度,同时水吸热汽化,对火场起到稀释氧气、窒息灭火的作用。

3. 系统组成

1)预作用装置

预作用装置是预作用水喷淋灭火系统的重要部件,其功能是火警时即打开预作用阀,使喷水管网充水,完成预作用过程。预作用装置由干式报警阀、信号蝶阀(分上、下信号蝶阀)、压力开关、注水管组件、释压电磁阀组件、手动应急球阀、报警检验管组件、泄放阀、压力表、可视漏斗等组成。

2)水流指示器

水流指示器是水喷淋灭火系统较为重要的监视部件。当水喷淋保护区发生火灾时温度升高,喷头温感元件爆破脱落,开始喷水灭火,这时管道内水产生流动,可引起水流指示器内桨片随水流的流动而动作,水流指示器上电气部分触点吸合发出电信号。它可安装于水平或垂直的干管或支管上,给出某一区域或某一小区域水流的电信号,此信号被送到电控箱,可用于操纵接通电警铃或电声光报警器,也可用于启动喷淋泵等。系统中,水流指示器安装于各保护区域的主支管路上。

3)感温闭式喷头

感温闭式喷头是水喷淋灭火系统的重要组件,通过热敏释放机构的动作而自动喷水。按温感元件可分为玻璃球喷头和易熔合金喷头;按溅水盘的型式可分为普通型、标准型、吊顶型、边墙型等几种。系统采用普通型玻璃球喷头。

4)末端试验装置

由放水阀和压力表组成,试验时打开放水阀就可了解干式报警阀对于一个喷头的启动情况,同时末端试验装置还可疏通喷水管网,防止管网堵塞。

5)喷淋泵

喷淋泵是感温闭式喷头破裂后连续喷水的供水设备。

6)供水管网及其管路附件

水喷淋灭火系统管路主要采用紫铜管,与淡水舱连接的管路采用不锈钢管。

(四)细水雾灭火系统

1. 用途与适用范围

细水雾灭火系统主要用于保护雷弹等特殊部位的火灾,理论上可以扑灭电气设备火灾。

2. 工作原理

潜艇舱内发生火灾后,火灾探测器探测到火灾后,驱动控制系统自动启动细水雾系统,高压气体驱动灭火介质,通过细水雾喷嘴产生高压细水雾,进行灭火。

1) 高效吸热作用

由于细水雾的雾滴直径很小，$Dv_{0.99} < 1\,000\,\mu m$，相对表面积比一般水滴大 1 700 倍，在火场中能完全蒸发。按 100℃ 水的蒸发潜热为 2 257 kJ/kg 计，每只喷头喷出的水雾吸热功率约为 300 kW，冷却效果很强。

2) 窒息作用

高压细水雾喷入火场后，迅速蒸发形成蒸汽，体积急剧膨胀，排除空气，在燃烧物周围形成一道屏障阻挡新鲜空气的吸入。当氧气周围的氧气浓度降低到一定水平时，火焰将被窒息、熄灭。

3) 阻隔辐射热作用

高压细水雾喷入火场后，蒸发形成的蒸汽迅速将燃烧物、火焰和烟羽笼罩，对火焰的辐射热具有极佳的阻隔能力，能够有效抑制辐射热引燃周围其他物品，达到防止火焰蔓延的效果。

3. 系统组成

高压单相流细水雾灭火系统主要由储气瓶、储水罐、细水雾喷嘴、管路和压力表组成，如图 7-2-2 所示。

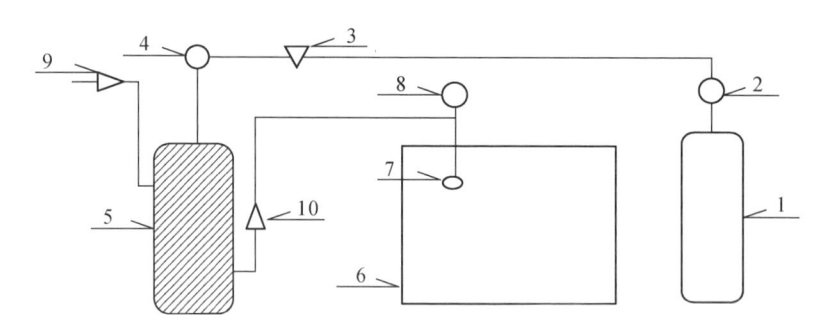

图 7-2-2 高压单相流细水雾灭火系统工作原理

1. 高压气瓶；2. 气瓶压力表；3. 减压阀；4. 储水罐压力表；5. 储水罐；6. 灭火区域；7. 细水雾喷嘴；8. 喷嘴内水压表；9. 进水阀；10. 出水阀

高压细水雾喷嘴的种类很多，按照喷嘴内的工作介质分类可包括单相流喷嘴、双向流喷嘴，按照喷嘴喷雾形状可分为实心喷嘴、空心喷嘴、扇形喷嘴等。其中单相流喷嘴按照内部结构又可分为直线收敛性喷嘴和旋芯喷嘴。例如美国目前装备在舰艇机舱内部的高压细水雾灭火系统喷嘴是单相流实心旋芯喷嘴，如图 7-2-3 所示。

喷嘴是细水雾灭火系统最重要的元件，它的好坏直接决定雾滴的雾化特性和灭火效果。理想细水雾灭火系统总是希望能够用小压力产生大雾化嘴角、小滴径、大动量的水雾，然而实际过程中雾特性参数之间总是存在相互间的矛盾。

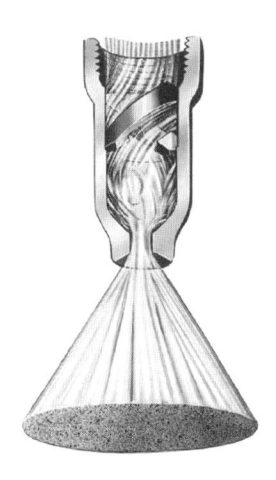

图 7-2-3　高压细水雾喷嘴

第三节　移动式灭火器材

为了应对可能发生的各类火灾,除了布设各类固定灭火系统外,潜艇还配置了大量的移动灭火器材,本节对潜艇配置的各类移动式灭火器进行简要介绍。

一、灭火器灭火性能试验

根据相关法规,灭 A 类火的灭火器灭火性能由表示级别的数字和字母 A 表示,如 1A;灭 B 类火的灭火器灭火性能由表示级别的数字和字母 B 表示,如 189B;灭 C 类火的灭火器灭火性能由表示字母 C 表示,没有级别大小之分。只有干粉、气体和 CO_2 灭火器才可以标字母 C。

(一) A 类火灭火试验

1. 试验模型

A 类火试验模型由整齐堆放在金属支架上(或其他类似的支架上)的木条和正方形金属制的引燃盘构成,支架高为 400 mm±10 mm。

木条应经过干燥处理,其含水率保持在 10% ~ 14%(干燥时温度不应高于 105℃);木材的密度在含水率 12% 时应为 0.45~0.55 g/cm^3;木条的横截面为正方形,边长 39 mm±1 mm,木材长度的尺寸偏差为±10 mm。

木条分层堆放,上下层木条成直角排列,每层的木条应间隔均匀。试验模型为正方形木垛,其边长等于木条的长度,试验模型的木条长度、根数和层数等参数应符合表 7-3-1 的规定。木垛的边缘木条应固定在一起,以防止试验时被灭火剂冲散。引燃 A 类火试验模型用汽车用汽油。汽车用汽油放入引燃盘内。引燃盘的相应尺寸和燃油量应符合表 7-3-1 的规定。

表 7-3-1　A 类火灭火试验引燃盘的相应尺寸和燃油量

级别代号	木条根数根	木条长度/mm	木条排列	引燃盘尺寸/mm×mm×mm	引燃油量/L
1A	72	500	12 层每层六根	400×400×100	1.1
2A	112	635	16 层每层七根	535×535×100	2.0
3A	144	735	18 层每层八根	635×635×100	2.8
4A	180	800	20 层每层九根	700×700×100	3.4
6A	230	925	23 层每层十根	825×825×100	4.8
10A	324	1 100	27 层每层十二根	1 000×1 000×100	7.0

2. 试验步骤

（1）在引燃盘内先倒入深度为 30 mm 清水，再加入规定量的车用汽油，将引燃盘放入木垛的正下方。

（2）点燃汽油，当汽油烧尽，可将引燃盘从木垛下抽出，让木垛自由燃烧，当木垛燃烧至其质量减少到原来量的 53%~57% 时，则预燃结束。

（3）预燃结束后即开始灭火，灭火应从木垛正面，距木垛不小于 1.8 mm 处开始喷射。然后接木垛，并向顶部、底部、侧面等喷射，但不能在木垛的背面喷射。灭火时应使灭火器保持最大开启状态连续喷射，操作者和灭火器的任何部位不应触及模型。

3. 试验评定

（1）火焰熄灭后 10 min 内没有可见的火焰（但 10 min 内出现不持续的火焰可不计），即为灭火成功。

（2）灭火试验中因木垛倒塌，则此次试验为无效，应重新进行。

（3）灭火试验应进行 3 次，其中有 2 次灭火成功，则该灭火器达到此灭火级别。若连续 2 次灭火成功，第 3 次可以免做。

（二）B 类火灭火试验

1. 试验模型

B 类火灭火试验模型由圆形盘内放入车用汽油构成，盘用钢板制成，模型尺寸见表 7-3-2 中的规定。

2. 试验步骤

（1）按表 7-3-2 中规定加入适量的水。为防止油盘底部变形，可加入补充的水，以便底部全部被水覆盖，但盘内水深不应大于 50 mm，不应小于 15 mm。

表7-3-2　B类火灭火试验模型尺寸和燃油量

灭火级别	灭火器的最小喷射时间/s	燃油体积/L	试验油盘的尺寸			
			直径/mm	内部深度/mm	最小壁厚/mm	灭火试验近似面积/m²
8B	—	8	570±10	150±5	2.0	0.25
13B	—	13	720±10	150±5	2.0	0.41
21B	8	21	920±10	150±5	2.0	0.66
34B	8	34	1 170±10	150±5	2.5	1.07
55B	9	55	1 480±15	150±5	2.5	1.73
(70B)	9	70	1 670±15	(150)±5	(2.5)	(2.20)
89B	9	89	1 890±20	200±5	2.5	2.80
(113B)	12	113	2 130±20	(200)±5	(2.5)	(3.55)
144B	15	144	2 400±25	200±5	2.5	4.52
(183B)	15	183	2 710±25	(200)±5	(2.5)	(5.75)
233B	15	233	3 000±30	200±5	2.5	7.32

注：每个试验油盘都用系列中的一数字表示，在系列中每一项等于前两项的和(带括号的级别其公比约为$\sqrt{1.62}$)。对更大的试验油盘可以按这个几何级数的规则构成。① 水为1/3，车用汽油为2/3；② 在盘的沿口测量；③ 只适用于低温灭火试验。

（2）点燃汽油，预燃60 s。

（3）预燃结束后即开始灭火，在灭火过程中，灭火器可以连续喷射或间歇喷射，但操作者不得踏上或踏入油盘进行灭火。

3. 试验评定

（1）火焰熄灭后1 min内不出现复燃，且盘内还有剩余汽油，则灭火成功。

（2）灭火试验应进行3次，其中2次灭火成功，则为该灭火器达到此灭火级别，若连续2次灭火成功，第3次可以免试。

（3）对于泡沫灭火器和洁净气体灭火器的灭火试验，每次试验均应使用新的燃油，经过燃烧后熄灭的汽油不得再次使用。

简单地说，灭1A固体火的灭火级别相当于可以灭72根，50 cm×4 cm×4 cm的松木垛燃烧的火，松木条重约28 800 g，即28.8 kg。

灭1B液体火的灭火级别相当于可以灭1 L车用汽油燃烧的火。

推车式干粉灭火器MFTZ/ABC35标注灭火级别为6A、183B，则表明一具35 kg的推车式干粉灭火器可以灭230根，925 cm×4 cm×4 cm的松木垛燃烧的火，或可灭183 L车用汽油燃烧的火。

二、灭火器性能及型号编制方法

（一）常见灭火器性能

常见灭火器的灭火性能，见表7-3-3。

表7-3-3 常见灭火器灭火性能

灭火类别	清水灭火器	泡沫灭火器	CO$_2$灭火器	"1211"灭火器	干粉灭火器
规格	9 L	6 L 9 L 90 L	3 kg 5 kg 7 kg	4 kg 6 kg	4 kg 6 kg
灭火能力	—	2B 4B 35B	2B 3B 4B	8B 12B	10B 14B
喷射距离/m	7	6 8 9	1.5 2 2	4.5 6	4 4
喷射时间/s	50	40 60 180	8 9 12	9 9	9 9
适用火灾种类	A类火	B、A类火	电火、B、A类火	电火、B、C、A类火	电火、C、B、A类火
用途	因无毒性，尤其适合在封闭舱室内使用	具有隔绝空气和冷却作用，适用于扑灭油火及固体燃料初起火灾	因其不导电性，适宜灭带电设备火灾；因灭火后不留痕迹，适用于扑灭精密仪器、档案等火灾	是一种高效灭火器，可扑灭可燃液体、气体、固体初起火灾，因其不导电性及灭火后不留痕迹，适用场合广	是高效灭火器，可扑灭气体、液体、固体类火灾，因其电绝缘性，还可扑灭带电设备的初起火灾
注意事项	不可灭电火	不可灭电火	在狭小、封闭空间，灭火后应迅速撤离，以防窒息	因有低毒性，灭火后应迅速撤离	灭A类火后注意防止复燃

（二）灭火器型号编制方法

我国灭火器型号编制方法，是由类、组、特征代号和主参数四个部分组成，见表7-3-4灭火器型号编制方法。其中类、组、特征代号是用汉语拼音字母表示。主参数是灭火剂的充装量，用阿拉伯数字表示，当灭火器的结构有重大改变时，则在型号尾部加上大写汉语拼音字母A、B、C…表示，以示区别。

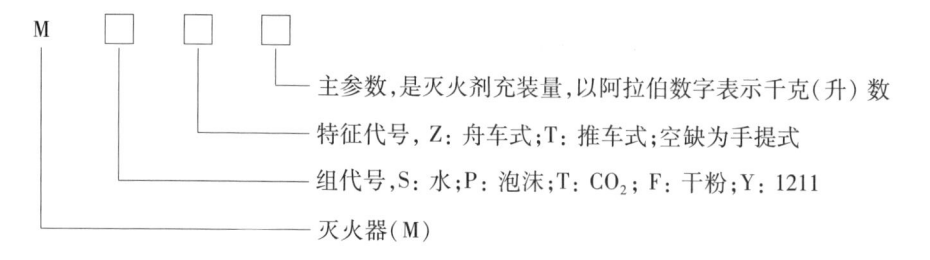

```
M □ □ □
│ │ │ └── 主参数，是灭火剂充装量，以阿拉伯数字表示千克（升）数
│ │ └──── 特征代号，Z：舟车式；T：推车式；空缺为手提式
│ └────── 组代号，S：水；P：泡沫；T：CO$_2$；F：干粉；Y：1211
└──────── 灭火器（M）
```

例如，标MPZ9型的灭火器即为装剂量为9 L的舟(Z)车式泡(P)沫灭(M)火器。

表 7-3-4　灭火器型号编制方法

类	组	特　征	代　号	代号含义	主参数 名称	主参数 单位
灭火器	水 S(水)	酸碱 清水 Q(清)	MS MSQ	手提式酸碱灭火器 手提式清水灭火器	灭火药剂量	L
	泡沫 P(泡)	手提式 舟车式 Z(舟) 推车式 T(推)	MP MPZ MPT	手提式泡沫灭火器 舟车式泡沫灭火器 推车式泡沫灭火器	灭火药剂量	L
	二氧化碳 T(碳)	手轮式 鸭嘴式 Z 推车式 T	T MTZ MTT	手轮式二氧化碳灭火器 鸭嘴式二氧化碳灭火器 推车式二氧化碳灭火器	灭火药剂量	kg
	干粉 F(粉)	手提式 背负式 B 推车式 T	MF MFB MFT	手提式干粉灭火器 背负式干粉灭火器 推车式干粉灭火器	灭火药剂量	kg
	"1211" Y(1)	手提式 推车式	MY MYT	手提式"1211"灭火器 推车式"1211"灭火器	灭火药剂量	kg

三、各类手提式灭火器

（一）水基型灭火器

手提式水基型灭火器是按国家标准 GB4351.1—2005 设计、生产的新型消防器材,具有结构合理、安全可靠、使用方便、灭火效率高、灭火剂对人畜无害等特点。

1. 用途

手提式水基型灭火器适用于扑灭普通的固体材料、可燃液体物质的初起火灾,可用于对灭火后污染要求较低和非电气场,特别是用于油类物质初期火灾。

2. 工作原理

灭火器阀门开启后,筒体内的灭火剂在驱动气体氮气压力的作用下,经虹吸管从喷射管喷出,当灭火剂以泡沫状与火焰接触后产生一系列物理化学反应,从而使火焰熄灭。

表 7-3-5　MSZ/6、MSZ/9 手提式水基型灭火器性能

项　目	规格 MSZ/6	规格 MSZ/9
灭火剂量/L	$6^{0}_{-0.30}$	$9^{0}_{-0.45}$
喷射时间/s	≥30	≥40
喷射距离/m	≥3.5	≥4.0

续 表

项 目	规 格	
	MSZ/6	MSZ/9
喷射滞后时间/s	≤5	≤5
喷射剩余率/%	≤15	≤15
灭火级别	1A、55B	2A、89B
使用温度/℃	5~55	5~55
工作压力/MPa	1.2	1.2
水压试验压力/MPa	2.1	2.1

3. 使用方法

（1）先快速将灭火器拿起，检查压力表指针是否在绿区，在距火焰 3 m 左右处，放下灭火器，拔出保险销；

（2）压下手把，将喷射管对准火焰根部，进行扇形扫射，并逐步推进直至灭火。

（二）卤代烷"1211"灭火器

卤代烷"1211"灭火器，具有结构合理、使用方便、灭火效率高、控火快、灭火后不会对设备造成污染等特点，表 7-3-6 为卤代烷"1211"灭火器性能。

表 7-3-6　卤代烷"1211"灭火器性能

项 目	MY4	MY6
灭火剂灌装量/kg	$4^{0}_{-0.2}$	$6^{0}_{-0.3}$
有效喷射时间/s	≥9	≥9
有效喷射距离/m	≥4.5	≥5.0
喷射滞后时间/s	≤3	≤3
喷射剩余率/%	≤8	≤8
灭火级别	5B	9B

1. 用途

手提式"1211"灭火器适用于扑救可燃液体、可燃气体和带电设备引起的初起火灾，由于使用后灭火剂不留痕迹，因此特别适用于电气设备火灾场所，但在扑救易燃固体的火灾后易发生复燃。

2. 工作原理

灭火器阀门开启后，筒体内的灭火剂在驱动气体氮气压力的作用下，经虹吸管从喷射管喷出，当灭火剂以雾状与火焰接触后发生一系列中断燃烧的链式反应，从而使火焰熄灭。

3. 使用方法

使用方法同水基灭火器。

(三) 二氧化碳灭火器

二氧化碳在通常情况下是无色、无味、不助燃、不燃烧的气体,比空气重(相对于空气约 1.529 倍),能够在燃烧区内稀释空气,减少空气含氧量(即冲淡氧),使火熄灭。

1. 用途

手提式二氧化碳灭火器型号组成的编写方法和形式同消防接口。

手提式二氧化碳灭火器,适用于扑灭电气设备(600 V 以下)、精密仪器、贵重物品、油类和其他一般物质等初起火灾和小面积火灾。

2. 结构组成

手提式二氧化碳灭火器按型号有 MT2、MT3、MTZ5、MTZ7 型四种;按开关方式分,前两种为手动(手轮)式,后两种为自动式(鸭嘴式)。另外还有薄膜切割开关。手提二氧化碳灭火器按放置方式分,又可分为悬挂式和直立式两种。手提二氧化碳灭火器(图 7-3-1、图 7-3-2)由无缝钢瓶、开关(启闭阀)、喷筒、虹吸管和手柄等组成。

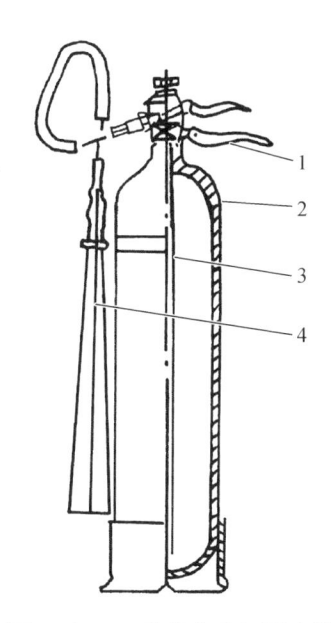

图 7-3-1 鸭嘴式 CO_2 灭火器
1. 开关;2. 钢瓶;3. 虹吸管;4. 喷筒

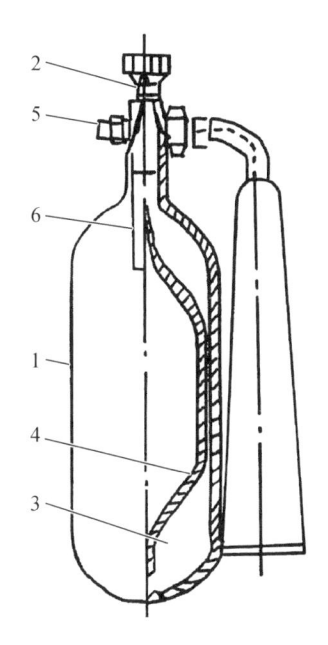

图 7-3-2 手轮式 CO_2 灭火器
1. 钢瓶;2. 开关;3. 喷筒;4. 虹吸管;5. 安全膜;6. 手柄

钢瓶是由无缝钢管制成,用来盛装二氧化碳,开关用来启闭钢瓶,其中普通高压气瓶开关(即手动式中的一种)和弹簧速开自动开关(即鸭嘴式)能控制 CO_2 气流分次喷射,使用方便,舰艇上大部分使用手提 CO_2 灭火器,但平时易泄漏,因而应加强检查。而薄膜切割开关一经打开后,CO_2 气流不能控制,一次用尽。但这种开关平时不易漏气,一般常用于大型固定式 CO_2 灭火装置。喷筒又称喷射器,是由胶管和喇叭组成,用来喷射 CO_2。虹吸管安装在钢瓶内,其下端切成 30°断面,距离瓶底不大于 4 mm。安全片为磷钢片,安装在开关上,当温度达到 50℃ 或压力超过 18 MPa 时,会自行破裂放出 CO_2 气体,从而防止钢瓶因超压而爆裂。

3. 工作原理

当打开钢瓶开关时,液态二氧化碳在钢瓶上部气体压力作用下沿虹吸管进入喷筒。由于压力大大降低,液态二氧化碳就迅速气化。气化(蒸发)1 kg 二氧化碳,需要 138 kcal 热量,这些热量来自周围的空气中。由于喷筒隔绝热量的传导,因此二氧化碳液体气化时,就不得不吸收本身的热量,结果使本身的热量大量被吸收而导致温度急剧地下降到 −78.5℃。这样,由于热量供不应求,部分二氧化碳液体来不及蒸发而变成雪花状固体。所以,从灭火器喷射出来的二氧化碳是气体和固体。周围温度越低,"雪花"(干冰)就越多。当二氧化碳在空气中的浓度达 30% 左右时,火焰便会熄灭。同时覆罩在燃烧物上的"雪花"气化,也有一定的冷却作用。

4. 使用方法

(1)发生火灾时,把灭火器从架子上取下,首先迅速将灭火器提到起火地点,然后将喇叭筒对准火源根部,打开开关即可喷出二氧化碳(由于开关不同,开启方法也不同:对于鸭嘴式,应先拔出保险销,然后压下鸭嘴上瓣,或套上扣环,推动阀杆,使阀门打开,气体即喷出,松开鸭嘴或脱开环扣,阀门借弹簧压力,即自动关闭,停止喷气;对于手轮式普通高压气瓶阀,向左旋手轮气体即喷出,向右旋转停止喷气)。

(2)如果火灾面积超过二氧化碳气流面积,灭火者应快速地调整所站位置,并适当摆动喷筒喇叭,先喷火焰边沿,再全面推进。

(3)在灭火过程中,要连续喷射,防止余烬复燃。

(4)由于灭火器喷射时间短,灭火动作要正确迅速。

(5)使用二氧化碳灭火器,应保持垂直状态,不要使筒身呈水平状态,更不可颠倒使用。

第四节　消防防护器材

潜艇舱室狭小,火灾发生时能量聚集,温度很高,高温燃油珠粒和烟气充满火灾区空间,空气稀薄,火灾气体产物中包含有一氧化碳等毒性气体,如果没有防护器材,灭火人员很难接近火区灭火或进入高温舱室工作,艇员也很难逃离火灾舱室,所以潜艇上备有防止人员灼伤和供呼吸用的防护器材。它们包括防火衣、石棉衣、自给正压式空气呼吸器、隔离式呼吸器、过滤式防毒(烟)面具、石棉手套及带钢芯的安全绳(信号绳)等。

隔离式呼吸器本身带有与外界隔离的氧气或空气供呼吸用,所以不受火灾空间毒害气体的种类和浓度的影响。

此外,还有一种防化用的过滤式防毒(烟)面具,其本身不带呼吸用的气体,而是将外界空气经滤毒罐过滤后变为相对净化的空气供呼吸用,所以这种防毒(烟)面具由于使用的滤毒剂不同、毒害气体种类和浓度的不同,其使用范围受到一定限制。一般来说,灭火中禁止使用这种面具,只有在火灾空间的一氧化碳浓度低于2%时的条件下,再加装罐后,才能使用。这种面具在防化业务书籍有专门介绍,本书不再重述。

消防防护服配备基本理念是根据不同部位的防护需求,配置不同防护等级和类型的消防防护服,最大限度提高消防员消防战斗力。为提高消防员消防战斗力,消防服不仅需要具有良好的防护性能,还需具有一定的舒适性,以最大限度地减轻消防服带给消防员的额外生理负担。

一、连体式灭火防护装具配备

(一)组成及用途

连体式灭火防护装具由连体式灭火防护服、消防头盔、阻燃头罩、消防腰带、灭火防护手套、灭火防护靴等六部分组成,如图7-4-1所示。用于在潜艇较为封闭舱室的灭火、蒸汽泄漏处理及其他高温条件下作业时,在一定时间内保护舰员免受火焰、蒸汽和高温的伤害。

采用连体式设计,在灭火时可有效减少热量通过灭火防护服上衣和裤子的结合处进入防护服内部。

(二)总体性能

连体式灭火防护装具主要用于保护灭火人员免受生成阶段内火灾所产生火焰、热辐射及高温的伤害,保障舰员在距离火焰1~2 m的距离内工作时间不少于20 min,在起火区、蒸汽区或其他烟气区域温度不超过

图7-4-1 美军舰艇配备的连体式防护装具

150℃时工作时间不少于 8 min，温度不超过 180℃时工作时间不少于 3 min，防护服内部温度不应超过 55℃。

（三）各组成部分功能及性能

1. 连体式灭火防护服

外表面具备防水功能，整体具备防蒸汽、阻燃、隔热、耐磨、耐洗涤、穿着方便等功能。防护服内部保有一定量的空气，提高隔热效果，灭火防护规格尺寸应尽量宽松。

2. 消防头盔

由帽壳、缓冲层、舒适衬垫、佩戴装置、面披肩等组成，其耐高温防护性能应满足连体式灭火防护装具总体性能要求。消防头盔与 6.8 L 碳纤维消防呼吸器面罩相匹配。

3. 阻燃头罩

对灭火人员头部、颈部和脸部（眼睛除外）提供防护，应能够套在消防呼吸器面罩系带外面，配有弹性面封，具有优良的防火阻燃性能，遇明火不续燃。

4. 消防腰带

消防腰带应为一整根，不得有接缝，长度应可调，用于束扎连体式灭火防护服，并可外部系挂作业工具。耐高温性能应满足在舰员灭火作业需求，其他性能应满足国家标准。

5. 灭火防护手套

灭火防护手套外表面应具备防水功能，整体应具备防蒸汽、阻燃、隔热、耐磨等功能。灭火防护手套的手掌和手指规格尺寸应尽量宽松。

6. 灭火防护靴

配有趾部钢质防护和防刺穿钢质鞋衬垫。外层为耐高温橡胶，内层为隔热材料，能有效保护灭火人员脚部免受火场高温、火焰等的伤害。

二、接近式灭火援救防护装具

（一）组成及用途

接近式灭火援救防护装具由灭火救援服、灭火救援裤、接近式灭火救援头盔、接近式灭火救援手套、灭火救援靴等五部分组成，如图 7－4－2 所示。

（二）各组成部分功能及性能

1. 灭火救援服

外表面采用复合铝箔防火布，内部由耐高温层、隔热

图 7－4－2　接近式救援服

层、舒适层等多层组成,其外层铝箔层对辐射热反射率应≥90%,内部隔热层应能有效隔绝剩余的10%辐射热,其防护性能应满足接近式灭火援救防护装具总体性能要求。

2. 灭火救援裤

外表面采用复合铝箔防火布,复合铝箔防火布应具备抗褶皱性能,内部由耐高温层、隔热层、舒适层等多层组成,其外层铝箔层对辐射热反射率应≥90%,内部隔热层应能有效隔绝剩余的10%辐射热,其防护性能应满足接近式灭火援救防护装具总体性能要求。

3. 接近式灭火救援头盔

接近式灭火救援头盔由消防头盔和头盔罩两部分组成,与灭火援救服共同穿戴,用于保护灭火援救人员头部、面部和颈部短时免受火焰、热辐射及溅落碎片的伤害,其耐高温防护性能应满足连体式灭火防护装具总体性能要求。

4. 接近式灭火救援手套

接近式灭火救援手套与灭火援救服搭配使用,对灭火援救作业人员手部、腕部进行防护,其防护性能应满足连体式灭火防护装具总体性能要求。

5. 灭火救援防护靴

灭火防护靴应配有趾部钢质防护和防刺穿钢质鞋衬垫。外层为耐高温橡胶,内层为隔热材料,具有抗冲击、抗穿刺、防腐蚀、耐高温、电绝缘等性能,能有效保护灭火人员脚部免受火场高温、火焰等的伤害。

三、损管防护服配备

损管防护服供损管队员应急损管作业及灭火辅助行动时穿着,如图7-4-3所示。

美国海军舰(潜)艇消防员灭火防护服(连体式防护服)数量按照损管队总人数的1/3配备,并按照配备总量的1/3进行储备,其余损管人员配备具有阻燃作用的蓝色连体式套服,用于保护损管队人员短时免受火焰和高温的伤害,供在应急损管作业及灭火中未穿戴灭火防护服的人员使用。具有阻燃作用的蓝色连体式套服也是美国海军舰(潜)艇灭火快速反应队的标准制服。

图7-4-3 美军损管防护服

损管防护服,是保护消防员身体在火场中免受高温、蒸汽、热水、热质点以及其他危险物品伤害的装具,供损管队员日常灭火、抢险(不包括具有化学危险品、毒气、病毒、核辐射等特殊环境)、应急损管作业时穿着。

损管防护服,供全体损管队员穿戴,应具备阻燃、隔热、防水、透气、保暖(抗浸)、舒适等多种防护功能,反光标志明显,穿戴方便、行动轻便、价格适中的特点。

领口应设计专用护颈结构,防止火焰对颈部的灼伤,所有口袋都设计为宽松立体式,以便放置各种通信器材和消防工具,口袋底部都设有漏水孔;袖口与裤脚都设计了羊皮边条,以防手套或靴子上的水反浸衣裤主体结构;表面层与其他层用纽扣或拉链相接,可自由拆卸,便于洗涤。

损管防护服是一般火场使用的战斗服,不能在强热辐射区或进入火焰区使用,以防损坏战斗服,避免引起人体燃伤。

第五节　潜艇灭火组织实施

潜艇舱室火灾是严重威胁潜艇安全的最重要的损害之一。由于潜艇内部空间较小,设备布置紧密,一旦发生火灾,很容易迅速蔓延;且部空间的局促也使艇员的灭火行动难以展开。因此,潜艇灭火一直是各国海军极为重视的损管行动。

科学、高效的灭火组织实施方法能够提升艇员灭火效果。艇员扑灭潜艇舱室中火灾的主要任务是:避免弹药等危险品在火灾中爆炸,并限制火灾在失事舱内,同时防止人员遭受有毒燃烧物质的伤害与火焰的烧伤,顺利完成灭火作业,有效防止烟雾和气体进入未失事舱室。为了完成这个灭火任务,艇员必须在灭火行动中坚持艇灭火基本原则,发挥科学的灭火战术。

潜艇灭火战术是指在火灾现场运用各种消防装备器材处理各种火灾灾情的原则与方法。本节内容参考了美国海军技术文件中有关潜艇灭火战术章节,因美国潜艇均为核动力大型潜艇,气体灭火系统和泡沫灭火系统无法覆盖所有可能起火部位,而水灭火系统是美国海军潜艇的重要灭火手段,其中在潜艇内利用水灭火系统进行灭火的有关战术仅供参考。

一、潜艇灭火原则

根据潜艇火灾特点和国外潜艇火灾的经验教训,在与火灾作斗争过程中,潜艇艇员必须灵活地运用以下灭火基本原则。如果处理不好,将给潜艇带来更为严重的后果。

（一）迅速扑灭初火，同时限制蔓延

初火和小火都可能很快地蔓延扩展为大火，所以及时扑灭初火和小火是灭火的最好时机。为扑灭初火，必须及时发现火源。当发现初火时，应迅速用身边的手提灭火器灭火，以便把火迅速扑灭在初火时期；如果身边缺少灭火器材，应灵活地用浸水衣服、被子、垫子、毯子等物将燃烧物盖住，使燃烧物和空气隔绝，火即熄灭。

为扑灭初火，同时限制蔓延，也可迅速地将燃烧物搬开。在灭火过程中，如果一时压不住火势，为防止火势蔓延扩大，在灭火同时要搬走火区附近的易燃易爆物品。在潜艇的甲板上或者停靠潜艇的码头上，可直接将燃烧物抛入海中。

（二）对于严重火灾，先限制后灭火

通常情况下，潜艇火灾发展迅猛，很难立刻扑灭。因此，要先限制火灾蔓延后灭火。首先防止火灾向危险方向蔓延，尽力限制火向鱼雷、油舱、气瓶、蓄电池等方向蔓延。限制的方法如下：

（1）在危险方向上灭火，阻断火灾蔓延路径；
（2）关闭失火舱的水密门，同时转换电源供应，防止电路起火蔓延全艇；
（3）搬走火区域附近的易燃物和危险品；
（4）潜艇甲板火灾，可迅速下潜。

（三）抢救无效，封舱灭火

潜艇舱室的密闭性非常好，这对灭火也是一个有利条件，对于失去控制的严重火灾，可请示采用封舱灭火。封舱灭火的主要作用是隔绝空气。在封舱的同时启动全浸没系统注入卤代烷等灭火材料，可提高封舱灭火的效果。

封舱前应搬走易燃易爆物品，停机、断电、关闭油阀气阀。如有高压气瓶应通过管系将气体放出舷外。最后撤出人员，关闭通风机及一切开口，封闭舱室。在封闭舱室的同时，迅速启动卤代烷等灭火系统或装置。速度是十分重要的，任何拖沓均会延误灭火的有利时机。卤代烷应在 $10 \sim 20\ \mathrm{s}$ 内全部一次放入火灾舱所需剂量，不能放慢，也不能分几次放，否则可能灭不了火。采用封舱灭火时，一定要注意检查舱壁温度，防止火灾蔓延。

封舱灭火的舱室，因燃烧不完全和高温下 CO_2 能还原成 CO，所以舱内 CO 多，当其浓度达爆炸界限范围时，遇火花有复燃爆炸危险。因此，火灾扑灭后不能立即开舱，如果舱内还有隐燃物，温度高，在炽热舱壁存在的条件下，贸然开舱或向舱内通风，新鲜空气进入舱室，隐燃物极有可能会重新燃烧起来；舱内的 CO 也可能因新鲜空气的补充混合而达到爆炸界限，与隐燃物的火接触就会产生爆炸；同时舱内燃油蒸汽在达到爆炸界限和有火源情况下也会爆炸。

为避免复燃和爆炸，封舱灭火后，应待舱内烧红的金属冷却、隐燃停止，舱壁温度下降到正常后，才能逐渐打开水密门，先自然通风（不会引起火花），待爆炸物达不到爆炸界限时,再机械通风,通风结束前不得开灯。这样就可防止 CO 等的复燃爆炸。基本排出有害气体后,人员才能进入。如果人员提前进入,应戴呼吸器或防烟面具以防中毒。为防万一,进入舱室的人员要带保险索。

封舱可灭普通火、油火。由于封舱灭火必须弃舱,且仪表、设备会遭烧坏,故一般情况下不宜采用。

绝对禁止在鱼雷等弹药没有得到有效处置的条件下,开展封舱灭火,因为弹药在高温环境下一旦着火反应,其自身携带氧化剂和还原剂,封舱灭火将是无效的。

以上三个关于潜艇灭火基本原则是一个整体,不能孤立对待,在与火灾作斗争过程中,必须灵活地运用上述灭火基本原则。在火灾发生的瞬间,应迅速扑灭,同时采取措施,防止火灾蔓延至邻舱,避免酿成大火;火灾不能立即扑灭且有蔓延之势,应迅速限制、隔离火场。

灭火基本原则中的"灭"和"限"应同时进行,结合进行。"灭"是为了"限",而"限"的目的是"灭",两者是同一的。

在潜艇有限的空间内,救火不能迟缓,否则不仅会造成火灾失控,甚至可能引起爆炸,造成艇毁人亡。因此,灭火的关键在于"坚决迅速",在火灾面前不能有丝毫犹豫。

二、艇员防护与灭火行动

潜艇舱室内,可燃物燃烧一定时间后,现场温度可能在 1 000 ℃ 以上,并且产生高浓度的有毒气体和浓烟。水与燃烧材料结合后产生的蒸汽或高温表面能够轻易穿透衣物、手套,对艇员造成较大的损害。如果艇员没有得到充分的防护准备,则不应进行消防灭火,并且立即离开火灾现场,一旦不能及时撤离造成人员伤亡,反而会削弱本就有限的消防力量。因此,艇员在开展灭火行动时,必须加强人员的防护,否则不但火势无法控制,甚至个人人身安全也受到极大威胁。

(一)艇员防护

潜艇指挥员对艇员进行统一协调调度。指挥员需要综合考虑目前舱室内火灾的发展阶段、一次灭火是否能够成功等因素,并作出相关决策,同时还应考虑艇员穿着防护服所需的时间。消耗的时间越多,则火燃烧的时间越长。在某些情况下,缺少个人防护的快速响应有可能在短时间内将火扑灭。但是,潜艇火灾一般发展比较剧烈,艇员则必须穿好消防服后才能进入火灾现场,且穿消防服的时间最好控制在 2 min 以内。

1. 无专业防护装备时

没有配发消防服的艇员需要穿着制式服装和长袖衣服,并且衣扣应能到脖子处。如果艇员也没有配备消防服,则可以通过穿着多层衣物可以提供更多的保护作用。总之,艇员的着装要尽可能保证身体不暴露在外面。手、手腕、颈部、膝盖、脚踝和脚灯部位都很容易被烫伤。

2. 有消防服时

消防服主要由消防外套、防滑消防头盔和消防手套组成,消防服的主要作用是避免火灾产生的热量烫伤艇员。对于轰燃或全面燃烧的火灾,消防服起保护作用只能持续几秒。在潜艇上,消防服可不配备消防头盔和靴子。消防服最好采用两层式消防头盔以增强颈部的保护。消防手套的大小应该适当宽松一些,以减少手部与外部高温物体之间的热传导,并且手套的松紧应是可调节的。消防手套过大时,可以通过再戴一副防滑手套作为消防手套的内衬。等待进入火区时,消防外套只穿到腰部,将消防外套衣袖系于腰部。橡胶外套、没有衬里的橡胶手套和塑料手套都不应穿着在裸露皮肤的附近,因为这样很容易造成烫伤。艇员应在灭火完毕 30 min 后离开火区(同时关闭消防警报),然后将消防服归位,以尽可能减少人员受到热应力的伤害。在高热环境下,艇员在穿着消防服的情况下能忍受的极限约为 10 min,艇员穿着消防服可能由于手部、脚部或者其他身体部位温度过高而不得不撤离火区。在训练中,在保证艇员的安全的前提下,结合常识判断艇员穿着消防服的最长时间。

3. 防护措施的调整

现场指挥员可以根据现场环境变化情况调整艇员的防护措施,例如,随着灭火过程的推进,火情可控并且火区温度也降低后,艇员可以脱掉消防服,只穿日常制式服装,提高艇员的舒适度,从而提高艇员灭火的持续时间。

4. 过度热暴露

当与皮肤有接触的衣服打湿后,水或水蒸气可能变热到足以造成人员严重的不适和烫伤。艇员遇到这种情况后,应立即撤离到安全区域。如果无法立即撤离,应设法将他的衣服进一步打湿,以防止或减轻可能出现的烫伤。尤其需要注意的是,如果艇员的衣服没被打湿,且温度足以烫伤人,则此时将他打湿可能会烫伤他;如果衣服已经被打湿,则将他的衣服打湿可能对他有所帮助。然而,重点应放在保证衣服不被打湿,打湿后应尽快撤离到安全区域,并更换干燥的衣服。当舱室火灾达到轰燃时,艇员的消防服只能起到保证人员能够安全逃离火区。

(二) 艇员灭火的行动

1. 早期灭火行动

1) 火情的报告

潜艇上一旦发的火灾,第一时间发生火灾的艇员应迅速向指挥员汇报火情,汇报的内容主要包括:火灾位置、火灾种类、火场负责人、限制火灾和灭火采取的措施等信息,这些信息对指挥员的消防决策有重要帮助。

此外,伴随火灾的处置,还需要及时汇报:火灾是否受控、火灾已经扑灭、火灾复燃检查岗的设立、火场已经全面检查、通风建议、舱室通风情况(烟气状况)、舱室的氧气含量、舱室的易燃气体含量、舱室有毒气体含量等信息。另外,火灾造成的人员伤亡情况和设备的损坏情况也需要报告。

2)初期火灾的处置

第一时间发现火灾的艇员采取的先期行动对于火灾是否可控具有决定性作用,如果不及时行动,即使一场非常小的火灾也能在两分钟内发展成为一场难以控制的大型火灾。发现火情的艇员应第一时间将火灾情况及其位置利用有效的通信方式向艇长报告,随后发现火灾的艇员或者快速响应消防小组迅速使用灭火器和消防水龙带进行灭火。

艇员可以在没有防护的情况下进行先期灭火行动,火灾初期可以使用火灾现场附近的手提式灭火器进行灭火。A类和B类火灾可以使用手提式空气泡沫灭火器进行灭火,B类火和E类火分别使用干粉灭火器和二氧化碳灭火器。但是,如果消防水龙没有准备好,可以使用干粉灭火器和二氧化碳灭火器灭A类火,防止火灾进一步发展。同时使用两个手提式灭火器进行灭火的效果比一个接一个的使用效果要好得多。如果火势较大,且所在区域有带电设备,存在氧气泄漏或者火源是未知,那么先期灭火行动应隔离受影响系统。

需要注意的是,没有应急呼吸器的艇员应立即撤离有大量烟雾的火灾现场。烟雾中的有毒气体会导致昏迷甚至死亡,所有非必要艇员都应迅速离开火灾现场。

2. 灭火行动的实施

不管灭火小组由多少艇员组成,使用消防水龙灭火的灭火都包括以下几个步骤。

1)对火灾严重程度进行估计

首先确定火源的位置,对于烟雾扩散比较严重的火灾,最先只需要确定下大概的位置,更加精确的位置需要艇员穿消防服,并携带应急呼吸器和热成像仪进入火区作进一步判断。油漆褪色或气泡,或者烟雾从非结构舱壁的裂缝渗漏,说明火源在舱壁的另外一边。确定燃烧物所属的种类,以及是否有其他易燃物也燃烧的危险。在此基础上,确定需要使用的灭火器种类(碳酸氢钾灭火器、二氧化碳灭火器、干粉灭火器)。同时,准备消防水龙带,确定哪些设备需要被隔离起来。

2)灭火

发现火情的艇员除了立即上报火情外,如果条件允许,使用距离自己最近的手提式灭火器尝试灭火,以防止或减小火灾的蔓延趋势。此时,艇员既没有佩戴应急呼吸器,也没有穿避免烫伤的消防服,应尽自己能力组织灭火,一旦火势过大,应立即撤离。

第二步是在先期行动基础上,一听到"火灾"报警,快速响应消防小组应立即赶往火灾现场,并利用手提式灭火器或消防水龙进行灭火,并与指挥员取得联系。这些艇员需要做好保护措施,并佩戴应急呼吸器。

第三步则是用常规消防小组替换快速响应消防小组继续灭火行动,常规消防小组将消防水龙带入火区,水枪操作员和软管操作员都需要戴防滑头盔和防滑手套,水枪操作员还需要佩戴应急呼吸器。

如果有必要,常规消防小组中一部分人员佩戴应急呼吸器和消防服不间断地进行灭火,热成像仪操作员佩戴呼吸设备对火区的情况进行实时监测,配合灭火工作。

需要特别强调的是,在使用便携式灭火器进行先期灭火行动后,应立即着手使用消防软管进一步灭火。消防软管的准备应与先期灭火行动同时进行,如果先期灭火行动没能控制住火势,也应立即准备好软管灭火的准备工作。火灾的初期阶段人员可以直接进入火区,但是当烟雾、热流、有毒气体的增多使得直接进入火区将越来越困难。如果高温集中在一个方向,且可以看到燃烧材料,艇员可以尝试从另一个方向进入火区进行灭火。图7-5-1为外军潜艇灭火的灭火处置基本方法流程。

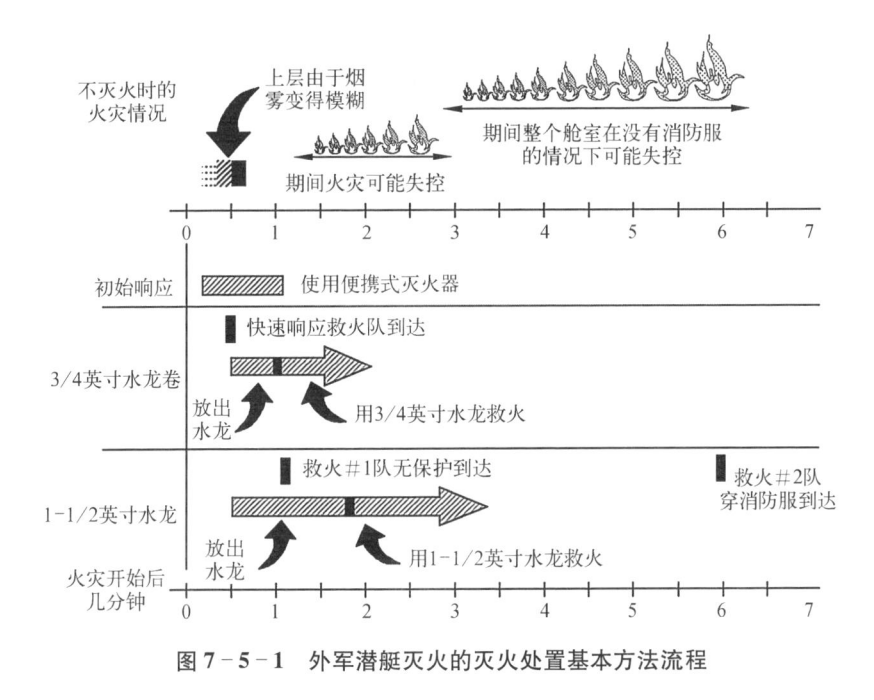

图7-5-1 外军潜艇灭火的灭火处置基本方法流程

3) 隔离受影响的电气设备和系统

应当尽最大努力确保可能会引起火灾或者加强火灾强度的系统和设备被隔离。在燃料源或氧气室被隔离前,由带压燃料源或者氧气泄漏引起的火灾通常难以熄灭。一般来说,发生A类或C类火灾时,除了灭火设备、照明和IC电路外,其他受影响的设备和系统要隔离。

由于电缆错综复杂,电气设备难以被完全隔离。除了照明和IC电路,所有电气设备,应尽可能保护在受影响空间之外的配电板、负载中心乃至电站控制板上。保护电源的目的是提高艇员的安全性并减少火灾区的点火源。有效的救火应该在保护电源之前开始。

指挥员需要确定是否采取恢复照明的措施,良好的能见度能够提高艇员的现场处置能力。当现场有对艇员存在实际安全威胁源时,如电弧或者火花,则应确保照明。

当发现火灾时,应采取紧急行动保护舱室通风系统。相对较小火灾的烟雾可能在很短时间内蔓延至全艇,因此舱室必须隔离以保持火灾和烟雾不能蔓延到相邻舱室。随着现场火灾逐步被扑灭,在火灾熄灭前有必要重启受影响舱室的通风。

设置烟雾边界。潜艇上在舱室间的水密门处提供烟雾防火帘以减少烟雾扩散。在美国SSN21级潜艇的艏舱,在大部分肋位的甲板边缘处有烟雾填塞以阻止垂向的热和烟雾运动并延迟火焰沿着肋位扩张。

在发现火灾且消防小组到达现场之后,现场指挥员对烟雾防火帘的效能进行判断,然后在现场布置烟雾防火帘。防火帘应定期检查以确保其具有较好的密封性。

4) 对暴露在火场的空间进行保护

现场指挥员必须对肋骨部位紧靠舷边的火灾高度警惕,因为火灾可能沿垂直方向快速蔓延,应派出人员对垂向蔓延情况进行搜索。搜索人员应向现场领导人建议下一步如何行动,如在上层利用水龙带灭火、设备断电或系统隔离、移走可燃物等。发生在低层的舷边火灾必须作为多层火灾来处理,且上层、中层要与下层的灭火行动保持一致,具有相等的灭火优先等级。现场指挥员须在潜艇各层观察火情,以更好评估火灾情况,更好地指挥灭火。许多火灾能通过地板或者非结构舱壁,由热传导在边界没有机械破坏的情况下蔓延。如果火灾发生蔓延,可能造成大量人员伤亡,此时消防小组将被迫撤离。在轰燃阶段,火灾正上方舱室内的可燃物的会在3 min内被引燃,其他舱室内的可燃物则在5 min内被引燃。同一地板上的相邻舱室,与舱壁有直接接触的可燃物会在7 min内被引燃,没有直接接触的也会在20 min内被引燃。火灾通过肋骨部位开口蔓延甚至更快。火场暴露空间的保护包括受影响空间的周围区域,包括上层和下层。典型的暴露保护包括使用水流冷却非结构舱壁和地板、润湿可燃物、冷却可燃压缩气体、移走或冷却弹药。冷却受影响空间的上层空间地板尤其重要。

3. 灭火后的火场检查

1) 完全扑灭

火灾检查是对失火舱室进行检查和清理,包括搜寻和消除隐火,通常从火灾附近位置向火源位置搜索较好。检查火势是否蔓延到了其他舱室,对所有可能蔓延的区域进行检查,包括电气柜、舱壁盖板后面、隔热层以及隐藏的位置。开口处有烟冒出,或者舱壁摸起来很烫说明该位置有隐火。火灾检查应在火灾扑灭,并布置好复燃警戒后进行。进行用热成像仪搜索人员的时机在火灾扑灭之后,舱室准备排烟之前。必要时,将燃烧的物质、舱壁盖、舱口盖倒转过来看是否有隐火。

2) 火灾后的烟气排放

舱室火灾扑灭后,可能仍然存在可燃气体。一氧化碳在所有火灾中都是含量较高的气体。虽然一氧化碳易燃,但是一氧化碳必须达到临界范围才会燃烧(12.5%是下限临界值)。没有燃烧起来的一氧化碳可能会导致几个小时的阴燃。

对于发生 A 类或 C 类火灾的舱室,明火被扑灭后,先进行排烟作业,这样进行火灾检查承受的风险最小。目前为止,潜艇还没有发生过火灾扑灭后引通风导致 A 类或 C 类火复燃的事故。

如果失火舱室中有 B 类火的易燃材料,灭火完毕后易燃容易出现复燃。这种情况下,在火灾被完全扑灭,并且在易燃物表面冷却之前,不允许使用通风系统排烟。

排烟的目标是将舱室中 95% 的烟雾替换为新鲜空气,一个完好的通风系统即可完成这个目标。潜艇通风需要参照条令程序进行,以在最短的时间完成。

3) 潜艇火灾后空气测量

火灾后空气测量目的是验证大气是否安全,包括不佩戴应急呼吸器的情况下是否安全。这里需要注意:大气测试人员应戴呼吸装置,直到测量完成且结果表明舱室空气是安全的;如果可燃气体测量结果不甚理想(10% LEL 或更多),则舱室有爆炸的危险,应立即撤出该舱室,并加大排烟力度。

火灾熄灭后,艇员应对舱室内氧气、可燃气体及相关毒气总量进行测量。测量之前,必须对舱室排烟,因为如果传感器在潮湿环境或高粉尘环境中操作时氧气分析仪可靠性很差。另外,在氧气含量较低的环境中,可燃气体分析仪的可靠性也难以保证。因此,在测量可燃气体前必须保证舱室有较高浓度的氧气。如果某种气体的测量结果不满足要求,则在采取相应措施后只需要对不满足要求的气体重新测量。如果初始测量结果都不能满足要求,则考虑采取通风措施,并重新测量。满足下面条件的测量结果气体成分是安全的:氧气体积浓度应该为 17%~21%;可燃气体浓度应低于 10% 的爆炸下限(LEL);毒气浓度在安全范围内。不过,当发现有多种毒气时,由于气体的累积效应,即使每种气体浓度低于暴露极限也非常危险。

另外,在没有确定如氯化氢酸性等气体出现前,不要使用潜艇中心大气监控系统(Cabin Atmospheric Monitoring System, CAMS),这是因为酸性气体会破坏 CAMS。

火灾期间,易燃或有毒气体伴随烟和热一起蔓延。燃烧的气体由于受热而产生浮力上升。然而,随着燃烧气体冷却并和周围空气发生混合,特别是在失火舱室外,它们还会随着正常气流在全艇蔓延。通常,大气测试应在失火舱室内进行,在水密舱室的顶部、中部和底部都需要分别测量,因为一些气体可能比空气轻或重,会积累在高处或低处。空气交换率在潜艇不同位置会有所不同。空气交换率较低的位置需要额外的通风和测量,因为易燃气体和有毒气体都不容易交换出去。残留的轻微烟气是通风不足的标志,表明该位置需要额外通风和测量。

当小火(如垃圾桶或局部电气火灾)被迅速扑灭后,造成的损失较小,且舱室残余的烟气也较少。这种情况下,毒气的扩散很小,在失火舱室单个位置进行测量即可。

当火灾蔓延到其他舱室时,即使通风系统没有损坏,也不能只选取一个测量点进行测量,应在失火舱室内至少一个位置和水密舱室的顶部、中部和底部进行一系列大气测量。每层至少进行一次系统测量。在通风情况较差和气体聚集可疑处应增加新的测量点。

火势较大的情况。火势较大破坏了通风系统或现场有大量残留物时,包括 B 类火的火灾需要更多的空气测量。通风系统发生损坏时,空气交换率低,烟雾在局部可能难以散开。表面积较大的燃烧物和未燃的易燃液体会持续产生有害气体和水蒸气。每层的四个角落和中心位置都需要进行空气测量。在通风情况较差和气体聚集可疑处应增加新的测量点。

4)排水

艇员应该由火灾的范围和强度来确定水龙数量,灭火释放出来的水会影响潜艇的纵倾,灭火的同时应密切注意积水,利用一切机会开展排水作业。

5)火灾后的调查

火灾检查确定被完全扑灭后,应派人调查火源的位置、涉及的可燃物、火灾蔓延路径以及其他与火灾蔓延到熄灭整个过程有关的重要事件。调查的目的在于重现引起火灾的条件,研究设计上的改进是否可以阻止或者减少火灾的蔓延。这些改进对潜艇设计师和操作员非常有帮助。如果有重大财产损失和人员伤亡的严重火灾,应组成技术专家组研究火灾,从潜艇设计和材料等方面吸取教训。

三、消防水灭火运用

(一)水龙带的操纵

水龙操作的目的是在指定位置迅速完成需要使用的水龙的部署,并在必要时提供一定的机动性,下列操作指南能提高效率。

1. 准备行动

(1)水龙适当盘绕或卷轧以避免由于潮湿造成装卸困难。

(2)水龙连接处拧紧便于更换或加长水龙的长度,由于不需要寻找活动扳手,因此可以减少操作时间。手紧接头有一个状况良好的垫圈可以预防泄漏。垫圈应该尽量柔软和圆滑。

（3）水龙接口完好且圆滑，接口固定良好，没有螺纹破坏。

（4）软管绞盘制动器调整得足够紧以避免惯性滑动，但是要足够宽松以保证解开水龙不需要耗费太大的力。

2. 水龙的控制

（1）1-1/2英寸水龙可由一个人控制，用于先期快速响应灭火行动。后续的灭火行动则要求一名艇员等候在水枪附近（通常指派为"1号艇员"）。

（2）1号艇员支援水枪手的作用：向前推水龙以抵消水枪向射流反向推动的反作用力；支持水龙重量；上下左右移动水龙以帮助水枪手对准射流。后者要求协同操作。艇员应与水枪手协同用力。艇员在不妨碍水枪手行动的前提下，尽可能靠近水枪手。

3. 水龙的推进

（1）水枪手拿着水枪，在艇员拿着各个接头的帮助下，水龙很容易推进。如果有支援人员，应站在水龙每15 m长度的中间位置，这样可以减少在甲板上拖拉引起的摩擦并防止接头被门上开口处或其他障碍物阻碍。沿水龙大约每7.5 m要安排一个艇员。人员配备过多不仅会减慢推进进度，制约水枪的机动性，还会提高发生事故的可能性。

（2）水龙应可能推进到离用水处最近的位置。充满水的水龙带非常重，应减速前进。

（3）水枪手就位后，应立即将干的水龙带从卷盘上取下，水枪手向相邻位置的艇员要水。随着水龙充满水，艇员伸直水龙的纽结并检查水龙接头是否泄漏。稍微打开水枪使空气逸出。另外，一旦决定使用水龙带，现场指挥员必须通知控制室以使平衡系统操作员能维持灭火要求的水的流量和压力，并维持下潜时的平衡。

（4）艇员位于水龙的同一侧是最好的，这样在狭窄的空间下有更好的机动性，并且设备和人员路过都能很方便地沿着水龙带推进。类似地，当一个门有两根水龙通过时，水龙并排在门中心移动受到的阻碍最小；所有艇员的位置都确定好，以便两根水龙能在艇员之间顺利通过。

（5）当需要将充水水龙沿斜梯向下层运送时，一个方法是将水龙扛在一个人肩上，而前面一个人则负责拿水枪。艇员尤其需要注意保证楼梯上的水枪手能保持平衡。

4. 管理水龙

（1）一旦部署使用水龙，最接近水枪的艇员要与水枪手紧密合作，帮助水枪手定位水龙，并瞄准火源。离水枪最远的艇员按照水枪手的要求对水龙给水和恢复，并按要求操作消防栓;他们可根据需要沿着水龙移动,或者固定在关键位置,如火灾空间的门口或者舱口。

(2) 如果水龙管理允许,离水枪最远的艇员可作为消防小组分队长和现场指挥员之间的通信桥梁。

(3) 一方面为了减少停留在火灾现场的时间和操纵软管的时间,从而减少受到的热应力作用,另一方面为了几组队员的灭火操作能够无缝连接,消防水龙关闭后应留在火灾现场,而不是消防小组更换时自行带入带出。然而,如果情况允许,消防小组应轮班进行灭火工作,以确保灭火工作不间断。如果要放弃舱室,水龙应该撤回以保证入口安全。

5. 淡水水龙卷

在先期快速救火时,单个艇员或者快速响应救火队可启动并有效使用水龙卷。卷轴上的不可折叠水龙能全部充水,也可以将部分水龙置于卷轴上。它比标准灭火水龙更容易操作因为它尺寸小、重量轻,并且喷水时水枪反力较小。在确保水枪处于关闭状态后,首先将不可折叠水龙移动到火灾现场,然后打开软管绞盘的关断阀,从而使得水龙充满水,从而扑灭火灾。

(二) 水枪操作

1. 水枪手任务

水枪手主要有 3 个任务:将水流引向用水处,调节水枪到合适的模式,调整水枪合适的流速。这三个任务要随着条件变化而改变。影响任务完成的主要因素有:佩戴的呼吸装置的类型和艇员的身体体格、力气、和位置(站立、爬行、躺着、蹲伏)。由于艇员的身体差异和火灾情况各有不同,没有唯一明确的水枪手操作方法要求,水枪手以身体最舒适的方式完成任务就是正确的操作方法。见图 7-5-2。

(a) 在胳膊上,使用手枪式把手,抓住类型管套　(b) 在胳膊下,不使用手枪式把手,抓住关闭卡柄

(c) 在肩上，使用手枪式把手，抓住关闭卡柄

(d) 在胳膊上，不使用手枪式把手，抓住类型套管

(e) 在胳膊下，不使用手枪式把手，抓住类型管套

(f) 在胳膊下，使用手枪式把手，抓住关闭卡柄

(g) 在肩上，用手枪式把手，扶着类型套管，水流指向下

(h) 水枪手抗在肩上，消防员夹在胳膊下，使用手枪式把手，扶着类型套管，水流指向上

图 7-5-2 水龙带和水枪操作方法

2. 手的放置

水枪手应将一只手握住水枪并控制水流方向。另一只手在模式管套和把手开关手柄之间来回控制模式和流速变化。手的掌心向下，放于水枪上面通常是最舒适的，且在模式管套和把手手柄上也不容易滑动。当采用短点射水的灭火策略时，手应保持在把手上。当采用连续水流的灭火策略时，则应将手放在管套上保持紧急模式并调节水枪瞄准目标。

3. 水龙的放置

水龙可以和水枪一起放在肩膀上面或在胳膊下面，哪种方法用起来更舒适、方便就用哪种。需要注意的是，当把水龙夹在胳膊下时，应急呼吸器可能会被压坏。

4. 手枪式握把

1-1/2英寸可变水枪上的手枪式握把手柄是否使用可视情况自行决定。到达火灾地点之前，预先调整水枪的模式，同时打开开关放气，并确保水枪没有被堵塞。

5. 水枪控制

为了艇员及其附近人员的安全，保持水龙带末端的水枪始终处于控制之下非常重要，一旦失去控制会击倒艇员，并可能将水流指向电气设备，造成不必要的损失。水枪的失控往往是由水枪过大的反作用力[水枪超过689.5 kPa(100 psi)]或者把手没抓住(手套光滑、肌肉抽筋、疲劳、其他成员放开)引起的。当水枪手感觉水枪要失控时，应使用一些方法来减小水枪的反作用力以保持对水枪的控制，最简单、最直接的方法就是关闭阀门。当需要不间断灭火时，应将水枪阀门调小水流。保持一只手一直放在把手或模式管套上，迅速完成上述动作。

6. 恢复对水枪的控制

如消防小组不能对水枪有效控制，可以尝试以下3种方法恢复控制：

(1) 关闭消防栓处的阀门，以停止/减少水流量，使得艇员可以安全靠近并关闭水枪；

(2) 在水龙带没剧烈摇摆的地方握住水龙带，将水龙折叠两下成"Z形"或者"Z结"以停止水流；

(3) 在水龙带没剧烈摇摆的地方握住水龙带，并沿着管子向前推进，直到握住水枪从而恢复控制。

7. 水枪类型选择指南

可变角度水枪的水雾类型可在直流、窄水雾和大角度水雾之间进行转换。

1) 直流喷射

水流横越过一段距离，穿透或者渗透A类材料，水流转向从高处落到舱室内。这里需要注意，C类火不能使用直射水流，可能会使人员受到冲击伤害。不要在扑灭木炭火时使用水雾，那样会释放出大量有毒可燃气体。

2) 窄水雾

可变角度水枪采用较小水枪角度(30°)时喷洒范围更广,但是削弱了热吸收能力。窄水雾模式也能对火焰前锋提供有效推力并使得艇员能在任意方向灭火,喷射空气泡沫(AFFF)时也采用窄水雾模式。

3) 宽水雾

中等和较大的水枪角度都不能提供大的控制范围,但是能提高热吸收能力。宽水雾可用于保护艇员和冷却舱壁、地板、舱顶板等。

8. 射流范围

水龙的射流范围由把手手柄的位置,水枪压力和水枪类型来控制。根据经验,可变水枪在零风速,完全打开的情况下,在 413.7 kPa(60 psi)下直流覆盖约为 20 m,窄水雾约为 7.5 m,宽水雾约为 3.3 m。潜艇水枪压力通常低于 413.7 kPa(60 psi),但是可以根据需要进行调整。

9. 水枪的流速

可变水枪的流速可通过调节把手手柄的开度来控制。采用直接灭火的方式时,这会减少射流的形成并帮助维持水流进行灭火。

四、常见火灾的处置

本节主要讨论潜艇舱室内可能发生的一些常见火灾,以及常用的灭火方法。本节内容参考了美国海军技术文件中有关潜艇灭火战术章节,本节利用常见火灾的处置仅供参考。

(一) 电气设备火灾

潜艇上布设了大量的电气设备,如各类控制台、电站、保险箱等,这些设备在工作时,极易引发电气设备火灾。

1. 灭火方法

带电电气设备火灾是 E 类火灾。最有效的灭火方法是先断电然后作为 A 类火灾来处理。在电气设备部位火灾起因未查明前,先按带电电气火灾处理。

潜艇上禁止使用海水灭电火。E 类火在火势较小时,可用石棉布、帆布、毯子、衣物等覆盖扑灭;火势较大,可用气体灭火系统、蒸馏水、淡水和泡沫灭火系统扑灭;E 类火灾在安全距离外可以使用如二氧化碳或者水雾等绝缘灭火材料。火灾初期,最好使用不需要清理的灭火剂,如二氧化碳。火情发现后应立即使用便携式 CO_2 灭火器尝试灭火。具有雾化模式的淡水、AFFF 或者海水(美国海军可以使用雾化海水,俄罗斯海军禁止使用)都可用于扑灭 E 类火灾,但是并不是最优选项。

需要注意的是,为了避免电击危害,不要对带电设备使用直流喷射水雾。当对带电设备喷水雾时,水枪要与设备保持 1.2 m 以上的距离。

电流会沿着笔直的水流传导,但是采用窄角喷雾模式产生的小水滴不会传导。

如果水枪与电源距离大于1.2 m，窄角喷雾模式对460 V的带电设备或电缆灭火是安全的。灭火前将可变水枪预调到窄角喷雾模式。

干粉灭火剂不应用于有继电器或灵敏元件的装置灭火中。在潮湿处，干粉灭火剂会侵蚀或者污染这些设备的表面，并且留下难以清理的残余物。

E类火灾中，如果有通过等离子弧或火球产生高热并点燃附近易燃材料的情况，应使用便携灭火器进行初始救火，同时隔离带电部件。同时，水龙用窄角喷雾模式灭火。

对于E类发电机火灾，将发电机与配电板隔离，保护好发电机后，才能使用便携式灭火器灭火。发电机被隔离，但是没有停止运转前，允许使用灭火器进行灭火。

不影响潜艇运动或控制的电气设备起火时，立即切断这些电气设备的电源，然后利用潜艇上一切可利用的全部手段将火扑灭。

若不可能切断正燃烧的电气设备的电源，则用机械泡沫系统（事先排空管路中的凝结水）、机械泡沫灭火器、卤代烷灭火器和蒸馏水灭火。参与对带电电气设备灭火的艇员应穿戴绝缘橡胶手套、靴子或套鞋。用机械泡沫系统、卤代烷灭火器和机械泡沫灭火器扑灭火灾后，立即切断失事电气设备的电源。只有当该电气设备的绝缘电阻恢复到允许值才能重新通电。在任何情况下都不能使用化学泡沫灭火剂和海水对通电的电气设备灭火。

2. 灭火流程

（1）切断受影响设备的电源。大多数情况下，设备内的起火会在电源断电后自动熄灭。

（2）在切断电源的同时，扑灭蔓延到设备以外的火灾。电气设备内的火灾蔓延风险较低。

（3）电源切断后，等待设备冷却时应在附近待命。如果设备内还有残余的小火，可以通过通风窗向里面喷CO_2。一般不允许应急拆卸设备进行灭火，因为艇员存在被烧伤的风险，但是对于持续时间较长且存在蔓延风险的设备火灾还是有必要拆卸设备灭火的。

（4）当设备所在区域温度降低，人员进入没有被烫伤的风险时，可以进入火场对设备进行检修。检查火灾是否确实已被扑灭，会不会对修理工作造成影响。在可以直接接触检查设备前，不能确定火灾是否被完全扑灭。如果机柜外面没有明火燃烧且没有燃烧产物溢出，则在拆卸设备前可以先对舱室排烟。

3. 应急处置

在一些紧急情况下，现场负责人需要决定是否需要应急处置带电的设备，断开内部保险以切断电源或者扑灭存在蔓延风险的火灾。一般来说，直接进入带电设备舱室灭火带来的损管效益难以抵消可能对人员造成的伤害。现场负责人应决定是否要看拆除带电设备面板（盖板），并确定下一步需要采取的措施，并向舱室长和艇长报告现场情况。灭火人员应当佩戴隔绝式化学生氧呼吸器或者灭火防护装具。现场负责人决定是否打开设备封盖,不需要得到艇长的许可,但应按以下步骤行动。

(1) 戴上橡胶手套并拆除设备封盖。绝缘工具虽然不是必不可少的,但是如果有就更能保障艇员的人身安全。艇员不应探入设备内部或是破坏设备机箱的外表面"屏蔽罩"。如果设备面板上安装有可能有带电的开关、仪表、继电器或是其他部件时,要小心调整机箱"屏蔽罩",以防止由于开启机箱盖造成的电弧放电。火灾确实完全扑灭后,立即关闭设备,进行进一步调查前需要确保设备安全。

(2) 灭火时,灭火器的水枪要在设备外面喷射,不要接触设备表面或内部的任何部件。

(二) 易燃液体火灾

易燃液体火灾是 B 类火灾。由于细分水粒具有的冷却性质,水雾对于 B 类火灾具有有限的灭火能力,包括闪点超过 60℃(140℉)的燃料,如柴油、液压机液体或润滑油。水雾不能熄灭闪点低于 60℃(140℉)的液体火灾。将易燃液体冷却到低于其闪点时火就会熄灭。然而,水雾可能会冲走燃料表面的 AFFF 泡沫,从而增加火灾的强度。

1. 初火处置

(1) 对于 B 类(易燃液体)火灾,应该用一个或多个 AFFF 灭火器进行初始灭火。理论上,一个 10 L 的 AFFF 灭火器可以扑灭 1.8 m² 的 B 类火灾,但由于舱底障碍物和艇体结构的影响,AFFF 灭火器实际可以控制火源面积没有这么大。AFFF 通过舱壁和设备反弹射到燃烧材料表面上展开泡沫也是一种有效方法,而且同时使用多个 AFFF 灭火器比逐个使用相同个数的 AFFF 灭火器效果更好。

(2) 对于三维流动的燃料火或受火面积大于 1.8 m² 的 B 类火灾,应该用干粉(碳酸氢钾,PKP)和 AFFF 灭火器进行初始灭火。PKP 可以压制火焰,AFFF 将燃料的水平表面覆盖住阻止继续燃烧。

2. 灭火方法

(1) 对于有燃料供应的火灾,应首先切断油源;火势较小时,可以使用石棉布、帆布、毯子等覆盖扑灭。

(2) 根据具体情况的判断和灭火剂性能,决定是使用空气泡沫(AFFF)、干粉(PKP)灭火器,还是使用水雾灭火。例如,美国 SSN21 级潜艇应该优先采用 AFFF 灭火而不是水雾。

(3) 油舱内起火,立即封闭油舱窒息灭火。

(4) 舱室底部积油起火,俄罗斯海军要求使用泡沫、气体灭火剂或者细水雾灭火;油位较高时,排除舱室底部适量油水。

(5) 用水灭 B 类火时,用连续的窄角喷雾模式喷射火焰前缘,并在燃料表面来回扫掠,将火焰从燃料表面赶回。

(三) 其他火灾的处置

1. 雷弹处所火灾

1) 备用雷弹舱室起火

当携带备用鱼雷（水雷）的舱室起火时，除了采取与无弹药的舱室起火时相同的措施外，同时还应采取冷却措施避免引起爆炸。若舱室火灾有可能蔓延到弹药，则应立即启动雷弹喷淋系统。无雷弹喷淋系统，使用浸水的毯子、棉被、石棉布、帆布等覆盖备用雷弹并浇水冷却。

当舱内火灾不能扑灭时，潜艇应上浮到水面，并按照鱼雷（水雷）在舱室引起爆炸的情况处理。

2) 雷弹起火或者爆炸

在水面状态航行时，潜艇发生鱼雷（水雷）在舱室内起火或者爆炸时，应立即启动雷弹喷淋系统，冷却雷弹，封闭舱室。如果没有喷淋系统，用水扑灭弹药的火焰。同时遵照有关规则，设法排出燃烧气体。通过升降口或鱼雷装载口释放舱室内的压力，避免全艇人员受到冲击和伤害，并利用水龙带将火扑灭并使存放在架上的弹药冷却。如果采取的措施无效则应向舱室注水。

禁止使用气体灭火系统、空气泡沫灭火系统扑灭雷弹火灾。无法扑灭时向舱室注水。禁止用帆布、毡等物品覆盖正在燃烧的爆炸物，因为这样燃烧后的气体和热量很难散发，使雷弹体内压力加大，甚至引起爆炸。

在鱼（水）雷等爆炸物起火时，如果鱼（水）雷操作电路发生故障而该电路又不能断电，且潜艇处于水下状态舱室中不带有液态或气态氧化剂，就必须启动喷淋系统，封闭舱室，潜艇上浮到海面，并按鱼雷（水雷）在舱室引起爆炸情况处理。

当弹药装在鱼雷发射管、摆放在舱室内或在装、卸过程中发生紧急情况时，要按照专门的指导性文件中提出的要求采取相应的补救措施。

3) 鱼雷管内或附近发生火灾

鱼雷内部或附近的火灾会由于弹头爆炸和鱼雷推进剂发生火灾严重危及潜艇的安全。鱼雷包含固体爆炸物。如果完全被火焰包围 1.5~2 min，弹头会点火并燃烧。长时间暴露于高于 150℃ 的环境中会引起猛烈爆炸。

因此，存储有鱼雷的鱼雷发射管里面或附近突然发生火灾，发射管应立即灌水，打开管门，保护武器的安全。如果几分钟内难以控制火势，并且不能确定管内温度，应果断丢弃该武器。

2. 烹饪火

烹饪火，主要是烹饪油或脂肪过热，导致脂肪发生自燃，即 F 类火灾。大多数这类火灾都是无人看守引起，或者其他违反使用规定的操作造成的，在灭火时如果采用水枪直流模式喷射油脂表面也会因为喷溅和溢出造成火势的蔓延。

当出现高温征兆后（冒烟），关闭油锅的火并把锅盖住，且将盖子盖在锅上至少 5 min。这会使过热的烹饪油冷却,从而阻止其燃烧。

潜艇厨房通常配有固定式灭火系统,如水成碳酸钾(aqueous potassium carbonate, APC)。油锅发生火灾时,先发出火警,关闭油锅的电源,开动固定式灭火系统。同时,关闭排油烟机的风阀。

当固定灭火系统发生故障或灭火失败时,则尝试使用下面两种方法。

1) 方法一

(1) 艇员可使用空气泡沫(AFFF)灭火器灭火,但不要把空气泡沫灭火器直接对着热油喷射。把 AFFF 注入热油会导致 AFFF 直接沸腾。猛烈的沸腾会导致热油溅出油锅。

(2) 人员应距离 1.2 m 以上,以避免被烫伤。将 AFFF 喷向油锅的后壁,这样会使得 AFFF 流到燃烧的油表面。这个方法不会过分搅动烹饪油。还有一个办法是轻轻将泡沫液倒入并分散于油脂的表面,但是这种方法一旦泡沫液进入油脂内部就会有风险。使用 AFFF 灭火直到火灾熄灭且泡沫层形成(持续至少 10 s)。AFFF 灭火器的初始射程为 4.5 m,随着排放时间的增长而逐渐减小。

(3) 使用 AFFF 时,另一个人将带配置可变雾化水枪的水龙带作为备用。

(4) 如果烹饪油复燃,重新使用 AFFF 直到火灾熄灭(熄灭约 10 s 后才能确认)。

(5) 检查油锅的内部和四周确认火灾熄灭,检查排烟罩和排烟管道内是否有着火的迹象,必要时在这些区域内开始救火。

2) 方法二

(1) 如果没有配备便携式 AFFF 灭火器,或者火已蔓延出油锅到达外部空间内,可由艇员穿着防护服和呼吸装置并使用窄角喷雾的可变水枪来灭火。对烹饪油表面使用窄角喷雾约 1 min,从一端到另一端缓缓来回喷射,冷却烹饪油并防止复燃。这里需要注意,水雾与烹饪油接触会产生一个较大的火焰跳动。这个火焰会持续约 3 s,然后火就被扑灭。

(2) 失控的热油锅会迅速蔓延到排烟罩和排烟管道系统内,并扩散到整个区域,在便携灭火器被带到现场前,要不停地使用水雾进行灭火。

(3) 热油锅火灾会产生大量的热带刺激气味的烟。虽然初始灭火可由没有佩戴防护设备的人员进行,但是他们可能因为火势过大被迫撤离。如果条件允许,应该派配备应急呼吸器之类呼吸装置的人员替换无防护人员,进一步灭火。

上述两种方法都可用来扑灭烹饪火。如果火灾发现得比较早,且火场可以进入,艇员在不采取防护措施下使用方法一就可以成功扑灭。

3. 特殊火灾的处置

潜艇里可燃气主要有氢气和乙炔。氢气是蓄电池充放电产生的产物,乙炔主要是船厂修理期间使用的物质。

这里重点讨论氢气的问题。氢气在空气中有非常广的爆炸范围,从 4.0%

(LEL)到75.6%(UEL)。它的燃点较高,为500℃,但其需要的点火势能很低,仅为0.01 mJ,微小的产热源即可点燃,如摩擦和静电等。潜艇上氢气出现的火灾事故,一般就是爆炸,很少出现单独氢气燃烧的情况。因为氢气爆炸的瞬时性,很难预测和控制,为了避免潜艇氢气爆炸给潜艇的结构、艇员的生命安全构成伤害,人们只能采取预防措施。当氢气浓度一旦超标,迅速按照相关规定执行。

(四)潜艇灭火注意事项

1. 通风问题

通风对火灾的影响是一个非常复杂的过程,很难一言蔽之。这里主要考虑下面三种情况。

(1)潜艇停泊时,如火灾蔓延到了潜艇舱室顶部,火灾会引热辐射和烟雾迅速失控,此时,由舱室外部入口直接救火变得非常困难,且艇员难以搜索到燃烧物的位置。此时,向外界通风会提升火场能见度,帮助艇员进入舱室灭火,但也容易造成火势扩大,进一步失控。因此,需要对这种停泊状态下的潜艇发生火灾后,严格管控,具体是否能够通风要适情而定。

(2)舱内处置火灾过程中时,在准备对失火舱室通风前,需要确认火源已经被完全扑灭,并安排人员警戒是否存在复燃的可能。在舱室内烟雾较大和温度较高时,采取通风措施对灭火有积极作用。当在无浪的海面航行时,或者在停靠港口时,打开舱盖会释放出较多的热和烟雾,这样有助于灭火。

(3)在火灾尚未完全扑灭的情况下,是否使用潜艇的通风系统对失火舱室通风由指挥员作出决定,火灾扑灭前使用通风系统的因素包括:起火舱室艇员对于使用通风系统的建议;与通风情况相关的潜艇战术情况,如潜艇处于潜航状态还是水面航行状态等;对潜艇保持操纵性、执行任务的能力的报告方面的影响;空气流动对灭火行动的消极影响;火灾的严重程度、位置和燃烧源的性质(图7-5-3)。

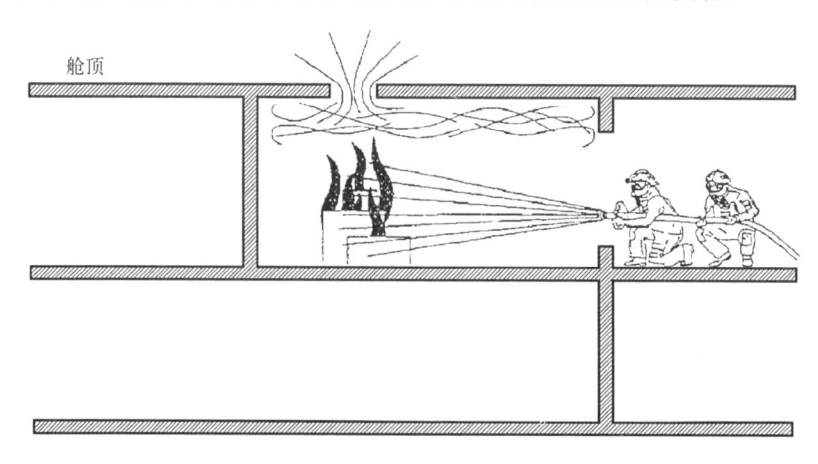

图7-5-3 停靠港口时,从通风口间接灭火

2. 搜寻与救助

成功搜寻、救助被困人员是困难且具危险性的工作,这里提出几点主要因素。

(1)搜寻人员应佩戴呼吸装置,搜救区域或附近应该有水龙带保护搜寻人员及撤离通道。

(2)搜寻人员应对搜索过的地点做标记,以确保后续搜救队伍不会重复搜索,通常用带颜色的标签或者化学灯来做标记。

(3)在火灾扑灭前,失火舱室已通风,且失火舱室经过了二次搜索之前,不应假定舱室内全部人员都已搜寻到。

(4)在一个温度不高的环境中,可通过热成像仪来搜寻人员。搜寻人员应携带额外的应急呼吸器,并且能熟练给被困人员佩戴应急呼吸器。

3. 严重火灾的处置

潜艇舱室内发生严重火灾,会产生大量的浓烟和热量,增加灭火难度,火势容易失控,造成难以挽回的后果。艇员灭火时也会消耗大量应急呼吸防护装置,人身安全受到严重威胁。这类严重火灾需要额外考虑以下几点。

(1)如火灾发生在舱室底部,舱室顶部最可能先失控,但底部温度较低、能见度较好,因此,舱室底部进行伤亡控制更可能成功。

(2)如火灾已经燃烧得比较充分,蜷伏、蹲下行走或爬行有助于艇员保持较好能见度,并且受到的热压力较小。

(3)起火舱室内的艇员必须穿着合适衣服。对于初期火灾,佩戴一些个人防护的装备即可,如化学氧呼吸面罩。对于充分燃烧火灾,专业的消防服的防护是非常必要的。

(4)消防服穿戴完毕后,艇员可以持续进行灭火工作。

(5)对于喷射距离较远的情况,可以采用窄角水雾模式,或者角度稍微倾斜的不间断喷射模式。

(6)艇员还应密切注意潜艇浮态和稳度,以及因为不间断喷水灭火对潜艇平衡稳性带来的不良影响。

4. 其他注意事项

(1)艇员的疲劳问题。救火行动一旦时间持续过长,会给艇员身心带来较大压力。同时灭火行动是一项高强度的救援行动,在高温环境下,艇员穿戴全套防护装具从事灭火作业,体力消耗极快,所以灭火行动开展后,如果条件允许,指挥员应及时替换疲劳作业的艇员,提高消防作业效率。

(2)舱室压力变化。在灭火过程中,潜艇舱室可能会出现压力损失,很多时候是由于起火后,舱室内氧气的大量消耗,导致压力略低,艇员必须尽快确定压力损失的原因,然后迅速恢复环境压力。严禁擅自打开带有压差的舱门,避免出现人员伤亡。

（3）通信问题。潜艇上配置了较为可靠的多种通信手段，但是火灾发生后，极有可能出现通信中断的情况，潜艇艇员应未雨绸缪，做好通信备用手段，如利用敲击信号等。

本 章 小 结

本章介绍了火灾的种类、灭火方法与机理和灭火剂种类，讲解了潜艇常用的固定式消防系统的一般构成、原理、功能与使用方法，同时介绍了潜艇上可以使用的各类手提式灭火器和消防防护装具的特点和性能参数，以及灭火的组织实施方法。

思考题

1. 火灾分为哪几类？
2. 潜艇火灾特点是什么？
3. 常见的灭火材料分为哪几种？
4. 灭火有哪几种方法？
5. 结构防火措施有哪些？
6. 常见的消防装备有哪些？
7. 潜艇灭火原则是什么？

第八章　潜艇其他损害的预防与处置

在第五、七章中讨论了潜艇在海战和海损事故中可能遭遇的抗沉性能降低、倾覆或沉没等损害问题，以及发生火灾和爆炸等问题，这些是潜艇生命力遭受的主要威胁。然而，除此之外，由于潜艇的内部结构特点和对作战、生存等保障需要，导致潜艇武器装备和艇员还会面临多种其他损害。

随着科技进步和历次战争的考验，潜艇的设计和建造技术得到不断发展和完善，其内部结构也更加科学，通常划分为：指挥舱、主机舱、辅机舱、鱼雷舱或导弹舱、堆舱和船尾舱等几个舱室。舱室之间用横向隔墙隔开，并有水密门相通。每个舱室内，又根据武器装备的配置和艇员操作岗位的编配隔成若干个舱室或房间。在舱内，布置有各种机械、电子设备以及纵横交错的各种管路，这样就形成了潜艇舱室内的独特环境。然而，这种环境必然导致以下情况。

一是舱室环境密闭。潜艇下潜后处于水下航行状态时，舱室内成为一个完全封闭的特殊环境。舱室空气无法与外界空气对流，只能在空调系统作用下，各舱室之间进行流通。艇员只能通过水密门相互流通。

二是舱室污染严重。潜艇舱室内机械设备、电子仪器种类繁多，工作时间长，加上近百名艇员工作、生活，使得舱室环境污染严重，除了一般的空气、水体、噪声三大污染外，还有电磁辐射污染、放射性污染、气溶胶污染、高温高湿污染、热污染和恶臭污染等。研究发现，仅舱室空气中的有害污染物的种类就多达上千种。

三是管路复杂，易发生泄漏。潜艇空间十分有限，装备集成度很高，各种管线密集排布，在海战或海损情况下，管线易发生破损。除油管和水管外，蒸汽管道泄漏也会造成非常严重的后果，高温高压的蒸汽对武器装备的破坏和对艇员的危害是极大的。

面对空气污染、高温高湿环境、高压蒸汽泄漏等可能出现的严重问题，如果不及时有效地对其进行预防和处置，将会给潜艇保持战斗力甚至生存造成严重后果，有的甚至可能酿成事故，从而造成是无法挽回的后果。另外，对于核潜艇来说，还有一类损害极为严重，这就是核事故，本章也对核事故的预防和处置进行详细分析研究。

第一节 潜艇舱室空气污染的预防与处置

一、潜艇舱室空气污染物及其毒性

(一) 舱室空气组成与特性

空气是人类和生物赖以生存的物质条件,一个人可以几周不进食、几天不喝水,但却不能几分钟不呼吸空气。

1. 舱室空气的组成

潜艇舱室中的空气是由多种气体组成的混合物,其中还有一些悬浮的固体杂质和液体微粒,一般可看成由干洁空气、水汽、固体杂质和污染物组成。

自然状态的空气是无色、无味的混合气体,除去水汽、液体杂质和污染物这三种成分,气体和固体杂质两种成分构成的空气称为干洁空气。具体而言,其组成成分最主要的是氮、氧两种气体。

在空气成分中,氧(O_2)、二氧化碳(CO_2)与日常生活关系最为密切。通常一个成年人每昼夜呼吸2万多次,吸入空气量为 $10\sim15\ m^3$,其中氧气约为 $0.672\ m^3$,每小时呼出二氧化碳约为 $0.567\ m^3$。每个成年人每小时耗氧的物质的量与呼出二氧化碳物质的量的比值为0.85,称为呼吸系数。为满足此要求,要求空气中的含氧量应为19%~21%。当空气中氧含量降低至12%时,人体可发生呼吸困难,降至10%,智力活动会减退,降至7%以下,则危及生命。

2. 舱室空气的特性

近十多年来,研究者发现干洁空气中含有浓度仅 10×10^{-7} 左右的高活性自由基,主要为 OH 自由基,其天然来源是臭氧的光化学作用。当臭氧受到波长小于320 nm 的太阳辐射作用时,生成激发态原子氧和氧气,前者与空气中水分子作用,生成2个 OH—,此外还有 HO_2、RO_2 等自由基。

之前的一段时间内认为空气中的硫化氢、氨、甲烷等还原态气体,在被空气中的氧气或过氧化氢氧化后,会生成硫酸、硫酸盐、硝酸、硝酸盐、二氧化碳等氧化态物质。近几年来已认识到分子氧中的 O—O 键相对较强,在常温常压下不能产生如此强的氧化作用,主要是高活性自由基的作用。

在自然空气中还含有水汽,其所占容积的变化范围在 0%~4%。悬浮于空气中的固体杂质包括烟粒、尘埃、盐粒等,它们的半径一般为 $10^{-8}\sim10^{-2}\ cm$。固体杂质往往在空气中充当水汽凝结的核心。

人们活动所产生的某些有害颗粒物和废气进入空气,增添了许多外来组分。这些物质称为空气污染物,可分为两类:一类是有害气体,如 SO_2、CO、CH_4、NO_2、

H_2S、HF 等;另一类是灰尘、烟雾、粉尘等。

潜艇舱室空气中的负离子具有许多良好的健康效应,例如,负离子进入人体中枢神经系统,能调节中枢神经的兴奋和抑制效应,假如配合视觉运动(如观看景色)、适当的体育运动,可促进心血管病的康复,可降低心率,起镇静作用;可增加血液中的蛋白,降低球蛋白,增加血红蛋白、红细胞数,促进血液形态成分与物理特性恢复正常的作用;可改善砂肺患者的呼吸系统症状,减轻肺损伤,对阻抑砂肺进展有一定作用;对呼吸道支气管疾病、慢性鼻炎、鼻窦炎等具有辅助治疗作用,且无任何副作用;对异常的免疫功能有一定的恢复作用;有促进内分泌腺分泌的功能,使人的消化机能活动增强,促进小肠蠕动;有促进生物氧化的作用;可增加耳蜗血流量,改善微循环,有益于减轻噪声性耳蜗损伤;负氧离子(超氧阴离子自由基)的生物活性高可在杀菌中起重复作用,对空气有较好的净化作用;还有消除疲劳恢复体力的作用。所以,空气负离子被誉为"空气维生素"。

一般情况下,舱室空气中气体分子如氧、氮呈中性,当受到外界某些理化因子的强烈作用时,其外层电子可跃出轨道而形成正离子,该跃出的电子即附着在另一气体分子上而形成负离子。每个正离子或负离子均能将周围 10~15 个中性分子吸附在一起形成轻正离子(n^+)或轻负离子(n^-)。这类轻离子再与空气中的悬浮颗粒物、水滴等相结合,形成直径更大的重正离子(N^+)或重负离子(N^-)。负离子在一定浓度下具有镇静、催眠镇痛镇咳、止痒、止汗、利尿、降低血压、增进食欲、增强注意力、提高工作效率等良好作用。正离子则相反,对人体产生许多不良作用。

在新鲜空气中,重轻离子数的比值(N/n)不应大于50,如果浓度超出 10^6 个/cm^3,则无论是正离子或负离子均对人体产生不良作用。

(二) 潜艇舱室空气污染

1. 潜艇舱室空气污染的含义

所谓污染,就是作为研究对象的物体或物质,由于某种其物质的黏附、混入,导致研究对象本身的功能和性能受到不良影响。任何以不适当的浓度、数量、速度、形态和途径进入舱室空气环境,同时对其产生污染或破坏的物质和能量,统称为污染物;污染源通常是指向舱室环境排放或释放有害物质,或对环境产生有害影响的场所、设备和装置等。

潜艇舱室空气污染定义是:潜艇舱室空气中污染物质的浓度达到了有害程度,造成对艇员和武器装备危害的现象。潜艇舱室空气污染主要是人为原因,形成空气污染物的三大要素是:污染源、空气状态和受体。空气污染的过程是:污染物排放、空气运动的作用和对受体的影响。因此空气污染的程度与污染的性质、污染物的排放、舱室空气条件等有关。其中,污染源按其性质和排放方式,可以分为生活污染源和工业污染源两种。污染源排放的有害物质对空气的污染程度,与污染源性质、污染物的理化性质、污染物的排放量等内在因素有关,还与受体的性质(如环境敏感度)、受体距污染源的距离有关。舱室空气状态,如空调通风、温度、湿度等,也在一定程度上影响潜艇舱室空气污染的程度。

空气污染是舱室环境重要污染类型之一。由于潜艇舱室空气污染的作用,可以使潜艇舱室某个或多个环境要素发生变化,使艇员生活和工作条件受到冲击或失去平衡,环境系统的结构和功能发生变化,这种因空气污染而引起环境变化的现象,称为空气污染效应。

2. 潜艇舱室空气的一次污染物和二次污染物

从污染源排放出来的污染物,在与空气混合过程中会发生种种物理、化学变化。依其形成污染的过程不同,可将其分为一次污染物和二次污染物。

1) 一次污染物

一次污染物是指由污染源直接排放入空气中的各种气体和颗粒物,如二氧化硫、碳氧化合物、氮氧化合物、碳氢化合物和颗粒物等,这些都是一次污染物。一次污染物又可分为反应物质和非反应物质,前者不稳定,在空气中常与某些其他物质发生化学反应,或者作为催化剂,促进其他污染物之间的反应,如 SO_2、NO_2 等;后者不发生反应,或反应极为缓慢,是稳定的物质,如 CO 等。

2) 二次污染物

一次污染物在空气中受到化学作用或光化学作用,本身发生化学变化,转变成毒性比一次污染物更大的化学物质,即二次污染物。例如,二氧化硫转变成硫酸雾,二氧化氮转变成硝酸雾,以及烃类和二氧化氮转变成光化学烟雾等。光化学烟雾的形成是一个复杂的链式反应,二氧化氮光解生成氧原子,进而导致臭氧的生成,又由于碳氢化合物的存在,加速一氧化氮向二氧化氮转化,使臭氧浓度增大,进而形成一系列具有氧化性、刺激性的最终产物醛类、过氧乙酰硝酸酯、臭氧等,所以光化学烟雾污染是二次污染物作用的结果。

(三) 潜艇舱室空气污染物及其毒性

潜艇舱室空气组分的复杂程度难以预料。1956 年 6 月美国核艇"舡鱼号"进行了一次名为"居住性航行"的航行任务。当时上艇的一些化学家带了许多种分析仪和取样装置,包括一台质谱仪、一台红外光谱仪和气相色谱仪。舡鱼号破纪录地航行了 11 天,原本期望分析和鉴定出可能存在的几种污染物,但得到的结论是:潜艇舱室内充满了比预想的要多得多的各种类型污染物,其混合物成分非常复杂,在艇上难以详细鉴定。据报道,潜艇舱室空气中仅有机物就有 400 多种,甚至可能多达上千种。已经定量和定性分析出的化合物达 368 种,还有大量组分没有得出分析结果。

目前人们认为具有普遍性的污染物有颗粒状污染物、气状污染物、微生物污染物和放射性污染物四大类。

1. 颗粒状污染物及其毒性

颗粒状污染物是潜艇舱室空气污染物中固相的代表物,因其多形、多孔且具吸附性而成为多种物质的载体,所以是一种成分复杂的舱室空气主要污染物。

颗粒物包括各种各样的固体、液体和气溶胶。其中有固体灰尘、烟尘、烟雾,以及液体的云雾和雾滴,其粒径波动为 0.001~100 μm,而将 10 μm 定为颗粒物粒径的中值(D_{50})。按颗粒物粒径的大小见表 8-1-1。

表 8-1-1 不同大小粒径的颗粒特点划分

粒径/μm	名 称	单 位	特 点
>100	降尘	$t/(m \cdot km^2)$	靠自身质量沉降
10< d <100	总悬浮颗粒物(TSβ)	mg/m^3	—
<10	飘尘(Iβ)可吸入颗粒物,βM_{10}	mg/m^3	长期漂浮于空气,主要由有机物、硫酸盐、硝酸盐及地壳元素组成
<2.5	细微粒,$\beta M_{2.5}$	mg/m^3	舱室内主要污染物之一,对艇员人体危害最大

表 8-1-1 中粒径大于 100 μm 的颗粒物称为降尘,大多产生于固体破碎、燃烧残余物的结块和研磨粉碎的细碎物质,因其自身重力作用降到地面上;粒径小于 10 μm 的颗粒物称为飘尘,能长时间飘浮在空气中。一般 100 μm 粒径的颗粒物沉降到甲板上需要 4~9 h,而 1 μm 粒径的颗粒物需 19~98 天,0.4 μm 粒径的颗粒物需要 120~140 天,粒径小于 0.1 μm 的颗粒物可在空气中悬浮 5~10 年。

按颗粒物的性质,又可分为以下 3 类。

(1) 无机微粒。金属尘粒、矿物尘粒和建筑尘粒。

(2) 有机微粒。植物纤维,动物毛、发、角质、皮屑,化学污染物和塑料等。

(3) 有生命微粒。单细胞藻类、菌类、原生动物、细菌和病毒。

可吸入颗粒物成分较复杂,除含有严重危害健康的二氧化硅外,还有许多重金属,如铅、汞、铬、镍、锌、铁、铍等,其具有很强的吸附性,常吸附一些有害气体和具有致癌性的碳氢化合物。

颗粒物的粒径与其化学成分密切相关,60%~90%的有害物质存在于粒径小于 10 μm 的可吸入颗粒物中。有毒元素如 Cd、Ni、Mn、V、Br、Zn 等,主要吸附在粒径小于 2 μm 的颗粒物上,而这些小颗粒物易沉积于肺泡区。肺泡表面积大、毛细血管丰富,颗粒物成分容易被吸收。

颗粒物的毒性也与其化学组分有密切的关系,化学组分可多达数百种以上,大体分为有机和无机两大类。有机组分包括碳氢化合物、有机化合物、有机金属化合物等。无机组分指元素及其化合物,如金属、金属氧化物、无机离子等。

颗粒物进入人体呼吸道后,能刺激和腐蚀呼吸道黏膜和肺细胞,降低呼吸道防御机能,使呼吸道发病率增加,严重时甚至引起死亡。

如果艇员长期生活居住在颗粒物污染严重的舱室内,其患呼吸道疾病概率及有关症状如咳嗽、咳痰、气急等现象就会明显增加。研究表明,颗粒物粒径越小,其免疫系统毒性和肺毒性越大,粒径小于 2 μm 的颗粒物毒性就大于总悬浮颗粒物。

粒径大于 10 μm 的颗粒物因自身重力作用易于下降,因此被吸入呼吸道的概率较小,即使被吸入也多停留在鼻咽区,往往随鼻涕和痰液排出呼吸道,对身体影响不大。粒径小于 10 μm 的颗粒物易被吸入呼吸道,在呼吸道的沉积部位取决于粒径的大小。颗粒越小越不易沉降,越易进入深部直达肺泡壁。粒径大于 5 μm 的多滞留在上部气道,小于 5 μm 的多滞留在细支气管和肺泡。粒径小于 2 μm 的颗粒物,90%~100%可到达肺泡区,对人体健康危害最大。但粒径小于 0.4 μm 的颗粒物能较自由地进入肺泡并可随呼吸排出体外,沉降较少,反而降低了其毒性作用。

粒径较小的颗粒物表面吸附能力较强,往往吸附有更多的有毒气体、金属及其他化合物,含有的毒物浓度大、种类多。所以,当舱室空气中毒物污染严重时,颗粒物表面吸附的毒物增多,颗粒物的毒性增大。这就说明,作为可吸入颗粒物的"载体"作用对人体肺部的危害决不可忽视。很多有害气体和液体可附着在可吸入颗粒物上而被带入人体肺脏深处,从而促成多种急慢性疾病的发生。如 SO_2、NO_2、酸雾、甲醛等均可随吸入颗粒物达到肺泡。

可吸入颗粒物的金属成分还能起催化作用,促使其他有害物质的毒性加强,多种化学成分联合作用下,增强了可吸入颗粒物的综合毒性。

2. 气状污染物及其毒性

潜艇舱室内的有害气体分别有毒性、可燃性、爆炸性、刺激性、腐蚀性和放射性等危害,特别是其累积协同作用会构成严重的问题。

根据美、英、俄罗斯等国潜艇舱室空气组分的允许浓度以及国内外有关专家多次随潜艇出海检测结果,下面简要介绍 10 种常见且为主要的有害气体的毒性。

1) 一氧化碳(CO)

一氧化碳是一种无色、无味、无刺激性的有毒气体,相对密度为 0.967,几乎不溶于水,在空气中比较稳定,不易与其他物质发生化学反应,故可在大气中存留 2~3 年。

一氧化碳是一种血液、神经毒物。它随空气经人体肺泡进入血液循环,与血液中的血红蛋白(Hb)、肌肉中的肌红蛋白和含二价铁的细胞呼吸酶等形成可逆性结合。CO 和 Hb 结合成碳氧血红蛋白(COHb),对人体造成致命伤害。一氧化碳

(CO)引起的血液缺氧主要是影响呼吸及心、脑功能。心、脑是对缺氧最敏感的器官。接触者如连续呼吸含 10 ppm[①]CO 的空气，血液内 COHb 含量大于 2%，将引起神经系统的反应，如对时间辨别行动迟缓。空气中 CO 的浓度在 30 ppm 时，COHb 含量略低于 5%，可使视觉和听觉器官的细微功能发生障碍。COHb 含量达到 10% 以上时，便会出现 CO 中毒的症状，包括眩晕、头痛、恶心、疲乏、记忆力降低等神经衰弱综合征，并兼有心前区紧迫感和针刺样疼痛，由于 CO 积累在肌肉组织中，所以虽然停止吸入 CO，但肌肉无力仍将持续几天。CO 对大脑皮层和苍白球损害最严重。由于缺氧，还会发生脑软化和坏死，出现视野缩小、听力丧失等症状。

一氧化碳还可导致心肌损害。正常的心脏冠状动脉有一定的代谢功能，当 COHb 含量为 5% 时，冠状动脉血流量代偿性增加，COHb 含量为 10% 时，冠状动脉血流量可增加 25%。当 COHb 饱和度更大，或患有冠状动脉硬化者，则丧失其代偿性，从而引起心脏摄氧量减少，并能促使某些细胞内氧化酶系统停止活动。CO 还会促使大血管内类脂质蓄积量增加，使原有的动脉硬化症加重。因此，冠状动脉硬化的病人比正常人更易出现心肌损害。

2）二氧化碳（CO_2）

二氧化碳为无色、无味的气体，分子量为 44.1，沸点为 -78.5℃，凝固点为 -56℃，相对密度为 1.524，在标准状况下，1 L 纯二氧化碳质量为 1.977 g。二氧化碳能被液化，液化的二氧化碳能凝结成雪花状固体称为干冰，二氧化碳易溶于水，1 体积水能溶解 1.7 体积的二氧化碳，二氧化碳也极易被碱液吸收。

二氧化碳属中枢神经兴奋剂，为生理所需，舱室内二氧化碳受艇员人数、舱室容积、通风状况、艇员活动的影响。二氧化碳浓度超出一定范围后会对人体产生危害。二氧化碳浓度增加与室内细菌总数、一氧化碳、甲醛浓度呈正相关的特点使舱室内空气污染更加严重。

舱室内空气的二氧化碳浓度在 0.07% 以下时，属于清洁空气，此时人体感觉良好；当二氧化碳浓度在 0.07%~0.1% 时属于普通空气，个别敏感者会感觉有不良气味；当二氧化碳浓度在 0.1%~0.15% 时属于临界空气，人们开始有不舒适感；二氧化碳浓度在 0.3%~04% 时人呼吸加深，出现头痛、耳鸣、脉搏滞缓、血压增加等现象。

舱室内存在香烟烟雾复合污染时，二氧化碳浓度和细菌总数，一氧化碳、甲醛等呈明显正相关。二氧化碳浓度大于 0.07%（1 400 mg/m³），异臭感发生率为 24.1%；二氧化碳浓度接近 0.15%（3 000 mg/m³）时，二氧化碳和甲醛浓度均已接近公共场所卫生标准值上限，异臭等不舒服感达 55%；二氧化碳浓度达 0.25%（5 000 mg/m³）时，一氧化碳和甲醛浓度分别超标 1.3 倍和 1.5 倍，异臭感达 70%，眼睛、喉咙受到

---

① 1 ppm = 10^{-6}。

刺激,且这些部位分泌物明显增加;二氧化碳浓度为 0.51%(10 100 mg/m³)时,一氧化碳和甲醛浓度分别超标 2 倍和 3.5 倍,异臭感达 100%,此时接触者呼出气中,唾液中硫氰酸含量明显增高,唾液中唾液链球菌含量下降,菌落直径明显缩小。

3) 氨气(NH_3)

氨气是一种无色而有强烈刺激性气味的气体。分子量为 17.03,沸点为 $-33.5℃$,熔点为$-77.8℃$,对空气的相对密度为 0.596 2,在标准状况下,1 L 氨气的质量为 0.770 8 g。氨气可以液化,也易被固化成雪状固体。液态氨的密度为 0.638 g/mL(0℃),氨极易溶于水、乙醇、乙醚,当 0℃ 时,每升水中能溶解 907 g 氨,氨的水溶液由于形成氢氧化铵而呈碱性。氨可燃,其火焰稍带绿色;与空气混合后,氨含量在 16.5%~26.8%(体积分数)时,能形成爆炸性气体。氨在高温时会分解成氮和氢,有催化剂存在时,可被氧化成一氧化氮。

氨气有很强的刺激性,可引起眼睛和皮肤的烧灼感,氨气经呼吸道吸入人体后,可以使接触者出现嗅觉失灵、咽炎、声带水肿、咳嗽、头痛、多汗、打嗝、胸痛等,严重时,可出现支气管痉挛及肺气肿,也可造成呼吸道、眼睛的刺激。

氨气是一种碱性物质,对皮肤组织有腐蚀和刺激作用,氨可以吸收皮肤组织中的水分,使组织蛋白质变性,并使组织脂肪皂化,破坏细胞膜结构。氨对人体上呼吸道也有刺激和腐蚀作用,可麻痹呼吸道纤毛和损害黏膜上皮组织,使病原微生物易于侵入,减弱人体对疾病的抵抗力。人体接触浓度过高的氨时,除腐蚀作用,还可能会由于三叉神经末梢的反射作用,引起心脏停搏和呼吸停止。氨的溶解度极高,所以常被吸附在皮肤黏膜和眼结膜上,从而产生刺激和炎症。氨通常以气体形式吸入人体,进入肺泡内的氨少部分被二氧化碳所中和,余下部分被吸收入血液,少量的氨可随汗液、尿或呼吸排出体外。

氨被吸入肺后易通过肺泡进入血液,与血红蛋白结合,破坏运氧功能。短期内吸入大量氨气后可出现流泪、咽痛、声音嘶哑、咳嗽、痰带血丝、胸闷、呼吸困难,可伴有头晕、头痛、恶心、呕吐、乏力等,严重者可发生肺水肿、成人呼吸窘迫综合征,同时可能发生呼吸道刺激症状。

4) 苯(C_6H_6)

苯是具有特殊芳香味的油状液体,分子量为 78.11,沸点为 80.11℃,5.5℃ 以下凝结成为晶状固体,在常温下迅速挥发,挥发速度为乙醚的 1/3。

苯暴露的主要途径是吸入。血液与肺泡之间的分配系数为 6.58~9.3,最初的几分钟吸收率最高,后随血液浓度的上升而下降。经呼吸道吸入的苯,有 30%~80% 进入到血液中循环。苯可以通过皮肤被吸收,但一般来说较少。

苯的氧化物是毒性最强的代谢物,而苯在骨髓中的代谢可能会产生一种对血液系统有较强毒性作用的代谢产物。世界卫生组织(World Health Organization,WHO)及国际癌症研究机构认为苯是一种人类致癌物。

急性暴露于高浓度环境下（3 000 ppm～5 000 ppm）会导致中枢神经（certral nervous system，CNS）的抑制，其特征为头痛、恶心、激动麻木、抽搐。大量、急性暴露于苯中会引起死亡。

急性暴露于苯中可引起血液毒性。苯是骨髓毒性剂，能引起致命的再障和白血病。再障是因暴露于苯中引起的血液障碍，表现为红细胞、网织红细胞、白细胞、血小板、嗜多染红细胞等造血细胞增生减少。

5）二甲苯[$C_6H_4(CH_3)_2$]

二甲苯为无色透明、具有芬芳气味的挥发性液体。二甲苯的分子量为106.16，凝固点为-25.2℃，沸点为144℃，在水中不溶或微溶。

二甲苯通过吸入能快速吸收，约60%～65%的二甲苯暴露于皮肤后，以每小时4.5～9.6 mg/cm²的速率被吸收。二甲苯的半衰期为20～30 h，可与蛋白质紧密结合。二甲苯被吸收后迅速分布到组织中，在肾、皮下脂肪、神经、肺、脑、肌肉和脾中的含量较大。

二甲苯类似于甲苯，是主要的皮肤刺激物，像其他有机溶剂一样，通过长期暴露，会产生脱脂性皮炎。二甲苯也能抑制中枢神经（CNS），其症状是疲劳恶心、头痛和共济失调，其对中枢神经（CNS）的急性毒性比甲苯或苯更大。人员暴露于高浓度的二甲苯中，会出现意识模糊、呼吸困难和昏迷等症状。

6）总烃

总烃是一种包括甲烷在内的，只含碳氢两种元素的化合物的总称，用符号 THC 表示。除甲烷以外的碳氢化合物称为非甲烷烃，用符号 NMHC 表示。舱室空气中的碳氢化合物大部分是甲烷。挥发性有机化合物（volatile organic compounds，VOC），是指在常温、常压下，沸点为50～260℃的各种有机化合物。VOC 按其化学结构，可以进一步分为烷类、烯类、芳香类、卤烃类、类、醛类、酮类和其他类。挥发性有机化合物是一类重要的室内空气污染物，目前已鉴定出300多种。除醛类外，常见的还有苯、甲苯、二甲苯、三氯乙烯、三氯甲烷、二异氰酸酯（TDI）等。它们各自的浓度往往不高，但若干种 VOC 共同存在于舱室空气内时，其联合作用是不可忽视的。由于它们种类多，单个组分的浓度低，常用 TVOC 表示舱室内空气中挥发性有机物总的质量浓度。

由于 VOC 并非单一的化合物，各化合物之间的协同作用，如相加、相乘、拮抗和独立作用的关系较难了解，且不同时间、地点所测的 VOC 的组分也不相同，所以只能暂定出 VOC 的剂量反应关系。我国《室内空气质量标准》中，规定室内空气中 VOC 浓度的限值为 600 μg/m³。

7）砷化氢（AsH_3）

砷化氢是气态砷化物，由于潜艇蓄电池舱内的蓄电池含砷杂质，其在充放电过程中被酸洗时转化而成。砷化氢无色，有大蒜样臭味，是剧毒物质。

砷化氢可使人急性中毒，轻者疲倦无力、头痛、恶心、呕吐，现肝损伤、溶血、眼巩膜发黄、尿色变深、腰痛；重者怕冷、体温高、尿呈酱油色，可出现尿少或无尿、黄疸，皮肤呈古铜色，肝肾功能损伤，会由于肾衰竭和肺出血水肿而死亡。砷化氢也可使人慢性中毒，但很少见。中毒后会出现头痛、力、恶心、呕吐、腹部或腰部疼痛，多发性神经炎，呼出气中有大气味，尿中含砷偏高，贫血等症状。

8）锑化氢(SbH_3)

锑化氢为无色气体，微溶于水，其分子量为124.71，沸点为-17℃，熔点为-88.5℃，相对密度为2.2(-17℃)。

加热至200℃以上时可分解为氢气和金属锑，也能被浓酸、浓碱分解或氧化。锑化氢对眼睛及呼吸道黏膜有明显的刺激作用，机体吸入后，其主要对中枢神经系统和血液有影响。吸入后，会产生气管炎和肺水肿，甚至死亡。

锑化氢易燃，严禁明火、火花和吸烟。遇热分解出的氢气易爆炸，因此，必须使用密闭和防爆的电气设备。着火时可使用泡沫二氧化碳、四氯化碳等进行灭火。

接触后有刺激感、咳嗽、呼吸急促、头痛、无力、恶心。应严格卫生防护，工作场地应加强通风，戴隔离式防毒面具。中毒后迅速离开现场，半卧位休息，吸入新鲜空气，保持绝对安静和保暖，并从速送医院救治。

泄漏时应撤离危险区，戴隔离式防毒面具，并用大量清水冲洗地面，加强通风。

锑化氢平时应储存在通风、阴凉处，并与氧化剂隔开。

9）二氯甲烷(CH_2Cl_2)

二氯甲烷为无色透明易挥发的液体，有刺激性芳香气味。分子量为84.94，相对密度为1.334 8(3.75℃)，沸点为39.75℃。该物质微溶于水，易溶于乙醇、乙醚等，不易燃烧，爆炸极限为6.2%~15.0%。

二氯甲烷很容易通过吸入而被吸收，并进入血液循环，但不易通过皮肤大量吸收。吸收约5%二氯甲烷，可无改变地以原形态呼出；吸收25%~34%二氯甲烷经，代谢成为碳氧化物。实际上，严重暴露于二氯甲烷后，碳氧血红蛋白的血液浓度会很快达到饱和水平。

二氯甲烷与其他溶剂一样能刺激皮肤、眼睛和上呼吸道，特别是长期暴露时，产生的症状与其浓度和暴露时间成正比。早期症状包括轻微头痛、恶心、共济失调。有报道表明暴露于500 ppm的二氯甲烷会引起劳动力下降和注意力下降。

暴露于高浓度的二氯甲烷会引起中毒性脑炎、肺水肿、昏迷死亡。二氯甲烷和CH_3OCl可直接引起肺水肿，而后者是二氯甲烷燃烧时产生的一种极其有毒的气体，与其他溶剂一样，二氯甲烷可对心脏产生影响导致心律不齐。

有关研究认为二氯甲烷也是一种潜在的致癌物和主要的污染物，但在所有的氯代甲烷衍生物中，二氯甲烷是毒性最小的。

10) 氟利昂-11(CFCl$_3$)

氟利昂-11,又写作 R11,是一种无色液体,其分子量为 137.4,沸点为 24℃,熔点为-111℃,相对密度为 150,蒸气相对密度为 4.88,蒸气压在 20℃时为 91.2 kPa。

氟利昂-11 燃烧和加热时会分解产生有毒的光气,在有水存在的情况下分解非常缓慢,与碱土金属和各种金属粉末反应剧烈,能腐蚀镁及其合金。人体吸收后对神经系统有影响,其液体快速蒸发会发生冻伤。

3. 微生物污染物及其毒性

微生物污染是指微生物的产生、附着之后给特定环境带来的不良影响。微生物就像活着的粒状物质,只要有适当的条件就会变成大的生物群体,这种现象就是微生物污染的最大特点。微生物一般包括细菌、病毒、菌类、立克次体原生虫以及藻类。微生物可在一切地方自然产生,具有强烈的繁殖能力。空气中的微生物,有的附着在灰尘上,有的单独悬浮在空气中。

一种名为军团菌的病原体,是水源中常见的一种微生物。这种微生物存在的环境是天然淡水源,如冷却水塔冷凝器冷凝水、加湿器水、水龙头水、淋浴喷头水等,而空调系统(主要是冷却塔水)带菌则是造成军团菌爆发流行的主要原因。军团菌在水温达到 60℃以上的情况下繁殖极快,是隐藏在空调制冷装置中的致病菌,随冷风吹出浮游在空气中。这种微生物被吸入艇员身体后,引起的病称为军团病。这种病是 1976 年在美国费城一次退伍军人会议间首次暴发而得名。军团病对人体健康的危害是多种多样的,轻者会出现上呼吸道感染及发热症状;重者表现为以肺部感染为主的全身脏器损害,可导致呼吸衰竭和肾衰竭。典型患者一般前驱症状为发热、全身不适、食欲不振、乏力、嗜睡以及畏寒、发热等;1~2 天后症状加重,高热、寒战、头痛、胸痛等;再往后则咳嗽日趋明显,开始为干咳,以后可咳痰,痰呈浓性黏液性,有时带有少量血丝或血痰,部分病人可发生呼吸困难。在军团菌患病的早期,大约有一半的病人有腹泻,为水样或黏液样便,少数病人有腹痛、呕吐症状;有的重症患者会出现神经系统症状,如焦虑神志迟钝,甚至昏迷。

潜艇舱室温度较高,一般为 20~30℃,湿度较大,为 70%~80%,管道密布的角落不通风、不透气,很适合于螨虫生存,特别是尘螨,据报道曾在一只陈旧的羽毛枕头里查出 6 500 只尘螨。尘螨是强变应原,人接触到这种强变应原后,易患过敏性鼻炎、过敏性湿疹和过敏性哮喘。

4. 放射性污染物及其毒性

潜艇舱室环境中的气态放射性物质主要有氪和氙等元素的放射性同位素,即放射性惰性气体;可挥发性放射性物质主要指以碘为代表的放射性同位素,而且其中最重要的是碘。

1) 氪和氙气

氪和氙是核燃料的裂变产物,所以也称为裂变气体,在进行废燃料棒溶解时,由大量的裂变气体逸出。此外，反应堆的主载热剂即水和反应堆操作的废水中，都含有不同量的裂变产物，因此也有裂变气体逸出。

2) 碘

碘是一种活泼的稀有元素，在常温下呈黑色或紫黑色。碘的放射性同位素，特别是 ^{131}I，存在于反应堆排出的废气中，或在反应堆放射性事故后的废气中，占有很大的比例。

碘在裂变产物中的含量较大，而且在常温下可以升华，因此裂变产物中的碘很容易引起空气污染。

碘过敏的主要症状为荨麻疹、血管神经性水肿、支气管痉挛甚至出现休克，还可出现鼻炎、结膜炎、皮肤溃疡等。急性碘中毒的表现为恶心、呕吐、流涎、腹泻等。慢性碘中毒主要表现为口内有黄铜味或碘味、口咽烧灼感、唾液腺肿胀、分泌物增加，皮肤表现为粉刺样损害或皮疹状，另外还有胃肠道刺激症状。

二、潜艇舱室空气污染对战斗力的损害

影响潜艇战斗力高低的基本要素主要有两个：一是人，即掌管和使用武器装备的全体指战员；二是物，即具有科技含量的武器装备。在这里讨论潜艇舱室空气污染对其战斗力的损害，就是讨论舱室空气污染对艇员身体健康和潜艇武器装备使用的影响。

（一）潜艇舱室空气污染对艇员身体健康的危害

1. 舱室空气污染物对艇员人体健康影响的主要特点

（1）舱室空气污染的涉及面广，艇员中接触污染的人员多，无论艇员的操作岗位在哪个舱室、哪个工作间，几乎没有一个幸免不予接触。

（2）浓度低，作用时间长。一般情况下，大部分气状污染物浓度较低，但艇员接触气状污染物的时间，短则几天，长则几十天，只要出海潜航，每天 24 h 都与其接触。

（3）多种途径进入人体。舱室空气气状污染物可以通过呼吸道、消化道和皮肤等途径进入艇员人体。

（4）多种因素同时作用。舱室环境空气中气状污染物里的物理、化学和生物因素可同时存在，相互联合作用。就化学污染物来看，往往是同时存在多种污染物，各种不同的生物化学作用，其作用有相加作用、协同作用、促进作用、拮抗作用或独立作用。

2. 潜艇舱室空气中气状污染物进入艇员人体的途径

潜艇舱室空气污染物主要通过呼吸道进入艇员人体，一小部分也可通过消化道和皮肤等途径进入艇员人体。

艇员每天都接触许多颗粒物、有害气体和微生物等。人体呼吸道以喉头环状

软骨为界,分为上下呼吸道。

上呼吸道由鼻腔到咽喉,在鼻腔内鼻毛能阻挡较大的颗粒物可以滤除大于 10 μm 的粒物达 95%。

下呼吸道又分为两部分。从气管到支气管的黏膜都有黏液细胞和纤毛上皮细胞。被吸入的细微颗粒与黏液一起可于 1 h 内经纤毛运输送至咽喉部,随痰咳出,或被吞咽入消化道,纤毛黏液系统能够起到清除有害物质、保护呼吸道的作用。

鼻腔分泌物中含有溶菌酶,能溶解多种革兰阳性细菌及某些革兰阴性细菌,具有非特异性的免疫作用。

由于呼吸道各部分的结构不同,对外源性化学物的阻留和吸收也不相同,一般来说,进入的部位愈深,扩散的面积愈大,停留时间愈长,机体的吸收量就愈大。外源性化学物很快被肺泡吸收,并经血液送至全身,不经肝脏的转化即对全身起作用。因此,外源性化学物经呼吸道进入体内引起的危害较大。

舱室空气污染物也可通过饮食和饮水,经消化道进入艇员肌体,造成危害。

舱室空气污染物还可刺激黏膜、皮肤而直接进入艇员体内,尤其是脂溢性有毒物质易通过皮肤进入艇员体内。

舱室空气中的气状污染物也可能对艇员眼睛有刺激作用。

3. 潜艇舱室空气污染物对艇员身体健康的直接危害

由于潜艇舱室空气污染物的浓度一般都较低,所以对艇员身体健康的影响一般是造成慢性危害及远期影响。其主要表现为以下几个方面。

1) 长期刺激作用产生炎症

舱室空气污染物中的有害物质二氧化硫(SO_2)、二氧化氮(NO_2)、硫酸雾、硝酸雾、烟尘等,不仅能产生急性刺激作用,而且能长期反复刺激机体的感受部位,使这些部位组织充血,产生炎症,如咽炎、喉炎、眼结膜炎、气管炎等,呼吸道炎症的反复发作,使支气管炎上皮的分泌物大量排出,有时产生痉挛,并有压迫,造成气道狭窄,气道阻力增加,形成综合性疾病,称为慢性阻塞性肺部疾患。这是慢性支气管炎、支气管哮喘、肺气肿三种疾病的统称。病理变化表征是呼气流率降低导致的通气受阻,呼出气流速率降低的另一个原因是肺脏失去弹性,回缩功能降低,肺内压力减小,以致呼出气流减少。

2) 心血管疾病

舱室空气污染会造成艇员肺部病患,使肺功能下降,肺动脉压升高,可能引发肺心病。此外,某些污染物如 CO、NO 等能使血红蛋白带氧能力下降而造成组织缺氧,加重了心脏负担,引起肺心病。

3) 机体免疫功能下降

当舱室空气污染严重时,艇员体内的唾液溶菌酶和分泌型免疫球蛋白的含量均可明显下降,血清中的免疫指标也可下降,说明人体内的免疫力降低。

4）慢性化学中毒

舱室空气污染物中很多有害物质能引起慢性中毒,如铅、镉、氟、砷和汞等。据调查,舱室空气污染物中、锌、铅、铬的浓度分布趋势往往与心脏病、动脉硬化、高血压、中枢神经系统疾病、慢性肾炎、呼吸系统症状的分布趋势一致。

4. 潜艇舱室空气污染物对艇员身体健康的间接危害

艇员在生活工作过程中会排放出大量的二氧化碳,即使在舱室配置了二氧化碳吸收装置,由于其吸收效率不很理想,致使舱室内二氧化碳含量呈上升趋势。二氧化碳能吸收舱室内诸多设备工作时发出的红外线等长波辐射,而使舱室内气温升高,这也是舱室温度高的原因之一。舱室气温升高后,不利于艇员的身体健康;但同时舱室的湿度大,却有利于病原体的加繁殖,如致病菌、病毒、蠕虫、螨虫等微生物,微生物的大量繁殖,不利于艇员的身体健康。

另外,舱室空气污染物中有害气体 SO_x、NO_x 等酸性污染物于舱室中的潮湿空气中,经过氧化,凝结成稀酸气雾,降低了舱室空气质量,也对艇员身体健康不利。

舱室空气污染物中如一氧化碳、锑化氢、砷化氢、氯化氢、氟化氢、氮氧化物、氯气、臭氧等有害气体都具有不同程度的毒性;有的有害气体还具有各自特有的刺激性臭味,还会刺激眼睛引起流泪,刺激呼吸道引起咳嗽,刺激消化道引起恶心,刺激神经引起麻痹等。有害气体当其浓度超过容许值时,会危及艇员身体健康和工作效率,严重时甚至会引起死亡。例如,1958年美国"海狼号"攻击型核潜艇创造了水下潜航60昼夜的新纪录,航行期间舱内 CO_2 过多,使艇员产生头痛现象;美国"海神号"攻击型核潜艇在一次水下航行时,由于制冷装置发生氟利昂泄漏,导致艇员中毒。

外军某潜艇在一次远航前,对即将参加航行的18~45岁全体艇员进行了体检,均无明显的躯体性疾病,符合远航身体健康要求。在连续潜航若干昼夜后,发现艇员的发病率较高,共发病203人次。为此,专家对此类病例进行了分析汇总,得出发病率见表8-1-2。

表8-1-2 外军某潜艇一次远航若干天期间发病情况统计

常见病	发病率/%	常见病	发病率/%	常见病	发病率/%
上呼吸道感染	61.97	关节疼痛	25.35	神经衰弱	7.04
消化系统疾病	53.52	肌肉疼痛	23.94	鼻炎	5.63
皮肤病	39.44	眼部疾病	22.54	心悸	1.41
外伤	25.35	口腔疾病	18.31		

上呼吸道感染主要是潜艇舱室空气环境被污染的结果,艇员工作、居住在潜艇舱室封闭狭小的空间,空气不流通且质量差、有害气体成分多、含量高。

消化系统疾病是因为艇员生活在有限空间内,活动量有限,能量消耗低,导致消化系统功能下降,舱室高温高湿,所携带食品种类单一、过度疲劳,加上出海时处于应急状态,所以容易引起消化系统疾病的发生。

皮肤病的发病因素主要是潜艇携带的淡水少,自制淡水质量不过关,再加上个人卫生习惯,衣物得不到及时换洗和晾干,大量真菌生长繁殖,人员居住集中,生活中误用、混用他人生活用品,极易造成传染传播。

肌肉、关节疼痛与舱室内长时间的空间环境、高湿环境,及活动量突然减少有着直接关系。

艇员在舱室内长时间处于光线不足和卫生条件有限的环境下工作,导致艇员眼部疾病的发病率较高。

(二) 潜艇舱室空气污染对潜艇安全的影响

1. 舱室空气污染物中氢气危及潜艇安全

潜艇蓄电池舱内的诸多蓄电池,在充放电过程中会释放出大量的氢气。氢气是潜艇舱室内最易引起爆炸的有害气体,在高温或明火条件下,氢气和氧气的混合气体在一定的浓度范围内,是一种强烈的爆炸性气体。它们的爆炸极限,即体积分数分别如下:

$$\text{氢气和空气} \begin{cases} \text{上限} \begin{cases} H_2 & 73.5\% \\ \text{空气} & 26.5\% \end{cases} \\ \text{下限} \begin{cases} H_2 & 5\% \\ \text{空气} & 95\% \end{cases} \end{cases} \qquad \text{氢气和氧气} \begin{cases} \text{上限} \begin{cases} H_2 & 96\% \\ O_2 & 4\% \end{cases} \\ \text{下限} \begin{cases} H_2 & 5\% \\ O_2 & 95\% \end{cases} \end{cases}$$

处理液氧、高压空气时,操作不当也会引起爆炸,造成火灾。

核潜艇由于长时间水下航行,目前采用的电解水供氧和排除二氧化硫的措施,这样的措施使得产生的氢气和排除的二氧化碳须经压缩后排出艇外,易在海水中形成气泡,从而破坏潜艇的隐蔽性,暴露行踪,危及潜艇的安全。

2. 舱室空气污染物中其他有害气体危及潜艇安全

潜艇舱室空气污染物中,除氢气外,其他的有害气体也可能会引起爆炸,危及潜艇本身的安全。

自潜艇问世以来至1990年底,据报道估计,全世界核潜艇已发生各种事故400起以上,有据可查的事故有136起爆炸和37起火灾事故,占21.4%,共沉没核潜艇13艘,死600余人,其中因爆炸火灾导致潜艇沉没的有6艘,死伤达300余人。伤亡中,除潜艇沉没海底外,还有被烧死在舱室、闷死、空气中毒、严重烧伤和在发生爆炸时被炸死等多种情况。因此,爆炸和火灾是对潜艇安全的最大威胁。氢气、一氧化碳、碳氢化合物(汽油蒸气)等有害气体均是易燃气体,在舱室空气中达到一定浓度时,在明火或高温下,与空气中的氧化合产生大量的热,从而引起爆炸,均会危及潜艇本身的安全。

三、潜艇空气的质量检测

潜艇中的密闭大气须进行不间断的监测和控制,以使空气质量符合卫生学要求。大气监测不仅要求检测空气中的潜在有害物质,而且应适时调节空气组分。在潜艇潜入水下后,一般每小时检测 3 次。当发生应急情况时,每隔 15 min 进行一次空气采样。目前,美国、英国、法国、德国、加拿大、俄罗斯等国海军都具有监测和控制潜艇大气的技术与装备,大体包括以下方法和装置。

(1) 一氧化碳红外分光光度法:在红外区,一氧化碳分子以特定的频率振动。只要测出该频率范围内的一氧化碳红外吸收效应,便可得知大气中的一氧化碳含量。

(2) 氢导热率法:氢分子因非常微小,故具有极高的导热性。只要检测出潜艇大气导热率的变化,即可知道潜艇大气中氢含量的变化。

(3) 总烃光化电离测定法:当采用该技术时,高能光子束使烃类分子丢失电子,所产生的离子流量即为烃类的含量。但是,因光子的能量太低,不能使大气中的氮气发生电离作用。

(4) 氧和氧化亚氮顺磁检测法:凡无配对电子的物质,如氧和氧化亚氮,都被吸入磁场内。检测器中所使用的磁场为非均匀性磁场,当顺磁性气体改变磁力时,场内传感元件的力矩便发生变化。根据传感元件的运动变化可检测出此类物质在气流中的含量。

(5) 质谱检测法:美海军在潜艇上都装备了中央大气监测系统,其主要组件是一台质谱分析仪。运用该法几乎可检测潜艇大气中的各种成分,如氢、氧、二氧化碳、氟利昂-12、氟利昂-114、氟利昂-134A、氟利昂-1301、总脂肪烃类、总芳香烃类及苯,并可对上述气体进行连续监测和报警。目前,美海军的所有潜艇均装备有 CAMS – MKII,并将微机技术与空气再生、净化等技术结合起来,组成潜艇大气生命保障系统,实现烟气含量的自动调节,以及二氧化碳及其他有害气体的自动控制与清除。

(6) 多元光纤传感器矩阵管理中央大气监测系统:美海军正在利用多元光纤传感器矩阵,建立一个与潜艇网络界面相匹配的分析网络系统,用其操作大气控制系统,检测全艇内的大气质量,控制艇内的通风系统、温控系统、产氧机、二氧化碳清除系统、一氧化碳与氢气处理系统,以及微量污染物清除系统,提供控制潜艇通风与大气再生系统的数据。

(7) Multiwarn Ò 型潜艇大气检测装置:这是由德国 Draeger 公司研发的多种气体监测仪,与 25 种电化学传感器、两种红外传感器、两种催化传感器兼容。

(8) Draeger 芯片检测系统:这是一种用于检测各种气体与蒸汽的新颖检测系统。它将化学试剂技术和电子技术融合在一起,可对密闭环境中的有害气体进行准确检测。

(9) 潜艇大气污染物检测装置：这是加拿大海军潜艇使用的大气监测技术，利用预先设定好的 SMART BLOCK 传感器进行检测。

(10) 便携式潜艇大气污染物检测装置：由于中央大气监测系统或其他系统不能完全解决所有潜艇大气污染物的检测问题，因此需要使用便携式检测装置对部分有害气体进行检测。此类便携式装置主要有 Draeger 检测管和多种传感器。德国 Draeger 公司生产有 17 种 Draeger 检测管，携带方便，灵敏度高，当与艇内大气中的特定成分发生反应时，其颜色发生变化，于是检测出相应的目标气体。可用于检测丙酮、氨、一氧化碳、二氧化碳、氯、氯化氢、二氧化氮、二氧化硫、臭氧和其他化合物。

目前国外海军正在发展色谱与计算机联用的技术，使潜艇的大气监测装备更趋小型化和智能化，对大气的监测、控制和净化更加精确，其自动化程度更高。同时，还注重发展便携式多功能检测仪，以进一步提高检测速度和现场检测能力。

四、潜艇舱室污染物的净化

（一）颗粒状污染物的净化

1. 过滤层清除颗粒状污染物

当空气流过滤层时，空气中颗粒状污染物由于过滤层的阻断而不随空气流出，这样的过程称为颗粒物过滤。过滤层过滤颗粒物的机理是：当颗粒状污染物的粒径比过滤层筛孔尺寸大时，就不能随气流流过滤层，这种过滤称为筛滤。主要有以下六种形式。

（1）扩散。细微的颗粒状污染物在空气中随气流运动过程中，经常伴随着布朗运动，即运动轨迹不规则的运动，使颗粒状污染物接触过滤介质表面而被阻留的机理，称为扩散。粒径小的颗粒状污染物的扩散系数较大，故粒径小于 $0.1\ \mu m$ 的颗粒状污染物的过滤主要依靠扩散作用，且随着颗粒状污染物的粒径减少，过滤效率提高；同时，颗粒状污染物粒径越小，含颗粒状污染物的空气温度越高，则发生扩散的概率越大。

（2）拦截。含颗粒状污染物的空气流在过滤层中碰到许多过滤介质或曲折孔道，而被逐次分散、化合。此时在介质附近的颗粒状污染物不偏离流线而接触过滤介质表面，并被阻留的机理称为拦截。粒径大于 $1\ \mu m$ 的颗粒状污染物主要依靠拦截作用，且随颗粒状污染物粒径增大，过滤效率提高。

（3）惯性。当含颗粒状污染物的空气流在运动过程中遇到障碍物时，气流则产生绕流，绕过过滤介质拐弯时，颗粒状污染物因具有一定的质量而存在一定的惯性，在惯性力的作用下颗粒状污染物有保持原来运动方向的倾向。这就使得惯性大的颗粒状污染物因保持原来的运动方向而撞到过滤介质表面被阻留，其运行机理称为惯性。

（4）筛滤。当含有颗粒状污染物的空气流经过滤介质表面网孔或缝隙时，粒径大于网孔和缝隙的颗粒状污染物被阻留，并使得过滤介质表面网孔和缝隙进一步变小，更小粒径的颗粒状污染物也会因此而被阻留的机理称为筛滤。

（5）静电沉降。在电场中流动空气中的颗粒状污染物若带有一定极性的静电时，便会受到静电力的作用。在静电力和气流阻力的共同作用下，颗粒状污染物产生的沉降过程称为静电沉降。

（6）凝并作用。颗粒状污染物的凝并，是指细微颗粒状污染物通过不同途径相互接触而结合成较大粒径的过程。显然，凝并作用并不是一种清除颗粒状污染物的机理，但它可以使微小的颗粒状污染物凝聚增大，有利于采用各种方法清除颗粒状污染物。

在上述各种清除颗粒状污染物的机理中，扩散清除、拦截清除和惯性清除三种机理最重要。在过滤过程中，大小相等的颗粒状污染物最难被阻留，而随着颗粒状污染物尺寸加大或减小，清除将明显增加，这种最难被清除的颗粒状污染物反映了过滤层选择性能力。实验证明：这种颗粒状污染物的直径为 $0.1 \sim 0.3\ \mu m$。

清除颗粒状污染物过滤层的材料大致可分为三类。

1）填充纤维过滤层

填充纤维过滤层所用的材料常见的有石棉纤维、植物（棉花）纤维、合成纤维、玻璃纤维、矿渣棉等。过滤层就是使用这些材料层叠而成。它们的细度达到百分之几微米到几十微米，其中较粗的纤维起着骨架的作用，在骨架上由较细的纤维构成网格，网格的孔隙尺寸颗粒状污染物的直径来说是很大的。填充纤维过滤层的净化效率一般较低，通常为 60%~70%，若纤维本身带有静电，则净化效率可大大提高。

2）滤纸滤布过滤层

用上述各种材料加工制成的滤纸、滤布等层叠就成为滤纸、滤布过滤层。这种过滤层的优点是可控制纤维的细度和过滤层的厚度、密度，可以获得不同性能的制品，适合不同要求的过滤系统。为了改善过滤层的性能，使其适用于特殊的使用条件，还可对各种制品进行防水、防火和带电处理。常用的滤纸有石棉纤维滤纸、合成纤维滤纸、玻璃纤维滤纸和矿渣棉过滤垫等。

3）泡沫塑料过滤层

泡沫塑料在制作过滤层前，已由制造厂进行过化学处理，把内部气孔薄膜壁穿透，使气孔相互沟通，形成许多弯弯曲曲、形状不规则的孔道。泡沫塑料越厚，这些孔道也就越长，因而净化效率也就越高。但随着泡沫厚度的增加，净化效率的提高速度就逐渐缓慢，而空气阻力却激增。因此，一般采用厚度为 15 mm 左右的泡沫塑料作过滤层，计重效率为 80% 左右。泡沫塑料过滤层在使用中积满了足够多的颗粒物后，阻力增加了许多，此时需取下过滤层，并用自来水清洗，加适量洗涤剂，晾干后可重复使用。

2. 静电清除颗粒状污染物

静电清除颗粒状污染物是利用电晕放电的原理,即在含有颗粒状污染物的气流通过两极之间的电场时,处于电晕范围内的气体因电晕放电而产生大量的正、负离子和自由电子,在电场力的作用下,向电性相反的电极方向运动,在运动过程中碰撞和黏附颗粒状污染物微粒而带电,带电的颗粒物在电场力的作用下分别移向电极,并在电极上沉积下来,从而使气体得到净化,排出干净空气。由此可知,静电清除颗粒状污染物的过程可归纳为三个阶段。

1)颗粒状污染物带电

在电晕电极与集尘极之间施加直流高电压,使放电极发生电晕放电、气体电离,生成大量的自由电子和正离子。正离子被电晕电极(假定带负电)吸引而失去电荷。自由电子与随即形成的负离子向集尘极(正极)移动。通过电场空间的颗粒状污染物粒子与自由电子、负离子碰撞附着,实现颗粒状污染物粒子带电。

2)颗粒状污染物沉降

在库仑力的作用下,带电粒子被驱往集尘极,到达集尘极表面后放出电荷并沉集。

3)颗粒状污染物清除

集尘极表面上的颗粒状污染物沉积到一定厚度后,用机械振打等方法将颗粒状污染物清除。

在正电晕情况下,电晕范围外为正离子,故大部分颗粒状污物,也需要进行清除。带正电粒子,在电场力作用下,沉积在负极。由于电量区相对较小,且电场强度大,气体负离子和电子的运动速快,在电晕区内停留时间很短,只有极小一部分落入电晕范围内,颗粒才可能带负电,沉积在电晕电极上。在负电晕情况下,电晕外为负离子和电子,故大部分颗粒状污染物带负电,在电场力作用下沉积在正极,由于同样的原因,仅有极少部分落入电晕范围内的颗粒状污染物才有可能带正电,沉积在电晕电极上。所以,无论是正电晕还是负电晕,大部分颗粒状污染物都是沉积在集尘极上,而电晕电极上则颗粒状污染物很少。

影响静电清除颗粒状污染物净化效率的主要因素如下。

(1)电源。静电清除颗粒状污染物是靠颗粒状污染物带电,并向一定电极方向运动来清除颗粒状污染物,因此,电晕电压必须是直流电压,空气中的颗粒状污染物才会向一个方向运动而沉积下来;否则电场方向不断变化,带电颗粒状污染物所受力的方向也会不断变化,时而推向一极,时而推向另一极,以致未到达任一电极的表面就被气流带到静电除尘器外,达不到清除颗粒状污染物的目的。

(2)电晕性质。电晕有两种:一是负电晕,其正离子向负电性的电晕电极高速运动,打到电晕电极上会释放出电子,该电子在通过电晕电极附近的强电场时,与分子碰撞,又产生新的正离子和电子;二是正电晕,其负离子、电子打到电晕电极表面,打出的电子不多,大部分电晕电流由正离子携带。因此,负电晕的电晕电流大于正电晕的电晕电流,负电晕的击穿电压也高于正电晕的击穿电压,所以负电晕比正电晕的消除颗粒状污染物效率高,维持正常的电晕电压范围较宽,负电晕也比正电晕稳定。

(3) 电晕电流。电晕电流增大时,颗粒状污染物带电机会增多,向集尘极运动的速度也增大,清除颗粒状污染物效率就高。电晕电流的大小与电极结构、电晕电压高低、电晕性质等因素有关。

(4) 电晕电压。在正常的操作范围内,即临界电压至击穿电压之间,电晕电压升高,电晕电流增大,离子、电子浓度增大,运动速度增加,致使颗粒物带电量、带电速度、漂移速度均提高,因此清除颗粒状污染物效率就高。但电晕电压不能高于击穿电压,而击穿电压又与舱室空气的温度、湿度、组分、气压、电晕电极形状及其数目有关。

(5) 电极结构。电晕电极直径越小电晕电极周围的场强越大,电晕电流也越大,但太小易折断,故一般直径为2~5 mm。电极间距离越小场强越大,电晕电流也越大,但太小,则容纳颗粒状污染物的能力小,故一般极间距离为12.5~17.5 mm。

(6) 舱室小气候状况。涉及舱室空气温湿度、空气流速度和方向、空气中颗粒状污染物的浓度、颗粒状污物粒径、颗粒状污物的导电性、电极间绝缘和负极接地程度等因素。

(二) 气状污染物的净化

1. 吸附法净化舱室空气中气状污染物

由于固体表面存在着分子引力或化学键力,能吸附分子并使其浓集在固体表面上,这种现象称为吸附。吸附是一种物质的分子或原子附着在另一种物质表面上的过程。

吸附法就是将含有污染物的空气强迫通过被选择的固体吸收剂,使气相中的污染分子与固体之间形成作用力吸附在固体表面,实现气、污分离,达到净化空气的目的。可利用的具有吸附能力的物质,包括活性炭、硅胶、分子筛、活性氧化铝等。吸附法适用于几乎所有的气状(或分子状)有害气体,包括恶臭气体,而且净化效率高,富集功能强,从而成为净化有害气体比较常用的方法。

吸附法可分为物理吸附、化学吸附和离子交换三种。

1) 物理吸附

在吸附过程中,若吸附剂与吸附质之间的作用力是静电引力或者没有发生化学反应,这种吸附称为物理吸附。引起物理吸附的作用力是吸附剂和吸附质之间的分子引力,又称范德华力,范德华力是定向力、诱导力和逸散力的总称,所以物理吸附也称为范德华吸附。

物理吸附过程没有选择性,在一般情况下都能够不同程度地、同时吸附各种气体和蒸气。吸附过程进行较快,几乎在瞬间就形成吸附。吸附剂与吸附质之间不发生化学作用,因此吸附剂本身的性质不变。物理吸附是一种放热过程,释放出的热量称为吸附热,其吸附热较小。物理吸附的吸附热相当于被吸收气体的升华热或凝结热,一般为 20 kJ/mol 左右。物理吸附总是可逆的,即吸附质极易从吸附剂表面逸出的现象称为脱附或解吸。

活性炭具有巨大的表面积,主要是物理吸附各种有害气体,不同固体化学吸附剂和催化剂发挥的作用不同,例如:银化合物对砷化氢产生氧化作用;铬化合物对氰化氢和氯化氢起催化氧化作用;氧化铜既对氯化氢起固体化学吸收作用,同时又可使氯化氢发生催化氧化反应。所以,在潜艇上,活性炭能不同程度地消除室空气中除 CO 外的各种有害气体,主要是碳氢化合物、氮氧化物、氰化氢、氯化氢、锑化氢。活性吸附放射性气体 ^{135}Xe(氙)、^{131}I(碘)蒸气也是物理吸附。

2) 化学吸附

在吸附过程中,吸附剂表面分子和吸附质分子之间伴有化学反应,或者当吸附剂和吸附质之间的作用力是化学键力时称为化学吸附,也称为活性吸附。化学吸附具有选择性。只能吸附参与化学反应的气体成分。化学吸附与化学反应相似,需要一定的活化能,因此吸附速度慢,需要很长时间才能达到平衡,但随温度的升高会加快吸附速度。化学吸附大多是不可逆的,结合物形成后比较稳定,吸附剂和吸附质不能再恢复为原来的性状,被脱附下来的物质也可能已经变为另一种化合物。化学吸附也是放热过程,但其吸附热比物理吸附热大得多,一般都高于 42 kJ/mol,相当于化学反应热。

总之,化学吸附实质上是一种表面反应,吸附作用力为化学键力;而物理吸附实际是一种物理作用,吸附作用力为范德华力,在吸附过程中,没有电子转移,没有化学键的生成与破坏,没有原子重新排列等。另外,物理吸附和化学吸附之间没有严格的界限,更不是各自孤立的,往往相伴发生。同一种物质在低温下,可能是进行物理吸附,而在较高温度下,就可能产生化学吸附。在气态污染物的吸附净化过程中,常常是两种吸附综合作用的结果,只是在某种特定条件下,以某一种吸附过程为主而已。

3) 离子交换

有些固体吸附剂是由一个固定的较大带电离子和另一个置换的导电离子所组成。如硅酸($SiO_2 \cdot nH_2O$,可简写成 $HSiO_3 \cdot H$),若遇到水溶液中其他相同电荷的离子,就能发生离子交反应:

$$4HSiO_3—H^+ + Zr^{+4} \Longleftrightarrow (HSiO_3)_4Zr + 4H^+ \qquad (8-1-1)$$

水溶液中离子进入固体吸附剂中,成为固体吸附剂的一个组成部分,而原来在固体吸附剂中的导电离子则散入溶液中,液相和固相的离子交换了位置。这类吸附剂称为离子交换剂。推而广之，凡是具有离子交换能力的固体物质都称为离子交换剂。

离子交换剂可分为天然和人工合成两种。人工合成离子交换剂又可分为有机合成和无机合成两大类。有机合成的离子交换剂称为离子交换树脂。

离子交换树脂根据交换离子的电荷可分为两类：离子带正电荷的称为阳离子交换树脂；离子带负电荷的称为阴离子交换树脂，能离解出阳离子的树脂又称为酸性阳离子交换树脂。根据阳离子离解的难易程度又可分为强酸性和弱酸性阳离子交换树脂，离解出 H^+ 者又称 H 型阳离子交换树脂，同时根据需要，可使 H^+ 型转为其他型，如钠型、铵型，它们能分别离解出 Na^+、NH_4^+。能离解出阴离子的树脂称为碱性阴离子交换树脂。同样碱性阴离子交换树脂也可分为强碱性和弱碱性阴离子交换树脂。

阳离子交换树脂是含有磺酸基（—SO_3H）、羧基（—COOH）或苯酚基[—(C_6H_4)OH]等酸性基团的树脂，能以 H^+ 交换溶液中的金属离子或其他正离子，例如：

$$R—SO_3H + NaCl \longrightarrow R—SO_3Na + HCl \qquad (8-1-2)$$

阴离子交换树脂是含有氨基（—NH_2）、季氨基[—N(CH_3)$_3$OH]、亚氨基（—NRH）等碱性基团的树脂，能以 OH— 交换溶液中的各种负离子，把含有不同离子的溶液通过离子交换剂，将溶液中的某些离子，或某种离子，将其与离子交换剂上带相同电荷可导电离子进行位置上的交换，结果溶液中的离子交换到交换剂上，交换剂上可离解的离子交换到溶液中，从而达到分离和净化的目的，这种方法称为离子交换法，核潜艇上 CO 尾气的净化就可使用这种方法。这种离子交换有选择性，为单分子吸附；吸附快速可逆，所以可再生重复使用。吸附热等于离子交换反应热。

吸附剂的种类很多，可分为有机吸附剂和无机吸附剂、天然吸附剂和合成吸附剂。天然矿产（如活性白土和硅藻土等）经过适当的加工，就可以形成多孔结构，可直接作为吸附剂使用。合成无机材料吸附剂主要有活性炭、活性炭纤维、硅胶、活性氧化铝及合成沸石分子筛等。近年来还研制出多种大孔径的吸附树脂，与活性炭相比，它具有选择性好、性能稳定、易于再生等优点。

2. 吸收法净化舱室空气中气状污染物

吸收法净化气状污染物的原理是，利用气体混合物中各种成分在吸剂中的溶解度不同，或者与吸收质中的组分发生选择性化学反应，从而将有害组分从气流中分离出来。具有吸收作用的物质称为吸收剂，被吸收的组分称为吸收质。吸收法也分为物理吸收和化学吸收两大类。

吸收过程无明显化学反应，单纯是被吸收组分溶入液体的过程称为物理吸收，例如,用水吸收氯化氢、用水吸收二氧化碳等。伴有明显化学反应的吸收过程称为化学吸收,例如,用氢氧化钠溶液吸收二氧化硫、用酸性溶液吸收氨等。

由于化学反应增大了吸收的传质系数和吸收推动力,加大了吸收速度,因此当净化污染的空气流量大,成分比较复杂,吸收组分溶解度较低时,靠物理吸收难以达到净化标准,故多数情况下采用化学吸收来净化气态污染物。

吸收法净化气状污染物是使污染物从气相转移到液相的传质过程,故又称为湿式净化法。吸收的逆过程为解吸。物理吸收过程中,吸收和解吸同时存在。当吸收过程开始时,吸收液中吸收质浓度很低,吸收速率大于解吸速率。随着吸收过程的进行,解吸速率逐渐增大,最终吸收速率与解吸速率相等,溶液达到了饱和状态。物理吸收是可逆的,降低温度、提高压力,有利于吸收;反之则有利于解吸。化学吸收中发生的化学反应若是不可逆反应,就不能解吸,或解吸出来的不是原吸收质而是反应产物。若反应产物性质稳定,则可降低液相中吸收质浓度,有利于吸收。一般来说,化学反应的存在能提高吸收速率,并使吸收的程度更趋于完全。

1) 固体化学吸收法

固体化学吸收法是指固体物质和其他种物质发生化学反应生成新物质的过程,这种固体物质称为固体化学吸收剂。利用固体化学吸收剂和有害气体之间发生化学反应来消除有害气体的方法,称为固体化学吸收法。固体化学吸收剂应根据有害气体的性质来选择,必须具备以下三个条件:一是反应彻底、平稳而迅速;二是反应后生成物无毒,或虽有毒而不挥发,或好处理;三是对有害气体有良好的选择性。

艇用固体化学吸收剂有熟石灰、氢氧化钠、碳酸钠、硫酸铜、氧化铜等。

固体化学吸收剂除单独使用外,还常常以浸渍方法加入活性炭或分子筛,从而得到良好的分散,提高了机械稳定性,借助于活性炭的优良吸附性能有效地发挥其吸附作用。这种活性炭也称为浸渍炭,它具有吸附的性能,又具有固体化学吸收的性能,增加了其应用范围和选择性。此外固体化学吸收剂还可以作为一种添加剂加入催化剂中,从而使加有添加剂的催化剂既具有催化的性能,又具有固体化学吸收的性能,扩大了它的用途。

2) 催化转化法

催化转化法就是利用催化剂的催化作用,使舱室空气中的气状污染物转化成各种无害化合物,甚至是有用的副产品,或者是转化成更容易从气流中分离而被去除的物质。前一种催化转化直接完成了对污染物的净化过程,而后者则还需要附加吸收或吸附等其他净化工序,才能实现全部的净化过程,例如,处理高浓度的二氧化硫(SO_2)时,以五氧化二钒为催化剂,在其作用下二氧化硫氧化成三氧化硫,用水吸收制取硫酸,而使空气得到净化。利用催化转化法净化气状污染物,一般是属于前一种,即在催化剂作用下使气状污染物转化成无害物质。

催化转化法可分为催化氧化和催化还原两大类。前者是使气状污染物在催化剂的作用下与空气中的氧化合,生成无毒,或虽有毒但毒性小,或有毒而不挥发,或好处理的有毒物质,从而净化有害气体,这种方法也称为催化法。催化还原法是使空气中的气状污染物在催化剂的作用下与还原性气体发生反应而转化为无害物质的净化过程。例如,空气中的氮氧化物在铂、钯催化剂的作用下,可与甲烷氢氨等进行还原反应,转化为氮气随气流排出。这种催化转化的过程与吸收吸附净化法的根本区别是,不必再把气状污染物从气流中分离出去,而是将其直接转化为无害物质,这样既不会产生二次污染,又使净化过程大大简化,这也是催化转化法在空气污染控制中得到重视的重要原因。

催化转化法净化气状污染物的优点是,由于提高了反应速度而减少了所需要的设备,能使反应在较低的温度下进行,而减少了热力与动力的消耗量,催化剂的使用过程不用添加其他化学药品,节省了费用,也不会有无用的副产品生成。

(三) 放射性物质的净化

潜艇上通常利用物理或化学的方法,使放射性物质从空气中分离出来,并将放射性物质集中起来进行储存。衡量这种净化空气方法时,经常以去污因数或净化率来表示。

去污因数也称为去污比,或者称为净化系数,表示空气中放射性污染降低的数量级,即

$$去污因数 = \frac{净化前的放射性浓度(Bq/m^3)}{净化后的放射性浓度(Bq/m^3)} \quad (8-1-3)$$

也有用净化效率来表示净化效果的,即

$$净化效率 = \frac{净化前的放射性度 - 净化后的放射性度}{净化前的放射性浓度} \times 100\%$$

$$(8-1-4)$$

各潜艇大国都较重视对艇上的放射性气溶胶和放射性碘、氮、氪等气体进行净化。

1. 放射性物质净化特点

净化普通气溶胶的原理、方法和设备,同样适用于净化放射性气溶胶,但放射性气溶胶又有其自身的特点,这又决定了放射性气溶胶的净化具有下面特点。

(1) 净化率要求高。由于放射性气溶胶具有非常高的生理效应,它比普通气溶胶有着更大的危害性,所以净化要求高。即放射性气溶胶经过净化设备后,要达到很低的放射性浓度,亦即净化率要求很高。如钚(^{239}Pu)在空气中的最大允许浓度为 2×10^{-15} Ci/L(7.4×10^{-5} Bq/L),这相当于 3×10^{-14} g/L,或 1 L 空气中少于一个半径为 0.1 μm 的颗粒,如果空气中含有放射性气溶胶的浓度为 0.6 μg/m³ 则净

化效率应为 99.999 95%。

（2）净化难度大。放射性气溶胶对艇员人体的危害与粒径大小有关，放射性气溶胶的粒径非常小，据文献报道，粒径大 10 μm 的颗粒物不能进入艇员人体肺部的深处，粒径小于 1 μm 的尘粒则进入肺部的概率大，停留在肺部的时间也长。尘粒越小，越易深入到肺部深处而沉积在肺中，这就增加了从空气中净化放射性气溶胶的难度。

（3）气溶胶颗粒带电容易。放射性气溶胶特别容易带电，利用这一特点可以将其从空气中清除掉。

（4）要妥善处理净化出来的放射性物质。由于放射性污染物的生理毒性大，所以将其清理出来后必须妥善处理。例如，采用多孔介质过滤器净化放射性气溶胶时，一般都是将用过的过滤器作为固体放射性废物而予以储存或掩埋。

2. 放射性物质净化方法

潜艇上，消除放射性气溶胶的方法一般有过滤法、静电除尘法等方法，其中最常用的方法是过滤法。

（1）过滤法。过滤法是使用 Φ_{III} 过滤布作为过滤层，对放射性气溶胶进行过滤净化的方法。这种滤布由一层普通纱布和一层厚度均匀的过滤纤维层构成，而后者又由聚氯乙烯喷雾而成。根据过滤情况的不同，纤维的直径应为 0.5~2.5 μm。Φ_{III}-15 表示纤维的平均直径为 1.5 μm，Φ_{III}-15 表示纤维的平均直径为 2.5 μm，这种过滤纤维本身带有电荷，除了具有机械性过滤作用外，同时还具有电荷作用的静电除尘作用，可将放射性气溶胶微尘吸附住，有很高的过滤效率。一般带有放射性气溶胶的微粒基本上都已被过滤下来，效率最低可达 99.99%。

采用 Φ_{III} 过滤布作过滤材料制成专用于过滤放射性气落胶的流滤器，且可以与排风系统组合成可拆式滤芯使用。使用一段时间后更换新的滤芯即可。在此必须指出：更换滤芯要在放射性衰变至允许剂量后进行；拆换时，要穿防毒衣，迅速地将滤芯取出放在专用的防护容器内再送到废物库进行掩埋处理。

除了用 Φ_{III} 过滤布加工制作过滤器外，有关单位曾用绒、绸、丝、毡、滤纸等做过实验，这些材料都可作为滤材使用，但效率低，只有 40%~60%，其中玻璃纤维的效率较高，有的净化效率竟高达 90% 以上。有的文献指出，玻璃纤维过滤器对于 1 μm 的放射性气溶胶的过滤效率可达 99.9% 以上。由于玻璃纤维不带电荷往往不能将放射性气溶胶的尘粒吸附住，所以有些放射性粉尘仍能通过，而不能被滤除掉。

（2）静电除尘法。静电除尘法的优点是可以进行自动化操作，从而避免了人员与放射性气溶胶的接触。静电除尘法的基本原理与普通气溶胶静电除尘法相同，但用此法净化放射性气溶胶污染的空气时，其效果尚很差。

此外，消除放射性物质和放射性气溶胶的主要措施还有：

（1）上浮通风换气；

（2）将抽气器出口排出外；

（3）一回路本身除气，集中收集后再排放。

除上述几种方法外，其他方法均不实用，要消除放射性物质和放射性气溶胶，还必须停堆，利用应急动力返航。

舱室内的放射性气溶胶以微尘形式存在时，通常采用以下方法去除放射性微尘：一是防止污染，二是及时消除污染。在高浓度辐照的情况下，应立即停堆，同时对于微尘的防护就是戴上防毒面具，主要防止放射性微尘由呼吸系统进入体内。如果条件允许的话，应将潜艇浮起，并进行全艇舱室通风。以上这些措施都是很有效的消除潜艇空气中的放射性微尘和放射性气溶胶的有效方法。

五、潜艇舱室大气环境的恢复

（一）氧气的补充

目前，潜艇人员执行任务缺氧时，主要通过潜艇补氧系统和应急供氧系统来补充氧气。

1. 补氧系统

（1）电离产氧。国外海军供潜艇艇员的氧气大多是采用电离产氧装置（electrolysis oxygen gear，EOG）电解海水获取的。美英等国潜艇一般都装备有 EOG，只要潜艇有足够的电能，该装置就可持续向潜艇供应充足的氧气。

（2）固体聚合物产氧。为提高产氧的安全性和可靠性，国外海军研制了新一代产氧机（oxygen generate plant，OGP）。该装置应用固体聚合物电解质来生产呼吸用氧，与其他产氧装置相比，该装置具有以下优点：一是不使用腐蚀性电解质和石棉，浸渍有催化剂的塑料薄膜，可起电解质和分离器的作用；二是由微处理器控制，产氧机的停机、清洗和重新启动等过程较为简单，整个工作程序仅需 15 min；三是可在低压下运行，可在 2.07~20.7 MPa 压力下运行，一旦氧气槽充满后，正常运行压力为 3.4~4.1 MPa 的低压；四是可降低易燃气体的含量，在同等压力下，OGP 所产生的氧仅为 EOG 装置的 1/10；五是产氧量大，一台 OGP 即可满足所有艇员的需氧量。

（3）氧烛、产氧炉。燃烧氯酸盐氧烛是一种较新颖的艇内补氧法。氧烛是一种由氯酸钠、铁、过氧化钡和纤维材料黏合在一起的混合物，其产氧过程是氯酸盐的热分解，所产生的烟雾和盐可用过滤装置滤除。因氧烛可支持自燃，贮存大量氧烛有火灾危险，而且还会产生微量氯、氯化氢、一氧化碳和粉尘。

2. 应急供氧系统

（1）应急空气呼吸系统主要在潜艇发生火灾时伴有烟雾、一氧化碳、二氧化碳产生，或者当舱内检测出有毒性物质时使用。国外海军潜艇配有超过艇员编制数 10% 的应急呼吸面罩，所有呼吸面罩均接到艇上呼吸气源，应急时通过控制系统使呼吸面罩掉下,供艇员应急时呼吸。

(2) 氧呼吸器是一种自携式氧呼吸器,通过分解过氧化钾供氧,可供艇员吸氧 60 min,并可清除呼出的二氧化碳。

(3) 斯科特呼吸包是国外海军最常见的自携再充气式呼吸装置,与斯科巴系统极其相似,只是前者用于空气环境,而后者用于水下环境。可用其替代氧呼吸器。

(二) 隔离舱室通风

1. 计算方法

潜艇上隔离舱室的通风量按以下方法计算。

(1) 空气再生装置失效后,舱室大气中二氧化碳浓度的增加量计算公式:

$$\Delta C = \frac{100ANT}{V_{舱室}} \quad (8-1-5)$$

式中,ΔC 为二氧化碳浓度的增加量(%);A 为 1 个人每小时呼出的二氧化碳量(m^3/h),休息时 A 取为 0.025 m^3/h,重体力劳动时 A 取为 0.06 m^3/h;N 为舱室内的人数;T 为从空气再生装置停止工作的时刻起,艇员停留在舱内的时间;$V_{舱室}$ 为舱室自由空间容积(m^3)。

每人平均空气容积不同时,在正常压力情况下,二氧化碳浓度的增加量 ΔC 与时间 T 的关系见图 8-1-1 和图 8-1-2。

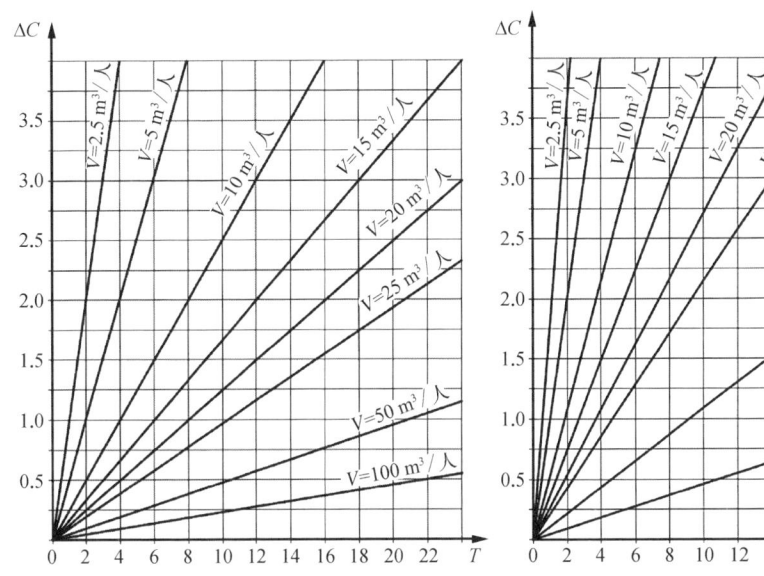

图 8-1-1 每人平均空气容积不同时,在正常压力情况下,二氧化碳的增加量与时间的关系(休息时 A = 0.025 m^3/h)

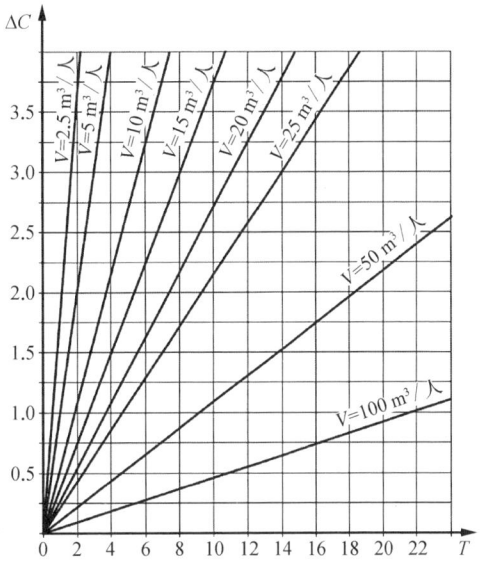

图 8-1-2 每人平均空气容积不同时,在正常压力情况下,二氧化碳的增加量与时间的关系(重体力劳动时 A = 0.06 m^3/h)

(2) 当空气再生装置工作结束后,舱内大气中二氧化碳的浓度计算公式:

$$C = C_0 + \Delta C \qquad (8-1-6)$$

式中,C 为二氧化碳的浓度(%);C_0 为二氧化碳的初始浓度(%);ΔC 为二氧化碳浓度的增加量(%)。

(3) 为了保持二氧化碳所期望的浓度,通风所需的空气量由下列公式确定:

$$Q = \frac{100A \cdot N \cdot p}{C} \qquad (8-1-7)$$

式中,Q 为通风所需的空气量(m³/h);A 为1个人每小时呼出的二氧化碳量(m³/h),休息时 A 取为 0.025 m³/h,重体力劳动时 A 取为 0.06 m³/h;N 为舱室内的人数;p 为舱室内空气绝对压力与正常压力的比值;C 为二氧化碳的浓度(%)。

(4) 为了将二氧化碳浓度降低到允许的范围,应当有额外的空气对舱室通风,通风量由下列公式确定:

$$Q_1 = KV_{舱室}p \qquad (8-1-8)$$

式中,Q_1 为通风量(m³/h);K 为舱室通风交换率,可从表8-1-3中查出;$V_{舱室}$ 为舱室自由空间容积(m³);p 为舱室内空气绝对压力与正常压力的比值。

舱室中二氧化碳浓度降低与通风交换率对应关系如表8-1-3所示。

表8-1-3 二氧化碳与通风交换率的关系

二氧化碳(毒剂)的减少/%	50	60	70	80	90
舱室通风交换率 K/(1/h)	1.0	1.3	1.7	2.3	3.3

2. 计算运用

【例题1】假定有10个人在压力 1 kg/cm²、容积为 200 m³ 的舱内休息 20 h,求舱室内保持二氧化碳浓度为 1.3% 所需的空气量。

解:

(1) 用下列公式求出舱内二氧化碳浓度的增加:

$$\Delta C = \frac{100 \times 0.025 \times 10 \times 20}{200} = 2.5\% \qquad (8-1-9)$$

也可用图8-1-1来确定二氧化碳浓度的增加。若艇员在舱室内停留的时间为 20 h($T = 20$ h)而每个人的空气容积为 20 m³/人($V = 200/10 = 20$ m³/人),则从图8-1-1的曲线中查出二氧化碳浓度增加 2.5%。

(2) 当 $C_0 = 1.3\%$ 时,舱内二氧化碳的浓度由以下公式确定:

$$C = 1.3\% + 2.5\% = 3.8\% \qquad (8-1-10)$$

(3) 二氧化碳浓度从 3.8% 降低到 1.3% 时,其下降率由以下公式求出:

$$S = \frac{3.8 - 1.3}{3.8} \times 100 = 66\% \qquad (8-1-11)$$

(4) 参照表 8-1-3,二氧化碳浓度降低 66% 相应的通风交换率为

$$K = 1.6 \qquad (8-1-12)$$

(5) 降低二氧化碳浓度到 1.3% 所需的额外空气量由以下公式求出:

$$Q_1 = 1.6 \times 200 \times 2 = 640 \text{ m}^3/\text{h} \qquad (8-1-13)$$

(6) 保持舱内期望的二氧化碳浓度所需的空气量为

$$Q = \frac{100 \times 0.025 \times 10 \times 2}{1.3} = 38.5 \text{ m}^3/\text{h} \qquad (8-1-14)$$

(7) 第 1 小时内,舱室内供应的空气总量为

$$Q_1 + Q = 640 + 38.5 = 678.5 \text{ m}^3/\text{h} \qquad (8-1-15)$$

此后舱室空气的供应量为 38.5 m³/h。

第二节 潜艇舱室高温、高湿预防与处置

潜艇舱室空气存在的另一严重问题是高温、高湿。这样的环境将会对艇员生理和心理健康造成严重损害,艇员常常处于亚健康状态,轻则引起食欲下降、疲劳、晕船等情况,重则极易导致疾病发生。高温、高湿的环境也极易引起电子系统、动力推进系统和其他设备元件的腐蚀,虽然腐蚀不易觉察,但由于受到腐蚀,武器装备常常很难得到及时维修而故障失效。而且,第一节所讨论的舱室空气污染物,未考虑气温和湿度两个因素,但在实际情况下,舱室污染物的排放及其毒性均与舱室空气温、湿度关系密切,在高温、高湿的环境下,空气中的各类污染物对人员和装备将产生更为严重的危害。这就要求采取必要的措施改变舱室高温、高湿环境,从而使潜艇舱室内的人员和武器装备免遭或减少高温、高湿环境造成的恶劣影响。

一、潜艇舱室高温、高湿对艇员的损害

(一)潜艇舱室高温、高湿环境对艇员健康的损害

1. 潜艇舱室高温环境对艇员健康的损害

潜艇在出海潜航期间,艇员一直生活在密闭舱室内,人体通过皮肤、呼吸与舱

室环境进行热交换。人体对于温度较为敏感,且借助于神经系统只能进行有限的调节。当艇员体温调节系统长期处于紧张工作状态时,往往会影响神经、消化呼吸和循环等多系统的稳定,降低机体各系统的抵抗力,而使患病率增高。

出汗是人体一种自然的生理机能。出汗可分为两种情况,即不知觉出汗和知觉出汗,后者是体温调节紧张的主要特征之一。当舱室气温过高时,机体汗液分泌量增加,而汗液可以吸附或黏附舱室环境中的有害物质,增加污染物被吸入人体的机会。而当舱室温度稍低时,污染物又可黏附于皮肤表面,加重污染物对皮肤的损害。

舱室内诸多机械、电气设备在运行过程中所产生的热量称为辐射热,会引起艇员机体的温度和温热感觉发生改变,导致体温调节系统长期处于紧张状态,严重时可能会导致神经系统功能紊乱,致使艇员中个别人出现头痛、头晕、恶心、食欲不振和精神萎靡的症状。此外,还能引起血流发生变化,长期作用不仅会对心血管系统产生有害影响,还可能间接导致内分泌功能紊乱。

2. 潜艇舱室高湿环境对艇员健康的损害

舱室空气湿度对于人体的影响,相对于温度而言,相对较低,空气湿度对人体的影响有两个方面:一方面是影响艇员机体的热平衡;另一方面是间接影响舱室内微生物的生长,从而对艇员机体健康产生影响。湿度较大时,有利于细菌和其他微生物的生长繁殖,导致微生物污染加剧,假如微生物通过呼吸进入人体,还可导致呼吸系统和消化系统多种疾病的发生。潜艇舱室空气高温所引起的武器装备失效。

(二)潜艇舱室高温、高湿环境对艇员作业的影响

1. 对艇员体力作业的影响

一般是指纯属体力劳动性质的工作。舱室高温高湿条件下进行体力作业,比其他性质作业的体内积热速度要快,主要原因是艇员自身的肌肉活动。艇员为了设法维持体热平衡,几乎调节自身一切散热机制,因此极易引起疲劳,工作效率下降。以血液循环为例,它面临着双重任务,一方面需要通过循环功能把氧气输送到活动的肌肉,另一方面还必须尽快把体内深部的热量传递到体表散失,以防身体过热。某些情况下这两项任务无法完全兼顾,同时由于人体自身系统特点,人体温度调节任务优先于氧的传递,这就限制了血液输氧能力,从而影响了肌肉的活动。当然从另一层意义理解:高温、高湿条件下肌肉活动力量的减弱,促使体热减少,恰恰符合保护性反射的原则。此外,高温、高湿条件下作业,出汗量明显增多,如不及时补充水分,会引起肌肉细胞内含水量的减少以及电解质平衡的紊乱,而这些变化都会影响肌肉细胞的收缩能力,以及它对代谢产物的敏感性,会导致人体作业能力(特别是耐力)的下降。

2. 对艇员技巧作业的影响

技巧作业主要指艇员操作武器装备时的反应能力,即操作面板上的开关,旋钮,读取、传送数据等工作。试验表明,在35~40℃的舱室温度下,艇员操纵装备仪器的速度和准确度有一定波动,但同时操纵速度随高温暴露时间增长逐渐变慢,误操作逐渐增加。而在45~50℃舱室温度下,技巧作业的变化大致有三个阶段,即初始工作能力(以速度和准确度表示)突然下降,此时人体处在对高温的适应过程,接着有一定的恢复,最后又开始下降,直至实验结束。在更高的温度下作业能力变化的另一个特点,速度和准确度均呈直线下降,中间没有改善的阶段。因此技巧作业受高温的影响,与体力作业存在不同的特点。

有专家曾做过这样的试验:观察捕捉目标心理运动受高温、高湿影响的情况。为考察不同程度热负荷对完成不同难度作业能力的影响,实验设置了21℃(舒适)、30℃(中等)和35℃(严重)三种温度条件。作业难度则由计算随机选择出现三种难度不同的目标。试验结果,热负荷对难度不大、容易完成的工作影响很小,但对难度较大目标难以捕捉的任务影响较大,且随热负荷程度增大,影响更为显著。进一步比较提高任务难度和增加热负荷,会继续引起作业能力的下降度,由此可见,作业难度和热负荷具有协同作用,即两者同时作用将导致作业的下降,远比各自作业下降度之和还要大。

3. 对艇员脑力作业的影响

脑力作业主要是指艇员在岗位上进行与记忆、推理、鉴别、警戒监视以及保持注意力等性质有关的工作。

试验表明,在40~60℃高温下,温度对识别和鉴别等脑力作业的反应时间有延长作用,在同一作用时间里,温度越高,影响越大。45℃高温下的试验结果说明,个体反应在高温作用前一阶段变化不大,高温影响的程度也有差异。在体温升高,同时高温高湿的条件下,听觉监视的信号丢失率要比视觉监视的信号更多,但就后者本身而言,它受体温上升程度的影响更为敏感,各自的信号丢失率见表8-2-1。

表8-2-1　不同环境温度下监视作业信号丢失率

监视种类	环境温度/℃			
	37	38	39	40
视觉监视	7	15	20	37
听觉监视	39	42.5	45	47.5

二、潜艇舱室高温、高湿环境对武器装备的损害

(一)潜艇舱室空气高温对武器装备的损害

武器装备在使用中,"故障"和"失效"这两个词是难以明确区分的,一般来说,

装备失去其功能,可修复的称为"故障",不可修复的称为"失效"。在很多情况下,可修复与不可修复,同样不能严格区分。从这个意义上讲,高温环境对武器装备造成的损伤,往往是在潜移默化过程中形成失效的结果。所讨论的高温是相对常温而言,即潜艇舱室中的温度随着季节变化可能达到 40~50℃,但也并非平时所说的 100℃以上的高温。

舱室高温环境会加速武器装备中的非金属材料的老化。根据高分子材料的氧化机理进行力学分析表明,当环境温度变化 10℃ 时,其老化反应速度加大到 2.6 倍。

常见的非金属材料(如密封皮碗)是橡胶制品,在机器工作过程中老化速度很快,寿命很短,在动态工作中因摩擦产生热能,温度升高,更加速材料的老化。

武器装备中的电子系统,非金属元件都遵循上述分析的高温加速老化变质的机理。由于老化,绝缘材料容易被击穿或漏电,另外在高温条件下工作时,半导体元器件的结温会很快升高,并引起反向击穿,电压增大,造成击穿,还会使 P－N 结出现结合强度降低的情况;在高温下,干电池反应材料容易稠结,放电性能降低等等。

综上所述,舱室温度越高,材料老化速度越快,由此造成武器装备使用寿命越短。

(二) 潜艇舱室空气高湿对武器装备的损害

潮湿和干燥是人们经常接触的现象。潮湿就是空气中的湿度较大,干燥就是湿度较小。但无论是潮湿还是干燥,都会使人感到不舒服,对武器装备来说,同样也有影响。潜艇舱室内由于环境特殊,一般情况下,都是处在湿度较高的状态,有时甚至高达 90%以上。

1. 高湿环境导致的武器装备锈蚀损害

潜艇舱室空气湿度过高,武器装备固体表面会附着一层肉眼看不见的水膜,与空气中的 CO_2、SO_2、NO_2 等酸性气体作用,具有稀酸性质而引起表面锈蚀;电子设备和精密仪表也会因电器元件焊接点被腐蚀,从而导致断路或改变电气性能,造成设备、仪表失灵。金属被腐蚀的速度随着舱室空气相对湿度的增加而增加,并存在三个明显的临界值。一般湿度低于 35%,腐蚀停止;湿度高于 60%,腐蚀速度明显加快;而湿度高于 80%,腐蚀速度相当快,湿度越高,腐蚀速度上升也越快,潮湿是霉菌生长的重要条件。对于霉菌来说,空气的湿度可以划分为三个范围:低于 65%时,霉菌一般不能生长;65%~80%,适合霉菌生长;高于 80%,霉菌会大量繁殖,快速生长,导致霉烂腐蚀。

潜艇舱室武器装备的腐蚀过程如下。

在含有 NO_2 的潜艇舱室空气中,金属的腐蚀与空气相对湿度的关系并不成正比,而是有两个临界点,超越临界点,腐蚀显著不同。这两种湿度分别称为第一临界湿度(LS Ⅰ)和第二临界湿度(LS Ⅱ)。不同金属有不同的临界湿度值,例如,在含量为 200 ppm 的二氧化氮（NO_2）的空气中，45 钢的第一临界湿度为 10%，第二临界湿度为 50%。LM6 铝合金第一临界湿度为 30%，第二临界湿度为 70%。低于第一临界湿度时，因湿度小，附着在金属表面的水分子少，形不成水膜，金属的腐蚀属于氧化腐蚀，腐蚀速度很慢，腐蚀的程度一般很微弱。而高于第一临界湿度时，形成电化学腐蚀，这种腐蚀的速度一般都相当快，常使金属表面出现腐蚀坑点。

在纯净的空气中，除少数金属如金、铂等外，其他大多数工业金属（用 Me 表示）都能不同程度地与空气中的氧发生氧化反应 $2Me+O_2 \longrightarrow 2MeO$，生成的氧化物为一层很薄的、肉眼看不见的氧化膜，称为自然氧化膜。自然氧化膜对金属的继续腐蚀（氧化）起阻碍作用，因而实际上这层氧化膜对金属起到保护作用。

在纯净的空气中，由于氧化膜的保护作用，即使湿度很高，金属的腐蚀也是很微弱的。当把这些金属放在含二氧化氮（NO_2）的空气中时，假如空气的相对湿度很低，在金属表面上，只能吸附一些 O_2、H_2O、NO_2 的分子。这些吸附的分子与金属表面进行化学作用。先是在自然氧化膜比较薄弱的地方发生如下反应：

$$MeO + 2NO_2 + 2H_2O \longrightarrow Me(NO_3)_2 + 2H_2 \uparrow \qquad (8-2-1)$$

这种反应破坏了金属膜 MeO，产生了硝酸盐 $Me(NO_3)_2$。由于金属的硝酸盐比其氧化物具有更好的导电性，更有利于氧化还原反应的电子转移，从而使前面的金属氧化反应能继续进行。当最初腐蚀产物出现后，如果空气中的相对湿度高于第一临界湿度，它就从空气中吸收潮气，并凝聚成进行电化学腐蚀所必需的最小厚度的水膜。同时，二氧化氮（NO_2）也被溶于水膜中，与水膜中的水和氧发生反应而生成硝酸：

$$4NO_2 + 2H_2O + O_2 \longrightarrow 4HNO_3 \qquad (8-2-2)$$

如此一来，水膜就具有酸性电解液的性质，于是在金属表面开始进行如下的电化学腐蚀。

在阳极上：

$$Me^+ + 2OH^- \longrightarrow MeO \cdot H_2O \qquad (8-2-3)$$

$$Me^+ + 2NO_3^- \longrightarrow Me(NO_3)_2 \qquad (8-2-4)$$

在阴极上：

$$O_2 + 2H_2O + 4e \longrightarrow 4OH^- \qquad (8-2-5)$$

$$2H^+ + 2e \longrightarrow H_2 \uparrow \qquad (8-2-6)$$

在阳极上同时进行着生成氧化物和硝酸盐的过程。硝酸盐的生成，破坏了阳极钝化膜的完整性，也增加了它的导电性，从而使整个电化学腐蚀过程更加容易发生,金属的腐蚀也显著增加,出现了小尺寸毛状腐蚀产物和细小的点状腐蚀。随着腐蚀过程的进行,由原来的酸性逐渐变成了中性。当毛状产物出现后,假如空气中相对湿度较高,高于第二临界湿度就可以由毛状产物所形成的微孔和缝隙中,再一次吸收空气中的湿气,电解液膜变厚,使毛状腐蚀产物和更多的金属表面浸在液膜中,金属的腐蚀进一步发展,出现膜状腐蚀产物和坑状腐蚀。随着腐蚀过程的进行,阴极由于水分较充足,而产生了更多的羟基,使液膜由原来的酸性变成碱性。

在含有二氧化氮的空气中,金属的腐蚀机理是由空气中的氧、水和二氧化氮等气体分子对金属表面进行化学和电化学的作用,但当空气中含有二氧化氮而无水存在时,或者只有水而无二氧化氮时,两种情况下都不可能使金属产生明显的腐蚀。

在含有二氧化氮的空气中,当浓度很低(低于 30 ppm)时,增加或减少二氧化氮的浓度,对大多数的金属腐蚀影响甚微;当二氧化氮浓度较高(30 ppm ~ 400 ppm)时,大多数金属的腐蚀速率都以正比或接近于正比的关系增加。在含有二氧化氮的舱室空气中,以 45 钢的腐蚀最为严重。

2. 高湿环境导致的武器装备电器性能损害

高湿环境下,武器装备表面会形成一层水膜,水膜附着在陶瓷、玻璃等绝缘体表面上,将使绝缘电阻下降;对于橡胶、塑料等非金属材料,水膜中水分子通过材料的毛细孔和分子间隙渗透,扩散到其内部,导致绝缘性能降低,体积膨胀会引起变形,加速老化变质。武器装备上涂的防护层、润滑油,极易在高湿下变质失效。对湿度最为敏感的是火工品,在湿度过高时,几天就可能失效。

另外,当舱室空气由干燥骤然变湿时,绝缘用的陶瓷、玻璃及某些橡胶制品等密封材料因吸湿性很小、吸湿速度很慢,湿气极易在其表面凝聚成水珠,这就是湿气凝露现象。凝露能导致电路设备的表面电阻绝缘性能降低 100 ~ 1 000 倍;而对某些的材料如木质、纤维及某些高分子材料等,因其吸湿性较强而吸湿速度很快,吸湿膨胀或去湿收缩都会引起武器装备几何尺寸和形状的变化,导致其机械性能和电器性能发生变化。

三、潜艇舱室高温、高湿环境的处置与控制

只要严格控制舱室环境的温度和湿度条件,就可以较好地控制空气环境对人员和武器装备的影响。

(一)潜艇舱室温湿度环境的控制标准

1. 潜艇舱室人员正常生存的温湿度条件

(1) 温度条件。研究表明,艇员在舱室内工作时,如果是轻度工作,舱室温度以 22℃为宜;如果是繁重工作,舱室温度以 18℃为宜。20℃时是艇员最佳工作温度,舱室温度为 25℃时艇员体能开始下降;到了 30℃以上,艇员心理状态开始恶

化,而到了50℃以上的高温,只能忍耐12 h。

(2)湿度条件。艇员长时间生活的潜艇舱室空气中的含湿量约为0.8 g/kg 干空气~2.0 g/kg 干空气,极限范围为0.6 g/kg 干空气~2.5 g/kg 干空气,最佳值为1.33 g/kg 干空气。含湿量相同的情况下,不同温度有着不同的相对湿度,实验都表明在舒适的气温范围内,相对湿度的变化不会明显影响人体的热平衡,所以对空气湿度的要求不必像气温那样严格,大多数湿度标准取 30%~70%。当气温大于25℃时,70%相对湿度的绝对水汽压已大于容许范围。相对湿度过高或过低都会影响艇员的舒适感。例如,低于15%时将会引起皮肤干裂、眼干燥、鼻黏膜出血等非温性反应。

2. 潜艇舱室武器装备的储存条件、检测周期、封存期

武器装备贮存环境指标常常将温、湿度作为主要指征:

湿度在35%以下,条件理想,武器装备性能稳定,不长霉,不生锈,检测周期为5~10年;

湿度为35%~60%,条件良好,武器装备性能基本稳定,不长霉,基本不生锈,检测周期为2年;

湿度为60%~80%,条件一般,武器装备长霉和生锈速度不太快,检测周期为1年;

湿度在80%以上,条件差,大部分在90%以上时,条件为恶劣,长霉和生锈速度很快,检测周期为半个月或一个月。

(二)潜艇舱室人员应对高温高湿环境的处置

高温下空气湿度对艇员的影响变得十分明显,然而在潜艇的作战、训练过程中,高温、高湿的环境将难以完全避免,为进一步降低高温高湿环境对艇员身体、心理健康的影响,应对潜艇舱室温度湿度环境加以管控。经过研究验证,控制潜艇舱室空气中的湿度应主要考虑高温下的高湿。高温高湿条件下人的耐受时间可用式(8-2-7)计算:

$$t_t = 7.011\,08 \times 10^7 \times e^{0.155\,2RH} \times T_a^{-2.998\,75-0.050\,025RH} \quad (8-2-7)$$

式中,t_t 为耐受时间,min;T_a 为舱室空气气温,℃;RH 为相对湿度,%。

当舱室内空气湿度较高,而气温较低时,舱室空气中水蒸气以微粒为凝结核而形成雾,使颗粒状污染物变重,从而产生积聚的现象,妨碍了有害污染物的扩散,继而使舱室空气质量下降,同时由于污染物在舱室内停留时间长,使污染物的有害作用加强。高气湿使某些易溶于水的污染物毒性增强,如二氧化硫(成酸雾)、甲醛等。与此相反,当空气过于干燥(低气湿)时,除对艇员人体引起不适外,将促使舱室内尘埃飞扬,从而使得舱室生活卫生条件恶化。

舱室空调或通风系统工作后,舱室内空气的流动速度将影响艇员体表的对流

散热,刺激皮肤,给人产生不舒适的吹风感,分散人的注意力,导致艇员工作效率下降。实验表明,在舒适的舱室温度范围内,空气适宜的流动速度应为 0.10 ~ 0.5 m/s。满足舒适要求的舱室空气最大流动速度的公式可表示为

$$V_{amax} = 0.005 \times e^{(0.044 \times e^{-0.032TB + 135}) \times T_a} \quad (8-2-8)$$

式中,V_{amax} 为允许的舱室空气最大流动速度,m/s;TB 为舱室空气扰动度,%;T_a 为舱室空气温度,℃。

式(8-2-8)说明,允许的舱室空气最大流动速度随空气温度的升高而呈幂指数上升,随空气的扰动度增加呈指数下降。若不知道空气扰动度,可用 30% 代入,则式(8-2-8)就简化为舱室空气温度的一元函数关系:

$$V_{amax} = 0.005 \times e^{0.152T_a} \quad (8-2-9)$$

如果不考虑舱室内空气流动对艇员舒适性的影响,仅就热平衡而言,舒适的舱室气温将随着舱室气流速度增加而升高;反之,较高舱室温度可以借助较大的舱室气流速度来维持散热。当舱室气温接近或超过艇员人体平均皮肤温度时,人们就会明显出汗,舱室就不能保持舒适。因此,在 18 ~ 33℃,舒适的舱室气温与空气流动速度有如下关系:

$$T_a = \frac{\ln(V_a/0.005)}{0.167} \times e^{-0.04692V_a} \quad (8-2-10)$$

式中,T_a 为舒适的舱室气温,℃;V_a 为舱室空气流动速度,m/s。

艇员的工作一般有三种类型,即体力作业、技巧作业和脑力作业。这些类型的工作都会受潜艇舱室空气高温、高湿的影响,只是程度不同而已。

(三)潜艇舱室武器装备防腐措施

(1)严格控制舱室湿度。潜艇舱室内部金属部件的腐蚀是受到舱室空气状态等因素的影响,如果降低舱室环境里能引起腐蚀的因素就可以防止腐蚀。潮湿空气对腐蚀作用影响很大,因此把舱室空气的湿度降低到临界湿度以下,则武器装备金属部件的腐蚀率会大大降低,甚至在干燥空气中,金属由于氧化膜的保护而停止腐蚀。为此,必须严格控制潜艇舱室的空气湿度,适时启动空调去湿系统,使舱室空气湿度保持在 50% ~ 60% 的水平上。

(2)净化空气中腐蚀介质。引起金属部件的因素除湿度外,还有舱室空气中的腐蚀介质,如二氧化氮、二氧化硫、氧化碳、碳氢化合物气体、微量盐酸和有机酸性气体等。因此,必须净化舱室空气中的有害气体。

(3)要控制应力的产生。武器装备支撑所产生的外拉应力问题是不可避免的,但可以使这种外拉应力产生在非关键部位,在这些部位即使出现应力腐蚀裂纹,也不会严重影响武器装备的使用。在腐蚀过程中,裂纹的扩展对持久拉应力是

很敏感的,即使较小的拉应力,也会对腐蚀扩展起促进作用。当没有拉应力存在时,金属的裂纹变化甚微;当有拉应力存在时,起初是由于拉应力的作用,导致腐蚀介质加快进入微裂纹,从而使得裂纹加快扩大,当裂纹大到一定程度时,开始按一定的速率进行应力腐蚀扩展。因此,要减小应力腐蚀开裂,首先要降低应力环境。

(4) 挥发性缓蚀剂的应用。挥发性缓蚀剂在常温下有一定的挥发性,挥发剂可以放置在放要保护的设备或者部件周围,其挥发出来的气体,附着在金属表面,对金属的腐蚀起到减、缓、免的作用。

目前挥发性缓蚀剂有多种类型,大多是人工制造的合成有机化合物。在使用这类缓蚀剂时,可以将其装在透气的布袋内,布袋挂在离金属件较近的地方,也可将其融解在酒精或其他溶剂内,再喷洒在需要保护的构件上。对钢铁来说,这些挥发性缓蚀剂可以发挥持久的保护效用,即使周围空气潮湿,也难以出现锈蚀。

另外,防电化学腐蚀还可通过涂漆的方式对金属表面进行密封防护,以防止电解液与金属接触,这样可以有效降低或消除金属离子的转移。保护好钝化膜是防止腐蚀的关键。

四、潜艇舱室高温、高压蒸汽泄漏的预防与处置

潜艇舱室高温、高湿损害还存在一种特殊情况,就是高温高压蒸汽的泄漏,其对人员和武器装备的损害尤为严重,同时由于其一般具有突发性,且伴随有其他破坏损伤作用,故其预防和处置的难度较大。

(一)潜艇舱室高温、高压蒸汽泄漏的严重损害

1. 潜艇舱室高温、高压蒸汽泄漏对艇员的损害

(1) 蒸汽泄漏导致的人体外部烫伤。潜艇舱室空间狭小,一旦出现蒸汽管路泄漏,极易导致暴露的人员遭受烫伤,出现烫伤后,应立即采取针对性措施,为了便于及时开展针对性治疗,可将蒸汽烫伤的伤情按等级进行分类。

一度烧烫伤:表现为受伤处皮肤轻度红、肿、热、痛,感觉过敏,无水泡。

浅二度烧烫伤:表现为受伤处皮肤疼痛剧烈,感觉过敏,有水泡;水泡剥离后可见创面均匀发红、潮湿、水肿明显。

深二度烧烫伤:表现为受伤处皮肤痛觉较迟钝,可有或无水泡,基底苍白,间有红色斑点;拔毛时可感觉疼痛。

三度烧烫伤:皮肤感觉消失,无弹性,干燥,无水泡,蜡白、焦黄或炭化;拔毛时无疼痛。严重的烧伤不仅损伤皮肤,还可深达肌肉、骨骼甚至引起全身变化,如休克感染等。

(2) 蒸汽泄漏导致的人体内部呼吸系统烫伤。在发生蒸汽管路泄漏的情况下,暴露的人员除遭受身体外部的烫伤外,其呼吸系统也极易同时遭受损伤。呼吸

道烧伤按照损伤的部位分为轻度呼吸道烧伤、中度呼吸道烧伤和重度呼吸道烧伤。

轻度呼吸道烧伤：声门以上的烧伤，包括鼻子、喉管和声门的损伤。

中度呼吸道烧伤：气管隆嵴以上的烧伤，包括喉管和气管的损伤。

重度呼吸道烧伤：累及支气管及以下的烧伤，包括支气管、小支气管和肺泡的损伤。

2. 潜艇舱室高温、高压蒸汽泄漏对武器装备的损害

潜艇舱室空间狭小，各种仪表、管路、设备集成度高，一旦发生高温高压蒸汽泄漏，将对附近的武器、装备、器材造成严重损害：一是易导致电气设备易发生短路，继而引发火灾等更为严重的事故；二是使装备器材受热变形，甚至导致装备失效而无法使用；三是使装备器材被高温高湿蒸汽包裹，从而导致腐蚀严重，影响武器装备的使用。

（二）潜艇舱室高温、高压蒸汽泄漏产生的原因

（1）管路腐蚀、老化。一是由于蒸汽管路长时间工作在高温环境负荷下，其金属材料的塑性大大降低而脆性不断增加，长期使用容易发生破损。二是从蒸汽对管路的腐蚀来看，由于蒸汽水分子与液态水分子不同，液态水分子是由多个水分子缔合而成，而蒸汽水分子是由单个的水分子组合而成的。在干蒸汽的状态下，水分子以单分子的形式存在，水分子属于极性分子，具有较强的渗透性能。当温度低于或者等于工作压力下的饱和温度时，就会形成液态水。尽管蒸汽系统管网中含有保温层，但是热量的损失是不可避免的。管道、法兰、阀门等管网组成的内壁温度一般都比工作压力下的饱和温度低，因此管内部形成凝结水是不可避免的，保温效果越差，其产生的凝结水越多。这些凝结水会在管道内进行积聚，从而与缝隙间的酸性杂质发生反应，形成电解液，产生化学腐蚀。凝结水还会对管道的弯头、阀门等部件产生冲刷，使得管道壁变薄，甚至出现穿孔的现象，从而导致泄漏情况发生。

（2）战损。潜艇在执行战斗任务中，有遭受敌军攻击的风险，潜艇一旦在水下遭受攻击，其破坏可能是致命的，蒸汽管路作为潜艇内重要的管路系统，其内部压力较高，本身稳定性较低，在遭受瞬间巨大压迫时，极易导致原有体系的应力平衡被打破，从而造成严重的蒸汽泄漏。

（3）日常损耗。蒸汽管道系统长期在高温环境下进行工作，金属材料的热膨胀作用会使得管道伸长，从而使得管道系统增加额外的拉伸力和弯曲应力。蒸汽系统在实际的运作过程中，压力、温度和气流量的波动因为和开通、停用的切换，升温、升压变化，都会使管路系统应力发生异常变化，引导管道系统的强烈震动，从而导致管路法兰连接处松动，从而导致泄漏情况发生。

（4）安装工艺及自身质量原因。蒸汽管路系统在进行安装时，如焊接产生的气孔、杂质、法兰连接口偏差引起的安装附加应力、系统支吊架的松动等原因都会

使得管路在运行过程中无法科学合理地分配预应力,造成局部应力过大的现象。这些问题的存在对蒸汽管路使用过程中产生剧烈的影响,从而发生泄漏现象。

(三)潜艇舱室高温、高压蒸汽泄漏的有效处置

(1)加强蒸汽管道的日常维护保养。严格落实维护保养和检修巡查制度,一旦发现泄漏隐患,须及时进行维修处置。

(2)制定严密有效的应对蒸汽泄漏处置预案,并加强训练。平时应根据处置预案,组织相关人员进行模拟处置训练,备齐抢修所需的材料和工具及应急照明设备。

(3)处置过程严格落实标准要求。

a. 发现蒸汽管道泄漏,应及时汇报。处置人员应立即采取措施,在保证人身安全的情况下,查找泄漏点,确定泄漏影响范围,关闭相关阀门,必要时关停总阀。发现该段管路确实无法维修时,应及时采取隔离措施,确保泄漏范围可控。

b. 严格落实处置流程和安全要求。处理过程中,人员应穿隔热服,佩戴防护手套和防护面罩。使用工具器械应严格按照操作规程,确保不造成失控。

c. 严格落实烫伤处置要求。迅速将受伤人员被蒸汽烫伤的部位用冷水冲淋或浸泡水中,浸泡时间至少 20 min 以上,无法浸泡时,应用冷毛巾冷敷患处。若患处被污染,可用肥皂水冲洗,但不能用力擦洗。患处冷却后,及时包扎,须紧贴创面,不留空腔。受伤人员伤势严重,依靠本艇力量无法救治时,应及时报告,并及时将受伤人员转运。

第三节 核潜艇核事故医学应急救援

核潜艇是我国海基核威慑与核反击能力的支柱,在维护国家海洋权益和实施战略威慑中发挥极其重要的作用。然而,核潜艇运行过程中发生核事故的风险高,一旦发生不仅可以危及艇员生命,还可能对周边环境造成放射性危害,产生重大社会影响和国际影响。从 1954 年第一艘核潜艇诞生至今,世界各国向外界公布的核潜艇事故和重大故障 316 起,造成 1 000 多人死亡,数千人受伤,18 艘核潜艇沉没。

一、基本概念

战时遭受敌方攻击,或平时训练因机械故障、操作失误等原因,核潜艇都有可能出现核泄漏,造成核事故。下面简要介绍核事故的类型、分级及伤类与伤情的基本概念。

(一)核事故类型

根据公开资料,核潜艇发生的核事故大致有以下类型。

1. 反应堆运行事故

核潜艇反应堆运行事故是指核潜艇反应堆运行期间,因艇员误操作或设备故障引发的核事故,包括以下几种。

(1) 反应性事故。由于反应堆启动失误、连续提升控制棒、冷水进入堆芯、主蒸汽管道破裂等原因,导致反应堆功率急剧上升而瞬发超临界。

(2) 反应堆失流事故。由于主冷却剂泵失电或堆芯流道堵塞而导致反应堆内热量不能及时导出,造成燃料元件全部或部分烧毁。

(3) 反应堆失水事故。由于反应堆主冷却剂系统压力边界产生破口或发生管道破裂,一部分或全部冷却剂泄漏,导致堆芯温度骤升。

(4) 热阱丧失事故。由于蒸汽循环系统或其他系统的能量传输遭到破坏,导致堆芯温度骤升。

2. 核潜艇反应堆检修事故

反应堆检修事故是指核潜艇反应堆开盖检修期间,因保障设施设备故障或人员误操作引发的核事故,包括以下几种:

(1) 燃料元件、控制棒吊运过程中意外掉落;

(2) 控制棒意外提起;

(3) 反应堆铜溶液意外被稀释。

3. 核潜艇航海事故

航海事故是指核潜艇出海期间,因碰撞或舱室失火、进水等原因,造成一回路压力边界破损主冷却泵失电而引发的核事故。

4. 核潜艇战损或遭袭事故

战损或遇袭事故是指核潜艇在作战中受损或遭受意外袭击,导致一回路压力边界破损,造成堆芯冷却能力严重不足而引发的核事故。

(二) 核事故分级

1. 分级准则

潜艇核动力装置核事故按严重程度分为7级:1级为异常;2级为事件;3级为重大事件;4级为事故;5级为较大事故;6级为重大事故;7级为特大事故,见表8-3-1。

其中,评判准则主要包括:① 依照艇内外放射性物质的影响;② 核动力装置损坏程度;③ 艇员受辐射剂量大小。这3部分内容以定量和定性相结合的方式快速确定。

2. 级别评定程序

(1) 凡造成放射性超标释放或核动力装置纵深防御能力下降的核事故按其严重程度进行定级。

(2) 核事故级别评定时,按艇外影响、艇内影响和纵深防御能力下降3个准则分别进行,然后选取三者中定级最高者确定核事故最终等级,如表8-3-1所示。

表 8-3-1　核事故分级表及评定准则

级别	评定准则		
	艇外影响	艇外影响	艇外影响
7级（特大事故）	放射性物质大量释放到艇外,导致严重的环境和健康影响	—	
6级（重大事故）	放射性物质显著释放到艇外,影响到环境和公众健康	反应堆及辐射屏障严重破坏,放射性物质严重释放到其他舱室	—
5级（较大事故）	放射性物质有限释放到艇外	反应堆及辐射屏障明显破坏,大量放射性物质释放到其他舱室	
4级（事故）	放射性物质少量释放到艇外,公众受到相当于年剂量限值的照射	反应堆或辐射屏障局部破坏,放射性物质明显泄放到其他舱室,造成艇员受到致死剂量的照射(或多个艇员受到可能发生早期死亡的过量照射)	
3级（重大事件）	放射性物质极少量释放到艇外,公众受到低于年剂量限值的照射	辐射屏障局部破坏,放射性物质明显扩散到其他舱室,造成艇员受到急性放射效应的照射	安全系统及安全保护层全部失效,接近发生事故
2级（事件）	—	辐射屏障局部破坏,放射性物质扩散到其他舱室,造成一个艇员急性放射效应的照射或多个艇员受到超过年剂量限值的照射	安全措施部分失效
1级（异常）	—	—	超出规定运行范围的异常工况

（三）伤类、伤情

核潜艇发生核事故时,依据事故具体情况和等级不同可发生外照射损伤、内照射损伤、皮肤放射损伤等单纯放射损伤,也可以发生放射性复合伤,尤以复合高温、高压蒸汽烫伤为多见。4 级以下事故时,前后辅机舱艇员具有较大辐射危险,主要是内照射和甲状腺照射危险,事故后 8 h 之内艇员内照射可达戈瑞级,甲状腺剂量可达 2 个数量级。当发生 5 级及 5 级以上事故时,反应堆堆舱难以保持密封,放射性核素可在 24 h 内大量外泄,7 天内全部释放,艇员及救援人员将受到 1~10 Gy 的辐射剂量。因此,核潜艇核事故时,需要救治的主要伤类是内照射损伤、急性放射病、皮肤放射损伤、放射性复合伤、高温蒸汽烫伤和其他损伤等。受伤人员数量和严重程度依事故等级及防护情况不同而有较大差别。

核潜艇发生核事故时需要对伤员进行早期检伤分类,即在事故艇现场或码头救护所,由医务人员对伤员伤后早期的伤情、伤类进行初步检查、判断和划分,将伤员按照其伤势的轻重(伤情的严重程度)及可能存活的程度进行分类,亦称为一级分类诊断或现场紧急分类诊断。

1) 检伤分类的目的

确定伤员受伤种类、程度、治愈或存活的可能性，以便在有限的医疗资源条件下和海上核事故的特殊救治环境中，能够在特定的时间内对伤员有条不紊地实施救治工作，以及提高医疗后送质量，最大限度地提高救治率，减少伤残率，保存战斗力。

2) 检伤分类的组织形式

应有专门人员进行检伤分类。事故发生后，往往会出现大批伤员，事故艇医务人员应按照核事故医学应急预案，设置检伤分类组及放射剂量监测与洗消组，各小组分工负责，互相配合，依据全面检伤、估算剂量、科学分类的原则，共同实施现场检伤分类。艇内核事故时，可由救护组或急救组进行分类，也可由洗消组进行分类。

3) 检伤分类的原则与要求

第一项原则与要求是专人负责。检伤分类是核事故后现场救治中的关键环节，检伤分类应专人负责，具有较广泛的医学理论知识，丰富的医疗实践经验，具有一定组织能力和处事果断的人承担。检伤分类要有统一的标准，使用统一的标记，以保证救治工作的协调性与连贯性。

第二项原则与要求是快速有序。检伤分类人员应力求快速、准确、有序地对伤情、伤类作出判断，区分伤情，抓住重点，不能因为分类而耽误救治时间，更不能因为分类错误而使救治工作紊乱和延误救治时间。要优先对危重伤员进行检伤分类，使其尽快得到救治，脱离危险。

第三项原则与要求是及时调整。应密切观察伤情，及时调整伤员分类。事故现场对伤员的紧急检伤分类及确立救治和后送的优先顺序并非一成不变，而是视伤员的数量、伤情、医疗资源、救治环境及后送能力等具体情况而变化。

4) 检伤分类方法

潜艇发生核事故后，早期分类应在艇上即刻进行，由一级医疗救治单位开始实施，主要依据伤员的病史和早期临床表现以及外周血淋巴细胞计数等，判断损伤程度及所需要的医学处理类型和水平。

检伤分类时采用简便快捷的方法，区分伤员受伤程度，迅速对伤员进行分类。在核事故现场，对大批伤员的检伤分类工作不可能做得过细，应首先把需要紧急救治的伤员，如呼吸道阻塞造成的窒息、大血管损伤出血造成的休克、心脏骤停、开放性或张力性气胸引起的严重呼吸困难以及后送有危险的重度复合伤等伤员分检出来，此为Ⅰ类；救治无望的伤员为Ⅳ类，可等待延后救治；对其他暂无生命危险、可延缓处理的伤员通过辐射监测、受伤史、伤员症状和体征确定伤员是否有放射损伤，并迅速分检出不同伤情和伤类，一般为Ⅱ类和Ⅲ类。伤员数量较少时，Ⅱ类伤员可作为Ⅰ类处理，伤员数量较多时，Ⅲ类伤员以自救互救为主。伤员分类后尽快填写好伤票并拴好伤标，尽快将伤员安置到指定地点，以便于医学应急处理。

5) 伤情分类

在一级救治机构(事故艇救护所及码头救护所)通常将放射性损伤的伤员依据伤情、伤类及处理要求优先顺序分为四类,并拴挂伤标,一般以红、黄、绿和褐(或黑)四色分别标记Ⅰ类、Ⅱ类、Ⅲ类、Ⅳ类,这类非放射性损伤伤员分类情况,见表8-3-2。

表8-3-2 非放射性损伤伤员分类表

类别	伤情	伤类	处理
紧急治疗类（Ⅰ类）	伤员处于生命危险状态。伤势严重,又不稳定,紧急救治,可以存活	呼吸道阻塞,大出血重休克,开放性或张力性气胸,长骨开放性骨折,断肢,心脏及心包创伤。15%~30%体表面积Ⅱ~Ⅲ度烧伤等	就地立即抢救,施行能够挽救生命的手术或其他措施
暂缓治疗类（Ⅱ类）	经应急处理后,伤情稳定,可暂缓处理(一般可延迟6~8 h)对恢复无明显影响	腹部创伤,无呼吸障碍的胸部伤,泌尿生殖系统伤,无颅内压升高的闭合性颅脑伤,开放性骨关节损伤,占体表面积<20%Ⅰ~Ⅱ度烧伤等	推迟治疗或适当给予对症支持治疗,如止痛等,优先后送
简单治疗类（Ⅲ类）	轻伤员,多数能走动,有视力,饮食和大小便可自理	小的撕裂伤和挫伤,轻度骨折,体表面积小于10%的轻度烧伤等	最简单的治疗,以自救互救为主。接受治疗后大部分人返回战位
等待治疗类（Ⅳ类）	存活希望甚微及濒死的极危重伤员,伤势最重,抢救十分困难,又不适合后送	严重的颅脑伤,大面积的严重烧伤,胸腹部巨大开放性损伤等	对症处理,减轻痛苦,维持生命,动态观察,有好转者及时调整到其他类别

与非放射损伤相比,放射损伤的分类要困难得多,一般需要知道其受照剂量。但核潜艇海上发生核事故时,现场检测条件有限,一般无法进行实验室检查,要评价每个伤员的辐射剂量是很困难的,实际分类中只能依据伤员的早期临床表现、受照史等进行估算。单纯放射损伤伤员按其受照剂量一般可分为四类,列于表8-3-3。

表8-3-3 单纯放射损伤伤员分类表

分类	标识	受照剂量/Gy	临床表现
紧急治疗类（Ⅰ类）	红色	6~10	中度胃肠损伤,严重骨折损伤,血压下降,全血细胞减少,极重度骨髓型放射病
暂缓治疗类（Ⅱ类）	黄色	2~6	骨髓中度到严重损伤,轻度胃肠损伤;中度、重度骨髓型放射病
简单治疗类（Ⅲ类）	绿色	<2	血细胞轻度降低,早期骨髓损伤征;轻度骨髓型放射病
等待治疗类（Ⅳ类）	褐色	>10	严重胃肠损伤,局部肺炎,神经系统改变,认知、定位功能障碍,脑血管衰竭,发热,休克;肠型、脑型放射病

二、核潜艇核事故医学应急救援

核潜艇发生核事故,不仅使艇员的人身安全受到威胁,还会对周边环境造成影响,更有可能带来政治的、外交的和军事上的深远影响,危害严重,涉及一个国家和军队的形象。另外,海上核应急救援难度远远大于陆地,若事故发生在远海,救援力量很难在第一时间到达,即使到达,还有伤员后送时间较长等问题。无论是组织协调、方案预案、技术准备和装备器材,都难于陆地应急救援,有其自身特殊性和困难性。

核潜艇核事故医学救援是为救治核事故伤员,保护救援人员辐射安全,采取的与常规医学急救不同的特殊行动。核潜艇事故中发生核伤员时,必须开展应急医学救援。按照核潜艇核事故医学应急救援预案规定的处置程序进行工作,采取必要和有效的应急医学救援行动,有序救治各类伤员,最大限度地减少核事故造成的人员伤害,保持部队战斗力和民众健康。

(一) 救援处置原则

应遵循统一指挥、大力协同,快速高效、有序畅通,分级救治,保护抢救者与被抢救者的原则。

1. 统一指挥、大力协同

核潜艇一旦发生核事故,依托应急组织指挥体系进行组织指挥。核应急医学救援是整个救援过程中极为重要的部分,须在核事故应急领导小组的统一指挥下,在业务部门指导下,统一组织协调,开展核事故应急医学救援。

2. 快速高效、有序畅通

核潜艇核事故情况下伤员往往数量较大,而且伤员伤情、伤类复杂,容易造成伤员在检伤分类处堵塞,因此要求检伤分类人员力求快速、准确、有序地对伤情、伤类作出判断,既不能因为分类而耽误救治时间,更不能因为分类错误而使救治工作紊乱和延误救治时间。事故现场,大批伤员的检伤分类工作不可能做得过细,应首先把需要紧急救治的伤员如呼吸道阻塞造成的窒息、大血管损伤出血造成的休克、心脏骤停、开放性或张力性气胸引起的严重呼吸困难、后送有危险的重度复合伤等伤员分检出来,立即进行急救或手术治疗,如伴有放射性污染者,也要先抢救后去污,最后对其他可延缓处理的伤员进行分类救治。

3. 分级救治

核潜艇核事故医学应急救援与普通的核事故有相同之处,一般实行三级救治,其中一级医学救援力量主要负责现场处置和轻度放射损伤伤员的救治;二级医学救援力量主要负责中度(含)以下放射损伤伤员的救治;三级医学救援力量主要负责重度以上放射损伤伤员的救治。一级医学救援力量的任务最为艰巨,是整个医学应急救援过程及抢救核伤员的首要环节,对挽救伤病员生命,以及为后续治疗创造有利条件极为重要,是核潜艇发生核事故时卫勤保障中最困难、最重要的任务。

4. 保护抢救者和被抢救者

潜艇核事故时,舱室可能存在放射性污染,参加现场救援人员必须预先做好自身防护,包括穿戴好个人防护用具(防护服、防毒面具、口罩、手套等),佩戴个人剂量计,服用相关药品,对救援人员实施剂量控制(尽量缩短人员在辐射场或污染区的停留时间,现场救治工作尽可能在非控制区进行)等。救治伤员与保护抢救者的自身安全是一致的,只有首先保证自身安全才能更好地开展救治工作。

(二) 一级救援力量组成和主要任务

1. 一级医学救援力量组成

核潜艇核事故一级救援力量主要由潜艇部队医院和事故艇内卫生力量组成,必要时请求二级医学救援力量给予支援。发生核事故时,应抽组应急救援医疗队,负责艇内或事故现场伤员的一级救治;再抽组一个应急卫生防护小组,主要负责事故艇内和码头的应急卫生防护。根据事故严重程度和影响范围,机关可抽组体系内的其他专业救援力量,对潜艇部队卫生防护小组实施技术支援及负责应急计划区的应急卫生防护。总部应依情况派出专家咨询组,为核潜艇核事故应急医学救援决策部门提供勤务、技术、装备等方面咨询,提供技术支持和指导。若事故艇未能浮出海面,需由核防护援潜救生等专业人员组成的救援队,参与海上核事故应急医学救援行动。

2. 一级救援力量主要任务

核潜艇核事故一级救援力量主要任务：开展艇内自救与互救、核伤员早期分类检测、伤员前接与后送、伤病员放射性去污、收治或留观轻度放射损伤和普通伤员、留观放射性沾染人员,事故艇和码头等的应急卫生防护等。其分艇内应急和艇外应急,同步或相继开展医学救援。

3. 艇内应急医学救援的主要任务

(1) 组织艇内应急医学救治的药品和器材,指导艇员服用抗辐射药物,执行早期卫生防护措施,组织艇员穿戴防护装具。

(2) 组织艇内自救互救,实施战位急救,对危重伤员进行紧急处理。

(3) 指导剂量监测员进行早期剂量监测和估算,记录人员受照剂量,对污染伤员进行洗消。

(4) 对伤员进行初步分类,填写伤标、伤票和个人剂量卡。

(5) 有条件时组织伤员撤离事故艇。

4. 艇外医学应急救援主要任务

(1) 在事故现场展开救护,设立伤员洗消站,上艇前接伤员,必要时协助艇员出艇。

(2) 对伤员进行分类,实施紧急救治,必要时尽早使用抗放药物;补填伤标、伤票,查验个人剂量卡。

(3) 对伤员进行放射性污染检查和初步去污处理,并注意防止污染扩散;估算受照剂量,作出初步诊断及相应的医学处置。

(4) 初步判断伤员有无放射性核素内污染,必要时及早采取阻吸收和促排措施。

(5) 尽可能收集伤员受照射剂量的数据和证据,随伤员一并后送。

(6) 组织伤员后送。

(三) 核潜艇核事故医学应急救援处置程序

核潜艇核事故发生后,各级医学应急组织应根据事故的影响范围和后果作出相应的应急处置。该应急救援处置一般分为3级,依次分应急待命、艇内应急和艇外应急3种状况,核潜艇发生核事故后实施应急医学救援时,须根据事故等级启动和转入不同的应急状态,采取相应处置措施。

1. 应急待命

核潜艇出现核事故,各级应急救援组织应按照事故等级相应启动和转入应急待命阶段。应急待命是当核潜艇出现危及核动力装置安全的某些特定工况或外部事件,可能发生核事故时,全体艇员及相关部门和机关应急力量进入戒备状态。

2. 艇内应急

当核潜艇核动力装置已经出现事故,其后果仅限于艇内或者操作现场的情况下,进入艇内应急状态。艇内的医学应急组织应立即实施现场救护,并及时通报艇外应急组织;艇外医学应急组织应做好收治伤员、支援现场救护和为公众提供医学保障的准备。事故艇内应急医学救援在事故艇最高指挥员的统一指挥下进行,由艇卫生防护部门负责医学应急救援的各项组织指挥工作,在艇内建立临时救护所和急救站,指挥艇上现场救护组织开展医学应急救援工作。进入艇内应急状态,艇内卫勤力量主要任务是指导受照射人员服用抗辐射药物,对复合伤伤员和非辐射伤员进行急救,及时获取并估算人员受照剂量。

3. 艇外应急

当事故核潜艇释放的放射性物质逸出艇外,对港区造成影响,且仅限于港区范围以内;或核潜艇在海上发生核事故,释放的放射性物质主要影响部分海域时,事故艇及相关单位在执行艇内应急救治处置程序的同时,应转入艇外应急状态。除核潜艇卫勤力量外,各级应急救援组织立即进入应急工作状态,在核事故应急指挥部统一指挥下开展工作,包括开设核应急指挥部、迅速判断事故等级、专业技术分队实施救援、人员和附近居民采取防护措施、进行环境监测及评价、放射性污染消除、终止核应急响应行动等。

(四) 核潜艇核事故伤员的艇内外救治

艇内外现场救治应遵循快速有效、先重后轻、保护抢救者与被抢救者的原则。

1. 艇内应急救治

由艇卫生防护部门负责组织实施,对伤员进行现场医学救治。首先开设艇救护所(艇会议室和医务室),由艇军医、剂量监测员、兼职卫生员和战位卫生战士组成,负责全艇伤员的救护工作。

2. 艇外伤员救治

事故伤员艇外救治和海上转运途中应急救治,主要由潜艇部队医院负责,可视情况申请上级增派支援力量。

3. 医院展开与救治

潜艇医院或指定的医院(核事故发生在辖区外时),在核事故应急医学救援协调小组或核事故应急医学救援协调小组的指导下,主要承担一级医学救援任务。

(1) 当核潜艇在港区发生核事故时,抽组一支核事故医学应急救援队,携带装备和药材,在事故现场应急计划区以外区域展开救护所,负责接受经过去污的各类伤员,获取和估算受照剂量,进行伤员分类,实施紧急救治,并组织伤员后送。

(2) 当核潜艇在海上发生核事故时,根据上级指令和海上救援舰船的实际情况,抽组一支精干核事故医学应急救援队,与二级医院抽组的核事故医学应急救援队共同完成海上一级救援任务。组织一级医学救援时,可视情况申请上级机关予以支援。

(3) 医院留观放射性污染人员,给予进一步检查和心理疏导,及时转送疑似放射损伤的病人。

(五)核伤员后送

核潜艇医疗条件受限,救治力量单薄,伤员后送对核伤员的救治极为重要。核潜艇发生核事故时按照分级救治的原则,在检伤分类及早期医学处理的基础上,将伤病员从事故艇后送至相应职能水平的医疗救治单位。在有外援支持时,伤员尽可能安排后送;如果暂时不能后送,应根据事故艇当时现状对伤员进行对症处理,危重伤员进行支持处理,注意克服影响艇员生存能力的因素,减少活动,节省体力,等待救援。伤员医疗后送工作是核事故时应急卫勤保障的中心环节,也是潜艇核事故应急医学救治工作的主要特点之一,为了确保安全迅速地后送伤员,潜艇核事故应急医学救治体系中的各级救治机构应做好以下几方面的工作。

1. 立体快速运送

核潜艇在海上发生核事故时伤员换乘与后送远比陆地上复杂、艰巨,必须充分利用一切现代化换乘及后送工具,迅速、高效地将伤员分级后送。根据失事核潜艇距离陆基保障的远近、伤员数量和伤情等级,充分利用救护直升机、医疗救护艇、医院船等运载平台,接收伤员的部门要准备好救护车和其他运载工具。形成由海上、空中、陆上相结合的立体医疗后送体系,减少后送层次,逐级后送与越级后送相结合。条件具备时,可直接后送到医疗条件好的治疗机构。

2. 视清顺序后送

依据全面检伤、科学分类的原则确定后送次序。当出现大批伤员时,要确立医疗后送的优先权,一般情况下的后送顺序是:Ⅱ类(暂缓治疗类)＞Ⅰ类(紧急治疗类)＞Ⅳ类(等待治疗类)＞Ⅲ类(简单治疗类)。

3. 做好后送准备

严格掌握后送指征,做好后送前的处置工作,事先给予充分准备,尽量选择合适的后送工具,保持合适的后送体位,随时准备后送。

(1)要详细填写伤员伤票,伤票要详细记录伤员的临床表现以及早期医学处理所采取的措施等,以便后方医疗机构进行再分类和进一步治疗时参考。

(2)昏迷、窒息、后送途中有危险的伤员,不宜后送。休克伤员原则上禁忌后送,必须后送时,途中应继续采取输血、输液、给氧等措施;烧伤伤员伴有吸入性损伤者,应严密观察呼吸状况,后送过程中保持气道通畅;冲击伤伤员在搬运中要防颠簸,减少活动;对鼓膜破裂、口鼻出血或咳血性泡沫痰的重伤员,采用头高卧位后送,不可搀扶伤员后送。

(3)对确定后送的伤员要补充进行某些救治处理和预防性措施,备好途中护理和急救药材,并根据需要安排卫生人员护送。

4. 进行全程监护

后送过程中,要进行连续性监护和不间断治疗。途中不仅可能受到颠簸、振动、摇摆等环境因素的影响而使伤情恶化,而且会由于晕船、晕机、晕车等不适而加重病情,伤情变化快,因此要连续监护和不间断治疗。

5. 防二次核污染

放射性污染的伤员转送过程中,救护人员和伤员均应采取相应的防护措施,防止伤员身上的放射性物质对运载工具和医疗环境造成二次核污染。

三、放射性污染的人员防护

核潜艇发生核事故时,因辐射源失控或放射性物质严重泄漏,艇员有可能受到较大剂量的外照射和内照射。因此,在事故发生后的不同阶段,医疗人员应视情况采取相应的应急处理措施。

(一)人体放射性污染部位

核潜艇发生放射性物质泄漏时,艇员体表、体内及伤口容易发生放射性物质污染。

1. 体表及皮肤放射性污染

核潜艇反应堆大量放射性物质泄漏扩散到邻舱或其他舱室,艇员体表和暴露皮肤可发生放射性污染;人员进堆舱检修等操作开放性同位素时,也可能发生体表放射性沾染。

2. 体内放射性污染

放射性物质容易通过呼吸道进入体内；也可通过食用或饮用污染的食物和饮水造成内污染；放射性核素也可能通过皮肤吸收进入体内；放射性物质很容易通过伤口进入体内，带有外伤操作放射性核素，或伤口暴露于放射性物质污染的空气、水等介质中，均很容易发生伤口的放射性物质污染。

3. 伤口放射性污染

伤口处血液、体液等，较易吸附、沾染舱室内放射性物质，放射性物质沾染的伤口更易感染、出血、愈合延迟。

人员处于放射性物质污染的舱室，事故现场有放射性物质释放时，要对所有人员进行体表、伤口等部位的污染测量，确定体表、伤口是否受到放射性物质污染，以及被污染的部位、污染核素种类及污染水平。有条件时，对部分疑似体内污染的人员，要进行体内污染检测分析。当放射性物质污染超过控制限值时，应尽早采取去污措施，防止和减少放射性污染对健康的影响。

（二）放射性污染检测

1. 常见的检测手段

（1）一般用 α、β、γ 测量仪即可检测放射性物质污染的程度，必要时可用一台能指示高剂量率和大量程的仪器进行测量。探测仪不应接触伤员身体，测量应在距人体约 25 mm，探头移动速度不超过 50 mm/s。监测顺序应由头部开始，先上后下，先前身后背部；在全面检测的基础上，重点测量身体暴露部位（如手、脸、头发等）。监测结果记录应标明污染的部位、分布、范围和总的污染水平。

（2）根据事故性质、舱室污染和表面沾染情况，也可初步判断污染核素种类。核潜艇舱室空气和舱内物体表面放射性监测结果，可提示现场艇员有体内外污染的可能。

（3）没有呼吸道防护的外污染艇员都要进行内污染检测，应迅速用棉签擦拭鼻孔、口腔，并将擦拭物用适当的监测仪器检查其放射性。如果这些拭子的测量结果已证实放射性的存在，那么在给出更确切的分析结果（如尿样分析）之前，应假设存在体内污染。

（4）判定伤口是否污染，可用 α 污染检测仪或专用的伤口污染检测仪进行测量，或用棉签擦拭伤口，将擦拭物置于试管中，标记后留待以后测量。当肯定不存在 α 污染时，可用 β 污染检测仪或 γ 剂量率仪测量体表 β 粒子及 γ 辐射污染。

当事故现场的污染监测仪失灵或被污染时，应对疑有污染的艇员，用纱布、滤纸或卫生纸擦拭其身体各部和衣具，把擦拭样品分别置于贴有标签的塑料袋内，以供后续监测使用。

2. 中子照射的鉴别

核潜艇核事故时现场人员有可能在受到体表、体内放射性污染的同时，还可能受到中子照射。如果受中子照射,人体内可能因中子活化而产生感生放射性。确定是否存在这些情况,都是通过仪器测量来确定。然而,用一般常用的 α、β、γ 放射性测量仪器鉴别,可能发生混淆。因为存在 γ 射线,对仪器测量信号都有反应和贡献。

为了鉴别需要,首先应了解核事故释放的放射性物质的主要种类及其发射的射线。根据美国三里岛核电站核事故释放出的裂变产物种类可知,压水反应堆在核事故中释放出的裂变产物,除了氪(Kr)、氙(Xe)等放射性惰性气体外,主要成分是碘(^{131}I、^{133}I、^{135}I 等)、碲(^{132}Te、^{131}Te、^{134}Te)、铯(主要是^{137}Cs、^{134}Cs)和锶(^{90}Sr、^{89}Sr 等)四种元素的放射性核素。如果吸入混合裂变产物,则碘、碲、铯三者的放射性同位素产生的内照射剂量约占总剂量的100%。这些放射性核素除^{90}Sr 发射纯 β 射线外,都有 β、γ 射线。除了裂变产物外,事故中还会释放中子活化产物,主要是^{60}Co 和^{54}Mn,也都发射 β、γ 射线。在核事故中,除了上述核素外,放射性物质还有燃料铀等元素,具有 α 放射性。

为了区分应急人员是否有放射性体表污染、体内污染和中子照射,以及仪器测量的结果属于哪一种,可以用以下方法和步骤作判断和鉴别。

在应急工作结束后,应急人员在未脱防护服前,用污染监测仪检查体表,若没有放射性计数,则表明没有体内外污染,也没有接受中子照射。若有放射性计数,则可能存在体内、外污染或中子照射,再进行以下监测:

(1)脱下防护服,分别监测防护服表面和皮肤表面,若皮肤基本没有计数,则表明皮肤污染较少,污染仅停留在防护服上;

(2)如果表明皮肤上有明显污染,应立刻进行淋浴清洗,如能清洗到本底计数,表明没有体内污染和未受中子照射;

(3)皮肤经多次清洗计数降低不明显,表明有体内污染和(或)受到中子照射。两者可用多道谱仪、带 NaI 探测器的单道谱仪或普通 γ 辐射监测仪进行分析鉴别。

(三)人员放射性去污的基本要点

及时、有效地对放射性沾染的皮肤、伤口进行去污,可防止放射性落下灰对皮肤的持续损伤或进入人体内造成放射性内污染。存在于人体体表放射性核素的污染,原则上应尽快去除干净,但也不能过度实施去污程序。一般来说,做到完全彻底去污是不可能的,因为总有放射性物质固定在皮肤表面,通常若能做到将污染水平降低到下列水平即已足够: γ 射线降低到本底水平的 2 倍; α 射线<1 000 衰变数/min, β 射线<10 μSv/h。在任何情况下,只要监测仪器指示去污已不可能再有成效时,去污工作就应终止或再行评价,应当注意,在现场去污只能做到环境条件允许的程度。

1. 抢救生命为主

要根据放射性沾染伤员的伤情确定去污和治疗的先后关系。一般情况下应该首先去污,然后进行后续治疗;但对伤情危重,生命体征不稳,或者去污过程中可能诱发伤情恶化的伤员,应先进行抢救治疗,待伤情稳定后再去污,或者边治疗边进行局部去污,不要因去污延误救治和后送。对确定要去污的人员,还要依据污染部位、严重程度、去污的条件等,区分选用全身去污还是局部去污。

2. 依照顺序去污

伤口有污染时,全身去污时应保护伤口,防止污水渗入伤处增加放射性污染。对伤口去污,应从伤口处开始去污,逐次向外;如无伤口,对未破损皮肤的去污次序,应贯彻从上到下和从轻到重的原则,应先从污染较轻的部位开始去污,防止交叉污染和污染扩散。

3. 实施剂量监测

每次去污前后要进行污染程度监测,对比去污效率。去污后,如果污染继续存在,应把受污染艇员转交医生处理。

4. 做好去污记录

污染去除后,须记录污染部位、污染放射性核素的类型、监测方法或描述监测过程,污染测量的剂量水平或读数以及去污的方法,并向上级机关报告。

5. 防止污染扩散

应将避免污染放射性核素吸收和扩散作为贯穿整个去污过程中的指导思想。进行外污染处理时,应尽量减少或防止伤员受到内污染,并应采用适当措施,防止去污人员自身被污染。去污过程中流出的放射性废水,要集中收集起来,并进行监测和必要的特殊处理。

6. 保护正常皮肤

去污次数不要过多,一般以不超过3次为宜,以免损伤皮肤,从而促进放射性核素的吸收。谨慎使用多种方法,因为使用附加的更有力的方法很可能发生皮肤刺激、磨损以及化学烧伤,过度去污也会损伤皮肤。

(四)体表沾染去污

放射性核素体表污染可能严重到足以对受污染艇员构成危险的程度,或者可能造成对他人和环境的污染,需要对污染人员去污。体表去污主要有全身去污和局部去污两种方式,以全身去污为主。但在无全身去污条件,或者伤情不容许等情况下,可以采用局部去污。在大多数情况下,对完整皮肤的去污,一般由艇员自救互救进行,应尽可能在现场先进行局部去污,条件允许时,再进行全身去污。当在港区内发生事故时,应尽快到码头救护所的去污站去污。

去污方法应简便,因地制宜,就地取材。根据皮肤表面状态、污染程度、污染时间、去污剂(洗消剂)性能和去污效率、放射性核素的种类和理化性质等,可选择机械方法(清洁水冲洗、擦拭、软毛刷刷洗等)、物理方法(肥皂或合成洗涤剂,与机械法结合)和化学方法[络合剂、氧化剂、复合去污剂(洗消剂)等]去除放射性污染。

去污时水温宜在 40℃ 左右,勿用硬毛刷和刺激性强的或促进放射性核素吸收的制剂。

1. 全身去污

1) 未受伤艇员的全身去污

去污应在专门设立的去污站内,在医护人员的指导下进行。去污时脱下的衣服,其他接触污染的用具均应集中收集在特制容器中,防止放射性污染的扩散。如果没有专门设立的去污站,也可在淋浴条件下进行去污,同样要防止放射性污染的扩散。去污完成后,如果有条件应使用辐射剂量计检测是否去污充分。

首先用浸湿的毛巾、海绵等利用清洁的温水和中性肥皂等擦洗 2~3 次,然后再淋浴,必要时可用专用去污剂(洗消剂)擦洗。在艇上缺乏淋浴用水的情况下,可用未污染的海水和洗消皂、洗消包去污或洗消纸巾擦洗,亦可取得较好的去污效果。即使用湿毛巾或软质布仔细擦拭局部,也可消除约 60% 以上的污染。

2) 伤员体表全身去污

对体表创伤部位放射性核素污染的处理应优先于对健康体表污染的处理。应先行处理伤口污染,再行全身去污。病情严重者,应首先抢救生命,立即处理危及生命的外伤,如出血、休克及呼吸障碍等,不能因去污而延误抢救时机或加重病情。可先抢救再去污或边抢救边去污。

伤员的去污应在医护人员的帮助下完成。去污前,将伤员从担架上扶下,小心脱去外衣,先将伤口部位用防水绷带或塑料布盖严,然后按健康皮肤去污的方法和步骤,对全身进行去污。有止血带的情况下,除去伤口部位的塑料盖布,将新止血带扎在离原止血带近心侧 1~2 cm 距离处,去除原止血带。有夹板时,拉开夹板,将体表冲洗干净,再换上新的夹板。最后将伤员放在新的担架上,进行后送或治疗。伤情严重者,如情况允许亦可在担架上酌情去污,反复进行浸湿—擦洗—冲洗,并注意观察去污效果。体表无外伤的轻伤员或急性放射病伤员,可以在医务人员指导和监护下自行全身去污。

2. 局部去污

1) 一般方法局部去污

首先用塑料布将非污染部位覆盖,并用胶布贴牢边缘,然后浸湿污染部位,用软毛刷、海绵等蘸中性肥皂、洗涤剂等轻轻擦洗,擦洗顺序,先轻污染部位,后重污染部位,从上至下身,特别注意皮肤皱褶和腔隙部位的清洗,重复 2~3 次,每次处置时间不应超过 3 min,并同时监测放射性活度至不再降低为止,擦洗中使用同类稳定性同位素有助于去污效果。

2) 特殊方法局部去污

初步去污后,对残留的放射性核素宜采用专用去污剂(洗消剂)去污。必要时可用弹力黏敷贴 2~3 h,揭去黏膏再用水清洗。这种方法对干燥灰尘类的污染最有效。须避免使用强力黏附带,如管道黏合密封带等。在体毛较明显的部位、眼睑部位或其他任何易损部位不可使用黏附带。

如果洗涤不能清除污染,那么,可用绷带包扎或戴上手套,通过出汗或皮肤脱落清除污染物。绷带包扎或戴手套6~9 h后,打开绷带或脱去手套,测量污染的残留量。如果还有明显的污染残留,可再次洗涤污染部位。如有必要可再用绷带或手套去污。

去污后,如果污染继续存在,医生应根据残留污染的性质、程度及污染物的放射毒理学性质采取适当的进一步去污措施,在注意保证皮肤完整性的同时,尽可能彻底去污。

(五) 沾染伤口及特殊部位去污

1. 伤口污染的确定和监测

应用专门的伤口探测仪器进行污染测量或采样测量,尤其是对伤口区域引流淋巴结进行细微准确的检测,以判定伤口是否污染,并确定污染放射性核素的种类、污染水平和标定污染范围。对于 β 污染或 γ 辐射可以直接监测。但是,对于 α 污染监测,须用干棉签或手术用棉球探查伤口的污染。而且在进行测量之前,棉签须彻底干燥。

操作开放型放射性物质所引起的创伤,经测量证明未被污染之前,一律按污染伤口处理。在伤口除污染过程中,应不断进行放射性监测,当伤口检查结果符合要求,或伤口去污不得不暂时中断时,应保护好伤口,消除伤口周围皮肤污染,但应绝对避免皮肤上污染物进入伤口。

2. 伤口去污方法

在无须急救治疗的伤员中,应及早(最好在污染后几分钟内)处理,污染伤口尽快去除伤口表面污染物,让其自然流血,必要时在伤口上方绑一止血带或条状物,松紧度以能阻止静脉血回流即可,促使伤口少量流血。伤口及其周围的小面积均有污染时,伤口及其周围均须冲洗,不要担心冲洗会将更多的放射性带入伤口,皮肤乃至伤口的去污经验表明,这种方法只有很少的放射性被机体组织吸收。伤口的去污染,一般应与手术清创结合起来。

1) 伤口去污一般方法

用2%~3%的肥皂水和清水擦洗伤口周围皮肤,擦干后用碘酒、酒精作皮肤常规消毒。不用可促进放射性物质溶解和吸收的溶剂(如苯等)擦拭皮肤,一般也不剃毛(有毛部位除外),以免损伤皮肤,增加放射性物质侵入机体的机会。然后伤口表面用2%~3%的肥皂水生理盐水或稀释的抗生素溶液冲洗,同时用纱布或棉球在伤口轻轻擦拭。冲洗的液量不宜过多,流速不宜过急,待冲洗擦拭认为满意以后,晾干作沾染检查,如仍高于沾染限值水平,可再重复冲洗擦拭一次。冲洗后的废液和污物应收集在专用容器内,术后再做专业处理。

2）磨损或烧伤部位去污

可以用刺激性小的肥皂或清洁剂清洗干净。如有必要,局部麻醉可进行更强力的清洗。较小面积的烧伤去污后仍残留放射性物质时,可用2%硝酸银涂抹创面,污染物被固定在痂上并随之脱落。

3）擦伤部位去污

应尽快用棉球加生理盐水或去污剂(洗消剂)擦洗创面。必要时可用2%利多卡因麻醉,之后用力擦洗去污,一般无须外科手术处理。

4）刺伤部位去污

这类伤口小,应首选外科手术处理,可用组织活检取样器将伤道周围组织完全取出。

5）撕裂伤部位去污

这类伤口组织损伤严重,伤口深,污染物易直接进入血管和淋巴管,可用络合剂反复灌洗伤口,并进行适当的外科处理,切下来的撕裂组织在生理盐水或次氯酸钠溶液中洗去污物后,如果仍具有完好的活力,可原位再植到创面上。

6）重伤员伤口污染处理

因急救未能去污应采取措施将可溶性放射性核素转化成不溶性物质,例如,在伤口上撒玫棕酸钾(钠)盐,可使碱族、碱土族核素形成不溶性物质,或针对残留核素选用相应的络合剂,使其形成不被吸收的络合物。急救完毕,条件许可时,可按上述方法处理伤口。

初步去污效果不满意者也可参考此方法。

3. 手术去除污染

伤口多次去污后,如仍存留放射性,则根据核素种类在局部麻醉下立即进行清创及外科手术处理,切除所有被沾染的坏死组织,清理创面及异物,并于术后作沾染检查。

手术注意事项有以下几点。

(1)清创手术前,对某些放射性核素应早期给予络合剂、阻吸收剂或同簇稳定性同位素,尤其是长寿命放射性核素,最好先静脉注射适量DTPA等络合剂,以便与手术过程中进入血流的核素络合,阻止它和组织相结合,并通过排泄器官排出体外。

(2)术前应仔细确定污染位置、范围,在扩创的同时,用生理盐水或无菌水冲洗,只要没有大出血危险,应让伤口自然流血。

(3)手术麻醉应选择远离污染伤口的神经阻滞麻醉或其他麻醉方式,应尽量避免局麻,因局麻药扩散及术中挤压可造成污染扩散。

(4)将坏死组织、破碎组织以及血块等清除后即可消除大量污染,成块切除效果比一般清创好,小伤口可整块切除,较大伤口条件许可时亦可全创面整层或分片地切除一定厚度的组织。如沿淋巴引流方向的局部淋巴结受污染,应一并将其切除。按创面具体缺损情况决定直接缝合、游离皮片移植或皮瓣等形式关闭创面。

(5)切除后的创面以生理盐水或含络合剂的冲洗液反复冲洗,待创面彻底止血后,再次进行放射性监测,必要时可扩大切除范围,直至将局部组织的放射性污染量降低到尽可能低的水平。如伤口内的放射性低于沾染限值水平,可以缝合,争取伤口一期愈合。如仍高于沾染限值时,应以生理盐水纱布疏松填充伤口,有助于引流及从伤口排除残余的放射性物质。

(6)清创手术除遵循一般外科手术原则外,还应遵循放射性污染手术的处理规程,每进一刀或更换刀片,或测量污染程度,都要避免因手术器械而导致的污染扩散。

(7)手术中使用过的所有器械、敷料等应测定放射性活度并去污。

(8)所有从伤口切除的组织、脱落的结痂片、冲洗液等均应收集,置入有标记的适当容器中,供放射化学分析,也避免污染扩散。

4. 特殊部位去污

某些特殊部位,污染者本人难以自行去污,可由他人帮助进行;条件许可时,特殊部位的去污应由医务人员处理。

1)五官污染去污

眼睛。眼内有放射性污染时,用温水、生理盐水或2%碳酸氢钠溶液彻底冲洗眼。冲洗后眼部滴入0.5%硫酸锌或氯霉素眼液。

鼻腔。污染物可用棉签擦拭,并剪去鼻毛,用生理盐水或2%碳酸氢钠溶液轻轻冲洗。必要时向鼻腔内喷洒血管收缩剂(如1%麻黄素或0.1%肾上腺素),然后用大量生理盐水冲洗。给祛痰剂如氯化铵、碘化钾等,使残存在呼吸道的放射性核素随痰咳出。

耳。用脱脂棉签、纱布进行外耳及鼻腔干拭清洁后,用温水或生理盐水溶液冲洗。

口腔。污染时反复漱口,或用生理盐水或2%碳酸氢钠溶液轻轻冲洗。必要时可向咽部喷洒血管收缩剂。牙龈和颊内侧可用3%过氧化氢棉签擦拭,再行冲洗或反复漱口。注意,不要将冲洗液或漱口液咽下。

2)毛发污染去污

头发。一般用清水和肥皂洗头去污,但应注意防止肥皂泡沫流入眼、耳、鼻和口,当洗头不能充分去污时,可考虑将头发全部剪去,剪下的毛发收集保存,待以后进行放射性测定分析。

眉毛。污染应尽可能用清水和肥皂去污,因眉毛生长缓慢(6~8个月才能恢复),故非不得已不要剃掉。如长寿命α核素污染毛发,应该将污染毛发和眉毛剃去或剪掉,并用肥皂洗涤。

3) 皱褶部位的污染去污

皱褶皮肤。粗糙有裂痕的皮肤污染较严重而又难以去除污染时,先用温水及普通肥皂刷洗,再用 EDTA 肥皂、3%柠檬酸钠或 3%碳酸氢钠等去污。

手脚部。先用软刷擦洗污染最轻的手背,然后指间和掌面,最后刷洗指甲周围、指下和指床。要特别注意指甲沟、手指缝的去污,剪指甲有利于去污。

(六) 放射性去污过程中的防护

去污过程中会产生放射性废水、废液、气雾等,医务人员应做好个人防护。主要包括:穿防护服、戴口罩、防护镜、手套、防水鞋等,预防或减少人员受放射性物质污染;对工作场所进行剂量监测,推算放射性强度,佩戴个人剂量计;及时撤离污染岗位,对严重污染的舱室或场所,在不影响执行任务的情况下,尽早尽快撤离现场,以减轻或避免放射损伤;工作结束后,对已受到污染或疑有污染的人员应进行除污染处理,将被污染的衣、鞋、帽和袜等放入污染柜内,同时进行局部或全身洗消;对舱室或场所除污染,主要是对舱室或场所内的各种设备舱壁、甲板或地板等用清水或清洁剂清洗;有针对地预防性服用抗放药。

本 章 小 结

本章系统介绍了潜艇舱室空气的污染、检测、净化与恢复等内容,同时针对高温、高湿的舱室环境进行了介绍,尤其针对蒸汽管路的泄漏进行了简要讲解,最后从核潜艇的核事故的类型、分级、救援等角度进行了详细的讲述。

思考题

1. 潜艇舱室空气中的主要污染物由哪些构成?
2. 潜艇舱室空气污染对战斗力的影响主要体现在哪些方面?
3. 潜艇空气的质量检测方法有哪些?
4. 请简述常用潜艇舱室空气的净化与恢复的方法。
5. 潜艇舱室高温高湿的环境危害有哪些?
6. 潜艇蒸汽管路泄漏的原因有哪些?艇员一般采取怎样的处置措施?
7. 核潜艇事故的分级标准是什么?

第九章 潜艇生命力评估

生命力是由潜艇设计确定的固有属性。它体现潜艇抵抗各种损害,保持漂浮、航行和战斗力的能力。潜艇生命力评估目的在于,评价其在损害条件下保持其自身完整性(浮性、稳性、结构安全性、火灾安全性等)以及作战效能的能力。它最基本的要求是在战损条件下,通过评估得到潜艇效能与指标(生存能力与战斗可用性)的数值,最终获得潜艇整体可用度的描述。因此,潜艇生命力评估主要分为两部分内容,一部分是对现有设计进行相应考核,使其不仅具有良好的初始性能,也具有较好的全寿命性能分配;另一部分就是评估其在战损或其他灾害条件下的战斗可用性。本章主要从潜艇生命力评估模型、指标等内容进行详细介绍。

第一节 潜艇生命力评估模型

一、生命力构成

潜艇是由多层次子系统组成的大系统,如果把这个复杂的大系统看作是一个母子相关的系统,则各子系统的生命力水平、各子系统之间以及母子系统之间的相互关系,决定了全艇总体的生命力水平。由于潜艇系统的复杂性,对全艇直接进行生命力评估是不现实的,必须将整体生命力分解到其下一级或几级可具体操作的子系统上,通过下级子系统的生命力指标,获得全艇的生命力描述。该生命力的分解过程并不应该依据潜艇的自然系统划分进行,而是应该以自然系统为基础,按其对生命力的贡献大小、方式进行组合与划分。

生命力评估的一般方法即是通过对全艇生命力分解,确定全艇生命力的各下级子系统,通过对子系统的生命力评估,确定全艇的生命力水平。根据潜艇的自然系统构成与既定的生命力研究内容划分,人们建立起如图 9-1-1 所示的生命力系统构成。

潜艇生命力分解基于功能系统的组成各有所不同,但大体上都与这种结构相似,对于特定潜艇,可以根据各主要功能系统的具体构成来明确和细化全艇生命力分解。

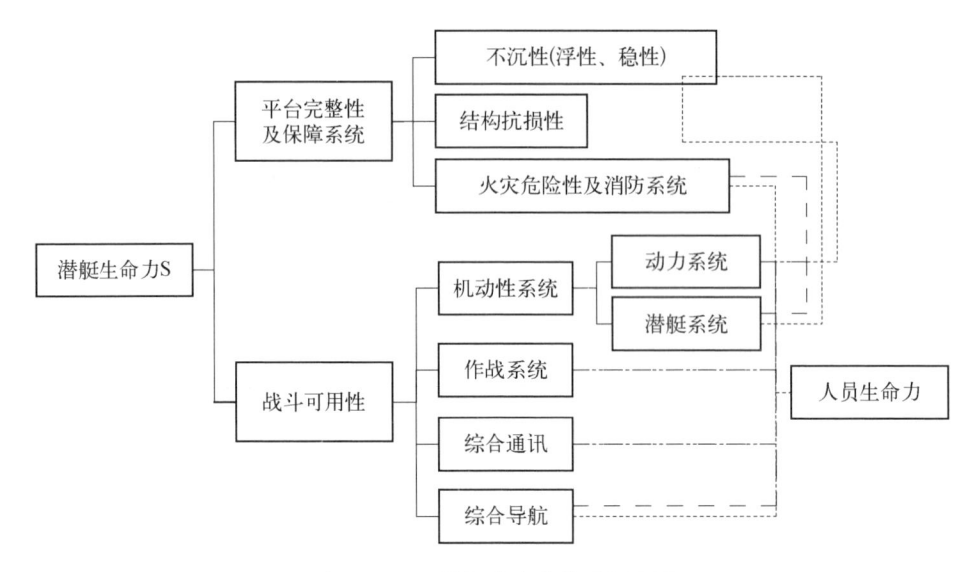

图 9-1-1　潜艇生命力构成示意图

二、生命力指标

按顶层设计,潜艇各生命力子系统可分为总体性能子系统与功能子系统两大部分。总体性能子系统包括不沉性、火灾危险性、结构生命力;功能子系统包括动力系统、操艇系统、综合导航系统、作战系统、综合通信系统。

一般来说,总体性能子系统主要影响是潜艇自身的生存能力,其自然指标一般是连续的(如稳度、浮态、强度等参数,损管系统除外),即其损伤状态是系统状态空间中的连续集。而功能子系统主要是与战斗可用性相联系的,其自然指标一般是离散的(如主机损失数等),即系统损伤状态一般是系统状态空间中的离散点集。

对于离散指标体系,其状态是可枚举的离散点集,不同的损伤状态本身已经反映了系统损伤的规模,针对特定的灾害条件,计算得到的系统损伤状态已"精确"而直观地反映了系统的能力损失。但是系统的"规模损失"并不等同于系统的"功能损失"。因此,离散指标体系也需要建立相应的"损伤等级",通过合理的等级定义建立起系统硬件损失与系统功能损失之间的关系。

对于连续指标体系,损伤后的系统状态描述参数(如稳度等)无法直观地反映系统的能力损失,一般需要通过定义相关"模糊的"损伤指标等级与阈值,建立起对系统的生命力描述。

无论何种指标体系,描述其损伤程度(或完好程度)的损伤指标(或生命力指标)都是基于系统的自然指标构造的,都应能完整地反映系统功能状态特性,且应是无量纲化与归一化的。

三、损伤模式、等级及判据

设备损伤通常应考虑直接破坏（超压破坏、破片破坏、火球破坏）、火灾破坏、进水破坏与冲击破坏四种破坏模式。设备损伤通常采用 0 - 1 判断，0 代表完好，未发生损伤；1 代表已经发生损伤，0 与 1 由上述四种破坏因素中阈值的最小值确定。

生命力等级与损伤等级原则上具有相同的本质，都是描述潜艇损伤的程度，只是角度不同。前者是指潜艇损伤后的剩余能力程度，后者是指潜艇损伤所造成的破坏程度。对于无量纲的指标来说，两者是互补的，只需确定一种等级，另一种等级描述也既可确定。

系统的损伤等级（生命力等级）是以系统损伤指标（生命力指标）描述的系统状态类别。其判据或阈值由各损伤等级对应的损伤树得到。

确定全艇的损伤等级，定义每种等级的内容后，可根据全艇的生命力构成，将全艇性的损伤等级分解到各生命力相关的分系统上，由各分系统的损伤等级作为全艇损伤等级的判据。这样逐级向下即可确定整个生命力等级模型。

四、生命力的概率评估模型

对于同样的作战想定，攻击武器对于潜艇的命中点（或攻击点）不是确定的，而是一种满足某种概率分布的随机过程。要完整表述生命力，不仅要给出战损后系统与全艇的损伤状态或等级，还要给出其出现概率。因此，除了其表述方式具有多样性外，潜艇生命力的描述指标具有随机性。

生命力的分解评估就是要在顶层设计确定的评估对象、条件和灾害环境下，计算各系统的损伤状态指标 Id（或完好状态，两者互为补集）及其概率密度 $p(Id)$。Id 应为无量纲和归一化的指标。

在对平台进行了生命力分解、将平台等效为可计算的底层系统或元件集合后，需要对底层事件进行损伤概率计算。

目前采用的底层事件计算方法，即随机模拟试验方法是利用计算机大量模拟随机命中情况，并分别计算每种命中情况下系统和平台整体性能状态。在模拟次数足够多的情况下即可得到平台和系统的损伤概率。

实际上对于每种典型武器的每次特定的命中情况，各生命力子系统的损伤状态 Id 是确定的。采用随机试验的方式可以确定考虑人-机结合的因素的系统损伤状态的概率密度 $p\{Id/Eps\}$。在系统损伤状态中要，考虑人员（战位）有效性 Eps，其中 Eps 由艇员生命力研究提供的计算模块计算。

由于连续指标体系与离散指标体系的不同，在计算无量纲和归一化的指标及其概率密度时，要采用不同的方法。对于离散指标体系，可直接按系统的"规模"损失率来确定无量纲归一化指标。而对于连续指标体系，则需重新构造指标。

第二节　潜艇生命力量化评估模型

一、潜艇损伤等级

潜艇各损伤等级的描述如下。

A 级损伤：完全失效。例如，潜艇丧失不沉性；艇体结构完全失效；全艇性大火等。

B 级损伤：基本丧失生命力（丧失战斗力）。例如，主动力完全丧失；严重丧失不沉性；结构严重受损；大火；不能完成主要作战任务等。

C 级损伤：不影响潜艇安全性和作战使用的次要系统发生损伤。例如，不沉性部分损伤；结构轻度损伤；中火；操纵与机动性部分失效；通信或导航系统部分失效等。

D 级损伤：只有不影响完全性与作战使用的局部设备发生损伤，如小火等。

这些等级描述可以用表 9-2-1 表示。在这些定义中，不特别指明"且"的都为"或"的关系。

表 9-2-1　各损伤等级的描述

全艇损伤	等级定义	等级描述	等级判据
A 级损伤	完全丧失生命力	潜艇不沉性完全丧失； 结构整体失稳； 全艇性火灾	不沉性 A 级损伤； 结构 A 级损伤； 火灾 A 级；
B 级损伤	基本丧失生命力	不沉性严重损伤； 结构严重受损； 大火； 主动力完全失效； 不能完成主要作战任务	不沉性 B 级损伤； 结构 B 级损伤； 火灾 B 级； 动力系统 A 级损伤； 操艇系统 A 级损伤； 作战系统 A、B 级损伤； 通信系统 A 级损伤； 导航系统 A 级损伤
C 级损伤	部分丧失生命力	不沉性部分损伤； 结构轻度损伤； 中火； 操纵与机动性部分失效； 通信导航系统部分失效	不沉性 C 级损伤； 结构 C 级损伤； 火灾 C 级； 动力系统 B、C 级损伤； 操艇系统 B、C 级损伤； 作战系统 C 级损伤； 通信系统 B 级损伤； 导航系统 B 级损伤

续　表

全艇损伤	等级定义	等级描述	等级判据
D 级损伤	基本未丧失生命力	不影响安全性与作战使用的局部设备损伤； 小火	不沉性 D 级损伤； 结构 D 级损伤； 火灾 D 级； 动力系统 D 级损伤； 操艇系统 D 级损伤； 作战 D 级损伤； 通信 C、D 级损伤； 导航 C、D 级损伤

二、全艇生命力指数

设系统 i 的无量纲归一化的损伤状态（或等级）为

$$St_i = (st_{1i}, st_{2i}, \cdots, st_{ki}) \tag{9-2-1}$$

系统 i 损伤状态相应的概率为

$$P_i = (p_{1i}, p_{2i}, \cdots, p_{ki}) \tag{9-2-2}$$

设全艇损伤等级（生命力等级）为 S，$S = \{S_k\}$ 为任务相关的，S_k 为相对于任务 k 的损伤等级，且由全艇各生命力子系统的状态确定，即可定义

$$S_k \Rightarrow \{st_{ji}\}_k \tag{9-2-3}$$

式中，j 是系统 i 中的一种确定的状态。

故执行第 k 种任务时，在典型武器单次攻击条件下全艇生命力等级的概率 P_k 为

$$P_k = \{p_{j_1 1} \mid p_{j_2 2} \mid \cdots \mid p_{j_i i}\}_k \tag{9-2-4}$$

如果要得到对于各种任务综合的损伤概率（生命力概率），设 D_m 为第 m 种任务的平均可能失效概率。如果执行第 k 种任务的概率为 P_{mk} 则

$$D_m = P_{mk} S_k \tag{9-2-5}$$

则有

$$S = 1 - D$$

S 为潜艇生命力指数，即受到某种武器打击后，潜艇功能可能有效使用的概率或完好率。

三、生命力指数计算方法

潜艇整体生命力指数的计算流程图见图 9-2-1,其中"各系统战损研究"和"平台完整性损伤"由系统的损伤等级计算程序计算,该计算基于各系统的生命力研究分项提供的在每种武器的每次特定攻击条件,攻击点是由符合武器命中分布的随机函数发生器生成的。全艇损伤等级的概率由随机数值试验确定。

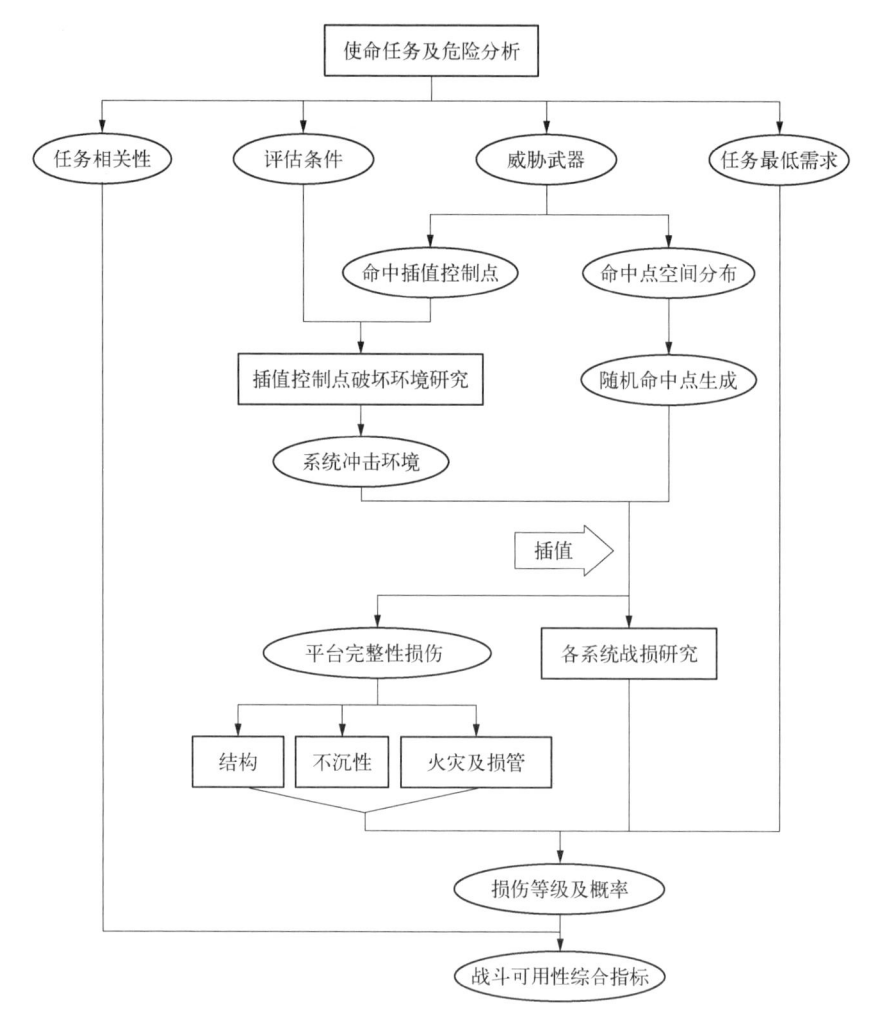

图 9-2-1 潜艇整体生命力指数的计算流程图

结合在每个系统综合考虑艇员损伤,即根据破坏环境研究结果,分析每种典型武器命中条件下各系统战位上人员的伤害情况,完成"艇员生命力研究"课题。尤其计算典型武器每种典型命中点条件下各战位人员的伤害程度 S_{ps},同时考虑各系统相关战位人员的冗余设置与调度情况,确定该系统在典型武器的典型攻击条件下各战位的可用后备人员数,计算相应的"战位有效性"。采用随机试验的方法计算每种典型武器命中后相关系统战位的"有效性"概率。

实际上对于每种典型武器的每次特定的命中情况,各生命力子系统的损伤状态 Id 是确定的。采用随机试验的方式可以确定系统损伤状态的概率密度 $p(Id)$。如果要考虑人-机综合系统,则综合系统的损伤状态概率密度为 $p(Id·Eps)$。其中 Eps 由艇员生命力研究提供的计算模块计算,或由艇员生命力研究课题提供系统战位的失效概率 $p(Eps)$,则系统的可用性状态为 $p(Id)·p(Eps)$。

四、综合评估

潜艇生命力的优劣标准是相对的,是根据其使命任务的不同而变化的。由于潜艇执行任务是多样的,因此,要得到其综合指标,需要对各任务进行权重分析;又因为潜艇在不同武器作用下其生命力指标是不同的,所以对武器作用也需进行权重分析,即潜艇的生命力综合评估包括两方面的内容:一是针对每种武器对各任务进行综合;二是对各种武器对各任务进行综合。具体分析如下。

(1) 任务因素集:
$$U = (u_1, u_2, u_3, \cdots) = (隐蔽布雷,机动封锁,攻击敌舰,\cdots\cdots) \quad (9-2-6)$$

(2) 任务因素的权重集:
$$A = (a_1, a_2, a_3, \cdots) \quad (9-2-7)$$

(3) 评估武器集:
$$Z = (z_1, z_2, z_3, z_4, \cdots) = (鱼雷,深弹,水雷,\cdots\cdots) \quad (9-2-8)$$

(4) 评估武器的权重集:
$$C = (c_1, c_2, c_3, c_4, \cdots) \quad (9-2-9)$$

(5) 破损失效概率矩阵为
$$P = \{p_{ijk}\} \quad (9-2-10)$$

(6) 平均可能失效比例为
$$B = P · A^T · Q^T · C^T \quad (9-2-11)$$

(7) 系统生命力指标为
$$S_0 = 1 - B \quad (9-2-12)$$

式中,i、j、k 分别对应于任务因素权重数、评估等级数及评估武器权重数;Q^T 为评估指标的损伤等级阵;S_0 为在各种武器综合作用下,该系统的可能完好率。

若已知全艇各系统的权重,则可采用加权平均的方法获得全艇系统生命力指标。若采用模糊等级,则可判断出损伤等级。

针对每种评估武器,分别随机确定评估武器大量命中点坐标,并计算每个命中点对应的命中概率以及系统损伤等级。在综合每个命中点所对应的命中概率以及系统损伤等级结果的基础上,统计得出每种评估武器攻击下系统损伤概率的等级。

五、生命力的概率表述

潜艇的生命力并不完全是一个确定性的指标,很多随机参数可能会影响潜艇的生命力或任务生存能力(mission survivability),这里用概率表示潜艇生命力:

$$P_S = 1 - P_K \tag{9-2-13}$$

式中,P_S 为概率表示的生命力;P_K 为毁伤概率。

而毁伤概率:

$$P_K = P_H \times P_{K|H}$$

式中,P_H 为易感性指标,即被发现的概率;$P_{K|H}$ 为被发现并被毁伤的概率。

因此有

$$P_S = 1 - (P_h \times P_{K|H}) \tag{9-2-14}$$

因此可以用"毁伤链"的概念来表述潜艇最终的生存概率。对于单次攻击,有如图 9-2-2 所示的毁伤链。

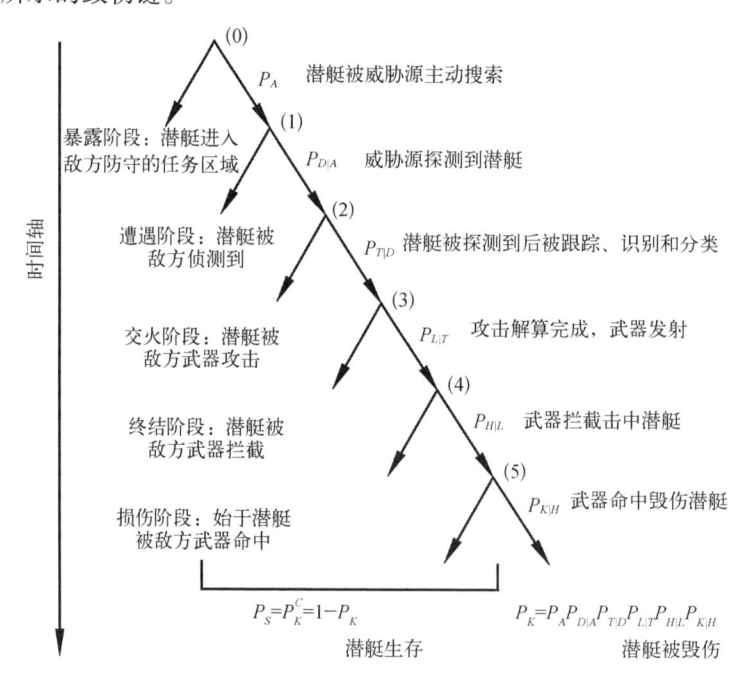

图 9-2-2 潜艇毁伤链示意图

第三节 潜艇设计中的生命力指标要求

潜艇生命力评估目的不仅包括对现有设计的生命力评估或评价,而且要对潜艇的设计具有指导意义,即要对现有潜艇设计进行生命力优化,对全艇及各系统的设计提出生命力指标要求。由于潜艇设计的最主要的目的是使其能执行相关的任务,不仅要求其在无损状态,即在潜艇完好初始状态下,具备完成相应任务的能力,而且要求通过合理的生命力优化设计,使其在损伤状态下,能力或者功能下降尽可能低。因此,在设计时,各系统生命力指标的要求应充分考虑各种任务的需求。

一、潜艇的使命任务

潜艇生命力直接影响的其任务能力,即潜艇的任务可用性。因此,对潜艇生命力指标的设计,一般应该充分考虑任务可用性和系统效能,即从完成任务层的能力上提出设计指标。

由于潜艇任务的多样性,即使相同的潜艇状况,不同任务的可用性(或效能)也是不同的。因此,需要根据不同任务分别提不同的生命力指标要求。不过,在设计阶段,这种多任务区别对待的做法是不现实的,那么根据任务出现频度或相对重要度对其进行综合是解决这一问题的有效方法。

假设目标潜艇的使命与任务 M 可能包括:M_1、M_2、M_3 和 M_4。为便于描述潜艇整体任务能力,根据潜艇执行具体任务的能力与侧重,以及各任务出现频度,确定各任务的权重分别为

$$\begin{aligned}\boldsymbol{R} &= \{R(M_1), R(M_2), R(M_3), R(M_4)\} \\ &= \{0.3, 0.3, 0.3, 0.1\}\end{aligned} \quad (9-3-1)$$

如果以 C 表示潜艇完成任务的能力,则全艇综合任务能力 C_0 为

$$\boldsymbol{C}_0 = \{C_1, C_2, C_3, C_4\} \times \boldsymbol{R}^{\mathrm{T}} \quad (9-3-2)$$

式中,$R(M_i)(i=1\sim4)$ 为各相应任务的权重;$C_i(i=1\sim4)$ 为完成各相应任务的能力。

二、任务保障系统与状态要求

要确保能完成各项任务,潜艇各生命力子系统状态要达到相应的最低要求,即任务层面的系统保证。这些要求或系统保证根据各种任务的不同特点可以是各不相同的。

潜艇任务能力 C 可以通过任务保障系统 S 的状态或状态等级 G 描述。根据前面全艇生命力分解的结果，各任务作战能力的任务保障系统：

$$S = \{平台性能, 电力系统, 机动性系统, 作战系统\}$$
$$= \{S_1, S_2, S_3, S_4\} \tag{9-3-3}$$

每种任务能力的最低要求 C_i 可通过其保障系统的最低状态（最高战损等级）G_{ji} 表示，如下：

$$C_i = \{平台性能等级, 电力系统等级, 机动性系统等级, 作战系统等级\}$$
$$= \{G_{1i}, G_{2i}, G_{3i}, G_{4i}\}, \quad i = 1 \sim 4 \tag{9-3-4}$$

因此，全艇综合任务能力最低要求可表示为

$$\boldsymbol{C}_0 = \{G_{ji}\} \times \boldsymbol{R}^{\mathrm{T}}, \quad i = 1 \sim 4, \; j = 1 \sim 4 \tag{9-3-5}$$

为表达系统损伤等级的中间状态并方便计算，可经下面变换后的参数表示各损伤等级，即潜艇的损伤等级由下面关系表达。这种变换关系可以是任意的，只要最后得出结果后按下面关系进行逆变换并回到损伤等级表述，则计算结果与变换关系是无关的：

$$\boldsymbol{G} = \begin{Bmatrix} A \\ B \\ C \\ D \end{Bmatrix} = \begin{Bmatrix} 0.4 \\ 0.3 \\ 0.2 \\ 0.1 \end{Bmatrix} \tag{9-3-6}$$

假设目标潜艇的任务能力最低要求矩阵为

$$\{G_{ji}\} = \begin{Bmatrix} 0.3 & 0.3 & 0.3 & 0.3 \\ 0.2 & 0.2 & 0.2 & 0.2 \\ 0.2 & 0.2 & 0.1 & 0.3 \\ 0.2 & 0.2 & 0.2 & 0.3 \end{Bmatrix} \tag{9-3-7}$$

由上面分析可知全艇综合作战能力对作战保障系统的最高损伤等级要求为

$$\boldsymbol{C}_0 = \{G_{ji}\} \times \boldsymbol{R}^{\mathrm{T}}$$
$$= \begin{Bmatrix} 0.3 & 0.3 & 0.3 & 0.3 \\ 0.2 & 0.2 & 0.2 & 0.2 \\ 0.2 & 0.2 & 0.1 & 0.3 \\ 0.2 & 0.2 & 0.2 & 0.3 \end{Bmatrix} \times \begin{Bmatrix} 0.3 \\ 0.3 \\ 0.3 \\ 0.1 \end{Bmatrix} = \begin{Bmatrix} 0.30 \\ 0.20 \\ 0.18 \\ 0.21 \end{Bmatrix} \tag{9-3-8}$$

则全艇综合作战能力的保障要求各生命力子系统 S 的最高损伤等级如下：

（1）平台性能——0.30（B 级）；

(2) 电力系统——0.20(C级);
(3) 机动系统——0.18(略低于C级,即可部分达到C级);
(4) 作战系统——0.21(略高于C级,即可部分达到B级)。
同时,平台系统还应满足国家和军队其他规定的最低要求。

三、任务保障系统指标的概率要求

前面仅是潜艇完成一个任务对各系统固有能力的要求分析,要全面反映潜艇完成任务的能力,应该采用潜艇的效能来描述。效能一般包括指标效能、系统效能和作战效能。指标效能一般仅用于对简单系统的参数指标评估;系统效能则是包括了装备系统的固有能力以及其他相关影响因素的综合指标,其描述装备完成规定的任务层面的能力大小;作战效能则是包含了战斗对抗的因素在内,一般要靠作战进程仿真得到,在设计阶段很少应用。因此,装备的系统效能可作为确定装备完成任务层面的指标。

关于系统效能,每个国家有不同的提法。美国工业界武器效能咨询委员会(Weapons Systems Effectiveness Industry Advisory Committee,WSEIAC)提出的系统效能为ADC模型,即系统效能由可用性、可信性与能力三部分组成。美国海军提出的系统效能模型为PAU模型,即系统效能由系统的性能、可用性和适用性确定。我国相关规定要求系统效能由战备完好率、执行任务的可靠性和设计恰当性决定。不论何种提法,系统效能的表述方式通常有概率与物理量两种表示方法。概率方法是指系统完成任务层面的概率;而物理量方法则描述可完成任务层面的程度。设计评估时往往采用概率方法。

根据作战特点与要求,国外潜艇的系统效能一般要达到70%~80%,有些情况下,其系统效能可达到85%。无论采用哪种效能模型,潜艇生命力指标(或战损等级)都可认为是对系统性能或能力的一种影响因素。在不考虑其他因素作用的情况下,潜艇能力或性能能够执行相关作战任务的概率达到70%,可认为是应达到的要求。即潜艇遭受敌方武器攻击后,作战能力高于C_0状态的出现概率要高于70%。

设各生命力子系统S_j的损伤等级G_j对各作战能力C_i的影响,是相互独立的,则作战能力的出现概率$P(C_i)$为

$$P(C_i) = \prod_{j=1}^{4} P(G_{ji}) \qquad (9-3-9)$$

根据该结果,可得出结论:要保证潜艇能执行相应作战任务的概率高于70%,要求各生命力相关子系统(平台、电力、机动性与作战)损伤等级低于相应值的概率的乘积大于70%,即:

$P\{$平台性能损伤等级小于 $0.30\}>0.70$;

$P\{$电力系统损伤等级小于 $0.20\}>0.70$;

$P\{$机动力性系统损伤等级小于 $0.18\}>0.70$;

$P\{$作战系统损伤等级小于 $0.21\}>0.70$。

由于这是一个非限定的方程,不同的各系统概率组合可以得到无穷多组解。考虑到各系统的相对独立性,可设定各系统的等级概率解为设计中要达到的系统状态概率要求,即:

$P\{$平台性能损伤等级小于 $0.30\}>0.914\,7$;

$P\{$电力系统损伤等级小于 $0.20\}>0.914\,7$;

$P\{$机动力性系统损伤等级小于 $0.18\}>0.914\,7$;

$P\{$作战系统损伤等级小于 $0.21\}>0.914\,7$。

也就是说:

平台系统:B、C 和 D 级概率大于 91.47%。

电力系统:C 级和 D 级概率大于 91.47%。

机动性系统:部分 C 级加上 D 级概率大于 91.47%。

作战系统:部分 B 级加上 C 级和 D 级概率大于 91.47%。

对于平台系统,还应满足其他国家和军队规定的最低要求。

本 章 小 结

本章介绍了潜艇生命力评估的方法、模型、指标及相应的计算方法。

思考题

1. 潜艇生命力由哪些部分组成?
2. 请结合潜艇系统,例证说明离散指标体系和连续指标体系。
3. 潜艇 4 个损伤等级是如何划分的?
4. 请简述潜艇生命力指数计算的基本流程。

参 考 文 献

侯岳,任凯,李昂,等,2022. 舰船生命力[M]. 北京:科学出版社.
牟金磊,彭飞,王展智,等,2020. 舰船总体技术[M]. 武汉:华中科技大学出版社.
施生达,王京齐,吕邦俊,等,2021. 潜艇操纵性[M]. 北京:国防工业出版社.
史德,苏广和,李震,2005. 潜艇舱室空气污染与治理技术[M]. 北京:国防工业出版社.
张光辉,李营,金涛,2019. 潜艇生命力与损害管制[M]. 北京:海潮出版社.
张锦岚,陈虹,王祖华,2019. 世界核潜艇装备及技术发展[M]. 北京:国防大学出版社.
张曾莲,2021. 风险评估方法[M]. 北京:机械工业出版社.
NAVSEA,1998. 美国海军潜艇技术手册——潜艇消防[S]. S9086－S3－STM－020/CH－555V2.